大学化学实验丛书

基础化学实验Ⅲ

（物理化学实验）

岳可芬　主编
陈六平　主审

国家基础科学人才培养基金(J0830417,J1103311)
国家级化学特色专业
国家级无机化学与分析化学教学团队
陕西省人才培养模式创新实验区项目
陕西省化学专业实验课教学团队
西北大学“211”基础实验室建设项目
西北大学质量工程项目
资助出版

科学出版社
北京

内 容 简 介

本书共选编了38个实验。基本实验内容覆盖了教育部高等学校化学与化工学科教学指导委员会为化学类专业(四年制)本科教学制定的“化学类专业化学教学基本内容(2010年)”中的全部实验要求。综合开放性实验旨在促进本科实验教学与科研的衔接,培养学生的创新能力,激发学生对科学研究的兴趣。

本书可供综合性大学和高等师范院校化学专业的学生使用,也可供其他院校与化学相关专业的学生和从事化学实验的人员参考使用。

图书在版编目(CIP)数据

基础化学实验.3,物理化学实验/岳可芬主编.—北京:科学出版社,2012.1

(大学化学实验丛书)

ISBN 978-7-03-033216-5

Ⅰ.①基… Ⅱ.①岳… Ⅲ.①化学实验-高等学校-教材②物理化学-化学实验-高等学校-教材 Ⅳ.①O6-3

中国版本图书馆CIP数据核字(2011)第279678号

责任编辑:赵晓霞 陈雅娴/责任校对:钟洋

责任印制:徐晓晨/封面设计:华路天然工作室

科学出版社 出版

北京东黄城根北街16号

邮政编码:100717

http://www.sciencep.com

北京凌奇印刷有限责任公司 印刷

科学出版社发行 各地新华书店经销

*

2012年1月第 一 版 开本:787×1092 1/16

2021年1月第四次印刷 印张:18 1/4

字数:464 000

定价:49.00元

(如有印装质量问题,我社负责调换)

《大学化学实验丛书》

编写委员会

《大学化学实验丛书》编写说明

2006 年西北大学化学实验教学中心被评为国家级实验教学示范中心。以此为契机，学院深化教学改革，进一步明确化学本科人才培养的目标，即培养具有扎实的化学基础和一定的生命科学与材料科学知识背景，实验技能强、综合素质高，受到系统科研训练、具有自主学习能力、实践能力、探索精神、创新能力和合作精神的高素质本科生，以强化实践教学为原则，育人为本、加强基础、注重交叉、突出创新、提高素质、体现特色。以此为指导，构建了"三层面、双系统、多途径实验课程新体系"。所谓三层面是指：第一层面，基础化学实验，包括基础化学实验Ⅰ(无机化学与化学分析实验)、基础化学实验Ⅱ(有机化学实验)、基础化学实验Ⅲ(物理化学实验)、基础化学实验Ⅳ(仪器分析实验)，主要训练学生单元操作的能力，对基本技能进行训练；第二层面，综合化学实验平台，主要训练学生连接单元操作、设计实验、分析未知物等能力，对研究方法和思维能力进行训练；第三层面，创新研究实验平台，包括创新研究实验Ⅰ(化学生物学实验)和创新研究实验Ⅱ(材料化学实验)，开设生命科学和材料科学等领域代表化学学科发展方向的实验，使学生对学科的发展方向和科研工作的一般规律有所认识，拓展科研思路，培养其科学素养和从事科研工作的能力。

《大学化学实验丛书》是西北大学化学国家级实验教学示范中心建设的重要成果。丛书由 7 本实验教材和 2 本手册组成，分别为《基础化学实验Ⅰ(无机化学与化学分析实验)》、《基础化学实验Ⅱ(有机化学实验)》、《基础化学实验Ⅲ(物理化学实验)》、《基础化学实验Ⅳ(仪器分析实验)》、《综合化学实验》、《创新研究实验Ⅰ(化学生物学实验)》、《创新研究实验Ⅱ(材料化学实验)》、《化学实验基本技能手册》和《常用分析仪器使用手册》。实验教材在内容上包括基础实验、综合实验和设计实验等。在三个不同层次的实验中，综合设计型实验的要求是：第一层次基础实验中，侧重于兴趣的提高和实验的延伸，为综合实验奠定基础；第二层次综合实验中，侧重于二级学科的融合和单元操作的衔接；第三层次创新研究实验中，注重学科前沿和科学研究能力的培养。《化学实验基本技能手册》注重基础能力的培养，《常用分析仪器使用手册》注重开拓学生研究视野，培养创新意识和实际操作能力。

《大学化学实验丛书》由西北大学组织，南京大学、中山大学、西北农林科技大学、西安交通大学、第四军医大学、陕西省进出口检验检疫局、西安近代化学研究所、咸阳师范学院、陕西省环境监测中心站等联合编写，适合于各层次理工科专业的化学实验教学。

本套《大学化学实验丛书》受到国家基础科学人才培养基金(J0830417，J1103311)、国家级化学特色专业、国家级无机化学与分析化学教学团队、陕西省人才培养模式创新实验区项目、陕西省化学专业实验课教学团队、西北大学"211"基础实验室建设项目、西北大学质量工程项目等项目资助。

由于编者的水平和经验有限,书中难免有疏漏和不妥之处,敬请读者批评指正。

《大学化学实验丛书》编写委员会

2011 年 6 月

前　　言

《大学化学实验丛书》共九册。第一、二、三、四册分别对应第一层次基础化学实验课程，主要培养学生单元操作的能力，对基本技能进行训练。第五册对应综合化学实验课程，主要培养学生连接单元操作、设计实验、分析未知物等能力，对研究方法和思维能力进行训练。第六、七册分别对应第三层次创新研究实验课程，对学生进行科研全过程的训练，使学生对学科的发展方向和科研工作的一般规律有所认识，拓展科研思路，培养其科学素养和从事科研工作的能力。第八、九册为手册。前者注重基础能力的培养，后者注重开拓学生研究视野，培养创新意识和实际操作能力。

本书是继基础化学实验Ⅰ(无机化学与化学分析实验)和基础化学实验Ⅱ(有机化学实验)后开设的一门实验。在前期化学实验及普通物理实验等实验课程的基础上，运用物理化学的理论知识，进行物系综合性质的测定，对理解、检验物理化学的基本理论，掌握常用仪器设备的操作和使用，训练设计科学实验方法，培养科学思维和分析问题、解决问题的能力有着重要的作用，为后续的专业实验与科学研究打下必要的基础。

本书由长期从事物理化学实验教学的教师结合自己的教学经验和认识，并参考国内外相关的教材编写而成。本书由西北大学组织，由西北农林科技大学、咸阳师范学院等学校联合编写，编写组成员除杨瑞丽、赵海双分别来自咸阳师范学院、西北农林科技大学外，其他均来自西北大学。各编写人员熟悉自己所编写的实验内容，他们或承担过本实验的教学指导，或参与过与本实验相关的科学研究。编写分工如下：岳可芬编写绪论部分第 1 章和实验四、五、八、九、十三、三十四以及物理化学实验常用仪器及技术十一；王小芳编写绪论部分第 2 章和实验七、十、十二、十七、二十二、三十七；李克斌编写实验一、二、三、六、二十六、三十五、三十六和常用仪器及技术三、四；翟高红编写实验十五、二十、二十四、二十八和常用仪器及技术九、十；彭明丽编写实验十四、十六、二十一、二十七、三十三、三十八和常用仪器及技术七、十二～十七；雷依波编写实验十八、二十九、三十、三十二；杨旭武编写绪论部分第 3 章和实验三十一；杨瑞丽编写实验十九和常用仪器及技术一、二、六、八；赵海双编写实验十一、二十三、二十五和常用仪器及技术五；尹兵编写物理化学实验常用数据表。全书由岳可芬老师主编、统稿，中山大学陈六平教授主审。

在本书编写过程中，得到国家理科基础科学人才培养基金(化学基地)的支持，并得到学校和学院领导、实验教学前辈以及其他许多老师的大力支持和热情帮助。在此向他们表示衷心的感谢！

由于编者水平与经验有限，书中难免存在疏漏和不妥之处，恳请专家和读者批评指正。

岳可芬
2011 年 6 月

目　　录

Ⅰ. 绪　　论

Ⅱ. 基本实验

Ⅲ. 综合开放性实验

Ⅳ. 物理化学实验常用仪器及技术

Ⅴ. 物理化学实验常用数据表

Ⅰ. 绪　　论

第1章　物理化学实验的目的和要求

1.1　物理化学实验的目的

（1）巩固、加深对物理化学理论和概念的理解。

（2）掌握物理化学实验的基本方法，以及实验技术和常用仪器的构造、原理及使用方法。

（3）培养学生的动手能力、观察能力、思维能力、表达能力、查阅文献的能力和处理实验结果的能力等。

（4）培养学生求真、求实、勤俭节约的科学精神和优良品德。

1.2　物理化学实验要求

1.2.1　实验预习

为了做好物理化学实验，学生在实验前必须认真预习，阅读实验指导书，了解实验目的和原理、仪器的构造和使用方法、实验装置和操作步骤，明确本次实验中要测量的量、最终要求的量、实验方法、实验仪器、控制条件以及注意事项，并自行设计实验数据表格，写出预习报告。预习报告应包括实验目的、简单的实验操作步骤、实验时注意事项、需测定的数据、实验数据的文献值等。

进入实验室后，由实验指导老师检查学生对实验内容的了解程度、准备工作是否完成，经指导老师许可后，开始进行实验。

1.2.2　实验过程

实验过程中，要求学生勤于动手，仔细观察，细心操作，认真思考，深入分析，准确记录原始数据。如果实验失败，必须重做。

1.2.3　实验数据记录

完整记录实验条件：记录的实验条件包括实验环境条件（室温、大气压等）、测量条件（温度、压力、流量、电流、时间等）、实验材料和试剂（品名、来源、纯度、浓度等）、实验装置（名称、规格、型号、精度等），将原始数据列入自行设计的表格中。

准确记录实验现象和原始实验数据：在实验报告纸相应位置如实、完整地记录所观察的实验现象和实验数据（注：不得用铅笔、红笔做实验记录）。记录实验数据时，需注意误差、有效数字取舍，不得随意涂抹数据，不得更改、伪造实验数据。

实验结束后，应将原始实验数据、谱图等记录交给实验教师审阅，经确认、签字后，本次实验才有效。

实验完毕后应清理实验桌，洗净玻璃仪器并核对仪器，若有损坏，应自行登记。打扫实验室卫生。经指导教师同意后才能离开实验室。

1.2.4　实验报告

实验报告是本课程的重要组成部分，是实验结束后，学生对实验的总结和升华。撰写实验报告是学生把实验室获得的感性认识上升为理性认识的过程，也是训练学生文字表达能力的一个环节，能反映学生的实际水平和综合能力。所有的实验报告应采用专用报告纸，要求学生认真完成，学生必须在规定时间内独立完成实验报告并交实验指导教师。教师批阅后的报告需再返还学生。

实验报告一般包括以下几个部分。

(1) 实验目的：用自己的语言总结实验的目的。

(2) 实验原理：用自己的语言阐明实验的理论根据，必要时应有公式推导或图示说明。

(3) 实验试剂、仪器：试剂应注明级别、纯度等，仪器应注明型号。

(4) 操作步骤：用自己的语言总结操作步骤，或用图示说明操作步骤。

(5) 实验数据记录、处理：实验数据尽可能采用列表法记录，尽可能用计算机作图，如采用Origin等软件处理。

(6) 实验讨论和分析：这是实验报告的核心部分。既可对实验结果与文献数据进行比较，讨论实验结果的合理性，也可对实验中的某些现象进行分析解释，对实验方法的设计、仪器的设计以及误差来源进行讨论；同时，还可提出自己对本实验的认识、对本实验的改进以及对今后实验工作的建议；进一步，可讨论实验延伸，将本实验与工农业生产、生活以及科研进展相联系。总之，讨论范围可宽可窄，关键在于每个人对实验结果的分析与体会。做好实验结果的讨论，可以锻炼学生分析问题、解决问题的能力，有利于创新能力的培养。

(7) 思考题：实验课后的思考题是与相关化学理论、实验方法和技术密切相关的，应结合理论课、文献查阅和实验结果认真分析，用自己组织的语言阐述。

1.2.5　实验室规则

实验室规则是化学实验工作者长期从事化学实验工作的总结，它是保持良好环境和工作秩序，防止意外事故，做好实验的重要前提；也是培养学生优良素质的重要措施。实验室规则已张贴在实验室的墙上。每学期实验前，在实验讲座时必须强调实验室规则。

(1) 实验时应遵守操作规则，遵守一切安全措施，保证实验安全进行。

(2) 遵守纪律，不迟到，不早退，保持室内安静，不大声说话、谈笑、嬉闹，不到处走动。不得在实验室吃东西。

(3) 不浪费能源和药品试剂。

(4) 使用仪器时遵守操作规程，爱护仪器，如发现仪器损坏，立即报告指导教师。未经老师允许不得擅自使用精密仪器。

(5) 随时保持实验台和室内整洁卫生。火柴杆、纸张等废物只能丢入废物缸内，不能随地乱丢，更不能丢入水槽，以免堵塞。废液倒入指定的废液收集瓶中并填写“废液清单”，不能倒入水槽中。

(6) 实验时要集中注意力，认真操作，仔细观察，积极思考，如实、详细地记录实验数据，不得涂改和伪造实验数据。

(7) 实验结束后，清洗干净玻璃仪器，打扫干净实验台，整理好公用仪器、试剂药品。经老师检查许可后方可离开实验室。

(8) 按值日表安排轮流值日，负责打扫整理实验室。离开前检查水、电、气、门窗是否关好，以保证实验室的安全。

1.2.6 实验考核

本课程实行平时实验量化考核登记，并做到公开、公正。实验结束后进行笔试。实验总成绩为笔试(30%)+平时(70%)。

第 2 章　物理化学实验的安全知识及意外事故处理

在物理化学实验中，安全是非常重要的，如果操作不当常潜藏着爆炸、火灾、中毒、灼伤、割伤、触电等危险隐患。因此，必须了解实验中的安全知识，做到防患于未然。

本章主要结合物理化学实验的特点介绍安全用电、使用化学药品的安全防护等知识。

2.1　安全用电常识

违章用电常可能导致人身伤亡、火灾、损坏仪器设备等严重事故。物理化学实验中使用电器较多，特别要注意安全用电。表Ⅰ-2-1列出了 50 Hz 交流电通过人体的反应情况。为了保障人身安全，一定要遵守实验中的安全用电规则。

表Ⅰ-2-1　不同电流强度时的人体反应

电流强度/mA	1～10	10～25	25～100	100 以上
人体反应	麻木感	肌肉强烈收缩	呼吸困难，甚至停止呼吸	心脏心室纤维性颤动，死亡

2.1.1　防止触电

(1) 不用潮湿的手接触电器。

(2) 电源裸露部分应有绝缘装置(如电线接头处应裹上绝缘胶布)。

(3) 所有电器的金属外壳都应保护接地。

(4) 实验时，应先连接好电路后再接通电源。实验结束时，先切断电源再拆线路。

(5) 修理或安装电器时，应先切断电源。

(6) 不能用试电笔去试高压电。使用高压电源应有专门的防护措施。

(7) 如有人触电，应迅速切断电源，然后进行抢救。

2.1.2　防止引起火灾

(1) 使用的保险丝要与实验室允许的用电量相符。

(2) 电线的安全通电量应大于用电功率。

(3) 室内若有氢气、煤气等易燃易爆气体，应避免产生电火花。继电器工作和开关电闸时，易产生电火花，要特别小心。电器接触点(如电插头)接触不良时，应及时修理或更换。

(4) 如遇电线起火，应立即切断电源，用沙或二氧化碳、四氯化碳灭火器灭火，禁止用水或泡沫灭火器等导电液体灭火。

2.1.3　防止短路

(1) 线路中各接点应牢固，电路元件两端接头不要互相结触，以防短路。

(2) 电线、电器不要被水淋湿或浸在导电液体中。例如，实验室加热用的灯泡接口不要浸在水中。

2.1.4　电器仪表的安全使用

(1) 在使用前，先了解电器仪表要求使用的电源是交流电还是直流电，是三相电还是单相电以及电压的大小(380 V、220 V、110 V 或 6 V)。必须弄清电器功率是否符合要求及直流电器仪表的正、负极。

(2) 仪表量程应大于待测量。若待测量大小不明时，应从最大量程开始测量。

(3) 实验之前要检查线路连接是否正确。经教师检查同意后方可接通电源。

(4) 在电器仪表使用过程中，如发现不正常声响、局部温升或嗅到绝缘漆过热产生的焦味，应立即切断电源，并报告教师进行检查。

2.2　使用化学药品的安全防护

2.2.1　防毒

(1) 实验前，应了解所用药品的毒性及防护措施。

(2) 操作有毒气体(如 H_2S、Cl_2、Br_2、NO_2、浓 HCl 和 HF 等)应在通风橱内进行。

(3) 苯、四氯化碳、乙醚、硝基苯等的蒸气会引起中毒。它们虽有特殊气味，但久嗅会使人嗅觉减弱，所以应在通风良好的情况下使用。

(4) 有些药品(如苯、有机溶剂、汞等)能透过皮肤进入人体，因此应避免与皮肤接触。

(5) 氰化物、高汞盐[$HgCl_2$、$Hg(NO_3)_2$ 等]、可溶性钡盐($BaCl_2$)、重金属盐(如镉、铅盐)、三氧化二砷等剧毒药品应妥善保管，使用时要特别小心。

(6) 禁止在实验室内喝水、吃东西。饮食用具不要带进实验室，以防毒物污染，离开实验室及饭前要洗净双手。

2.2.2　防爆

可燃气体与空气混合，当两者比例达到爆炸极限时，受到热源(如电火花)的诱发，就会引起爆炸。一些气体的爆炸极限见表Ⅰ-2-2。

表Ⅰ-2-2　与空气相混合的某些气体的爆炸极限(20℃，1 个大气压下)

气体	爆炸高限/(%，体积分数)	爆炸低限/(%，体积分数)	气体	爆炸高限/(%，体积分数)	爆炸低限/(%，体积分数)
氢	74.2	4.0	乙酸	—	4.1
乙烯	28.6	2.8	乙酸乙酯	11.4	2.2
乙炔	80.0	2.5	一氧化碳	74.2	12.5
苯	6.8	1.4	水煤气	72	7.0
乙醇	19.0	3.3	煤气	32	5.3
乙醚	36.5	1.9	氨	27.0	15.5
丙酮	12.8	2.6			

(1) 使用可燃性气体时，要防止气体逸出，室内通风要良好。

(2) 操作大量可燃性气体时，严禁同时使用明火，还要防止发生电火花及其他撞击火花。

(3) 有些药品如叠氮铝、乙炔银、乙炔铜、高氯酸盐、过氧化物等受震或受热都易引起爆炸,使用时要特别小心。

(4) 严禁将强氧化剂和强还原剂放在一起。

(5) 久置的乙醚使用前应除去其中可能产生的过氧化物。

(6) 进行容易引起爆炸的实验,应有防爆措施。

2.2.3　防火

(1) 许多有机溶剂(如乙醚、丙酮、乙醇、苯等)非常容易燃烧,大量使用时室内不能有明火、电火花或静电放电。实验室内不可存放过多这类药品,用后还要及时回收处理,不可倒入下水道,以免聚集引起火灾。

(2) 有些物质(如磷、金属钠、钾、电石及金属氢化物等)在空气中易氧化自燃。还有一些金属(如铁、锌、铝等粉末)的比表面大,也易在空气中氧化自燃。这些物质要隔绝空气保存,使用时要特别小心。

(3) 实验室如果着火不要惊慌,应根据情况进行灭火,常用的灭火剂有:水、沙、二氧化碳灭火器、四氯化碳灭火器、泡沫灭火器和干粉灭火器等。可根据起火的原因选择使用。以下几种情况不能用水灭火:

① 金属钠、钾、镁、铝粉、电石、过氧化钠着火,应用干沙灭火;

② 比水轻的易燃液体,如汽油、苯、丙酮等着火,可用泡沫灭火器;

③ 有灼烧的金属或熔融物的地方着火时,应用干沙或干粉灭火器;

④ 电器设备或带电系统着火,可用二氧化碳灭火器或四氯化碳灭火器。

2.2.4　防灼伤

强酸、强碱、强氧化剂、溴、磷、钠、钾、苯酚、冰醋酸等都会腐蚀皮肤,特别要防止溅入眼内。液氧、液氮等低温环境也会严重灼伤皮肤,使用时要小心。万一灼伤应及时治疗。

2.3　汞的安全使用和汞的纯化

汞中毒分为急性中毒和慢性中毒两种。急性中毒多为高汞盐(如 $HgCl_2$,0.1～0.3 g 即可致死)入口所致。吸入汞蒸气会引起慢性中毒,症状有:食欲缺乏、恶心、便秘、贫血、骨骼和关节疼、精神衰弱等。汞蒸气的最大安全浓度为 0.1 $mg \cdot m^{-3}$,而 20 ℃时汞的饱和蒸气压为 0.0012 mmHg(0.16 Pa),超过安全浓度 100 倍。所以使用汞必须严格遵守安全用汞操作规定。

2.3.1　安全用汞操作规定

(1) 不要让汞直接暴露于空气中,盛汞的容器应在汞面上加盖一层水。

(2) 装汞的仪器下面一律放置浅瓷盘,防止汞滴散落到桌面和地面上。

(3) 所有转移汞的操作都应在浅瓷盘内进行(盘内装水)。

(4) 实验前要检查装汞的仪器是否放置稳固。橡皮管或塑料管连接处要缚牢。

(5) 储汞的容器要用厚壁玻璃器皿或瓷器。用烧杯暂时盛汞,不可多装以防破裂。

(6) 若有汞掉落在桌面或地面上,先用吸汞管尽可能将汞珠收集起来,然后用硫磺盖在汞溅落的地方,并摩擦使之生成 HgS。也可用 $KMnO_4$ 溶液使其氧化。

(7) 擦过汞或汞齐的滤纸或布必须放在有水的瓷缸内。

(8) 盛汞器皿和有汞的仪器应远离热源，严禁把有汞仪器放进烘箱。

(9) 使用汞的实验室应有良好的通风设备，纯化汞应有专用的实验室。

(10) 手上若有伤口，切勿接触汞。

2.3.2 汞的纯化

汞中的两类杂质：一类是外部沾污，如盐类或悬浮脏物。可用多次水洗及用滤纸刺一小孔过滤除去。另一类是汞与其他金属形成的合金，如极谱实验中，金属离子在汞阴极上还原成金属并与汞形成合金。这种杂质可选用以下几种方法纯化。

(1) 易氧化的金属(如 Na、Zn 等)可用硝酸溶液氧化除去。把汞倒入装有毛细管或包有多层绸布的漏斗，汞分散成细小汞滴洒落在 10% 的 HNO_3 中，自上而下与溶液充分接触，金属被氧化成离子溶于溶液中，而纯化的汞聚集在底部。一次酸洗如不够纯净，可酸洗数次。

(2) 蒸馏：汞中溶有重金属(如 Cu、Pb 等)，可用蒸汞器蒸馏提纯。蒸馏应在严密的通风橱内进行。

(3) 电解提纯：汞在稀 H_2SO_4 溶液中阳极电解可有效地除去轻金属。电解电压为 5～6 V，电流为 0.2 A 左右，此时轻金属溶解在溶液中，当轻金属快溶解完时，汞才开始溶解，此时溶液变浑浊，汞表面有白色 $HgSO_4$ 析出。这时降低电流继续电解片刻即可结束。将电解液分离掉，汞在洗汞器中用蒸馏水多次冲洗，即可得到纯化。

2.4 高压钢瓶的使用及注意事项

2.4.1 气体钢瓶的颜色标记

我国气体钢瓶常用的标记见表Ⅰ-2-3。

表Ⅰ-2-3　气体钢瓶瓶身颜色及标字颜色

气体类别	瓶身颜色	标字颜色	字样
氮气	黑	黄	氮
氧气	天蓝	黑	氧
氢气	深蓝	红	氢
压缩空气	黑	白	压缩空气
二氧化碳	黑	黄	二氧化碳
氦	棕	白	氦
液氨	黄	黑	氨
氯	草绿	白	氯
乙炔	白	红	乙炔
氟氯烷	铝白	黑	氟氯烷
石油气体	灰	红	石油气
粗氩气体	黑	白	粗氩
纯氩气体	灰	绿	纯氩

2.4.2 气体钢瓶的使用

(1) 在钢瓶上装上配套的减压阀。检查减压阀是否关紧，方法是逆时针旋转调压手柄至螺杆松动为止。

(2) 打开钢瓶总阀门，此时高压表显示出瓶内储气总压力。

(3) 慢慢地顺时针转动调压手柄，至低压表显示出实验所需压力为止。

(4) 停止使用时，先关闭总阀门，待减压阀中余气逸尽后，再关闭减压阀。

2.4.3 气体钢瓶使用的注意事项

(1) 钢瓶应存放在阴凉、干燥、远离热源的地方。可燃性气瓶应与氧气瓶分开存放。

(2) 搬运钢瓶要小心轻放，钢瓶帽要旋上。

(3) 使用时应装减压阀和压力表。可燃性气瓶(如 H_2、C_2H_2)气门螺丝为反丝；不燃性或助燃性气瓶(如 N_2、O_2)为正丝。各种压力表一般不可混用。

(4) 不要让油或易燃有机物沾染气瓶(特别是气瓶出口和压力表上)。

(5) 开启总阀门时，不要将头或身体正对总阀门，防止阀门或压力表冲出伤人。

(6) 不可把气瓶内气体用光，以防重新充气时发生危险。

(7) 使用中的气瓶每三年应检查一次，装腐蚀性气体的钢瓶每两年检查一次，不合格的气瓶不可继续使用。

(8) 氢气瓶应放在远离实验室的专用小屋内，用紫铜管引入实验室，并安装防止回火的装置。

2.5 X射线的防护

X射线被人体组织吸收后，对人体健康是有害的。一般X射线衍射分析晶体时用的软X射线(波长较长、穿透能力较低)比医院透视用的硬X射线(波长较短、穿透能力较强)对人体组织伤害更大。轻的造成局部组织灼伤，如果长时期接触，重的可造成白细胞下降、毛发脱落，甚至发生严重的射线病。但若采取适当的防护措施，上述危害是可以防止的。最基本的是防止身体各部(特别是头部)受到X射线照射，尤其是受到X射线的直接照射。因此，X射线管窗口附近必须用铅皮(厚度在1 mm以上)挡好，使X射线尽量限制在一个局部小范围内，不让它散射到整个房间，在进行操作(尤其是对光)时，应戴上防护用具(特别是铅玻璃眼镜)。操作人员站的位置应避免直接照射。操作完，用铅屏把人与X射线机隔开。暂时不工作时，应关好窗口，非必要时，人员应尽量离开X射线实验室。室内应保持良好通风，以减少由高电压和X射线电离作用产生的有害气体对人体的影响。

2.6 意外事故处理

2.6.1 化学灼烧

(1) 酸(或碱)灼伤皮肤，立即用大量水冲洗，再用碳酸氢钠饱和溶液(或1%～2%乙酸溶液)冲洗，最后再用水冲洗，涂敷氧化锌软膏(或硼酸软膏)。

(2) 酸(或碱)灼伤眼睛时，不要揉搓眼睛，立即用大量水冲洗，再用3%的硫酸氢钠溶液

(或用3%的硼酸溶液)淋洗,然后用蒸馏水冲洗。

(3) 碱金属氰化物、氢氰酸灼伤皮肤时,用高锰酸钾溶液洗,再用硫化铵溶液漂洗,然后用水冲洗。

(4) 溴灼伤皮肤时,立即用乙醇洗涤,然后用水冲洗干净,涂上甘油或烫伤油膏。

(5) 苯酚灼伤皮肤时,先用大量水冲洗,再用体积比为4∶1乙醇(70%)与氯化铁($1\ mol \cdot L^{-1}$)的混合液洗涤。

2.6.2 割伤和烫伤

(1) 割伤:若伤口内有异物,先取出异物后,用蒸馏水洗净伤口,然后涂上红药水并用消毒纱布包扎,或贴创可贴。

(2) 烫伤:立即涂上烫伤膏,切勿用水冲洗,更不能把烫起的水泡戳破。

2.6.3 毒物与毒气误入口、鼻内

(1) 毒物误入,立即内服5~10 mL稀$CuSO_4$温水溶液,再用手指伸入咽喉促使呕吐毒物。

(2) 刺激性、有毒气体吸入或误吸入煤气等有毒气体时,立即在室外呼吸新鲜空气;误吸入溴蒸气、氯气等有毒气体时,立即吸入少量乙醇和乙醚的混合蒸气,以便解毒。

2.6.4 触电

若有人触电,立即拉下电闸,必要时进行人工呼吸。当所发生的事故较严重时,做了上述急救后应将伤者立即送医院治疗。

2.6.5 起火

(1) 小火、大火:小火用湿布、石棉布或沙子覆盖燃物;大火应使用灭火器,而且需根据不同的着火情况,选用不同的灭火器,必要时应报火警(119)。

(2) 油类、有机溶剂着火:切勿用水灭火,小火用干沙或干粉覆盖灭火;大火用二氧化碳灭火器灭火;也可用干粉灭火器或1211灭火器灭火。

(3) 精密仪器、电器设备着火:切断电源;小火可用石棉布或湿布覆盖灭火;大火用四氯化碳灭火器灭火;也可用干粉灭火器或1211灭火器灭火。

(4) 活泼金属着火:可用干燥的细沙覆盖灭火。

(5) 纤维材质着火:小火用水降温灭火;大火用泡沫灭火器灭火。

(6) 衣服着火:应迅速脱下衣服,或用石棉覆盖着火处,或卧地打滚。

第 3 章　实验误差与数据处理

化学是以实验为基础的科学。化学实验中的所有测量，无论是直接还是间接测量，最根本的目的都是为求得与物质性质有关的某一物理量的真值，如溶液的浓度、与反应热有关的温度等。但是，严格来说，任何物理量的真值都是无法测定的。正如科尔索夫(Kolthoff)所言：“从理论上讲，物理量的正确值是不可能得到的。”可见人们所能测得的只是某一物理量的近似值。在测量中，尽管不断改进测量方法，采用先进的设备，不断提高测量技术，使测得的数值逐渐接近于真值，但是这种改进与提高是有一定限度的，超过此限度，谁也无能为力。换句话说，任何测量都不可能绝对准确，误差是必然存在的。即误差难免，真值难得。因此，当人们要测量物质的某一性质或对物质的某性质做一系列测量时，一方面，必须对所测对象进行分析研究，选择适当的测量方法，估计所测结果的可靠程度(误差分析)，并对所测数据给予合理的解释；另一方面，还必须将所得数据加以整理归纳，用一定的方式表示出各数值之间的相互关系，从而在一组观测值中确定最佳值(数据处理)，用此值代表所要测量的某一物理量。

3.1　实验误差的分类

根据误差的性质及其产生的原因，可将误差分为 3 大类：①系统误差(或恒定误差)；②随机误差(偶然误差)；③过失误差。

1) 系统误差

由某些比较确定的、始终存在的但又未发觉或未认知的因素引起的误差称为系统误差(systematic error)。这些因素影响的结果永远朝一个方向偏离，其大小及符号在同一类实验中完全相同。其来源主要有：①方法误差；②仪器误差；③试剂误差；④操作误差。由此可见，当方法、仪器、试剂、环境及操作者确定后，就确定了一个测定系统，此系统的固有缺陷所导致的误差就是系统误差。

2) 随机误差

由于某些无法控制的不确定性因素的随机(偶然)波动而形成的误差称为随机误差(random error)(偶然误差)，表现为在所测数据的末一位或末二位数字上有差别。

随机误差的产生，可能是因为环境温度、湿度、气压的变化，仪器性能的微小波动，电压、电流的变化，以及操作过程上的微小差别等。

3) 过失误差

过失误差(mistake error)顾名思义就是纯系操作者的失误所造成的，如读错刻度、记录错误、加错试剂、溅失溶液等。凡是含有过失误差的数据应一律弃去。

3.2　实验误差的表示方法

3.2.1　误差

误差(error)指测定值(x)与真值(μ_0)之差。误差代表着测定结果的准确度(accuracy)。

准确度指测定值与真值接近的程度，测定值与真值越接近，说明误差越小，准确度越高。

误差分为绝对误差(absolute error)和相对误差(relative error)。

$$E_a = x - \mu_0 \tag{Ⅰ-3-1}$$

$$E_r = \frac{E_a}{\mu_0} \times 100\% = \frac{x-\mu_0}{\mu_0} \times 100\% \tag{Ⅰ-3-2}$$

式中，E_a 为绝对误差；E_r 为相对误差；x 为测定值；μ_0 为真值。

E_a 和 E_r 有什么区别呢？我们先举一个例子。

【例 3-1】 某矿样中的铜、锌的质量分数(%)分别为 3.00、30.00，测定结果分别为 3.03、30.03，分别求出测定结果的绝对误差和相对误差。

解	x	μ_0	E_a	E_r
Cu 的测定值	3.03	(3.00)	0.03	1%
Zn 的测定值	30.03	(30.00)	0.03	0.1%

在此例中，Cu 和 Zn 的绝对误差 E_a 虽然相同，但相对误差 E_r 却相差 10 倍。由于相对误差也就是测量单位量所产生的误差[例如，对 100.0 m 材料进行测量，结果为 100.1 m，则 $E_r=(100.1-100.0)/100.0=0.001$，即每测量 1 m 的长度产生 0.001 m 的误差]，因此对于不同的测定，只有相对误差才具有可比性，这就使相对误差更具有实用意义。显而易见，在此例中，锌的测定结果准确度比铜的测定结果准确度高。

虽然说真值是存在的，但由于误差难免，真值难得，因此，一般常取多次测定结果的算术平均值作为最后的测定结果。此时

$$E_a = \bar{x} - \mu_0 \tag{Ⅰ-3-3}$$

$$E_r = \frac{E_a}{\mu_0} \times 100\% = \frac{\bar{x}-\mu_0}{\mu_0} \times 100\% \tag{Ⅰ-3-4}$$

式中，$\bar{x}$ 为算术平均值。若 n 次测定结果依次为 $x_1, x_2, \cdots, x_i, \cdots, x_n$，则有

$$\bar{x} = \frac{1}{n}(x_1 + x_2 + \cdots + x_i + \cdots x_n) = \frac{1}{n}\sum_{i=1}^{n} x_i = \frac{1}{n}\sum x_i \tag{Ⅰ-3-5}$$

3.2.2 偏差

偏差(deviation, d_i)是单个测量值与平均值之差。它表示测定结果的精密度(precision)，是指各测定值之间相互符合的程度。如果各测定值彼此接近、集中，或波动性小、离散性小，则偏差就小，精密度也就高。

1) 单个偏差(individual deviation)

$$d_i = x_i - \bar{x} \tag{Ⅰ-3-6}$$

2) 平均偏差

$$\bar{d} = \frac{1}{n}\sum |d_i| = \frac{1}{n}\sum |x_i - \bar{x}| \tag{Ⅰ-3-7}$$

由误差的性质可知，当 n 很大时单个偏差的代数和为零，所以取单个偏差的绝对值的平均值为平均偏差(average deviation)。

证明　由式(Ⅰ-3-5)得

$$\sum x_i = n\bar{x}$$

所以

$$\sum d_i = \sum (x_i - \bar{x}) = \sum x_i - n\bar{x} = n\bar{x} - n\bar{x} = 0 \quad (\text{I}-3-8)$$

通常用 δ 表示无限多次测定的平均偏差：

$$\delta = \frac{1}{n}\sum |x_i - \mu| \quad (\text{I}-3-9)$$

式中，μ 为总体平均值，其定义式为

$$\mu = \lim_{n\to\infty}\frac{1}{n}\sum x_i \quad (\text{I}-3-10)$$

平均偏差虽然是表示偏差较好的方法，但其缺点是无法表示出各次测量值之间彼此符合的情况。因为在一组测量中偏差彼此接近的情况下与另一组测量中偏差有大、中、小三种情况下，所得平均值可能相同，如 3.1、2.9、3.0 和 1.0、3.0、5.0 这两组值，其平均值都是 3.0。

3) 标准偏差

标准偏差(standard deviation)不仅是一组测量中各个观测值的函数，而且对一组测量中的较大偏差和较小偏差感觉比较灵敏，所以标准偏差是表示精密度的最好方法。近代物理化学中，特别在热量学中已广泛采用。标准偏差用来衡量数据的离散程度，表示测量的精密度。其定义式为

$$s = \sqrt{\frac{\sum (x_i - \bar{x})^2}{n-1}} \quad (\text{I}-3-11)$$

式中，s 为有限次测量的标准偏差；$(n-1)$为自由度(freedom)，用 f 表示。自由度即独立偏差的个数，因各偏差之和为零($\sum d_i=0$)，所以 n 个偏差中只有$(n-1)$个是独立的，剩下的一个将受到制约，不再独立。

例如，在 $d_1, d_2, \cdots, d_{n-1}, d_n$ 中，如果前$(n-1)$个偏差独立，那么 d_n 就受到制约，即不再独立。

$$d_n = 0 - \sum_{i=1}^{n-1} d_i$$

显而易见，如果 d_n 是独立的，则在 $d_1, d_2, \cdots, d_{n-1}$ 中必然有一个不是独立的。总而言之，对容量为 n 的样本，其独立偏差的个数，即自由度为 $f=n-1$。

4) 极差

极差(range)即一组数据中极大值(maximum)与最小值(minimum)之差，用 R_a 表示。

$$R_a = \max\{x_i\} - \min\{x_i\} \quad (\text{I}-3-12)$$

由极差可以大概看出测量数据的离散程度，也可用其估计标准偏差。

当测定次数 $n \leqslant 15$ 时，标准偏差和极差之间的关系为

$$s = \frac{R_a}{C} \quad (\text{I}-3-13)$$

式中，C 为与测定次数有关的统计因子，其数值参见表 I-3-1。

表 I-3-1 由极差估算标准偏差的统计因子

n	2	3	4	5	6	7	8	9	10	11	12
C	1.128	1.693	2.059	2.326	2.534	2.704	2.847	2.970	3.078	3.173	3.258

引自 Skong D A, West D M. Fundamentals of Analytical Chemistry. 4th ed. 1982. 56

【例 3－2】 用中和法标定某碱溶液的浓度，消耗标准酸的量(mL)为 21.13，21.08，21.09，21.09，21.11。(1)计算标准偏差。(2)由极差值估算标准偏差。

解 (1)
$$\bar{x}=\frac{1}{5}(x_1+x_2+x_3+x_4+x_5)=21.10$$
$$s=\sqrt{\frac{\sum(x_i-\bar{x})^2}{n-1}}=\sqrt{\frac{0.0016}{5-1}}=0.02$$

(2)
$$R_a=21.13-21.08=0.05 \qquad n=5 \qquad C=2.326$$
$$s=\frac{R_a}{C}=\frac{0.05}{2.326}=0.02\text{(结果如前所示，但计算却简便得多)}$$

由于 C 值大致等于 $\sqrt{n}$，因此还可以按式(Ⅰ－3－14)粗略估计标准偏差：
$$s=\frac{R_a}{\sqrt{n}} \tag{Ⅰ－3－14}$$

虽然平均偏差和极差都可以用来表征精密度，但是标准偏差在其计算中，不仅充分利用了样本的所有数据即样本的所有信息，而且各偏差先平方再加和，灵敏地反映出了大偏差的存在，所以人们经常用标准偏差来代表数据的离散程度。

3.2.3　误差的传递

如果 $R=f(A,B,\cdots)$，$A,B,\cdots$为在实验中能够直接测定的各个物理量，设对 $A,B,\cdots$均测量 m 次，那么可得到 m 个 R 值，其对应关系分别为
$$A_1,A_2,\cdots,A_i(\mathrm{d}A_i=A_i-\bar{A}),\cdots,A_m\left(\bar{A}=\frac{1}{m}\sum A_i\right)$$
$$B_1,B_2,\cdots,B_i(\mathrm{d}B_i=B_i-\bar{B}),\cdots,B_m\left(\bar{B}=\frac{1}{m}\sum B_i\right)$$
$$R_1,R_2,\cdots,R_i(\mathrm{d}R_i=R_i-\bar{R}),\cdots,R_m\left(\bar{R}=\frac{1}{m}\sum R_i\right)$$

每次测量的误差为
$$\mathrm{d}R_i=\frac{\partial R}{\partial A}\mathrm{d}A_i+\frac{\partial R}{\partial B}\mathrm{d}B_i+\cdots$$

上式两端同时平方得
$$(\mathrm{d}R_i)^2=\left(\frac{\partial R}{\partial A}\right)^2\mathrm{d}A_i{}^2+\left(\frac{\partial R}{\partial B}\right)^2\mathrm{d}B_i{}^2+2\frac{\partial R}{\partial A}\frac{\partial R}{\partial B}\mathrm{d}A_i\mathrm{d}B_i+\cdots$$

把 m 个上述的同类式子相加，得
$$\sum(\mathrm{d}R_i)^2=\left(\frac{\partial R}{\partial A}\right)^2\sum\mathrm{d}A_i^2+\left(\frac{\partial R}{\partial B}\right)^2\sum\mathrm{d}B_i^2+2\frac{\partial R}{\partial A}\frac{\partial R}{\partial B}\sum\mathrm{d}A_i\mathrm{d}B_i+\cdots$$

因为上述各测量值 $A,B,\cdots$相互独立，所以其偏差 $\mathrm{d}A_i\mathrm{d}B_i\cdots$也互不相关，其测量值符合正态分布，其偏差乘积 $\mathrm{d}A_i\mathrm{d}B_i\cdots$也符合正态分布。根据高斯定律，正误差与负误差的数目相等，当对应的组数足够多时，偏差之积的加和 $\sum\mathrm{d}A_i\mathrm{d}B_i\cdots$ 等于零(非平方项相对小，而平方项则与正负无关)。于是上式的右端就只剩下平方项：
$$\sum(\mathrm{d}R_i)^2=\left(\frac{\partial R}{\partial A}\right)^2\sum\mathrm{d}A_i^2+\left(\frac{\partial R}{\partial B}\right)^2\sum\mathrm{d}B_i^2+\cdots$$

两端同除以 m 得
$$\frac{\sum(\mathrm{d}R_i)^2}{m}=\left(\frac{\partial R}{\partial A}\right)^2\frac{\sum\mathrm{d}A_i^2}{m}+\left(\frac{\partial R}{\partial B}\right)^2\frac{\sum\mathrm{d}B_i^2}{m}+\cdots$$

即
$$\sigma_R^2=\left(\frac{\partial R}{\partial A}\right)^2\sigma_A^2+\left(\frac{\partial R}{\partial B}\right)^2\sigma_B^2+\cdots \tag{Ⅰ－3－15}$$

对于有限次测定，则有

$$s_R^2=\left(\frac{\partial R}{\partial A}\right)^2 s_A^2+\left(\frac{\partial R}{\partial B}\right)^2 s_B^2+\cdots \qquad (\text{Ⅰ}-3-16)$$

为了便于记忆和比较，把误差传递公式列于表Ⅰ-3-2。

表Ⅰ-3-2　系统误差与随机误差传递公式对照表

函数式	系统误差传递公式	随机误差传递公式
一般式：$R=f(A,B,\cdots)$	$dR=\frac{\partial R}{\partial A}dA+\frac{\partial R}{\partial B}dB+\cdots$	$s_R^2=\left(\frac{\partial R}{\partial A}\right)^2 s_A^2+\left(\frac{\partial R}{\partial B}\right)^2 s_B^2+\cdots$
加减法：$R=mA-nB+C$	$dR=mdA-ndB+dC$	$s_R^2=m^2s_A^2+n^2s_B^2+s_C^2$
乘除法：$R=n\frac{AB}{C}$	$\frac{dR}{R}=\frac{dA}{A}+\frac{dB}{B}-\frac{dC}{C}$	$\frac{s_R^2}{R^2}=\frac{s_A^2}{A^2}+\frac{s_B^2}{B^2}+\frac{s_C^2}{C^2}$
对数运算：$R=k+m\ln A$	$dR=m\frac{dA}{A}$	$s_R^2=\left(\frac{m}{A}\right)^2 s_A^2$
指数运算：$R=kA^m$	$dR=mA^{m-1}dA$	$s_R^2=(mA^{m-1})^2 s_A^2$

3.3　有效数字及其运算规则

要处理好数据，首先必须掌握有效数字及其运算规则。所谓有效数字，是指一个数据中包含着的所有完全确定的数字(不包括表示小数点位置的“0”)和末位可疑数字。

根据误差理论，实验中测定的物理量 a 值的结果应表示为 $\bar{a}\pm\Delta a$，$\bar{a}$ 有一个确定的范围 $\Delta\bar{a}$。因此，在具体记录数据时，没有必要将 $\bar{a}$ 的位数记得超过 $\Delta\bar{a}$ 所限定的范围。例如，用精度为±0.02 A的电流表测得电流为 3.46 A，这就意味着电流值 3.4 A 是完全确定的，而末位 6 不确定，它只是告诉了一个范围(4～8)，说明 6 是一位可疑数字，即 3.46 为三位有效数字。

在实验中，首先要按照所用仪器的精度来记录数据，如用 $\frac{1}{100}$ 分度的温度计应记录到 0.002 ℃；使用 25 mL 移液管，体积应记为 25.00 mL。若位数记得太多，则夸大了仪器的精度；若位数记得太少，则没有表达测量的应有精度。其次，在数字运算中，要先修约后计算，并要按照有效数字运算规则决定最后结果的位数。用计算器运算时，要防止过多的有效数字。严格地说，一个数据若未记明不确定范围(精度范围)，则该数据的含义是不清楚的，一般认为最后一位数字的不确定范围为±1，或其下一位的误差不超过±5。

任何一个物理量的数据，其有效数字的最后一位，在位数上应与误差的最后一位划齐。例如，1.35±0.01 是正确的，若写成 1.351±0.01 或 1.3±0.01 则意义不明确。

为了明确地表明有效数字，凡用“0”表明小数点位置的，通常用乘 10 的相当幂次来表示。如 0.003 12 应写作 3.12×10^{-3}，对于像 15 800 cm 这样的数，如实际测量只能取三位有效数字(第三位是由估计而得)，则应写成 1.58×10^4 cm，如实际测量可量至第四位，则应写成 1.580×10^4 cm。

数字的修约规则：“四舍六入五取双”。即如果可舍入的数为 5，其前一位若为奇数则进 1，若前一位为偶数就舍去。这样由于 5 的舍入概率各半，舍入误差恰好相互抵消，因此不会引入累积性舍入误差，弥补了四舍五入的缺陷。例如，12.034 65 取四位有效数字为 12.03，取五位为 12.035，取六位为 12.0346。

有效数字的运算规则：在加减运算中，其和与差所保留小数点后的位数应与各数中小数点后位数最少者相同；在乘除运算中，积与商的位数以百分误差最大或有效数字位数最少者为标准。在对数运算中，对数位数(首数除外)应与真数有效数字相同，如 $u=3151.6$，那么，$\lg u=3.498\,53$。对于像 π、$\sqrt{2}$和有关常数可按需要任意取其有效数字。当数值的首位大于 8 时，必要时可以多算一位有效数字。例如，$13.65+0.0321+1.672$ 应为 $13.65+0.03+1.67=15.35$；又如，$\frac{2.0168\times0.0191}{96}$，在此例中并没指明各数值的误差，据前所述，一般最后一位数字的不确定范围为±1，式中数值 96 的有效数字位数最少，其相对误差为 $1.0\%\left(\frac{1}{96}\times100\%\right)$。数值 2.0168 的 1.0%相对误差为 0.020，已影响 2.0168 的末三位有效数字，所以将 2.0168 改写为 2.02。数值 0.0191 的 1.0%约为 0.0002，仍写为 0.0191。因此可将计算式改写为 $\frac{2.02\times0.0191}{96}=0.000\,401\,9$，结果的有效数字应只有两位：$\frac{2.02\times0.0191}{96}=4.0\times10^{-4}$。

若第一次运算结果需代入其他公式进行第二次或第三次运算，则各中间数值可多取一位有效数字，以免误差叠加，但最后结果仍要保持原有的有效数字。

3.4　实验数据的表示法

实验数据的表示方法多种多样，最常用的有列表法、图解法、方程法。这三种方法各有其优缺点。同一数据，不一定同时都需要用这三种方法表示。方法的选择主要看目的，然后依靠经验与常识去判断，用哪种方法好就用哪种方法。下面仅简要讨论实验数据的方程表示法。

当一组实验数据用列表法或图解法表示后，往往要求将变量间的关系用一个数学解析式表示。因为数学解析式不仅形式紧凑，而且在微积分或内插上，均可给予很大的帮助。显然，最方便的是若图解中得一直线，则有 $y=ax+b$。因为直线不但易于描绘，而且还可以从图上直接确定方程式中常数 a(斜率)与 b(截距)，参数 a 也称为 y 对 x 的回归系数。当 $x-y$ 间表现出非直线关系时，可通过坐标变换使函数式线性化，然后求出直线方程式中的两个常数，见表Ⅰ-3-3。通常用作图法、平均法和最小二乘法三种方法求常数 a 和 b。

表Ⅰ-3-3　坐标变换使函数直线化

原函数	坐标变换		直线化后方程式
	Y	X	$Y=mX+c$
$y=be^{ax}$	$\ln y$	x	$Y=aX+\ln b$
$y=bx^a$	$\ln y$	$\ln x$	$Y=aX+\ln b$
$y=a\lg x+b$	y	$\lg x$	$Y=aX+b$
$y=\frac{1}{ax+b}$	$\frac{1}{y}$	x	$Y=aX+b$
$y=\frac{x}{ax+b}$	$\frac{x}{y}$	x	$Y=aX+b$
$y=ax^2+b$	y	x^2	$Y=aX+b$

如果不能通过改换变量使原曲线直线化，可将原函数表达成 $y=a+bx+cx^2+dx^3+\cdots$的多项式。

【例 3-3】 现以丙酮的温度和蒸气压的实验数据(表Ⅰ-3-4)为例,具体说明三种方法的使用。

表Ⅰ-3-4　丙酮的温度与其蒸气压间关系的实验结果

$10^3/(T/\mathrm{K})=x$	3.614	3.493	3.434	3.405	3.288	3.255	3.226	3.194
$\lg(p/\mathrm{Pa})=y$	3.045	3.246	3.436	3.396	3.588	3.647	3.696	3.478

解　(1) 图解法　凡给定公式可以直接描述一条直线或经适当处理后能改为直线时,均可用此方法。其方法是把实验数据以合适的变量作为坐标绘出直线,从直线上取两点的坐标值(x_1,y_1),(x_2,y_2),计算斜率和截距。斜率为

$$a=\frac{y_2-y_1}{x_2-x_1}\ \text{(直线在 } y \text{ 轴上的截距就是 } b\text{)} \tag{Ⅰ-3-17}$$

以 $\lg(p/\mathrm{Pa})$为 y 轴,$10^3/(T/\mathrm{K})$为 x 轴作图后得:$a=-1.662\times10^{-3}$,$b=9.057$。

(2) 平均法　平均法比较麻烦,但在有 6 个以上比较精密的数据时,结果比作图法好。平均法根据的原理是:在一组测量中,正、负偏差出现的机会相等,所以在最佳的代表线上,所有偏差的代数和将为零,即 a、b 值应能使 ax_i+b 减去 y_i 之差的总和为零,也即 $\sum\limits_{i=1}^{n}(ax_i+b-y_i)=0$。具体做法是把数据代入条件方程式,再将它分为两组$(1\sim k)$和$(k+1\sim n)$,且两组方程式数目几乎相等,即 $n=2k$,然后将两组方程式分别相加得到下列两个方程。

$$a\sum_{i=1}^{k}x_i+kb-\sum_{i=1}^{k}y_i=0 \tag{Ⅰ-3-18}$$

$$a\sum_{i=k+1}^{n}x_i+(n-k)b-\sum_{i=k+1}^{n}y_i=0 \tag{Ⅰ-3-19}$$

联解这两个方程即可得 a 和 b 的值。由表Ⅰ-3-4 所列数据 $x=10^3/(T/\mathrm{K})$可得

① $3.614a+b-3.045=0$　　⑤ $3.288a+b-3.588=0$

② $3.493a+b-3.246=0$　　⑥ $3.255a+b-3.647=0$

③ $3.434a+b-3.436=0$　　⑦ $3.226a+b-3.696=0$

④ $3.405a+b-3.396=0$　　⑧ $3.194a+b-3.748=0$

①+②+③+④得　　$13.946a+4b-13.033=0$

⑤+⑥+⑦+⑧得　　$12.963a+4b-14.679=0$

即 $\begin{cases}13.946a+4b-13.033=0\\12.963a+4b-14.679=0\end{cases}$

解此联立方程得　　$a=-1.67\times10^{-3}$,$b=9.095$

(3) 最小二乘法　用图解法求直线方程中的常数,方法简单但不够精确。由于作图本身存在误差,因此如果将求得的常数代入方程式而得到的 $y_{i计}$ 值与实验得到的 y_i 值尚存在不少的残差。而在有限次测量中,当所有偏差的代数和 $\sum\limits_{i=1}^{n}[(ax_i+b)-y_i]$ 并不一定为零时,用平均法处理数据时还有一定的偏差。因此在要求较高时,应采用最小二乘法求得两变量间的线性回归方程。这种方法处理较烦琐,但结果较可靠,它一般需要 7 个以上数据。

利用最小二乘法求直线方程 $y=ax+b$ 中的常数 a、b 时,其基本假设是:①所有自变量的各个给定值 x_i 均无误差,因变量 y_i 是带有随机误差的值;②最好的曲线为能使各点同曲线的偏差 Δy(点与线之间的上下距离而不是点到线的垂直距离)的平方和为最小。即通过调节直线方程 $y=ax+b$ 的 a、b 两个参数,使各 y_i 的测量值与由方程式求算得到的 $y_{i计}$ 值偏差平方的总和为最小。

设有 n 组 x_i、y_i 值适合方程 $y=ax+b$,根据上述假设即令 $\sum\limits_{i=1}^{n}[y_i-y_{i计}]^2$ 最小。由极值条件可知:

$$\left[\frac{\partial\sum\limits_{i=1}^{n}(y_i-ax_i-b)^2}{\partial a}\right]_b=0 \qquad \left[\frac{\partial\sum\limits_{i=1}^{n}(y_i-ax_i-b)^2}{\partial b}\right]_a=0$$

由此得

$$a\sum_{i=1}^{n}x_i^2+b\sum_{i=1}^{n}x_i-\sum_{i=1}^{n}x_iy_i=0 \tag{Ⅰ-3-20}$$

$$a\sum_{i=1}^{n}x_i-\sum_{i=1}^{n}y_i+nb=0 \tag{Ⅰ-3-21}$$

联立解方程式得

$$a=\frac{\sum x_i\sum y_i-n\sum x_iy_i}{(\sum x_i)^2-n\sum x_i^2} \tag{Ⅰ-3-22}$$

$$b=\frac{\sum x_iy_i\sum x_i-\sum y_i\sum x_i^2}{(\sum x_i^2)-n\sum x_i^2}=\frac{\sum y_i-a\sum x_i}{n} \tag{Ⅰ-3-23}$$

或

$$b=\bar{y}-a\bar{x} \tag{Ⅰ-3-24}$$

显然，用此 a、b 值可得到 y_i 与 x_i 的最佳线性拟合。式（Ⅰ-3-24）说明回归直线通过点 $(\bar{x},\bar{y})$，在作回归直线时应记取这一重要结论。

为了检验变量 x_i 与 y_i 之间的线性相关水平，常用相关系数 $R_{\alpha,f}$ 来度量，用相关系数来检验回归方程可以得出更明确的结论。

$R_{\alpha,f}$ 定义式为

$$R_{\alpha,f}=a\sqrt{\frac{\sum(x_i-\bar{x})^2}{\sum(y_i-\bar{y})^2}} \tag{Ⅰ-3-25}$$

$R_{\alpha,f}$ 的计算式为

$$R_{\alpha,f}=\frac{n\sum x_iy_i-\sum x_i\sum y_i}{\sqrt{\left[n\sum x_i^2-(\sum x_i)^2\right]\left[n\sum y_i^2-(\sum y_i)^2\right]}} \tag{Ⅰ-3-26}$$

若 $|R_{\alpha,f}|=1$，则 x、y 之间存在严格的线性关系，即实验点都落在回归直线上（$a>0$ 时，$R_{\alpha,f}=1$；$a<0$ 时，$R_{\alpha,f}=-1$）。若 $|R_{\alpha,f}|$ 远离 1，则 x、y 之间线性相关较差。$R_{\alpha,f}>0$ 时，y 与 x 正相关，y 随 x 的增大而增大；$R_{\alpha,f}<0$ 时，y 与 x 负相关，y 随 x 的增大而减小。若 $R_{\alpha,f}=0$，则 x、y 之间无任何相关关系，回归直线平行于 x 轴。以上讨论说明，欲知 y 与 x 是否存在相关关系以及相关程度如何，可以根据 $|R_{\alpha,f}|$ 值是否显著地大于零而接近于 1 来判断。附表 24 所列为相关系数临界值 $R_{\alpha,f}$（α 为显著性水平，表中 $f=n-2$）。可将实际值与表值作比较，如果大于表值，说明 y 与 x 之间相关性较好，回归方程有意义；如果小于表值，说明 y 与 x 之间相关性较差，回归方程意义不大。

【例 3-4】 已知一组直线关系的 x-y 数据如下：

x	0.03	0.95	2.04	3.11	3.96	5.03	5.99	7.01	8.10
y	−3.01	−0.97	0.96	3.08	4.86	7.11	9.03	10.93	13.28

试求 $y=ax+b$ 中常数 a、b 值与相关系数 $R_{\alpha,f}$。

解 根据已知的 9 组 x、y 值，列出需要的各项数据如下：

n	x_i	y_i	x_i^2	y_i^2	x_iy_i
1	0.03	−3.01	0.0009	9.0601	−0.0903
2	0.95	−0.97	0.9025	0.9409	−0.9215
3	2.04	0.96	4.1616	0.9216	1.9584
4	3.11	3.08	9.6721	9.4864	9.5788
5	3.96	4.86	15.6816	23.6196	19.2456
6	5.03	7.11	25.3009	50.5521	35.7633

续表

n	x_i	y_i	x_i^2	y_i^2	x_iy_i
7	5.99	9.03	35.8801	81.5409	54.0897
8	7.01	10.93	49.1401	119.4649	76.6193
9	8.10	13.28	65.6100	176.3584	107.5680
总和	36.22	45.27	206.3498	471.9449	303.8113

计算得

$$a=\frac{36.22\times45.27-9\times303.8113}{(36.22)^2-9\times206.3498}=2.008,\quad b=\frac{303.8113\times36.22-45.27\times206.3498}{(36.22)^2-9\times206.3498}=-3.049$$

所以,求得直线方程为 $y=2.008x-3.049$

$$R_{a,f}=\frac{303.8113-36.22\times45.27/9}{\sqrt{[206.3498-(36.22)^2/9]\quad[471.9449-(45.27)^2/9]}}=0.9998$$

说明这一组数据 x_i 与 y_i 之间的线性关系很好。

【例 3-5】 实验得到镁于不同温度下在纯氧中的氧化速率常数如下:

温度 t/℃	503	526	551	575
氧化速率常数 $k/(\mathrm{mol\cdot L^{-1}\cdot s^{-1}})$	0.26	0.88	2.13	5.71

试求镁的氧化速率常数 k 和温度的关系式及表观活化能。

解 已知反应速率常数 k 与温度 T 之间的一般关系式为 $k=Ae^{-\frac{E}{RT}}$,此式为阿伦尼乌斯公式。式中,A 为指前因子;E 为表观活化能;R 为摩尔气体常量($R=8.314\ \mathrm{J\cdot K^{-1}\cdot mol^{-1}}$)。两边取对数得:$\lg k=\lg A-\frac{E}{2.303R}\cdot\frac{1}{T}$ 令 $y=\lg k$,$x=\frac{1}{T}$,$a=-\frac{E}{2.303R}$,$b=\lg A$,则上式即可转化为 $y=ax+b$。

转化后数据及初步计算结果如下:

n	$10^{-3}x$	y	$10^{-6}x^2$	y^2	$10^{-3}xy$
1	1.289	−0.585 0	1.661 520	0.342 225	−0.754 065
2	1.252	−0.065 5	1.567 504	0.004 290	−0.082 006
3	1.214	0.328 4	1.473 796	0.107 847	0.398 678
4	1.179	0.756 6	1.390 041	0.572 444	0.892 031
总和	4.934	0.434 5	6.092 862	1.026 805	0.454 638

$$\bar{x}=1.2335\times10^{-3},\bar{y}=0.108625$$

经计算得

$$a=-1.2006\times10^4,b=\bar{y}-a\bar{x}=14.918$$

所以回归方程为

$$y=14.918-1.2006\times10^4x$$

即

$$\lg k=14.918-1.2006\times10^4\ \frac{1}{T}$$

由 $b=\lg A=14.918$ 可得指前因子

$$A=10^b=10^{14.918}=8.279\times10^{14}$$

由 $a=-\frac{E}{2.303R}=-1.2006\times10^4$ 可得表观活化能为

$$E=2.299\times10^{5}\ \mathrm{J\cdot mol^{-1}}$$

于是,可得镁的氧化速率常数和温度的关系式为

$$k=8.279\times10^{14}\,\mathrm{e}^{\frac{-2.299\times10^{5}}{RT}}\ \mathrm{mol\cdot L^{-1}\cdot s^{-1}}$$

习　题

1. 下列情况引起什么误差?如果是系统误差,应如何消除?
   (1) 在称量试样时未进行保护,使其吸收了少量水分。
   (2) 重量分析中杂质与被测成分生成共沉淀。
   (3) 转移试液时溅失。
   (4) 过滤时使用了定性滤纸,使沉淀损失。
   (5) 使用化学纯试剂标定溶液。
   (6) 滴定分析中,终点与等当点不一致。
   (7) 对终点颜色判断的差别。
   (8) 电压波动对电子天平的影响。
   (9) 有效数字估计的差别。
   (10) 环境温度的变化对容量仪器的影响。
2. 测定 C 的相对原子质量时,得到下列数据:12.0080,12.0095,12.0097,12.0101,12.0102,12.0106,12.0111,12.0113,12.0118,12.0120。计算平均值、单次测量值的平均偏差和标准偏差(提示:数据位数较多时,宜先同时减去某一数值,再乘以若干倍数,化简后再进行处理,最后换算复原)。
3. 测定某工业废水中铬的质量分数(%),6 次平行测定结果为:20.48,20.55,20.58,20.60,20.53,20.50。
   (1) 计算这组数据的平均值、平均偏差、相对平均偏差、标准偏差(最好用简便算法)、相对标准偏差。
   (2) 如果此工业废水为标准试样,铬的质量分数为 20.46%,计算测定的绝对误差和相对误差。
   (3) 试用极差估算标准偏差,并将估算值与(1)中结果做比较。
4. 用氧化还原法测得 $FeSO_4\cdot7H_2O$ 中铁的质量分数为 20.01、20.03、20.04、20.05。计算分析结果的平均值,单次测量值的平均偏差、相对平均偏差、标准偏差和相对标准偏差。
5. 当测定次数很多时,下列关于标准偏差 σ 与平均偏差 δ 之间的关系式中,哪一个是正确的?
   (1) $\sigma<\delta$　　(2) $4\sigma=3\delta$　　(3) $\sigma=0.8\delta$　　(4) $4\delta=3\sigma$
6. 下列有关 n 次测定结果的平均值的标准偏差 $s_{\bar{x}}$ 与单次测量结果的标准偏差 s_x 之间关系的表达式中,哪个是正确的?
   (1) $s_{\bar{x}}=\dfrac{s_x}{\sqrt{n}}$　　(2) $s_{\bar{x}}=\dfrac{s_x}{n}$　　(3) $s_x=\dfrac{s_{\bar{x}}}{n}$　　(4) $s_{\bar{x}}>s_x$
7. 称取泻盐($MgSO_4\cdot7H_2O$)0.5403 g,将其溶解,在一定条件下沉淀为 $MgNH_4PO_4$。经过滤、洗涤、灼烧,最后得到 $Mg_2P_2O_7$ 0.1980 g。如果天平称量时的标准偏差 $s=0.10$ mg,计算分析结果 x 及其标准偏差 s_x。
8. 称取 210 mg 草酸钠($Na_2C_2O_4$),溶解后用待标定的高锰酸钾溶液滴定,用去 30.10 mL。如果天平的精度为 0.1 mg,滴定管读数误差为±0.01 mL,求高锰酸钾溶液当量浓度的极值相对误差。
9. 用直接电位法测定二价离子的浓度,其定量关系式为 $E=E^{\ominus}+0.029\lg c_x$。欲使分析结果的相对误差小于 4%,电位的测量误差应小于多少毫伏?
10. 光谱定量分析的基本公式为:$\dfrac{\Delta H}{r}=b\lg c+\lg a$。式中,$\Delta H$ 为黑度差;r 为感光板的反衬度;b 为与自吸有关的常数;c 为被测物质浓度;a 为与光谱乳剂惰延量有关的常数。如果 ΔH 的测量误差为 0.02,$b=1$,$r=1$,求分析结果的相对误差。

11. 如果直接测量值与物质含量间具有线性关系，那么标准加入法的计算公式如下：

$$x=m\frac{A}{B-A}$$

式中，x 为试样中被测物质含量；m 为标准加入量；A、B 分别为加入标准前后的测量值(如原子吸收法及紫外-可见分光光度法中的吸光度等)。如果 $s_A=s_B=0.01$，$s_m=0.1\times10^{-6}$ mol，$A=0.34$，$B=0.54$，$m=4.0\times10^{-65}$ mol，试求 x 及 s_x。

12. 有一组测量值，其总体标准偏差 σ 为未知，要判断这组数据的分析方法是否可靠，应该用下列方法中的哪一种？

(1) $4\bar{d}$ 法则　(2) 格鲁布斯法　(3) F 检验法　(4) t 检验法

13. 试分别说明离群值检验、F 检验和 t 检验的目的及其赖以建立的逻辑推理方法。

14. 两位分析人员对同一含 SO_4^{2-} 的样品用重量法进行分析，得到两组分析数据，要判断两人分析的精密度有无显著差异，应该用下列方法中的哪一种？

(1) Q 检验法　(2) F 检验法　(3) $3s$ 检验法　(4) t 检验法

15. 用碘量法测定铜合金试样中铜的质量分数(%)，7 次测定结果为：60.52，60.61，60.50，60.58，60.35，60.64，60.53。分别用 $4\bar{d}$ 法，Q 法($P=95\%$)，格鲁布斯法($P=95\%$)，检验以上测定结果中有无应舍弃的离群值。比较三种结果，并予以说明。

16. 某铁矿试样中铁含量(%，质量分数)的 4 次测定结果为 70.14，70.20，70.04，70.25。如果第五次测定结果不为 Q 检验法所舍去，那么它应该在什么范围之内($P=95\%$)？

17. 在生产正常时，某钢铁厂的钢水平均含碳量为 4.55。某一工作日抽查了 5 炉钢水，测定含碳量分别为 4.28，4.40，4.42，4.35，4.37。则这个工作日生产的钢水含碳量是否正常($P=95\%$)？

18. 某厂生产一种含铬青铜器，铬的标准含量为 2.00%(质量分数)。工厂实验室对一批产品进行抽样检验，得到铬含量(%，质量分数)的分析结果为 1.96，2.20，2.04，2.15，2.12，则这批产品的铬含量是否合格($P=95\%$)？

19. 用两种基准物质标定 HCl 溶液的浓度，得到下列结果：

A	B
0.098 96 mol · L^{-1}	0.099 11 mol · L^{-1}
0.098 91 mol · L^{-1}	0.098 96 mol · L^{-1}
0.099 01 mol · L^{-1}	0.098 86 mol · L^{-1}
0.098 96 mol · L^{-1}	0.099 01 mol · L^{-1}
	0.099 06 mol · L^{-1}

则这两批数据之间是否存在显著性差异(置信度为 90%)？

20. 工厂实验室对电镀车间的镀镍电解液进行常年分析，发现如果其他成分含量符合要求，那么在生产正常的情况下，电解液内硫酸镍的含量(g · L^{-1})符合正态分布 $N(220,11^2)$。已知某周的分析结果为 240，232，244，204，226，210。则这一周内电解液中的硫酸镍含量是否正常($P=95\%$)？

21. 下列两组实验数据的精密度有无显著性差异(置信度为 90%)？

A：9.56；9.49；9.62；9.51；9.58；9.63

B：9.33；9.51；9.49；9.51；9.56；9.40

22. 铁矿石标准试样中铁的标准值为 54.46%，某分析人员分析 4 次，得平均值 54.26%，标准偏差=0.05%，问在置信度为 95%时，分析结果是否存在系统误差？

23. 两个实验室用同种方法分析一种黄铜合金(H90)中的铜含量(%，质量分数)，所得结果为：A：91.08，89.36，89.60，89.91，90.79，90.80，89.03；B：91.95，91.42，90.20，90.46，90.73，92.31，90.94。则 A、B 两个实验室的分析结果有无显著性差异($P=95\%$)？

24. 实验测得不同温度 t 下氟化镁的热容量(C)如下：

t/℃	300	400	500	600	700	800	900	1000
$C/(J\cdot mol^{-1}\cdot K^{-1})$	14.76	17.99	19.22	20.48	21.78	23.11	24.43	25.84

试用最小二乘法求出 C 与 t 之间关系的近似表达式(通常称为经验公式),并对建立的回归方程进行检验(α=0.01)。

25. 用两种不同分析方法对矿石中铁的含量进行分析,得到两组数据如下:

	$\bar{x}$	s	n
方法 1	15.34%	0.10%	11
方法 2	15.43%	0.12%	11

(1) 置信度为 90%时,两组数据的标准偏差是否存在显著性差异?

(2) 在置信度分别为 90%、95%及 99%时,两组分析结果的平均值是否存在显著性差异?

26. 实验室有两瓶 NaCl 试剂,标签上未标明出厂批号,为了判断这两瓶试剂的 Cl^- 含量是否有显著区别,某人用莫尔法对它们进行测定,Cl^- 含量(%,质量分数)的测定结果如下:

A 瓶　60.52,　60.41,　60.43,　60.45

B 瓶　60.15,　60.15,　60.05,　60.08

则置信度为 90%时,两瓶试剂的 Cl^- 含量是否有显著差异?

27. 为提高光度法测定微量 Pd 的灵敏度,改用一种新的显色剂。设同一溶液,用原显色剂及新显色剂各测定 4 次,所得吸光度分别为 0.128,0.132,0.125,0.124 及 0.129,0.137,0.135,0.139。则新显色剂测定 Pd 的灵敏度是否有显著提高?(置信度为 95%)

28. 实验测得硝酸钾在不同温度下的溶解度 S(在 100 g 水中达到饱和状态时所溶解的克数)如下:

t/℃	20	30	40	50	60	70	80	90	100
S/g	31.6	45.8	63.9	85.5	110	138	169	202	246

试用最小二乘法求出硝酸钾溶解度随温度变化的关系式并进行检验(α=0.01)。

29. 钢丝电阻 $R(\mu\Omega)$ 随含碳量(%,质量分数)的增大而增大,在 20 ℃时,实验得到如下数据:

m/%	0.10	0.30	0.40	0.55	0.70	0.80	0.95
$R/\mu\Omega$	15	18	19	21	22.6	23.8	26

试用最小二乘法求出电阻关于含碳量的线性回归方程,并进行检验(α=0.01)。

30. 某学生标定 HCl 溶液的浓度时,得到下列数据:0.1011 $mol\cdot L^{-1}$,0.1010 $mol\cdot L^{-1}$,0.1012 $mol\cdot L^{-1}$,0.1016 $mol\cdot L^{-1}$,根据 4 $\bar{d}$法,第四次数据是否应保留?若再测定一次,得到 0.1014,则上面第四次数据是否应保留?

31. 某学生测定矿石中铜的质量分数时,得到下列结果(%):2.50,2.53,2.55。则再测定一次所得分析结果不应舍去的界限是多少(用 4 $\bar{d}$法估计)?

32. 下面是一组误差测定数据,从小到大排列为:−1.40,−0.44,−0.24,−0.22;−0.05,0.18,0.20,0.48,0.63,1.01。试用格鲁布斯法判断,置信度为 95%时,1.01 和−1.40 这两个数据是否应舍去(提示:每判断一个数据,先判断误差较大者)?

33. 在某化学反应体系中,反应时间 t 与反应物 A 的浓度[A]有密切关系,实验得到如下数据:

t/s	2	5	8	11	14	17	27	31	35	44
$[A]\times10^2/(mol\cdot L^{-1})$	94.8	87.9	81.3	74.9	68.7	64.0	49.3	44.0	39.1	31.6

试求 t 与[A]的关系(提示:t 与[A]的关系服从指数函数,$[A]=ae^{-bt}$)。

34. 标定约 0.1 mol · L^{-1}的 HCl 溶液，如果使滴定时用去的 HCl 约 25 mL，应称取碳酸钠(Na_2CO_3)基准物质多少克？称量的相对误差是否小于 0.1%？如果改用硼砂($Na_2B_4O_7 \cdot 10H_2O$)为基准物，结果如何(使用万分之一天平，即分度值为 0.1 mg)？

35. 光度法测定 Fe^{3+}时，得出下列数据：

Fe 含量 x/mg	0.20	0.40	0.60	0.80	1.00	未知
吸光度 y	0.077	0.126	0.176	0.230	0.280	0.205

(1) 列出一元线性方程。

(2) 求出未知液中 Fe 含量。

(3) 求出相关系数。

36. 以苯为溶剂用凝固点降低法测定某未知物的摩尔质量，获得各物理量及误差数据如下：苯：44.3500 g±0.0002 g；样品：0.3434 g±0.0002 g；凝固点降低值 ΔT＝0.310 K±0.002 K；凝固点降低常数：k_f＝5.12 K · kg · mol^{-1}。计算该未知物的摩尔质量及其相对误差，并报告实验结果。

Ⅱ. 基 本 实 验

热力学部分

实验一　静态法测定纯液体的饱和蒸气压

一、实验目的

1. 明确纯液体饱和蒸气压的定义和气、液两相平衡的概念，深入理解纯液体饱和蒸气压与温度的关系——克劳修斯-克拉贝龙(Clausius-Clapeyron)方程式；

2. 用等压计测定不同温度下乙醇的饱和蒸气压，初步掌握真空实验技术；

3. 学会用图解法来求解被测液体在实验温度范围内的平均摩尔蒸发焓与正常沸点。

二、基本原理

在一定温度下，纯液体处于平衡状态时的蒸气压力称为该温度下的饱和蒸气压。这里的平衡状态是指动态平衡。在某一温度下，被测液体处于密闭、真空容器中，液体分子从液面逃逸成为蒸气，同时蒸气分子因与液面碰撞而凝结成液相。当这两个过程的速度相等时，就达到了动态平衡，此时气相中蒸气的密度不再改变，因此就具有一定的饱和蒸气压。由相律$f=C-\Phi+2=1$可知，纯液体的饱和蒸气压随温度改变而改变。当纯液体的蒸气压与外界压力相等时，液体沸腾，此时的温度称为沸点；当外压为101.325 kPa时，液体的沸点称为正常沸点。纯液体饱和蒸气压与液体的本性(分子大小、结构、形状)、温度及外压等因素有关。

纯液体的饱和蒸气压与温度的关系可用克劳修斯-克拉贝龙方程式表示，有

$$\frac{\mathrm{d}\ln p^*}{\mathrm{d}T}=\frac{\Delta_{\mathrm{vap}}H_{\mathrm{m}}}{RT^2} \qquad (\text{Ⅱ}-1-1)$$

式中，p^*为温度为T时纯液体的饱和蒸气压；T为热力学温度；$\Delta_{\mathrm{vap}}H_{\mathrm{m}}$为液体的摩尔蒸发焓；$R$为摩尔气体常量。

当温度的变化范围不大时，$\Delta_{\mathrm{vap}}H_{\mathrm{m}}$可视为常数，于是将式(Ⅱ-1-1)积分，得

$$\ln p^*=-\frac{\Delta_{\mathrm{vap}}H_{\mathrm{m}}}{RT}+I \qquad (\text{Ⅱ}-1-2)$$

式中，I为积分常数。

在一定温度范围内，测定不同温度下纯液体的饱和蒸气压，以$\ln p^*$对$1/T$作图，可得到一条直线。由该直线的斜率可求得实验温度范围内液体的平均摩尔蒸发焓。

测定饱和蒸气压常用的方法有动态法、静态法、饱和气流法。本实验采用静态法，即将被测物质放在一个密闭体系中，在不同的温度下直接测量其饱和蒸气压，此方法适用于蒸气压比较大的液体。

三、仪器与试剂

仪器：DPCY-Ⅱ型饱和蒸气压教学实验仪1台；DPP-A精密数字压力计(分辨率为10 Pa)；SWC-Ⅱ数字贝克曼温度计(准确度为0.1%)1支；平衡管1支；玻璃恒温槽1套；真空泵及附件等。

试剂：乙醇(分析纯)。

四、实验步骤

(一) 仪器装置

实验装置简图见图Ⅱ-1-1。所有接口必须严密封闭。平衡管由 a、b 和 c 三根相连通的玻璃管组成,a 管中储存待测液体,b 和 c 管中装有相同的液体,在底部相连。当 a、c 管上部纯粹是待测液体的蒸气,b、c 管中的液面在同一水平面时,c 管液面上的蒸气压与 b 管液面上的外压相等,此时液体的温度即为体系的气液平衡温度,即沸点。

平衡管中液体的装入过程为:取下平衡管,洗净,烘干,然后烘烤(可用煤气灯)a 管,赶走管内空气,迅速将液体自 b 管的管口灌入,冷却 a 管,液体被吸入 a 管。反复两三次,使液体灌至 a 管高度的 2/3 为宜,然后接在装置上。

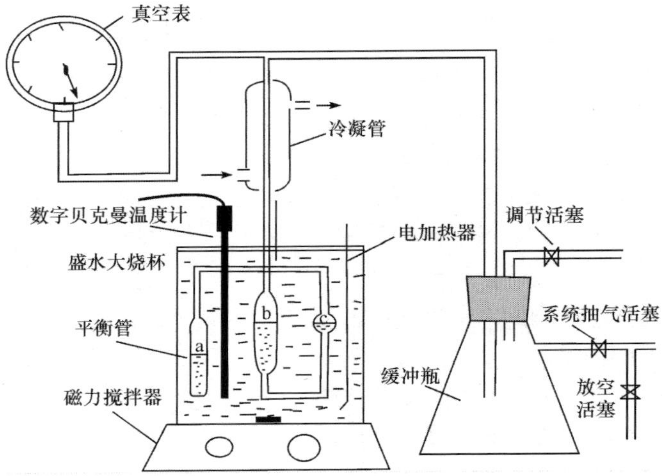

图Ⅱ-1-1 实验装置简图

(二) 具体操作方法

1. 开冷却水及磁力搅拌器。

2. 室温下抽真空。

(1) 打开系统抽气活塞、缓冲瓶调节活塞、放空活塞,将体系中的真空卸掉。

(2) 使真空表读数归零,单位调至“mmHg”。

(3) 关闭缓冲瓶调节活塞,略关闭系统抽气活塞,以防抽速过快将液封乙醇抽干。

(4) 打开真空泵开关,待真空泵正常运转 4~5 min 关闭放空活塞,然后缓慢地将系统抽气活塞关小。

(5) 当真空表读数为−670 mmHg 时关闭系统抽气活塞(注意,液体要轻微沸腾 3~5 min,否则不要关闭抽气活塞,继续抽气),打开放空活塞,关闭真空泵。

(6) 此时若真空表读数维持不变,则表明系统不漏气。

3. 调节测量温度:打开数字贝克曼温度计,调节水银接触温度计到预设温度(至少要比室温高 3 ℃),开恒温槽加热元件开关(注意:水银接触温度计上的预设温度只是一个大体值,它主要用来控制加热系统,恒温槽实际温度由贝克曼温度计读取)。

4. 饱和蒸气压的测量:将真空表调至“kPa”,缓慢打开缓冲瓶调节活塞,调节液封两侧(U

形管内或 b、c 管)液面相平,此时真空表的读数即为系统真空度。注意调节时不要将空气倒灌到 a 管,否则需要对体系重新抽真空。

5. 提高系统温度约 5 ℃,待系统温度稳定后重复步骤 4,测量该温度下的饱和蒸气压,如此重复,直至系统温度约为 50 ℃。

6. 实验完毕后,关闭电源,打开调节活塞,关闭冷却水;记录进行实验时的室温和大气压。

(三) 注意事项

1. 本实验从低温向高温测定,共测定 6 组数据,最高温度不要超过 50 ℃。
2. 调节 U 形管液面平衡时,不要将空气倒灌;否则,体系需要重新抽真空。
3. 抽气速度要合适,谨防平衡管内液体剧烈地沸腾,致使 U 形管中的液体被抽干。
4. 饱和蒸气压与温度有关,所以测定过程中恒温槽的温度波动需控制在±0.1 ℃。

(四) 提问

1. 测定液体饱和蒸气压的装置中有一个缓冲瓶,其作用是什么?
2. 停止抽气之前为什么要先打开放空活塞,然后才关闭真空泵?

五、实验总结

(一) 数据处理

1. 设计实验数据记录表格,用 OriginPro7.5 绘制 $\ln p^*$ 对 $1/T$ 图。
2. 由直线斜率计算液体的平均摩尔蒸发焓,并与文献值比较。
3. 由直线外推至标准大气压,求算样品的正常沸点。

工程上常用 Antoine 经验式关联液体的饱和蒸气压与温度,该式为 $\ln p^* = a + \frac{b}{t-c}$,式中,$a$,$b$,$c$ 为常数;t 为温度,℃。用该式拟合实验数据,求液体的正常沸点,并与式(Ⅱ-1-2)求得结果比较。

(二) 实验讨论

1. 本实验采用从低温向高温测量,可避免从高温向低温测量过程中因降温使饱和蒸气压降低而引起空气倒灌的现象,整个实验过程中若进气调节不出现失误,一次抽真空即可完成实验,操作简便。对比升温和降温两种不同测定过程,发现测量结果无明显差异。

2. 测定纯液体饱和蒸气压的方法除静态法外,还有动态法、饱和气流法等,但静态法准确性较高。静态法适用于测定蒸气压较大的各种液体的饱和蒸气压。动态法适用于测定蒸气压较小的液体的饱和蒸气压。它是通过测定液体的沸点求出蒸气压与温度的关系,即利用改变外压测定不同的沸腾温度,从而得到不同温度下的蒸气压。对于沸点较低的物质,用此法测定其蒸气压与温度的关系较好。饱和气流法是在一定温度和压力下,将一定体积的空气(或惰性气体)以缓慢的速率流过一个易挥发的待测液体,空气被该液体蒸气饱和。分析混合气体中各组分的量以及总压,再按道尔顿分压定律求算混合气体中蒸气的分压,即是该液体的蒸气压。此方法也可测定固态易挥发物质(如碘)的蒸气压,它的缺点是通常不易达到真正的饱和状态,因此实测值偏低。

六、实验延伸

液体的饱和蒸气压是非常重要的物性数据,表示液体挥发的难易程度,对石油、化工的科研和生产具有重要的意义。

测定苯、四氯化碳、水、正丙醇、异丙醇、乙醇、丙酮的蒸发焓,试分析它们摩尔蒸发焓大小与分子结构和物质性质之间的关系,并验证特鲁顿规则。

七、思考题

1. 分析引起实验误差的因素有哪些?
2. 本实验方法能否用于测定溶液的饱和蒸气压?为什么?
3. 说明压力计中所读的数值是否为纯液体的饱和蒸气压。
4. 液体饱和蒸气压的大小取决于哪些因素?查阅相关文献,从宏观和微观两方面来说明。

参考文献

复旦大学,武汉大学,中国科学技术大学,等.2004.物理化学实验.3版.北京:高等教育出版社
顾月姝,宋淑娥.2007.基础化学实验(Ⅲ)——物理化学实验.2版.北京:化学工业出版社
孙尔康,徐维清,邱金恒.1998.物理化学实验.南京:南京大学出版社

实验二　凝固点降低法测定摩尔质量

一、实验目的

1. 用凝固点降低法测定萘的摩尔质量;
2. 掌握溶液凝固点的测量技术;
3. 通过本实验加深对稀溶液依数性质的理解。

二、基本原理

固体溶剂与溶液成平衡的温度称为溶液的凝固点。含非挥发性溶质的双组分稀溶液的凝固点低于纯溶剂的凝固点。凝固点降低是稀溶液依数性质的一种表现。当确定了溶剂的种类和数量后,溶剂凝固点降低值仅取决于溶液中所含溶质分子的数目。

对于理想稀溶液,根据相平衡条件,稀溶液的凝固点降低与溶液成分的关系由范特霍夫(van't Hoff)凝固点降低公式给出:

$$\Delta T_f = \frac{R(T_f^*)^2}{\Delta_f H_m(A)} \frac{n_B}{n_A + n_B} \tag{Ⅱ-2-1}$$

式中,ΔT_f 为凝固点降低值;T_f^* 为纯溶剂的凝固点;$\Delta_f H_m(A)$为溶剂 A 的摩尔凝固热;n_A、n_B 分别为溶剂和溶质的物质的量。

当溶液浓度很稀时 $n_B \leqslant n_A$,式(Ⅱ-2-1)进一步简化为

$$\Delta T_f = \frac{R(T_f^*)^2}{\Delta_f H_m(A)} \frac{n_B}{n_A} = \frac{R(T_f^*)^2}{\Delta_f H_m(A)} M_A m_B = K_f m_B \tag{Ⅱ-2-2}$$

式中,M_A 为溶剂的摩尔质量;m_B 为溶质的质量摩尔浓度;K_f 为质量摩尔凝固点降低常数。

如果已知溶剂的凝固点降低常数 K_f，并测得此溶液的凝固点降低值 ΔT_f 以及溶剂和溶质的质量 W_A、W_B，则溶质的摩尔质量 M_B 可由式(Ⅱ-2-3)求得

$$M_B = K_f \frac{W_B}{\Delta T_f W_A} \qquad (Ⅱ-2-3)$$

应注意，当溶质在溶液中有解离、缔合、溶剂化和形成配合物等情况发生时，不能简单地用式(Ⅱ-2-3)计算溶质的摩尔质量。

纯溶剂的凝固点是它的液相和固相共存的平衡温度。若将纯溶剂逐步冷却，理论上其冷却曲线(步冷曲线)应如图Ⅱ-2-1(1)所示。但实际过程中往往发生过冷现象，在过冷液开始析出固体时会放出凝固热，使体系的温度回升到平衡温度，待液体全部凝固后，溶剂的温度再逐渐下降，其步冷曲线呈图Ⅱ-2-1(2)形状。过冷太甚，会出现图Ⅱ-2-1(3)的形状。

溶液凝固点的精确测量，难度较大。当溶液逐步冷却时，其步冷曲线与纯溶剂不同，见图Ⅱ-2-1(4)、(5)、(6)。由于溶液冷却时有部分溶剂凝固析出，剩余的溶液浓度逐渐增大，因而剩余溶液与溶剂固相的平衡温度也在逐渐下降，出现图Ⅱ-2-1(4)的形状。通常稍有过冷现象发生时，出现图Ⅱ-2-1(5)形状，此时可将温度回升的最高值近似地作为溶剂的凝固点。若过冷太甚，凝固的溶剂过多，溶液的浓度变化过大，则出现图Ⅱ-2-1(6)的形状，则测得的凝固点将偏低，必然会影响溶质摩尔质量的测定结果。因此在测量的过程中应该设法控制适当的过冷程度，一般可通过控制寒剂的温度、搅拌速度等方法来达到。

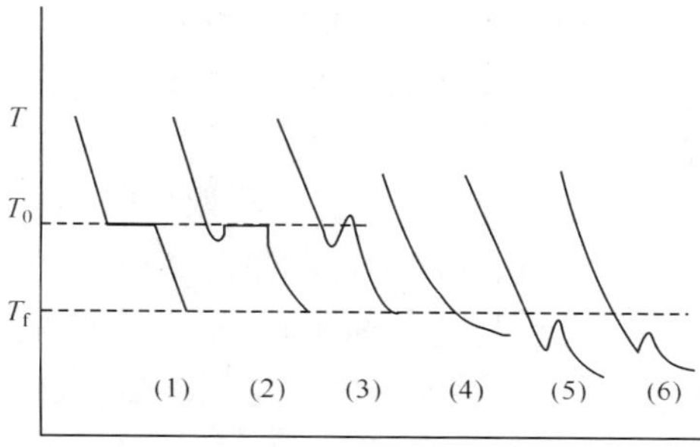

图Ⅱ-2-1 步冷曲线示意图

严格地说，纯溶剂和溶液的冷却曲线，均应通过外推法求得凝固点 T_f^* 和 T_f。图Ⅱ-2-1中曲线(1)、(2)应以平台段温度为准，曲线(6)则可以将凝固后固相的冷却曲线向上外推至与液相段相交，并以此交点作为凝固点。

三、仪器与试剂

仪器：SWC-ⅡD 精密数字温度温差仪(分辨率为 0.001 ℃)1 台；NGC-1 型凝固点测定仪 1 套；酒精温度计 1 支；移液管(25 mL)2 支。

试剂：萘、环己烷(分析纯)；冰。

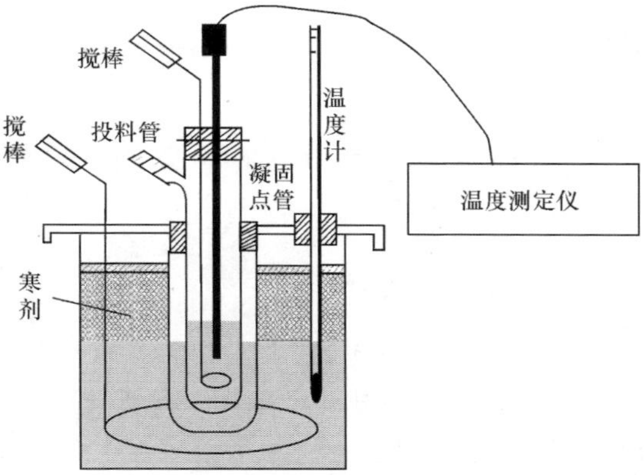

图Ⅱ-2-2 凝固点测定仪

四、实验步骤

(一) 具体操作方法

1. 按图Ⅱ-2-2将凝固点测定仪安装好。注意，凝固点管、数字贝克曼温度计的探头以及搅棒均需清洁和干燥，防止搅拌时搅棒与管壁或温度计探头摩擦。

2. 调节寒剂的温度：调节冰水的量使寒剂的温度为 3.5 ℃左右(寒剂的温度以不低于所测溶液凝固点 3 ℃为宜)。实验过程中，间断地

补充少量的碎冰或水,使寒剂温度基本保持不变。

3. 溶剂凝固点测定:准确移取 25 mL 环己烷到凝固点管中,塞紧软木塞,避免环己烷挥发,记下溶剂温度。注意,加入的环己烷要浸没贝克曼温度计的探头,但不要太多;勿将环己烷溅在管壁上。

4. 将盛有环己烷的凝固点管直接插入寒剂中,上下移动搅拌棒,使溶剂逐步冷却,当有固体析出时,从寒剂中取出凝固点管,将管外冰水擦干,插入空气套管中,缓慢而均匀地搅拌(约每秒一次)。观察贝克曼温度计读数,直至温度稳定,此为环己烷的近似凝固点。

5. 取出凝固点管,用手捂热,使管中的固体完全熔化。再将凝固点管直接插入寒剂中缓慢搅拌,使溶剂较快地冷却。当溶剂温度降至高于近似凝固点 0.5 ℃时迅速取出凝固点管,擦干后插入空气套管中,并缓慢搅拌使环己烷温度逐渐且均匀地降低。同时,每隔 30 s 记录一次溶剂的温度,当温度低于近似凝固点 0.2～0.3 ℃时应急速搅拌,连续记录温度直至稳定。作环己烷的步冷曲线,由曲线确定环己烷的凝固点。重复测定三次,要求溶剂凝固点的绝对平均误差在±0.003 ℃内。

6. 溶液凝固点的测定:取出凝固点管,使管中的环己烷溶解。从凝固点管的支管加入事先压成片状、并已精确称量的萘(加入的量约使溶液的凝固点降低 0.5 ℃左右)。溶液凝固点的测定过程与纯溶剂相同;先测近似凝固点,再测定溶液的步冷曲线。由步冷曲线确定溶液凝固点。同样,溶液凝固点重复测定三次,要求其绝对平均误差在±0.003 ℃内。

(二) 注意事项

1. 凝固点管、搅拌器、贝克曼温度计探头要保持干净、干燥,防止环己烷中混入水分。

2. 搅拌速度的控制是做好本实验的关键,每次测定应按要求的速度搅拌,并且测溶剂与溶液凝固点时搅拌条件要尽力保持基本一致。

3. 寒剂温度以不低于溶液 3 ℃为宜,防止过冷超过 0.2 ℃。

(三) 提问

加入溶剂中的溶质量应如何确定? 加入量过多或过少将会对实验结果产生何种影响?

五、实验总结

(一) 数据处理

1. 用 $\rho_t = 0.7971 - 0.8879 \times 10^{-3} t$ 计算室温 t 时环己烷密度,然后算出所取环己烷的质量 W_A。

2. 由测定的纯溶剂、溶液凝固点 T_f^*、T_f,计算萘的摩尔质量,并判断萘在环己烷中的存在形式。

(二) 实验讨论

1. “凝固点降低法测定摩尔质量”是一个有着百年历史的经典实验,它不仅是一种简便、准确地测量溶质摩尔质量的方法,而且在溶液热力学研究和实际应用中都有着重要的意义,因此,几乎所有的化学实验教材中都会涉及这个实验。

2. 由于受测量仪器的精密度的限制,被测溶液的浓度并不符合规定的假定要求,此时所测得的溶质摩尔质量将随着溶液浓度的不同而变化。为了获得比较准确的摩尔质量数据，通常用外推法，即以所测的摩尔质量为纵坐标，以溶液浓度为横坐标，外推至溶液浓度为 0，可得到较准确的数据。

3. 高温高湿季节不易安排此实验，水蒸气易进入测量系统从而影响测定结果。

4. 实验中的主要误差来源于过冷程度的控制。在达到一定过冷程度时，可加入少量的纯溶剂晶种来促进晶体的形成，实验中需慢慢体会此过程。

5. 实验选用环己烷，环己烷的 $K_f=20.2$，苯的 $K_f=5.12$，前者比后者大 4 倍，且前者毒性小。

6. 用热敏电阻温度计代替贝克曼温度计，便于用外推法得到较准确的凝固点。

六、实验延伸

1. 设计实验，用凝固点降低法测定尿素的摩尔质量。

2. 研究苯甲酸在苯中的缔合度

$$2C_6H_5COOH \rightleftharpoons (C_6H_5COOH)_2$$

物质的量 $n(1-\alpha)$ $n\alpha/2$

式中，α 为缔合度；n 为投入苯甲酸的物质的量。

七、思考题

1. 在冷却过程中，凝固点管内液体有哪些热交换？它们对凝固点的测定有何影响？

2. 当溶质在溶液中有解离、缔合、溶剂化和形成配合物时，测定的结果有何实际意义？

3. 估算实验测量值的误差，说明影响测量结果的主要因素。

参考文献

陈六平，邹世春．2007．现代化学实验与技术．北京：科学出版社

复旦大学，武汉大学，中国科学技术大学，等．2004．物理化学实验．3 版．北京：高等教育出版社

胡晓洪，刘弋潞，梁淑萍．2007．物理化学实验．北京：化学工业出版社

实验三　燃烧热的测定

一、实验目的

1. 明确燃烧热的定义，了解恒压燃烧热与恒容燃烧热的差别；

2. 掌握有关热化学实验的一般知识和测量技术，了解氧弹式热量计的原理、构造及使用方法；

3. 学会用雷诺(Remolds)图解校正温度改变值的方法。

二、基本原理

（一）燃烧热与热量法

根据热化学的定义，1 mol 物质完全氧化时的反应热称为燃烧热。完全氧化对燃烧产物有明确的规定。例如，有机化合物中的碳氧化成二氧化碳，硫氧化成二氧化硫气体等。燃烧热的测定，除了有其实际应用价值外，还可以用于求算化合物的生成热、键能等。

热量法是热力学的一个基本实验方法。在恒容或恒压条件下可以分别测得恒容燃烧热 Q_V、恒压燃烧热 Q_p。由热力学第一定律可知,Q_V 等于体系热力学能变化 ΔU;Q_p 等于其焓变 ΔH。若把参加反应的气体和反应生成的气体都作为理想气体处理,则它们之间存在以下关系:

$$Q_p = Q_V + \Delta nRT \quad (Ⅱ-3-1)$$

$$\Delta H = \Delta U + \Delta(pV) \quad (Ⅱ-3-2)$$

式中,Δn 为反应前、后反应物和生成物中气体的物质的量之差;R 为摩尔气体常量;T 为反应时的热力学温度。

热量计的种类很多,本实验所用氧弹热量计是一种环境恒温式的热量计,其安装如图Ⅱ-3-1 所示。

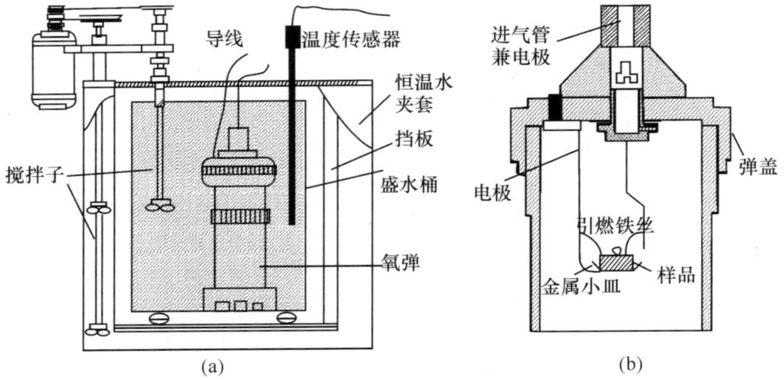

图Ⅱ-3-1　氧弹热量计安装示意图(a)及氧弹剖面图(b)

(二) 氧弹热量计

氧弹热量计的基本原理是能量守恒定律。样品完全燃烧所释放的能量使氧弹本身及其周围的介质和热量计有关附件的温度升高。测量介质在燃烧前后温度的变化值,按式(Ⅱ-3-3)计算出样品的恒容燃烧热。

$$-\frac{W_{样}}{M}Q_V - l \cdot Q_l = (W_{水} C_{水} + C_{计})\Delta T \quad (Ⅱ-3-3)$$

式中,$W_{样}$ 和 M 分别为样品的质量和摩尔质量;Q_V 为样品的恒容燃烧热;l 和 Q_l 分别为引燃用铁丝的长度和单位长度的燃烧热;$W_{水}$ 和 $C_{水}$ 分别为以水为测量介质时水的质量和比热容;$C_{计}$ 为热量计的水当量,即除水之外,热量计升高 1 ℃所需的热量;ΔT 为样品燃烧前后水温的变化。

为了保证样品完全燃烧,氧弹中必须充以高压氧气或其他氧化剂。因此氧弹应有很好的密封性、耐高压、耐腐蚀性。氧弹放在一个与室温一致的恒温套壳中。盛水桶与套壳之间有一个高度抛光的挡板,以减少热辐射和空气的对流(图Ⅱ-3-1)。

三、仪器与试剂

仪器:XRY-1A 数显氧弹式热量计(上海昌吉地质仪器有限公司)1 套;VCY-4 充氧器 1 台;压片机 1 台;直尺 1 把;剪刀 1 把;氧气钢瓶 1 只;引燃专用铁丝;1000 mL 容量瓶 1 个;2000 mL 容量瓶 1 个。

试剂:苯甲酸(分析纯);萘(分析纯)。

四、实验步骤

(一)具体操作方法

1. 苯甲酸燃烧热的测定。

(1) 样品制作:用台秤称取大约 1 g 苯甲酸(切勿超过 1.0 g),在压片机上压成圆片,防止充气时冲散样品,使燃烧不完全造成实验误差。注意样品不要压得太紧或太松,样片压得太紧,点火时不易全部燃烧;压得太松,样品容易脱落。

(2) 将压好片的样品在干净的玻璃上轻击两三次,再用分析天平精确称量。

(3) 装样并充氧气:拧开氧弹盖,将氧弹内壁擦干净。搁上金属小皿,小心将样品片放置在小皿中部。剪取 10 cm 长的引燃铁丝,在直径约为 3 mm 的玻璃棒上将其中段绕成螺旋形(4～5 圈)。将螺旋部分紧贴在样片的表面,两端按图Ⅱ-3-1 固定在电极上。拧紧氧弹盖,将氧弹放入充氧器底座上,使充气口对准充气器的出气口。打开氧气钢瓶总阀,调节减压阀(注意顺时针为开,逆时针为关)到 2～3 MPa。然后,按下充气器的手柄,充气 0.5～1 min,充气完成。

(4) 测量:用容量瓶准确量取已经调节到低于室温 1.0 ℃的自来水 3 L,倒入盛水桶内。将氧弹放入水桶中央,插好电极,盖上盖子,注意把测温探头插入对准水桶的孔中。打开电源,在仪器控制面板上按下搅拌按钮,恒温搅拌。待温度稳定上升后按下复位按钮,并开始计数,每隔 30 s 记录一次温度。记录 12 次后,按下点火按钮,继续每隔 30 s 记录温度数据。大概 30 s后,显示温度(温差)开始迅速上升,表明样品点火成功。如果点火 1～2 min 后,显示温度仍未有显著变化,表明点火失败。等显示温度达到最大值后,再测几组数据,即可结束本次测定过程。一般点火后需要记录 28～30 次。实验结束后,关闭搅拌器,取出温度探头,拔下电极,再取出氧弹,用放气阀放掉余气。旋开氧弹盖,检查样品燃烧是否完全。氧弹中应没有明显的燃烧残渣,否则应重做实验。测量燃烧后剩下的铁丝长度,计算铁丝的实际燃烧长度。最后擦干氧弹和盛水桶。

2. 萘燃烧热的测量。

称取 0.6 g 左右的萘,按上述方法进行测定。全部实验完毕后,关闭电源,倒出盛水筒中的水,擦干氧弹单体内壁。放掉氧气减压阀和总阀间的余气,关闭氧气瓶总阀。

(二)注意事项

1. 苯甲酸必须经过干燥,受潮样品不易点燃且称量有误。压片时,不能太实(紧),否则不易点燃;也不宜太松,否则样品脱落,称量不准。

2. 氧气遇油脂会爆炸。因此氧气减压阀、氧弹以及氧气通过的各部件、各连接部分不允许有油污,更不允许使用润滑油。

3. 电极切勿与燃烧皿接触,燃烧丝与燃烧皿也不能相碰,以免引起短路。

4. 氧弹放入内桶中后如有气泡,说明氧弹漏气,应设法排除故障。

5. 进行萘的燃烧热测量时需要重新调节水温和量取水的体积。

(三)提问

1. 加入内桶中的水为什么要选择比室温或恒温水夹套的水温低 1 ℃?

2. 为什么要控制苯甲酸的质量不超过 1 g,萘的质量为 0.6 g 左右?

五、实验总结

(一) 数据处理

1. 苯甲酸的恒压燃烧热为$-26\ 460\ \mathrm{J\cdot g^{-1}}$;引燃铁丝的燃烧热值为$-2.9\ \mathrm{J\cdot cm^{-1}}$。

2. 作苯甲酸和萘燃烧的雷诺温度校正图,由ΔT计算热量计的水当量和萘的恒容燃烧热Q_V,并计算其恒压燃烧热Q_p。

3. 根据所用仪器的精度,正确表示测量结果,并指出最大测量误差所在。

(二) 实验讨论

1. 在精确测量中燃烧丝的燃烧热以及氧气中其他杂质氧化所产生的热效应都应从总热量中扣除。前者可将燃烧丝在实验前称量,燃烧后用稀盐酸浸洗,蒸馏水洗净,吹干,称量,求出燃烧过程中失重的量(燃烧丝的热值为$6695\ \mathrm{J\cdot g^{-1}}$);后者可用$0.1\ \mathrm{mol\cdot L^{-1}}$ NaOH 溶液滴定洗剂氧弹内壁的蒸馏水(在燃烧前可先在氧弹中加入 0.5 mL 的水),1 mL $0.1\ \mathrm{mol\cdot L^{-1}}$ NaOH 溶液相当于 5.983 J。

2. 用雷诺图确定实验中的ΔT。

在实际测量中,由于热量计和周围环境之间的热交换无法避免,它对温差测量值的影响可用雷诺温度校正图校正。具体校正过程如下:称取适量待测物质,估计其燃烧后可使水温上升1.5～2.0 ℃。因此,预先调节水温低于室温 1.0 ℃左右。将燃烧前后观察所得的一系列水温和时间关系作图。得一曲线如图Ⅱ-3-2所示,图中H点意味着燃烧开始,热传入介质;D点为观察到的最高温度。从相当于室温的J作水平线JI,交燃烧过程曲线于I点。过I点作t轴的垂线ab。延长GD并交ab线于C点;延长FH交ab线于A点,AC间的温度差值即为经过校正的ΔT。

图Ⅱ-3-2中AA'为开始燃烧到温度上升至室温这一段时间Δt_1内,由环境辐射和搅拌引进的能量所造成的升温,所以应予扣除。CC'为由室温升高到最高点D这一段时间Δt_2内,热量计向环境的漏热造成的温度降低,计算时必须考虑在内。因此,AC间的温度差较为客观地表示了样品燃烧引起的升温数值。

在某些情况下,热量计的绝热性能良好,热漏很小,而搅拌器功率较大,不断引进的能量使得曲线不再出现最高温度点,如图Ⅱ-3-3所示。此种情况下的温度校正方法与前述情况下的温度校正相似。

3. ΔT的其他校正方法。

ΔT校正也可采用奔特(Bent)公式和乌沙夫公式,奔特校正公式为

$$\Delta(\Delta T)=\frac{V_0+V_n}{2}n_1+V_nn_2 \qquad (\text{Ⅱ-3-4})$$

式中,V_0,V_n为初、末期平均温度变化率(用第一个数减去末一个数后再除以间隔数,温度降低时V取正值);n_1为在主期中每半分钟温度上升不小于 0.3 ℃的间隔数,第一个间隔无论温度升高多少都计入n_1中;n_2为在主期中每半分钟温度上升小于 0.3 ℃的间隔数。

$$\Delta T=T_n-T_0 \qquad (\text{Ⅱ-3-5})$$

式中,T_n,T_0分别为初期和主期的最后一个温度读数。

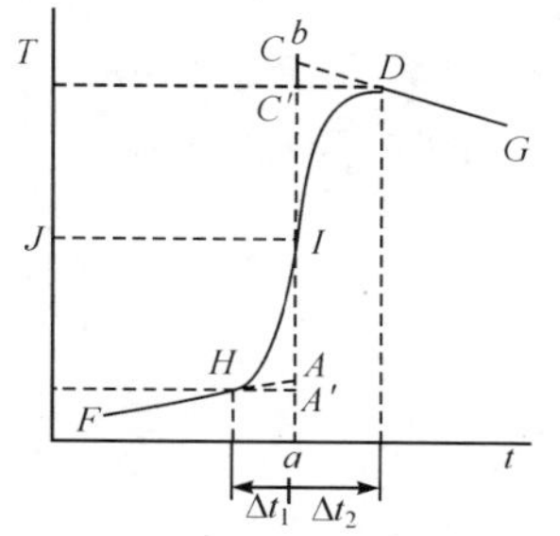

图Ⅱ-3-2 雷诺温度校正图

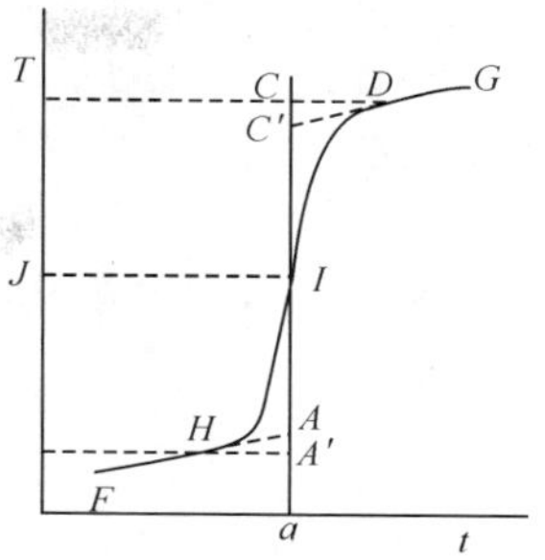

图Ⅱ-3-3 绝热良好情况下的雷诺温度校正图

乌沙夫公式校正法为

$$\Delta(\Delta T) = nV_0 + \frac{V_n - V_0}{\overline{T}_n - \overline{T}_0}\left(\frac{T_0 + T_n}{2} + \sum_{i=1}^{n-1} T_i - n\overline{T}_0\right) \quad (\text{Ⅱ}-3-6)$$

式中，V_0，V_n 为初、末期平均温度变化率；n 为主期温度读数的数目；$\overline{T_0}$，$\overline{T_n}$分别为初、末期的平均温度(第一个数和最后一个数之和除以 2)；T_0，T_n 分别为初期和主期的最后一个读数；$\sum_{i=1}^{n-1} T_i$ 为主期温度读数(除末一个读数外)所有读数之和；$\frac{V_n - V_0}{\overline{T}_n - \overline{T}_0}$ 为常数，称为热量计冷却常数。

4. 热量计的类型很多，分类方法也不统一。常用的为环境恒温式和绝热式热量计两种。绝热式热量计的外筒中有温度控制系统，在实验过程中，内外桶温度始终相同或始终略低 0.3 ℃，热量损失可以降低到极小程度，因而可直接测出初始温度和最高温度。

六、实验延伸

1. 设计实验，通过热化学方法研究苯的共轭能。

原理：环己烷和环己烯燃烧焓的差别与环己烯上孤立双键结构有关。如果将环己烷与苯的经典定域结构相比较，两者的燃烧热的差值似乎应为环己烷和环己烯燃烧焓的差值的 3 倍 ($|\Delta E| = |\Delta H_{环己烷}| - |\Delta H_{环己烯}|$)。但由于苯的共轭结构导致其能量降低，环己烷与苯燃烧热的差值应为 3 倍的环己烷和环己烯燃烧焓的差值加上苯分子的共轭能 E($|H_{环己烷}| - |H_{苯}| = 3|\Delta E| + E$)。

要求：设计实验过程，测定苯的共轭能(实验方法，列出使用的仪器与试剂)。

2. 测定几种不同产地的煤，比较它们的热值。

3. 研究丁烯二酸的两种异构体马来酸和富马酸，判断何者为顺式，何者为反式。

要求：设计实验方案，测定样品的燃烧热。

七、思考题

1. 本实验中，哪些为体系？哪些为环境？实验过程中有无热损耗，如何减小？
2. 固体样品为什么要压成片状？若不压片，实验能否进行？
3. 精确称量前为什么要将样品轻击两三下，然后再称量？
4. 实验中哪些因素更容易造成实验误差？为什么用雷诺校正图解法进行温度校正？

参考文献

陈六平，邹世春．2007．现代化学实验与技术．北京：科学出版社

复旦大学,武汉大学,中国科学技术大学,等.2004.物理化学实验.3版.北京:高等教育出版社
顾月姝,宋淑娥.2003.基础化学实验(Ⅲ)——物理化学实验.2版.北京:化学工业出版社
黄允中,张元勤,刘凡.2003.计算机辅助物理化学实验.北京:化学工业出版社
朱京,陈卫,金贤德,等.1984.液体燃烧热和苯共轭能的测定.化学通报,3:50-54
杨旭武.2009.实验误差原理与数据处理.北京:科学出版社

实验四　差热分析

一、实验目的

1. 掌握差热分析的基本原理;
2. 了解差热分析仪的构造,学会其操作技术;
3. 对 $CuSO_4 \cdot 5H_2O$ 进行差热分析,并定性解释所得的差热图谱。

二、基本原理

物质在受热或冷却过程中,当达到某一温度时,往往会发生熔化、凝固、晶形转变、分解、化合、吸附、脱附等物理或化学变化,这些变化必将伴随有吸热和放热现象,其表现为物质与环境(样品与参比物)之间有温度差。差热分析(differential thermal analysis,DTA)就是利用这一特点,通过测定样品与参比物的温度差对时间的函数关系,来鉴别物质或确定组成结构以及转化温度、热效应等物理化学性质。

图Ⅱ-4-1为差热分析仪简单的原理图。它包括带有控温装置的加热炉、放置样品和参比物的坩埚、用以盛放坩埚并使其温度均匀的保持器、测温热电偶、差热信号放大器和信号接收系统(记录仪或计算机等)。

选择一种对热稳定的物质作为参比物(如α-Al_2O_3),将其与样品一起置于可按设定速率升温的电炉中。分别记录参比物的温度以及样品与参比物间的温度差。以温差对温度作图就可得到一条差热分析曲线,或称差热图谱,如图Ⅱ-4-2所示。在升温过程中试样如没有热效应,则试样与参比物之间的温度差 ΔT 为零,而试样在某温度下有放热(或吸热)效应时,试样温度上升速度加快(或减慢),就产生温度差 ΔT。

可根据差热峰的数目、位置、方向、高度、宽度、对称性以及峰的面积等分析差热图谱。峰

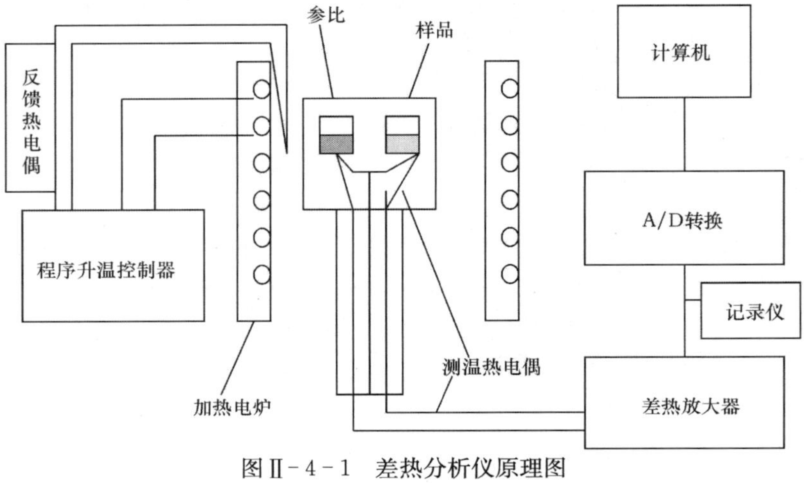

图Ⅱ-4-1　差热分析仪原理图

的数目表示在测定温度范围内，待测样品发生变化的次数；峰的位置表示发生转化的温度范围；峰的方向指示过程是吸热还是放热；峰的面积反映热效应大小（在相同测定条件下）。峰高、峰宽及对称性除与测定条件有关外，往往还与样品变化过程的动力学因素有关。

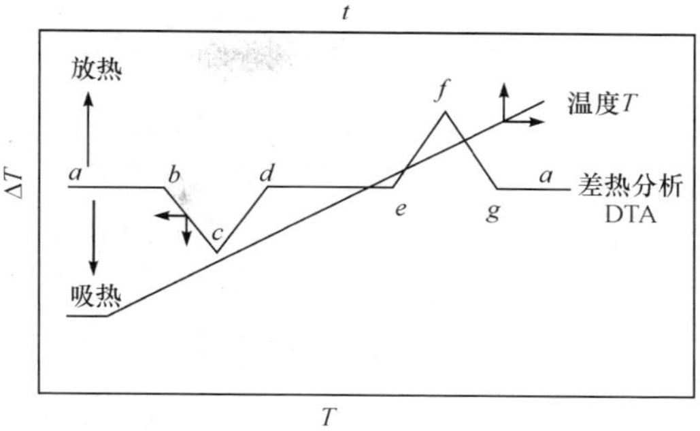

图Ⅱ-4-2　差热分析曲线示意图

三、仪器与试剂

仪器：差热分析仪（CDR-1）1 套；交流稳压电源 1 台；镊子 1 把；铝坩埚 2 只；洗耳球 1 只；电吹风 1 把；计算机 1 台；打印机 1 台。

试剂：α-Al_2O_3（分析纯，200 目）；$CuSO_4 \cdot 5H_2O$（分析纯，200 目）。

四、实验步骤

（一）具体操作方法

1. 用分析天平分别精确称取 4～5 mg 的 $CuSO_4 \cdot 5H_2O$ 和 α-Al_2O_3 置于两个小坩埚中。

2. 打开电炉炉膛，将样品和参比物分别放在其支架上，盖好保温盖。

3. 开冷却水，并开启仪器开关预热 20 min。

4. 进行零位调整和斜率调整，将“差动”、“差热”开关置于“差热”位置，微伏放大器量程开关置于±100 μV 处。

5. 启动计算机，打开 CDR-4p 应用软件，选择“直接采样”、“DTA”、量程为“100 μV”，输入“起始温度”和“结束温度”，输入“升温速度 10 ℃ · min^{-1}”、“样品名称”、“质量”、“空气气氛”、“操作者姓名”等，并确认。

6. 在仪器控制面板上通过左二按钮分别调“C 01 为 0”、“T01 为 35”、“C02 为 350”、“T02 为－120”，确定升温程序。

7. 按控制面板上“右二”按钮至“Run”（运行），观察电压读数 10 s，若不变即开启电炉。若电压读数迅速升高，要再次按下“右二”按钮至“hold”，待到电压读数回到“0”再重新“Run”，观察电压读数 10 s，若不变才可开启电炉。

8. 开启电炉后，计算机会按照设定升温速度记录升温曲线和差热曲线，待硫酸铜的三个脱水峰记录完毕且基线变平一段后，“存盘返回”，起文件名并保存，按控制面板上“右一”按钮至“Stop”，断开电炉电源。

9. 调出文件进行峰处理并保存，最后打印。

10. 实验完毕，分别关闭计算机、仪器开关、冷却水。

（二）注意事项

1. 坩埚一定要清理干净，否则埚垢不仅影响导热，杂质在受热过程中也会发生物理化学变化，影响实验结果的准确性。

2. 零位调整必须在差热放大器单元的量程选择开关置于“短路”位置的状态下进行，转动“调零”旋钮，使“差热指示”表头指在“0”位。若仪器处于工作状态时，即使“差热指示”表头不在“0”位,也不能“调零”。

3. 开启电炉前,按控制面板上“右二”按钮至“Run”(运行),观察电压读数 10 s,若不变才可开启电炉,否则差热曲线会出现异常。

4. 样品和参比物都要均匀地平铺在坩埚底部,坩埚底部与支架应水平接触良好。

(三) 提问

1. 在升温时由液态水转变为气态水的过程是吸热还是放热?差热图谱应出现向下还是向上的峰?

2. $CuSO_4 \cdot 5H_2O$ 的失水过程应为吸热还是放热?差热图谱应出现向下还是向上的峰?

3. 如果把样品和参比物放错支架,会出现什么现象?

五、实验总结

(一) 数据处理

1. 指出样品脱水过程中出现热效应的次数,各峰的外推起始温度 T_e 和峰顶温度 T_p。

2. 计算各个峰的面积和热效应值。

3. 样品 $CuSO_4 \cdot 5H_2O$ 的三个峰各代表什么变化,写出热反应方程式。根据实验结果,推测 $CuSO_4 \cdot 5H_2O$ 中 5 个 H_2O 和 $CuSO_4$ 结合的可能形式。

4. 与文献报道图谱相比较,从峰的重叠情况和 T_e、T_p 数值讨论升温速率对差热分析曲线的影响。

(二) 实验讨论

1. 差热谱图的定性和定量分析。

从差热图上可清晰地看到差热峰的数目、位置、方向、宽度、高度、对称性以及峰面积等。峰的数目表示物质发生物理、化学变化的次数;峰的位置表示物质发生变化的转化温度;峰的方向表明体系是吸热还是放热;峰面积表示热效应的大小。峰高、峰宽及对称性除与测定条件有关外,往往还与样品变化过程的动力学因素有关。

在相同的测定条件下,许多物质的热谱图具有特征性,即一定的物质就有一定的差热峰的数目、位置、形状、方向、峰温等,所以可通过与已知的热谱图的比较来定性地鉴别所研究的物质。

在相同的测定条件下,峰面积大的表示热效应也大。理论上说,可通过峰面积的测量对物质进行定量分析。样品的相变热 ΔH 的计算公式为

$$\Delta H = \frac{K}{m}\int_b^d \Delta T \mathrm{d}t$$

式中,m 为样品质量;b、d 分别为峰的起始、终止时刻;ΔT 为时间 t 内样品与参比物的温差;$\int_b^d \Delta T \mathrm{d}t$ 为峰面积(S);K 为仪器常数,可用已知热效应的物质进行标定。

从理论上说,差热曲线峰面积(S)的大小与试样所产生的热效应(ΔH)大小呈正比。将未知试样与已知热效应物质的差热峰面积相比,就可求出未知试样的热效应。实际上,由于样品和参比物之间往往存在着比热、导热系数、粒度、装填紧密程度等方面的不同,在测定过程中又由于熔化、转晶、分解等物理或化学性质的改变,未知物试样和参比物的比例常数 K 并不相

同，因此用它来进行定量计算误差较大。但差热分析可用于鉴别物质，与现代各种研究方法(如 X 射线衍射、质谱、色谱、热重法等)配合使用，所获信息相互补充，可确定物质的组成、结构及动力学等方面的性质。

2. 差热分析峰面积的确定。

DTA 的峰面积为反应前后基线所包围的面积，其测量方法有以下几种：

(1) 使用积分仪，可以直接读数或自动记录下差热峰的面积。

(2) 如果差热峰的对称性好，可做等腰三角形处理，用峰高乘以半峰宽(峰高 1/2 处的宽度)的方法求面积。

(3) 剪纸称量法，若记录纸厚薄均匀，可将差热峰剪下来，在分析天平上称其质量，其数值可以代表峰面积。

3. 吸热过程和放热过程。

一般来说，由固相转变为液相或气相的过程是吸热过程，而其相反的相变过程则为放热过程。在各种化学变化中，失水、还原、分解等反应一般为吸热过程，而水化、氧化和化合等反应则为放热过程。

4. 影响差热分析结果的主要因素。

在实际工作中往往发现同一试样在不同仪器测量，或即使在同一仪器上测量，所得到的差热曲线结果有差异，即重现性并不是很好。主要是因为传热情况比较复杂，热量传递与许多因素有关。一般来说，一是仪器，二是样品。影响差热分析结果的因素很多，主要因素有：

(1) 升温速率。升温速率不仅影响峰温的位置，而且影响峰面积的大小，对测定结果影响较大。一般来说，速率低时，体系接近平衡条件，基线漂移小，分辨率高，能使相邻两峰更好地分离，峰型宽而浅，但测定时间长，需要仪器的灵敏度高。升温速率高时，体系偏离平衡条件的程度变大，基线漂移大，峰面积变大，分辨率下降，可能导致相邻两个峰重叠，峰型变尖锐。测定时间较短。一般选择 8～20 ℃ · min^{-1}为宜。

(2) 气氛及压力。气氛和压力可以影响样品化学反应和物理变化的平衡温度、峰形。因此，必须根据样品的性质选择适当的气氛和压力，有的样品易氧化，可以通入 N_2、Ne 等惰性气体。

(3) 参比物。要获得平稳的基线，参比物的选择很重要。要求参比物在加热或冷却过程中不发生任何变化，在整个升温过程中参比物的比热、导热系数、粒度、装填情况及紧密程度尽可能与试样一致或相近。一般用 α-Al_2O_3、煅烧过的 MgO 或石英砂作参比物。如分析试样为金属，也可以用金属镍粉作参比物。如果试样与参比物的热性质相差很远，则可用稀释试样的方法解决。

(4) 样品粒度。样品粒度一般为 100～200 目，颗粒小可以改善导热条件，但太细可能破坏晶格或使样品分解。对易分解产生气体的样品，颗粒应大一些。

(5) 样品用量。样品用量与热效应大小及峰间距有关。试样用量大，峰面积大，易使相邻两峰重叠，降低分辨率。一般尽可能减少用量，最多大至毫克。分析合金时样品用量一般为 150 mg；分析 Sn、Zn、KNO_3 等标准物质时样品量选择在 5～10 mg；在分析硝酸盐水合物时样品量一般为 50～100 mg。

六、实验延伸

(一) 差热分析的起源和发展

最早的差热分析仪器是 1887 年 Le Chatelier 为了研究黏土矿物而制作的。该装置使用时一边加热一边用光学自动记录仪记录物质的温度,完全靠手工操作,因此误差很大。1899 年,英国的 Roberts 和 Austen 采用两个热电偶反相连接,采用差热分析的方法直接记录样品和参比物之间的温差随时间的变化规律。1935 年发展了定量差热分析方法,可以精确地确定矿物在混合物中的含量。20 世纪 40 年代末,商业化电子管式差热分析仪问世,60 年代又实现了微量化。1964 年,Wattson 和 O'Neill 等提出了"差示扫描热量"的概念,进而发展成为差示扫描热量技术,使得热分析技术不断发展和成熟。经过数十年的快速发展,热分析已经形成一类拥有多种检测手段的仪器分析方法,依据组合方式不同,有 DTA-TG 型、DTA-DSC 型,有的综合热分析还可以同时测定加热过程中材料的热膨胀、收缩、比热等。

(二) 差热分析的应用

凡是在加热(或冷却)过程中,因物理或化学变化而产生吸热或放热效应的物质,均可用差热分析法加以鉴定。其主要应用范围如下:

(1) 含水化合物。对于含吸附水、结晶水或者结构水的物质,在加热过程中失水时,发生吸热作用,在差热曲线上形成吸热峰。

(2) 高温下有气体放出的物质。一些化合物,如碳酸盐、硫酸盐及硫化物等,在加热过程中由于 CO_2、SO_2 等气体的放出,而产生吸热效应,在差热曲线上表现为吸热峰。不同类物质放出气体的温度不同,差热曲线的形态也不同,利用这种特征就可对不同类物质进行鉴定。

(3) 矿物中含有变价元素。矿物中含有变价元素,在高温下发生氧化,由低价元素变为高价元素而放出热量,在差热曲线上表现为放热峰。变价元素不同,以及在晶格结构中的情况不同,则因氧化而产生放热效应的温度也不同。

(4) 非晶态物质的重结晶。有些非晶态物质在加热过程中伴随有重结晶的现象发生,放出热量,在差热曲线上形成放热峰。此外,如果物质在加热过程中晶格结构被破坏,变为非晶态物质后发生晶格重构,则也形成放热峰。

(5) 晶形转变。有些物质在加热过程中由于晶形转变而吸收热量,在差热曲线上形成吸热峰。因而适合对金属或者合金、一些无机矿物进行分析鉴定。

近年来,热分析技术已广泛应用于无机物、硅酸盐、陶瓷、矿物金属、航天耐温材料、石油产品、高聚物、配合物、液晶、生物体及药物等领域,进行物质和材料的组成、结构和性能鉴定以及热性质研究,已成为研究有关课题的有力工具。

七、思考题

1. 将实验所得的差热分析图谱与书中所引用的文献报道的差热图谱相比较,说明有何不同,为什么?
2. 差热分析实验中如何选择参比物?常用的参比物有哪些?
3. 差热曲线的形状与哪些因素有关?影响差热分析结果的主要因素是什么?
4. 简述 DTA 和 DSC 的区别和联系。
5. DTA 和简单热分析(步冷曲线法)有何异同?

6. 举例说明热重-差热联用对样品热分析图谱的解释。

参考文献

复旦大学,武汉大学,中国科学技术大学,等. 2004. 物理化学实验. 3版. 北京:高等教育出版社
顾月姝,宋淑娥. 2007. 基础化学实验(Ⅲ)——物理化学实验. 2版. 北京:化学工业出版社
梁向晖,钟伟强. 2007. 热重-差热联用热分析仪SDTQ600的特点及维护. 现代仪器,6:72-74
刘克增,石玲玲,金明善. 2009. 金@壳聚糖复合材料的合成、表征及其葡萄糖选择氧化性能. 分子催化,23(5):436-441
张国栋. 2001. 材料研究与测试方法. 北京:冶金工业出版社

实验五 挥发性完全互溶双液系的 T-x 图的绘制

一、实验目的

1. 绘制在 $p^\ominus$ 下环己烷-乙醇双液系的气液平衡相图,确定其最低恒沸点温度及恒沸混合物的组成;
2. 掌握测定双组分液体的沸点及正常沸点的方法;
3. 掌握用折光率确定二元液体组成的方法;
4. 通过实验增强对相图和相律等基本概念和分馏原理的理解。

二、基本原理

(一) T-x 图的类型

在常温下,两液态物质混合而成的体系称为双液系。两液体若能以任意比例相互溶解,则称为完全互溶双液系。

液体的沸点是指液体的蒸气压与外压相等时的温度。在一定的外压下,纯液体的沸点有确定的值。但对于完全互溶双液系来说,沸点不仅与外压有关,而且还与双液系的组成有关,即与双液系中两种液体的相对含量有关。完全互溶双液系蒸馏时的气相和液相组成并不相同。通常是在压力恒定下,将双液系沸点对其气相和液相组成作图,所得图形称为双液系沸点-组成图,即 T-x 图。

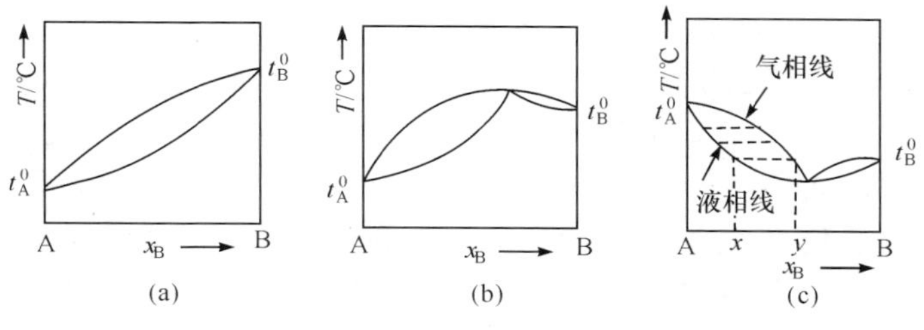

图Ⅱ-5-1 完全互溶双液系的 T-x 相图

完全互溶双液系的 T-x 图有三种类型:①溶液遵守拉乌尔定律或与拉乌尔定律偏差不大,溶液沸点介于两纯物质沸点之间,图Ⅱ-5-1(a)是一种最简单的双液系相图,如苯与甲苯体系;②各组分对拉乌尔定律发生较大的负偏差,其溶液有最高沸点[图Ⅱ-5-1(b)],如丙酮与氯仿体系;③各组分对拉乌尔定律发生较大的正偏差,其溶液有最低沸点[图Ⅱ-5-1(c)],

如本实验选用的乙醇-环己烷体系。后两种类型曲线出现了极值(极大值或极小值),极值处的温度称为恒沸点,具有恒沸点组成的溶液称为恒沸混合物,它的气相组成与液相组成完全一样。外界压力不同时,同一双液系的相图也不尽相同,恒沸点和恒沸点混合物的组成也与外压有关。一般在未注明压力时,通常都指外压为 $p^{\ominus}$ 的值。

对二组分体系,根据相律,当压力恒定时,在气液两相共存区域中,自由度等于 1,因此,若温度确定,气液两相成分也就确定。当总成分一定时,由杠杆原理可知,两相的相对量也一定。反之,若借助一定的实验装置保持气-液两相相对量一定,则体系的温度就恒定。此时,分析两相的成分,可得到在该温度时气-液两相平衡成分的坐标点。同理,改变体系的总成分,可得到另一对坐标点;测定一系列不同配比溶液的沸点及气液两相的组成,获得若干对坐标点后,就可绘制出完全互溶双液系的气相线和液相线,即双液系的 T-x 相图。

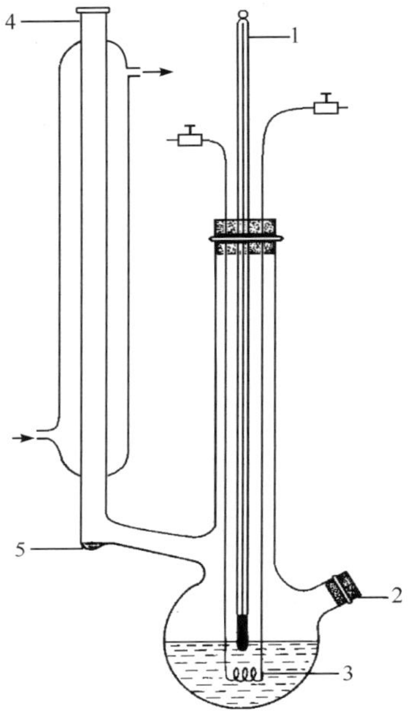

图Ⅱ-5-2　沸点仪示意图

1. 测量温度计;2. 液相取样口;3. 电热丝;4. 冷凝管;5. 气相收集小球

(二) 沸点仪

测定沸点的装置称为沸点仪(图Ⅱ-5-2)。本实验是在沸点仪中蒸馏待测溶液,利用回流冷凝的方法保持气液两相相对量一定并取得气液两相样品。文献已报道多种沸点仪,主要分为冷凝管与长颈圆底烧瓶是分体还是一体,是水银温度计还是热电偶温度计。构造虽有差别,但设计思想都集中在如何正确测定沸点、便于取样分析、防止过热及避免分馏等方面。

(三) 相点成分分析

为了绘制相图,对二组分折光率相差较大的溶液,一般都通过测定折光率确定两相组成。由于溶液的折光率与其组成及温度有关,因此,要在恒定温度下测其折光率。可先配制一系列已知浓度的溶液,在恒定温度下测其折光率,作出组成-折光率工作曲线,拟合出二者的关系方程,便可通过测折光率的大小计算出未知溶液的组成。

三、仪器与试剂

仪器:沸点仪 1 套;阿贝折射仪(棱镜恒温)1 台;超级恒温水浴 1 台;调压变压器(或数字恒温源)一台;10 mL、20 mL、50 mL 移液管各 1 支;电吹风 1 个;长短干燥吸液管各 2 支;500 mL烧杯 1 个;擦镜纸。

试剂:环己烷(分析纯);无水乙醇(分析纯);实验室预先配制环己烷-乙醇系列溶液,以环己烷摩尔分数计大约为 0.05,0.15,0.30,0.45,0.55,0.65,0.80 和 0.95。

四、实验步骤

(一) 具体操作方法

1. 将溶液倒入干燥的沸点仪中,溶液应将电热丝完全浸没;打开冷却水,开始加热(调节电流使加热功率不能太大,加热丝上有小气泡逸出即可)。当气相小球中有液体凝聚时,向回倾倒 2～3 次。待温度读数稳定后,维持 3～5 min,使体系达平衡,此过程无需再将小球中的凝聚液倒回烧瓶。记下数字式温度计读数。

2. 用冷水将烧瓶中的液体冷却，至 25 ℃时，用两支干燥的吸液管分别取烧瓶（液相）和小球（气相）中的液体，测其折光率。

3. 将溶液倒回原瓶，取下一组溶液继续测量，注意烧瓶不用洗。

4. 整个实验结束后，断开加热电源、数字温度计，关冷却水。

5. 用丙酮对折光仪进行校正。

（二）注意事项

1. 在连续测定实验中，沸点仪不用次次清洗，而且绝对不要用水清洗。可以从低浓度向高浓度做，也可从高浓度向低浓度做。

2. 吸液管一定要干燥，测量折光率时温度要恒定，测量要迅速。

3. 每次沸点仪中所加溶液的量尽量一致，每做完一组，将溶液倒回原溶液瓶。

4. 温度传感器（温度计）与加热丝相距 2 cm，两个电极不要相碰。

5. 使用阿贝折射仪时，滴管不能触及棱镜表面，擦拭棱镜需用擦镜纸。

6. 实验中通过调节加热电压（或电流）来控制回流速度的快慢。

（三）提问

1. 如何判断气、液两相是否处于平衡？

2. 为什么加热丝一定要被被测液体浸没？

3. 是否每做一组溶液，都要将沸点仪烘干才可做下一组？

4. 需要用沸点仪测定纯乙醇或纯环己烷的沸点吗？

5. 实验测得的沸点与手册中的沸点是否一致？

五、实验总结

（一）数据处理

1. 用丙酮对折光仪的校正结果对实验测得的液相、气相折光率进行校正。

2. 沸点温度校正。

(1) 压力校正。液体在压力为 $p^{\ominus}$ 下沸腾时的温度为其正常沸点。而通常外压并不恰好等于 $p^{\ominus}$，因此应对当地大气压下测得的沸点温度值 t_A 作压力校正。校正公式为

$$\Delta t_{压}=\frac{273.15+t_A}{10}\times\frac{101\,325-p}{101\,325} \qquad (Ⅱ-5-1)$$

(2) 温度露径校正。在作精密温度测量时，需对温度计读数作校正。除了温度计的零点和刻度误差等因素外，还应作露径校正。这是由玻璃水银温度计未能完全置于被测体系而引起的。根据玻璃与水银膨胀系数的差异，校正值计算公式为

$$\Delta t_{露}=1.6\times10^{-4}\times h(t_A-t_B) \qquad (Ⅱ-5-2)$$

式中，t_B 为露径部位的温度值；h 为露在体系外的水银柱长度，即图Ⅱ-5-2 中温度计的观测值与沸点仪软木塞处温度计读数之差，并以温度差值作为长度单位(℃)。

当体系的温度计不是玻璃水银温度计，而是热电偶温度计时，不必作温度露径校正。

(3) 体系的正常沸点。经校正后体系的正常沸点为

$$t_{沸}=t_A+\Delta t_{压}+\Delta t_{露} \qquad (Ⅱ-5-3)$$

3. 根据文献值(表Ⅱ-5-1),绘制环己烷-乙醇体系的折光率-组成标准曲线(25 ℃),拟合出二者关系的方程。

表Ⅱ-5-1 环己烷-乙醇体系的折光率-组成关系

$x_{乙醇}$	$x_{环己烷}$	n_D^{25}
1.00	0.0	1.359 35
0.8992	0.1008	1.368 67
0.7948	0.2052	1.377 66
0.7089	0.2911	1.384 12
0.5941	0.4059	1.392 16
0.4983	0.5017	1.398 36
0.4016	0.5984	1.403 42
0.2987	0.7013	1.408 90
0.2050	0.7950	1.413 56
0.1030	0.8970	1.418 55
0.00	1.00	1.423 38

4. 将经过校正的液相、气相折光率代入上述方程,计算出其液相、气相组成。

5. 查找纯乙醇、纯环己烷的正常沸点(乙醇:T_b=78.9 ℃;环己烷:T_b=80.2 ℃)。

6. 将实验数据列表。

序号	t(正常沸点)/℃	校正过的折光率 n_D		液相、气相组成	
		液相	气相	液相	气相
纯乙醇					
1					
2					
3					
4					
5					
6					
7					
8					
纯环己烷					

7. 用 Origin 软件绘制 $p^\ominus$ 下环己烷-乙醇双液系的气液平衡相图即 T-x 图,由图找出最低恒沸点及恒沸混合物组成。

(二) 实验讨论

1. 被测体系的选择:具有最低恒沸点的完全互溶双液体系很多,所选体系的沸点范围要适合,除环己烷-乙醇体系外,还可选用苯-乙醇、乙酸乙酯-乙醇、异丙醇-环己烷、水-正丙醇等体系。有些教学实验选水-乙醇体系,二者沸点相差较大,可能会造成蒸馏气体到达冷凝管前,会有部分沸点较高的组分被冷凝,因而所测得气相成分可能并不代表真正的气相成分。

2. 沸点测定仪:仪器的设计必须考虑能方便取样、正确地测定沸点和分离气相及液相。利用电阻丝在溶液内部加热,这样比较均匀,可减少过热、爆沸。沸点测定仪的蒸气冷凝部分的设计是关键之一。若气相液体收集球容积过大,会造成溶液的分馏;而过小会使取样太少而使折光率的测定困难。连接冷凝管和圆底烧瓶之间的连管过短或位置过低,沸腾的液体就有可能溅入小球内;相反,则易导致沸点较高的组分先被冷凝下来。因此,只能使气相液体收集球位置尽量低、尽量小。在化工实验中,用罗斯(Rose)平衡釜测定平衡时的温度及气相、液相组成,效果较好。

3. 组成的测定:本实验选用的环己烷和乙醇折光率相差较大,使用测定折光率来定出其组成的方法合适。折光率的测定有快速、简单、用样量少的优点,但是转移测量要迅速,否则气相易挥发,易产生较大误差。如果已知溶液的密度与组成的关系曲线也可由测定密度来定出其组成,但这种方法往往需较多的溶液量,而且费时。

六、实验延伸

(一) 被测体系的选择

过去曾选用苯-乙醇体系,尽管其液相线有较佳极值,考虑到苯的毒性,现改为环己烷-乙醇体系。本实验所选环己烷-乙醇体系,沸点范围合适。该体系与拉乌尔定律存在严重正偏差。作为有最小值的 T-x 相图,该体系有一定的典型意义。但相图的液相线较为平坦,以后可尝试水-正丙醇、乙酸乙酯-乙醇等体系。

(二) 气-液相图的实用意义

只有掌握了气-液相图,才有可能利用蒸馏方法来使液体混合物有效分离。在石油工业和溶剂、试剂的产生过程中,常要利用气-液相图来指导并控制分馏、精馏的操作条件;对有机试剂的分离、回收是化学实验中最常用的操作,只有掌握了气-液相图,才能有效地分离、最大的回收有机试剂。另外,在一定压力下的恒沸物其组成恒定,可以利用恒沸点盐酸配制容量分析用的标准酸溶液。

七、思考题

1. 在连续测定实验中,为什么沸点仪不用干燥,而用于测折光率的移液管要干燥?
2. 讨论本实验的主要误差来源,如何减少误差?
3. 有同学在分析实验误差的来源时,认为由于被测溶液多次使用,导致溶液浓度发生变化,从而影响到所作相图产生较大误差,这种认识对吗?
4. 在测定沸点时,溶液过热或出现分馏现象,将使绘出的相图图形发生什么变化?
5. 试推导沸点的压力校正公式。

参考文献

复旦大学,武汉大学,中国科学技术大学. 等. 2004. 物理化学实验. 3版. 北京:高等教育出版社
刘寿长,张建民,徐顺. 2004. 物理化学实验与技术. 河南:郑州大学出版社
刘一品,唐晖. 2003. 双液系的气液平衡相图实验装置的改进. 大学化学,18(6):6

实验六　Bi-Cd 二组分固-液相图的测绘

一、实验目的

1. 了解固-液相图的基本特点；
2. 用热分析法测绘 Bi-Cd 二元金属的相图。

二、基本原理

一个多相体系的状态可用热力学函数来表达，也可用几何图形来描述。表示相平衡体系状态与影响相平衡强度因素关系的几何图形称为平衡状态图，简称相图，也称为状态图。由于常见的影响相平衡的强度因素有温度、压力和浓度，因此也可以说，相图是描述多相体系的状态与温度、压力和组成关系的几何图形。

绘制固液二相平衡曲线的常用方法有溶解度法和热分析法。溶解度法是指在一定温度下，直接测定固液二相平衡时溶液的浓度，然后依据测定的温度和相应的溶解度数据绘制成相图。此法适用于常温下易测定组成的体系，如盐水体系等。热分析法适用于在常温下不便直接测定固液平衡时溶液组成的体系。通常按一定比例配成二组分体系，然后让其熔化成液相体系，再让液相缓慢冷却，以体系温度对时间作图，得到步冷曲线。步冷曲线的转折点表征了某一温度下发生相变的信息。利用体系的组成和相变点的温度为 T-x 图上的一个点，众多实验点的合理连接就形成相图上的一些相线，并构成若干相区。这就是用热分析法绘制固-液相图的概要，其绘制二组分固-液相图的过程见图Ⅱ-6-1。

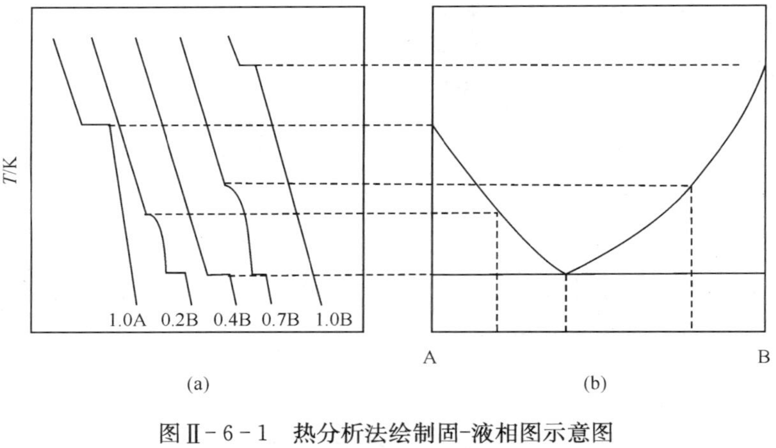

图Ⅱ-6-1　热分析法绘制固-液相图示意图

(a)步冷曲线；(b)固-液相图

三、仪器与试剂

仪器：KWL-08 可控升降温电炉；SWKY 数字控温仪(分辨率为 0.1 ℃)；硬质玻璃样品管。

试剂：Cd、Bi(化学纯)；石墨粉。

四、实验步骤

（一）具体操作方法

1. 样品配制。在 4 个宽肩硬质玻璃管中，分别称入 20 g、40 g、60 g、80 g 的 Bi，然后再称入 80 g、60 g、40 g、20 g 的 Cd。称准至 0.1 g。样品上都加少量石墨粉。

2. 将样品放入加热套中，将热电偶放入空心石英管内。

3. 150 V 下加热样品到130 ℃，停止加热，由余热将样品加热至其全部熔化。轻轻摇动样品管，让熔化的样品混合均匀。

4. 自然冷却，每隔 30 s 记一次温度，测至 130 ℃即可（也可开启风机，但每次实验要使用相同的风机速度，如 5 V）。

5. 换样品，重新测量。

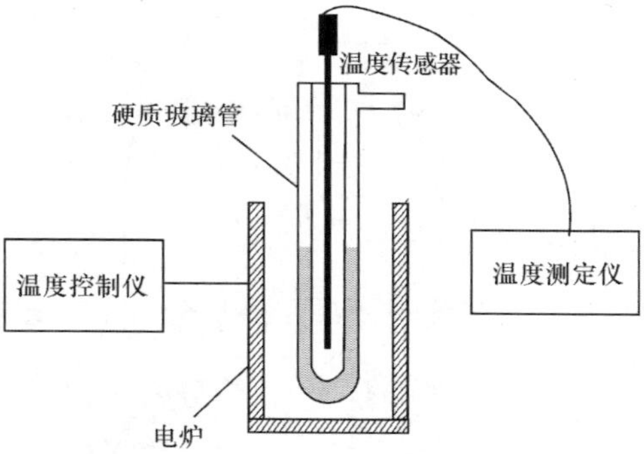

图Ⅱ-6-2　热分析实验装置示意图

（二）注意事项

1. 用电炉加热时，要注意调节电压不宜过高（150 V 左右），注意加热到 130 ℃，停止加热，让余热加热熔化样品。

2. 样品熔化过程平动搅拌样品，不要上下搅动。

3. 降温速度控制在 6～8 ℃ · min^{-1}。

（三）提问

1. 步冷曲线的各段斜率以及水平段的长短与哪些因素有关？

2. 试从实验方法比较绘制气-液相图和固-液相图的异同。

五、实验总结

（一）数据处理

1. 绘出四条步冷曲线（T-t），找出各步冷曲线中拐点和平台对应的温度值。

2. 结合纯 Bi：T_f＝271.4 ℃，纯 Cd：T_f＝321 ℃，绘制 Bi-Cd 二元相图（$T-x$）。

（二）实验讨论

1. 步冷曲线。实际步冷曲线常如图Ⅱ-6-3 所示（虚线为理想曲线）。由于冷却过程中过冷现象的发生，步冷曲线常会在刚要生成新相时出现低谷。这是由于刚形成的少许固相所放出的热量不足以抵消外界冷却所吸收的热量，导致体系温度进一步降低，低于相变温度，同时，过冷又会促使众多微小结晶同时形成而放热，引起体系温度回升。有时甚至在短时间内出现异常高峰。当然，微小结晶导致固液之间大面积地接触，使体系接近真实平衡状态。图Ⅱ-6-3曲线 2 的情况较为复杂。体系冷却到出现第一个固相，步冷曲线出现第一个转折点。

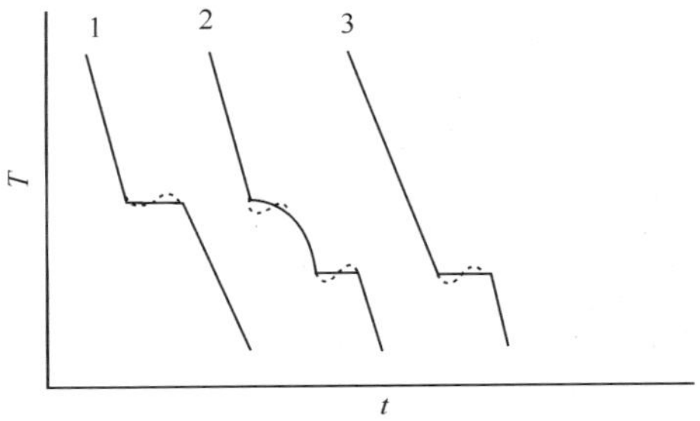

图Ⅱ-6-3　步冷曲线示意图

1. 纯物质 A;2. A、B 混合物;3. 纯物质 B

随着体系析出固体数量的减少,相应的凝固热也逐渐减小,这一段步冷曲线往往出现上凸现象。当温度降至三相共存时,所余为数不多的液相释放出来的凝固热使大量固体在低共熔温度下难以维持较长的时间,所以水平三相共存线的长度将缩短。

2. 本实验成败的关键是步冷曲线上转折点和水平线段是否明显。步冷曲线上温度变化的速率取决于体系与环境的温差、体系的热容量、体系的热传导速率等因素,若体系析出固体放出的热量抵消散失热量的大部分,转折变化明显,否则变化就不明显。所以控制好样品的降温速率很重要。

六、实验延伸——采用差热分析 Pb-Sn 固态部分互溶系统相图

在适当的条件下,差热分析法也可以提供构成相图的数据。对于冶金系统,为避免发生过冷现象,所测定的差热曲线一般为加热曲线。与常用于绘制金属相图的冷却曲线法相比,差热分析法具有如下特点:

(1) 所用样品量少,在节约样品和能源的同时,减少了环境污染。

(2) 适用于相变潜热较小或相变过程缓慢的系统。

(3) 受环境影响小,相转变温度明显,重现性好。

(4) 采用加热曲线而不是冷却曲线确定相转变温度,节省了实验时间。

(5) 可用于确定最低共熔物的组成。

(6) 可从差热基线的斜率变化确定固相转变的温度。

具体实验过程见实验四(差热分析)。

七、思考题

1. 步冷曲线的各段斜率以及水平段的长短与哪些因素有关?根据实验结果讨论各步冷曲线的降温速率是否得当。

2. 试从实验方法比较绘制气-液相图和固-液相图的异同。

3. 对于不同成分的混合物的步冷曲线,其水平段有什么不同?

4. 用相律分析低共熔点、熔点曲线以及各相区内的相及自由度数。

5. 试用凝固点降低理论估算各样品的新相生成温度并与实验结果比较。

参考文献

复旦大学,武汉大学,中国科学技术大学,等. 2004. 物理化学实验. 3 版. 北京:高等教育出版社

董追传,郑新生,王岩,等. 1997. 物理化学实验指导. 开封:河南大学出版社

黄允中,张元勤,刘凡. 2003. 计算机辅助物理化学实验. 北京:化学工业出版社

陈良坦,董振荣,黄泰山. 2001. 热差分析在物化实验中的应用. 实验室研究与探索,20(2):96-98

罗澄源,向明礼. 2004. 物理化学实验. 4 版. 北京:高等教育出版社

实验七　部分互溶三液系相图的绘制

一、实验目的

1. 熟悉相律和用三角形坐标表示三组分相图的方法；
2. 用溶解度法绘制具有一对共轭溶液的苯-乙酸-水三组分系统的相图。

二、基本原理

在化学萃取时，具有一对共轭溶液的三组分系统的相图对确定合理的萃取条件极为重要。

三组分系统 $C=3$，如果系统又处于定温定压下，系统的条件自由度 f^{**} 为

$$f^{**}=3-\Phi$$

式中，Φ 为系统的相数。

当系统为均匀单相时，$\Phi=1$，自由度 $f^{**}=2$，因此定温定压的三组分系统，其浓度独立变量最多只有 2 个，这样就可以用平面图形来表示系统的状态和组成间的关系，称为三组分相图。通常用等边三角形的方法作三组分相图(图Ⅱ-7-1)。

等边三角形的三个顶点分别表示三个纯组分 A、B、C；三角形的三条边 AB、BC、CA 分别表示 A 和 B、B 和 C、C 和 A 所组成的二组分系统的组成；三角形内任何一点则表示三组分系统的组成，如图Ⅱ-7-1 的 P 点，其组成可确定如下：

经 P 点作平行于三角形三边的直线，并交三边于 a、b、c 三点。若将三边均分成 100 等分，则 P 点的 A、B、C 组成分别为：A%$=Cb$，B%$=Ac$，C%$=Ba$。

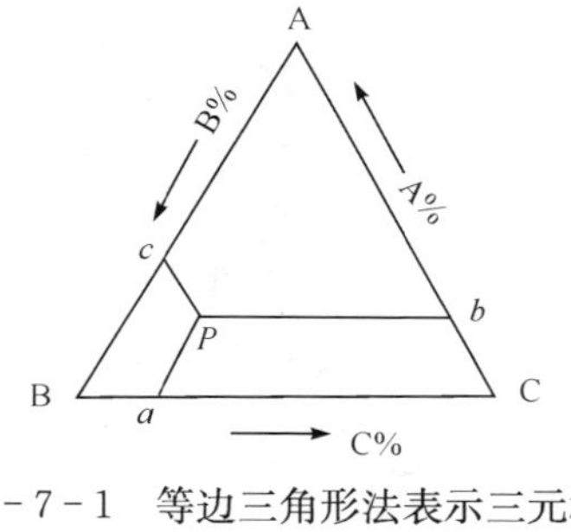

图Ⅱ-7-1　等边三角形法表示三元相图

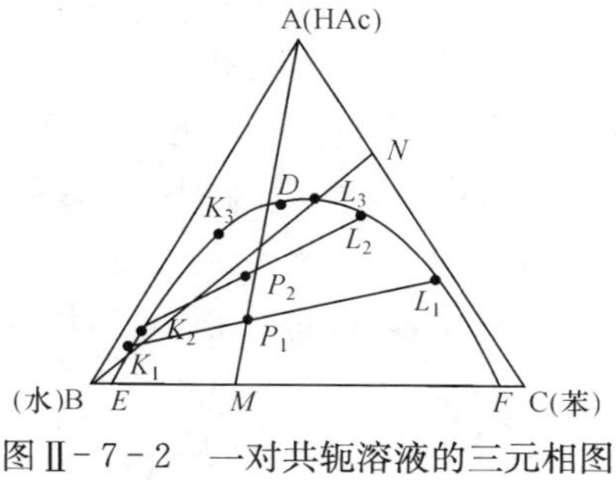

图Ⅱ-7-2　一对共轭溶液的三元相图

对于具有一对共轭溶液的三组分系统，即三组分中两对液体 A-B 及 A-C 完全互溶，而另一对液体 B-C 则不溶或部分互溶的相图，如图Ⅱ-7-2 所示。图中 $EK_1K_2K_3DL_3L_2L_1F$ 是互溶度曲线，K_1L_1、K_2L_2 等是连接线。互溶度曲线下面是两相区，上面是单相区。

绘制溶解度曲线的方法较多。一种绘制这种相图的方法是：在两相区内以任一比例(如在 P_1)将三种液体混合，置于一定温度下使之达平衡，然后分析互成平衡的二共轭相(K_1，L_1)的组成，在三角形坐标纸上标出这些点。连接 E、K_1、K_2、K_3、L_3、L_2、L_1、F，即得溶解度曲线，连 K_1L_1、K_2L_2、K_3L_3 即为连接线。但这种方法较烦琐，通常可使用下列方法。

配制部分互溶的 BC 混合物，其组成为 M，当不断加入液体 A 时，则系统成分沿 MA 移动，互溶度增大，当组成达到 D 点时，再稍加 A，两相立即变为一相(系统由浑变清)，根据配制 M 所用 B、C 量和后来加入的 A 量。可算出 D 点组成，再改变 B、C 的比例，同法可得溶解度曲线上其他各点。

然而上述方法终点由浑变清不明显。为此本实验采用下法：预先混合互溶的 A、C 溶液。其组成用 N 表示，在此透明的 A、C 溶液内加入 B，则系统组成沿 NB 移动，到 L_3 点时体系由清变浑，此终点较明显。终点 L_3 的组成同样根据 A、B、C 用量可算出，配制不同 A、C 组成可得一系列不同组成终点，则可画出溶解度曲线。

为了测定结线，在两相区配制混合液，达平衡时二相的组成一定，只需分析每相中的一个组成含量，在溶解度曲线上就可找出每相的组成点，其连线即为结线。

三、仪器与试剂

仪器：具塞锥形瓶(100 mL)2 个；具塞锥形瓶(25 mL)4 个；锥形瓶(150 mL)2 个；滴定管(50 mL 酸式)2 支；滴定管(50 mL 碱式)2 支；移液管(1 mL)2 支；移液管(2 mL)2 支。

试剂：无水苯(分析纯)；冰醋酸(分析纯)；0.5 mol/L 的标准 NaOH 溶液；酚酞指示剂。

四、实验步骤

(一) 具体操作

分别在两支干燥而洁净的酸式滴定管内装苯及乙酸，另两支碱式滴定管装水及 NaOH 溶液。滴 10 mL 苯及 4 mL 乙酸于干净的 100 mL 磨口锥形瓶中，然后慢慢滴入水，同时不停振荡，滴至终点(由清变浑)，记下水的体积。

再向此瓶加入 5 mL 乙酸，系统又成均相，继续用水滴定至终点。之后用同样的方法加入 8 mL 乙酸，用水滴定，再加入 8 mL 乙酸，用水滴定，记录各组分的用量。最后再加入 10 mL 苯，加塞摇动，并每间隔 5 min 摇动一次，半小时后用此溶液测连接线。

另取一只干净的磨口锥形瓶，用滴定管加入 1 mL 苯及 2 mL 乙酸，用水滴至终点，以后依次加 1 mL、1 mL、1 mL、1 mL、2 mL、10 mL 乙酸，分别用水滴定至终点，并记录数据，最后再加入 15 mL 苯，同法每隔 5 min 摇一次，半小时后作为测另一根连接线用。

上面所得的两溶液，经半小时后，待两层液体分清，用干净移液管(或滴管)吸取上层液 2 mL，下层液 1 mL，于已经称量的 4 个 25 mL 具塞锥形瓶中，再称其质量，然后用水洗入 150 mL 锥形瓶中，以酚酞为指示剂，用 0.5 mol/L NaOH 滴定乙酸的含量。

(二) 注意事项

1. 滴定管要干燥而洁净；酸式滴定管易漏，所以试剂不宜久存管中。测定相变点，加苯和乙酸都用带刻度的移液管，操作应快速、准确，但不能快到连续滴下；磨口锥形瓶应洗净烘干，冷却后使用。

2. 在室温低于 16 ℃时，冰醋酸可恒温后用刻度移液管量取。

3. 注意控制滴定终点，8～11 号终点不明显。可滴至稍浑，至液面上看到油珠即可，每次滴定终点应一致。

4. 用 NaOH 溶液滴定苯层乙酸含量时，反应不易完全，需用力振荡至红色不褪为止。

5. 用移液管(或滴管)吸取二相平衡的下层溶液时，可在吹气鼓泡条件下插入移液管，这样可避免上层溶液的沾污。

(三) 提问

1. 实验中测定的相点、物系点在三角坐标纸上用不同的符号标出，在滴定过程中，相点是如何移动的?

2. 水在苯中和苯在水中的溶解度相同吗? 为什么?

3. 本实验在等温下进行。但溶解度与温度有关,若室温变化不大,能否将磨口瓶放在水浴中滴定? 准确的测定是否需要恒温?

五、实验总结

(一) 数据处理和结果

1. 溶解度曲线的绘制。

根据每点苯、乙酸及水所用实际体积,及由手册查出实验温度下三种液体的密度,算出各点组分的质量分数,列入表Ⅱ-7-1和表Ⅱ-7-2中。

表Ⅱ-7-1 实验温度下三种液体的密度

室温/℃	大气压/kPa	密度/(g · mL^{-1})		
		苯	乙酸	水

表Ⅱ-7-2 各组分的质量分数

序号	乙酸		苯		水		总质量/g	质量分数/%		
	体积/mL	质量/g	体积/mL	质量/g	体积/mL	质量/g		乙酸	苯	水
1	4.00		10.00							
2	9.00		10.00							
3	17.00		10.00							
4	25.00		10.00							
5	2.00		1.00							
6	3.00		1.00							
7	4.00		1.00							
8	5.00		1.00							
9	6.00		1.00							
10	8.00		1.00							
11	18.00		1.00							
12										
13										

表Ⅱ-7-2中序号12、13为图Ⅱ-7-2中E、F两点,是苯与水在实验温度时的相互溶解度。将表Ⅱ-7-2组成数据在三角形坐标纸上作图,即得溶解度曲线,并延长至12和13点。

2. 画出连接线。

(1) 计算最后乙酸、苯、水的质量分数,标出三角形坐标纸上相应的P_1和P_2点。

(2) 将所取各相中乙酸含量算出,并将点画在溶解度曲线上,上层内乙酸含量在含苯较多的一边,下层画在含水较多的一边,则可作出K_1L_1和K_2L_2两条连接线,它们应分别通过P_1和P_2。

（二）实验所需数据

不同温度下水与苯互溶的溶解度见表Ⅱ-7-3和表Ⅱ-7-4。

表Ⅱ-7-3 水在苯中的溶解度

温度/℃	0	10	20	25	30	40	50
溶解度/[g/(100 g 苯)]	0.0275	0.036	0.050	0.060	0.070	0.102	0.147

表Ⅱ-7-4 苯在水中的溶解度

温度/℃	0	10	20	25	30	40	50
溶解度/[g/(100 g 苯)]	0.153	0.163	0.175	0.180	0.190	0.206	0.225

六、实验延伸——三元系统的液-液平衡相图与萃取原理

1. 萃取原理。

对沸点靠近或有共沸现象的液体混合物，可用萃取的方法分离。对芳烃和烷烃的分离，常用二乙二醇醚为萃取剂。

由图Ⅱ-7-3所示的相图可见，芳烃A与烷烃B完全互溶，芳烃A与萃取剂S也能互溶，而烷烃与萃取剂互溶度很小。

一般根据分配系数选择合适的萃取剂。

将组成为F的A、B混合物装入分液漏斗，加入萃取剂S，摇动，物系点沿FS线移动。设到达O点（根据加入S的量，由杠杆规则计算），静置分层。

萃取相组成为y，蒸去S，物系点沿Sy移动，直到G点，这时含芳烃量比F点明显提高。

2. 萃取塔。

一次萃取不能完全分离。工业上，萃取是在塔中进行，见图Ⅱ-7-4。

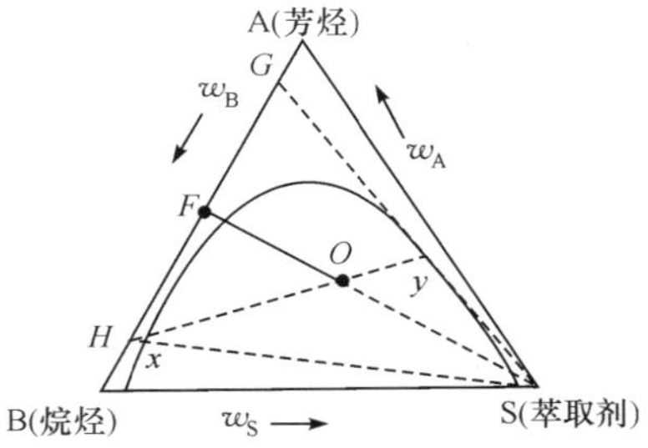

图Ⅱ-7-3 芳烃和烷烃的萃取分离示意图

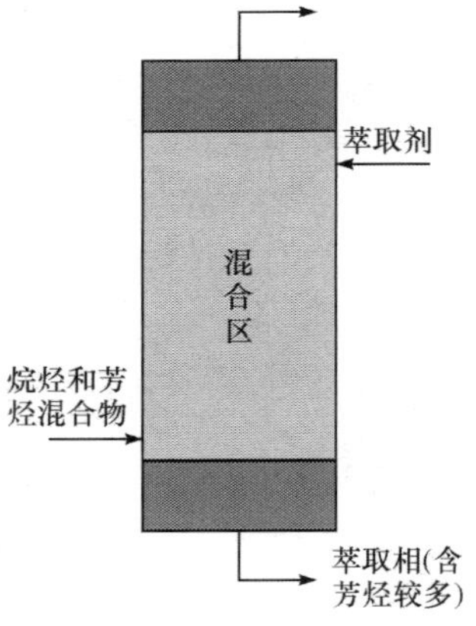

图Ⅱ-7-4 芳烃和烷烃的萃取分离示意图

塔内有多层筛板，萃取剂从塔顶加入，混合原料在塔下部输入。依靠密度不同，在上升与下降过程中充分混合，反复萃取。

最后，芳烃不断溶解在萃取剂中，萃取相在塔底排出；脱除芳烃的烷烃作为萃余相从塔顶流出。

七、思考题

1. 如连接线 K_1L_1 和 K_2L_2 不能通过物系点 P_1 和 P_2，其可能的原因是什么？
2. 若用被水饱和的苯或含水乙酸是否可做此实验？
3. 从测量的精密度来看，系统的百分组成能用几位有效数字？
4. 为什么说具有一对共轭溶液的三组分系统的相图对确定各区的萃取条件极为重要？

参考文献

傅献彩，沈文霞，姚天扬，等．2006. 物理化学(上册). 5 版．北京：高等教育出版社
复旦大学，武汉大学，中国科学技术大学，等．2004. 物理化学实验．3 版．北京：高等教育出版社
陈六平，邹世春．2007. 现代化学实验与技术．北京：科学出版社
刘寿长，张建民，徐顺．2004. 物理化学实验与技术．郑州：郑州大学出版社
孙尔康，徐维清，邱金恒．1998. 物理化学实验．南京：南京大学出版社
罗澄源，向明礼．1991. 物理化学实验．4 版．北京：高等教育出版社

实验八　溶液偏摩尔体积的测定

一、实验目的

1. 掌握用比重瓶测定溶液密度的方法；
2. 测定指定组成的乙醇-水溶液中各组分的偏摩尔体积；
3. 理解偏摩尔量的物理意义。

二、基本原理

在 T,p 恒定的多组分体系中，某组分 i 的偏摩尔体积定义

$$V_{i,\mathrm{m}}=\left(\frac{\partial V}{\partial n_i}\right)_{T,p,n_j(i\neq j)} \qquad (\text{Ⅱ}-8-1)$$

对于二组分体系，则有

$$V_{1,\mathrm{m}}=\left(\frac{\partial V}{\partial n_1}\right)_{T,p,n_2} \qquad (\text{Ⅱ}-8-2)$$

$$V_{2,\mathrm{m}}=\left(\frac{\partial V}{\partial n_2}\right)_{T,p,n_1} \qquad (\text{Ⅱ}-8-3)$$

根据偏摩量的集合公式，体系总体积

$$V=n_1V_{1,\mathrm{m}}+n_2V_{2,\mathrm{m}} \qquad (\text{Ⅱ}-8-4)$$

式中，n_1 和 n_2 分别为溶液中组分 1 和组分 2 的物质的量。将式(Ⅱ－8－4)两边同除以溶液质量 W，得

$$\frac{V}{W}=\frac{m_1}{M_1}\frac{V_{1,\mathrm{m}}}{W}+\frac{m_2}{M_2}\frac{V_{2,\mathrm{m}}}{W} \qquad (\text{Ⅱ}-8-5)$$

式中，m_1 和 m_2 分别为溶液中组分 1 和组分 2 的质量；M_1 和 M_2 分别为溶液中组分 1 和组分 2 的摩尔质量。令

$$\frac{V}{W}=\alpha \qquad (\text{Ⅱ}-8-6)$$

$$\frac{V_{1,m}}{M_1}=\alpha_1 \qquad (Ⅱ-8-7)$$

$$\frac{V_{2,m}}{M_2}=\alpha_2 \qquad (Ⅱ-8-8)$$

式中，α 为溶液的比容(单位质量的物质所占有的容积)；α_1、α_2 分别为溶液中组分 1 和组分 2 的偏质量体积。将式(Ⅱ-8-6)至式(Ⅱ-8-8)代入式(Ⅱ-8-5)可得

$$\alpha=w_1\alpha_1+w_2\alpha_2=(1-w_2)\alpha_1+w_2\alpha_2=\alpha_1+(\alpha_2-\alpha_1)w_2 \qquad (Ⅱ-8-9)$$

式中，w_1 和 w_2 分别为溶液中组分 1 和组分 2 的质量分数。将式(Ⅱ-8-9)对 w_2 微分 w

$$\frac{\partial\alpha}{\partial w_2}=-\alpha_1+\alpha_2 \qquad (Ⅱ-8-10)$$

即

$$\alpha_2=\alpha_1+\frac{\partial\alpha}{\partial w_2} \qquad (Ⅱ-8-11)$$

将式(Ⅱ-8-11)代回式(Ⅱ-8-9)，整理得

$$\alpha_1=\alpha-w_2\frac{\partial\alpha}{\partial w_2} \qquad (Ⅱ-8-12)$$

和

$$\alpha_2=\alpha+w_2\frac{\partial\alpha}{\partial w_2} \qquad (Ⅱ-8-13)$$

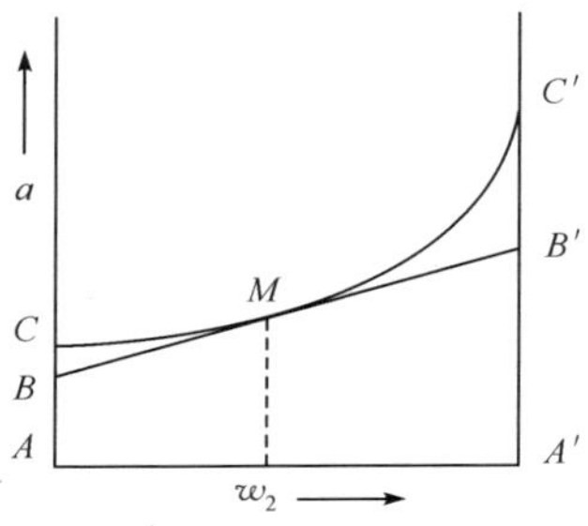

图Ⅱ-8-1　$\alpha-w_2$ 关系图

所以，实验求出不同浓度溶液的比容 α，绘制 α-w_2 关系图，得曲线 CC'(图Ⅱ-8-1)。如欲求浓度为 M 的溶液中各组分的偏摩尔体积，可在 M 点作切线，此切线在两边的截距 AB 和 $A'B'$ 即为 α_1 和 α_2，再由式(Ⅱ-8-7)和式(Ⅱ-8-8)就可以求出 $V_{1,m}$ 和 $V_{2,m}$。

三、仪器与试剂

仪器：恒温设备 1 套；磨口三角瓶(50 mL)4 个；工业天平(公用)；分析天平(公用)；比重瓶(10 mL)2 个。

试剂：无水乙醇(分析纯)；纯水。

四、实验步骤

(一) 具体操作方法

1. 调节恒温槽温度为(25.0±0.1)℃。

2. 配制溶液。

以无水乙醇及蒸馏水为原液，在磨口三角瓶中用电子天平称量，配制含乙醇质量分数为 0%、20%、40%、60%、80%、100%的乙醇水溶液。配好后盖紧塞子，以防挥发。

3. 比重瓶体积的标定。

用电子天平精确称量洁净、干燥的比重瓶，然后盛满蒸馏水置于恒温槽中恒温 10 min。用滤纸迅速擦去毛细管膨胀出来的水。取出比重瓶，擦干外壁，迅速称量。平行测量两次。

4. 溶液比容的测定。

按上法测定每份乙醇-水溶液的比容。

（二）注意事项

1. 恒温过程中应密切注意毛细管出口液面，如因挥发毛细管内液柱下降，可及时滴加被测溶液。

2. 拿比重瓶时应手持其颈部。

3. 实验过程中毛细管里始终要充满液体，注意不得存留气泡。

五、实验总结

（一）数据处理

1. 根据 25 ℃时水的密度和称量结果，求出比重瓶的容积。

2. 计算实验条件下各溶液的比容。

3. 以比容为纵轴、乙醇的质量分数为横轴作曲线。

4. 用计算机对上述曲线进行拟合，求得 $\alpha=f(w_{乙醇})$二项式函数。

5. 根据 $\alpha=f(w_{乙醇})$二项式函数和式（Ⅱ－8－9）或式（Ⅱ－8－11）和式（Ⅱ－8－13），分别计算 30％、70％乙醇溶液的 α_1 和 α_2。然后计算含乙醇 30％、70％的溶液中各组分的偏摩尔体积及 100 g 该溶液的总体积。

（二）实验讨论

1. 比重瓶可用于测定液体和固体的密度。

2. 用此方法可以测定不同溶液中各组分的偏摩尔体积，如乙酸水溶液、氯化钠水溶液。

六、实验延伸

（一）液体密度的测定

1. 将比重瓶洗净干燥，称量空瓶的质量 m_0。

2. 取下毛细管塞，将已知密度 $\rho_1(t℃)$的液体注满比重瓶。轻轻塞上毛细管塞，让瓶内液体经由管塞毛细管溢出，注意瓶内不得留有气泡，将此比重瓶置于 t℃的恒温槽中，使水面浸没瓶颈。

3. 恒温 10 min 后，用滤纸迅速吸去毛细管口溢出的液体。将比重瓶从恒温槽中取出（注意只可用手拿瓶颈处）。用吸水纸擦干瓶外壁后称其总质量为 m_1。

4. 用待测液冲洗净比重瓶后（如果待测液与水不互溶时，则用乙醇洗两次后，再用乙醚洗一次后吹干），注满待测液。重复步骤上述操作，称得总质量为 m_2。

5. 根据式（Ⅱ－8－14）计算待测液的密度 $\rho_2(t℃)$：

$$\rho_2(t℃)=\frac{m_2-m_0}{m_1-m_0}\times\rho_1(t℃) \qquad (Ⅱ-8-14)$$

（二）固体密度的测定

1. 将比重瓶洗净干燥，称量空瓶的质量 m_0。

2. 注入已知密度 $\rho_1(t℃)$的液体（注意该液体应不溶待测固体，但能够浸没它）。

3. 将比重瓶置于恒温槽中恒温 10 min，用滤纸吸去毛细管塞毛细管口溢出的液体。取出比重瓶擦干外壁,称量为 m_1。

4. 倒去液体将瓶吹干,装入一定量研细的待测固体(装入量视瓶大小而定),称量为 m_2。

5. 先向瓶中注入部分已知密度为 $\rho_1(t℃)$的液体,将瓶敞口放入真空干燥器内,用真空泵抽气约 10 min,将吸附在固体表面的空气全部除去。然后向瓶中注满液体,塞上塞子。同步骤 3 恒温 10 min 后,称其质量为 m_3。

6. 根据式(Ⅱ-8-15)计算待测固体的密度 $\rho_S(t℃)$:

$$\rho_S(t℃)=\frac{m_2-m_0}{m_1-m_0-(m_3-m_2)}\times\rho_s(t℃) \qquad (Ⅱ-8-15)$$

七、思考题

1. 比重瓶的用途有哪些?
2. 使用比重瓶应注意哪些问题?
3. 如何使用比重瓶测量粒状固体物的密度?

参考文献

顾月姝,宋淑娥. 2007. 基础化学实验(Ⅲ)——物理化学实验. 2 版. 北京:化学工业出版社

刘寿长,张建民,徐顺. 2004. 物理化学实验与技术. 河南:郑州大学出版社

刘澄蕃,滕弘霓,王世权. 2002. 物理化学实验. 北京:化学工业出版社

电化学部分

实验九 原电池电动势和电极电势的测量

一、实验目的

1. 测定 Cu-Zn 电池的电动势和 Cu、Zn 电极的电极电势；
2. 学会几种电极和盐桥的制备方法；
3. 掌握可逆电池电动势的测量原理；
4. 掌握 UJ-25 型电位差计的测量原理及其使用方法。

二、基本原理

（一）可逆电池

凡把化学能转变为电能的装置称为原电池（或电池）。电池由两个电极和连通两个电极的电解质溶液组成。对定温定压下的可逆电池，有

$$(\Delta_r G_m^{\ominus})_{T,p} = -zE^{\ominus}F \qquad (\text{Ⅱ}-9-1)$$

式中，$(\Delta_r G_m^{\ominus})_{T,p}$为定温定压下可逆电池反应的标准摩尔吉布斯自由变化；F 为法拉第（Faraday）常量；z 为电极反应式中电子的得失数；$E^{\ominus}$为电池的标准电动势。

可逆电池应满足如下条件：

(1) 电池反应可逆，即电池电极反应可逆。

(2) 电池中不允许存在任何不可逆的液接界。

(3) 电池必须在可逆的情况下工作，即充放电过程必须在平衡态下进行，允许通过电池的电流为无限小。

因此，在制备可逆电池、测定可逆电池的电动势时应符合上述条件，在精确度不高的测量中，常用正、负离子迁移数比较接近的盐类构成“盐桥”来减小液接电势。

（二）电位差计

电位差计是利用补偿法在电池无电流（或极小电流）通过时测得两电极的电位差，即用电位差计测量电动势可满足通过电池电流为无限小的条件。所谓补偿法是几乎不从未知电动势取得电流，而是从另一个电源供给电流，在工作电路上给予一定的电压，与未知电池电动势在数值上精确相等，而方向相反，这时测定电路里就没有电流通过，从抵偿的电位差就可以测出未知电池电动势。

（三）电极电势、电池电动势

在电池中，每个电极都具有一定的电极电势。当电池处于平衡态时，两个电极的电极电势之差就等于该可逆电池的电动势，即

$$E = \varphi_+ - \varphi_- \qquad (\text{Ⅱ}-9-2)$$

式中,E 为原电池的电动势;φ_+,φ_- 分别为正、负极的电极电势。其中

$$\varphi_+=\varphi_+^{\ominus}-\frac{RT}{zF}\ln\frac{a_{还原}}{a_{氧化}} \tag{Ⅱ-9-3}$$

$$\varphi_-=\varphi_-^{\ominus}-\frac{RT}{zF}\ln\frac{a_{还原}}{a_{氧化}} \tag{Ⅱ-9-4}$$

式(Ⅱ-9-3)、式(Ⅱ-9-4)中,$\varphi_+^{\ominus}$,$\varphi_-^{\ominus}$ 分别为正、负电极的标准电极电势;$R=8.314\ \mathrm{J\cdot mol^{-1}\cdot K^{-1}}$;$T$ 为热力学温度;z 为反应中得失电子的数量;$F=96\ 500\ \mathrm{C\cdot mol^{-1}}$,称为法拉第常量;$a_{氧化}$ 为参与电极反应的物质的氧化态的活度;$a_{还原}$ 为参与电极反应的物质的还原态的活度。

以 Cu-Zn 电池为例,其电池表达式为

$$\mathrm{Zn}|\mathrm{ZnSO_4}(m_1)\|\mathrm{CuSO_4}(m_2)|\mathrm{Cu}$$

负极反应　$\mathrm{Zn}-2e^-\longrightarrow \mathrm{Zn}^{2+}(a_{\mathrm{Zn}^{2+}})$

正极反应　$\mathrm{Cu}^{2+}(a_{\mathrm{Cu}^{2+}})+2e^-\longrightarrow \mathrm{Cu}$

其电池反应为　$\mathrm{Zn}+\mathrm{Cu}^{2+}(a_{\mathrm{Cu}^{2+}})\longrightarrow \mathrm{Cu}+\mathrm{Zn}^{2+}(a_{\mathrm{Zn}^{2+}})$

该电池电动势为

$$E=\varphi_{\mathrm{Cu}^{2+},\mathrm{Cu}}-\varphi_{\mathrm{Zn}^{2+},\mathrm{Zn}} \tag{Ⅱ-9-5}$$

又

$$\varphi_{\mathrm{Cu}^{2+},\mathrm{Cu}}=\varphi^{\ominus}_{\mathrm{Cu}^{2+},\mathrm{Cu}}-\frac{RT}{zF}\ln\frac{1}{a_{\mathrm{Cu}^{2+}}} \tag{Ⅱ-9-6}$$

$$\varphi_{\mathrm{Zn}^{2+},\mathrm{Zn}}=\varphi^{\ominus}_{\mathrm{Zn}^{2+},\mathrm{Zn}}-\frac{RT}{zF}\ln\frac{1}{a_{\mathrm{Zn}^{2+}}} \tag{Ⅱ-9-7}$$

式中,$\varphi^{\ominus}_{\mathrm{Cu}^{2+},\mathrm{Cu}}$ 和 $\varphi^{\ominus}_{\mathrm{Zn}^{2+},\mathrm{Zn}}$ 分别为 $a(\mathrm{Cu}^{2+})=1$,$a(\mathrm{Zn}^{2+})=1$ 时铜电极和锌电极的标准电极电势。Cu^{2+}、Zn^{2+} 的活度可由强电解质的平均质量摩尔浓度 m_i 和相应平均活度系数 $\gamma_\pm$ 计算,有

$$a(\mathrm{Cu}^{2+})=\gamma_\pm m_2 \tag{Ⅱ-9-8}$$

$$a(\mathrm{Zn}^{2+})=\gamma_\pm m_1 \tag{Ⅱ-9-9}$$

式中,$\gamma_\pm$ 的大小与物质浓度、离子的种类、实验温度等因素有关。$\gamma_\pm$ 的数值可参见本书附表 10。

如果能由实验确定出 $\varphi_{\mathrm{Cu}^{2+},\mathrm{Cu}}$ 和 $\varphi_{\mathrm{Zn}^{2+},\mathrm{Zn}}$,则其相应的标准电极电势 $\varphi^{\ominus}_{\mathrm{Cu}^{2+},\mathrm{Cu}}$ 和 $\varphi^{\ominus}_{\mathrm{Zn}^{2+},\mathrm{Zn}}$ 即可被确定。选择一个电极电势已知的电极,如饱和甘汞电极,让它与 Cu 电极组成电池,该电池的电动势为

$$E=\varphi_{\mathrm{Cu}^{2+},\mathrm{Cu}}-\varphi_{饱和甘汞} \tag{Ⅱ-9-10}$$

因为电动势 E 可以测量,$\varphi_{饱和甘汞}$(V)可由饱和甘汞电极的电极电势温度校正式(Ⅱ-9-11)求得

$$\varphi_{饱和甘汞}=0.2415-7.61\times10^{-4}(T-298) \tag{Ⅱ-9-11}$$

所以 $\varphi_{\mathrm{Cu}^{2+},\mathrm{Cu}}$ 可以被确定,进而可由式(Ⅱ-9-6)求出 $\varphi^{\ominus}_{\mathrm{Cu}^{2+},\mathrm{Cu}^0}$。

同理可以确定 $\varphi_{\mathrm{Zn}^{2+},\mathrm{Zn}}$,进而求出 $\varphi^{\ominus}_{\mathrm{Zn}^{2+},\mathrm{Zn}}$。

可将实验温度下测定的标准电极电势 $\varphi_T^{\ominus}$ 与通过 298 K 时的标准电极电势 $\varphi_{298}^{\ominus}$ 理论计算所得实验温度下的标准电极电势 $\varphi_T^{\ominus}$ 进行比较,理论计算公式如下:

$$\varphi_T^{\ominus}=\varphi_{298}^{\ominus}+\alpha(T-298)+\frac{1}{2}\beta(T-298)^2 \tag{Ⅱ-9-12}$$

式中,α,β 为电池电极的温度系数。

对 Cu-Zn 电池,有

Cu 电极(Cu^{2+},Cu) $\alpha=-0.016\times10^{-3}$ V·K^{-1},$\beta=0$

Zn 电极[Zn^{2+},Zn(Hg)] $\alpha=-0.100\times10^{-3}$ V·K^{-1},$\beta=0.62\times10^{-6}$ V·K^{-2}

三、仪器与试剂

仪器:UJ-25 型电位差计 1 台;标准电池 1 台;工作电池 1 台;检流计 1 台;铜电极、锌电极各 2 个;饱和甘汞电极 2 个;饱和 KCl 盐桥 4 个;50 mL 烧杯 8 个。

试剂:饱和 KCl 溶液;0.10 mol·kg^{-1}的 $ZnSO_4$ 溶液;0.10 mol·kg^{-1}的 $CuSO_4$ 溶液;0.010 mol·kg^{-1}的 $CuSO_4$ 溶液;KCl(分析纯)。

四、实验步骤

(一) 具体操作方法

1. 制备饱和 KCl 盐桥(通常已制备好),不用时浸泡在饱和 KCl 溶液中。

2. 将标准电池、工作电池、检流计与电位差计面板相应位置连接好,连接时应注意极性。

3. 调节检流计零点,调节工作电池电压约为 2 V。

4. 计算室温下标准电池的电动势,并调节电位差计面板上的温度补偿旋钮,使数值为校正后的标准电池电动势值。镉-汞标准电池的温度校正公式为

$$E_t=1.018\,646-[40.6(t-20)+0.95(t-20)^2-0.01(t-20)^3]\times10^{-6}$$

式中,t 为环境温度,℃;E_t 为 t 时的标准电池电动势,V;1.018 646 为标准电池在 20 ℃时的电动势。

5. 调节工作电流:将电位差计面板上(N、X1、X2)转换开关置于"N"位置上。按下检流计按钮,观察检流计偏转情况,松开按钮,依次旋动面板右部"粗"、"中"、"细"、"微"电阻旋钮,直至检流计不再偏转为止。

6. 测未知电池电动势。

(1) 组装 Cu-Zn 电池:在两个干净的 50 mL 烧杯内分别加入 30 mL 0.10 mol·kg^{-1} $ZnSO_4$溶液、0.10 mol·kg^{-1}的 $CuSO_4$ 溶液,分别插入打磨干净的 Zn、Cu 电极,并以饱和 KCl 盐桥连通两烧杯,组成 Cu-Zn 电池如下:

$$Zn|ZnSO_4(0.10\ mol\cdot kg^{-1})\parallel CuSO_4(0.10\ mol\cdot kg^{-1})|Cu$$

(2) 将 Cu-Zn 电池与电位差计面板上未知电池 1 或未知电池 2 相连。电位差计面板上(N、X1、X2)转换开关置于"X1"或"X2"的位置上。依次从大到小调节面板中部的六个大旋钮,直至检流计不再偏转为止。读出大旋钮下方小孔中的数字,即为 Cu-Zn 电池的电动势。

同样方法组装和测量其他未知电池电动势:

$$Cu|CuSO_4(0.01\ mol\cdot kg^{-1})\parallel CuSO_4(0.10\ mol\cdot kg^{-1})|Cu$$

$$Zn|ZnSO_4(0.10\ mol\cdot kg^{-1})\parallel \text{饱和甘汞电极}$$

$$\text{饱和甘汞电极}\parallel CuSO_4(0.10\ mol\cdot kg^{-1})|Cu$$

(二) 注意事项

1. 标准电池属精密仪器,使用时一定要注意,不可横放、倒置或摇动。正负两极导线不可相碰,以免短路。

2. 对被测电池应先确定极性和估计其电动势的大小后,才可用电位差计进行测量。

3. 在对消点前，每按下检流计按钮时回路中将有电流通过，所以按下按钮的时间要短(<1 s)，否则不仅影响测量结果，而且会损坏标准电池，所以应按一下调一下，直至平衡。调节旋钮时，电计按钮要松开。

4. 为了避免使用汞齐电极时汞的污染，本实验直接使用高纯度的锌片和铜片为电极，使用前要打磨冲洗。

5. 饱和甘汞电极使用时要将电极帽取下，用毕后用饱和氯化钾溶液浸泡。

6. 溶液使用后，倒入回收瓶。

(三) 提问

1. “盐桥”的作用是什么?

2. 如果检流计光点总是朝一个方向偏转，应该如何检查排除?

3. 使用高纯锌片或铜片作电极，使用前为什么要打磨冲洗?

4. 在测量上述浓差电池电动势时，学生甲报告结果为 0.021 V，学生乙报告结果为 0.0205 V，分析哪个结果合理?

五、实验总结

(一) 数据处理

1. 写出实验温度 t 及该温度下标准电池的电动势值 E_t。

2. 列出各电池电动势的测量值：

(1) (—)Zn|$ZnSO_4$(0.10 mol · kg^{-1}) ‖ $CuSO_4$(0.10 mol · kg^{-1})|Cu(+)

(2) (—)Cu|$CuSO_4$(0.01 mol · kg^{-1}) ‖ $CuSO_4$(0.10 mol · kg^{-1})|Cu(+)

(3) (—)Zn|$ZnSO_4$(0.10 mol · kg^{-1}) ‖ 饱和甘汞电极(+)

(4) (—)饱和甘汞电极 ‖ $CuSO_4$(0.10 mol · kg^{-1})|Cu(+)

3. 根据饱和甘汞电极的电极电势温度校正公式，计算实验温度时饱和甘汞电极的电极电势。

4. 根据电池(3)、(4)的电动势测量值：

(1)由式(Ⅱ-9-2)分别计算铜、锌电极的 φ_T。

(2) 由式(Ⅱ-9-3)和式(Ⅱ-9-4)分别计算铜、锌电极的 $\varphi_T^{\ominus}$，注意公式中应使用活度(活度系数参看附表 10)。

(3) 由电极电势温度校正公式分别计算铜、锌测量电极 298 K 时的标准电极电势 $\varphi_{298}^{\ominus}$(计算)并与表附表 5 中的 $\varphi_{298}^{\ominus}$(理论)比较，计算其相对误差。

5. 根据附表 5 中的 $\varphi_{298}^{\ominus}$(理论)值，计算电池(1)两电极的 $\varphi_T^{\ominus}$(理论)和 $E_{(理论)}$，与 $E_{(测)}$ 比较，计算相对误差。

6. 计算浓差电池(2)的 $E_{(理论)}$，与测量值比较并计算相对误差。

(二) 实验讨论

1. 工作电源要有足够的容量，才能保证工作电流恒定。

2. 如果检流计本身是好的，按键后检流计光点不动，则说明线路中必有断路。

3. 如果检流计本身是好的，光点总是朝一个方向偏转，则表明达不到补偿，这可能是由以下原因造成：

(1) 被测电势高于电位差计的限量。

(2) 工作电源没有输出，或输出电动势过高或过低。

(3) 工作电流回路中有断路。

(4) 工作电源、标准电池或待测电池的极性接反。

4. 在测量电池电动势时，尽管我们采用的是对消法，但在对消点前，测量回路将有电流通过，所以在测量过程中不能一直按下按钮，否则回路中将一直有电流通过，电极就会产生极化，溶液的浓度也会发生变化，测得的就不是可逆电池电动势，所以应按一下调一下，直至平衡。在调节过程中，按下按钮的次数应尽量少。为了又快又准地测量，应事先计算理论值，在理论值附近调节。

5. 前面已讲到必须要求电池可逆，并且要求电池在可逆的情况下工作。但严格来说，本实验测定的并不是可逆电池。以第一个电池为例，当电池工作时，除了在负极进行氧化和在正极上进行还原反应以外，在 $ZnSO_4$ 和 $CuSO_4$ 溶液交界外还要发生 Zn^{2+} 向 $CuSO_4$ 溶液中迁移的过程。而且当有外电流反向流入电池时，电极反应虽然可以逆向进行，但是在两溶液交界处离子的扩散与原来不同，是 Cu^{2+} 向 $ZnSO_4$ 溶液中迁移。因此整个电池的反应实际上是不可逆的。但是由于在组装电池时，溶液之间插入了“盐桥”，则可近似地当做可逆电池来处理。

六、实验延伸

原电池电动势的测量，是测定一系列物理化学常数所最常用的方法之一。在科研工作中具有重要的意义。例如，平衡常数、活度系数、解离常数、溶解度、配合常数、溶液中离子的活度以及某些热力学函数的改变量等，均可通过电池电动势的测定来求得。

（一）电动势法测定化学反应的热力学函数变化值

通过测定不同温度下电池的电动势，可求算化学反应的热力学函数变化值 ΔG、ΔH 和 ΔS，有

$$\Delta G = -nFE$$

$$\Delta S = -\left(\frac{\partial \Delta G}{\partial T}\right)_p = nF\left(\frac{\partial E}{\partial T}\right)_p$$

$$\Delta H = -nFE + nFT\left(\frac{\partial E}{\partial T}\right)_p$$

本实验根据可逆热力学体系的要求，设计可逆电池体系，并测定可逆电池在不同温度下的电动势值，然后计算所设计电化学体系的热力学函数变化值。一般来说，用对消法测量的电池电动势是非常准确的，因此通过设计电池测量其电池电动势，计算化学反应的热力学函数变化，所得结果比热量法得到的结果更可靠。

（二）氯化银溶度积的电动势法测定①

溶度积即活度积(solubility product)，用 K_{sp} 表示，它也是一种平衡常数，是无量纲量。

$$AgCl(s) \rightleftharpoons Ag^+(a_{Ag^+}) + Cl^-(a_{Cl^-})$$

① 该实验为第六届全国大学生化学实验邀请赛实验之一。

$$K_{sp}=\frac{a_{Ag^+}\cdot a_{Cl^-}}{a_{AgCl}}=a_{Ag^+}a_{Cl^-}$$

$$\Delta_r G_m^{\ominus}=-E^{\ominus}F=-RT\ln K_{sp}$$

$$\ln K_{sp}=\frac{E^{\ominus}F}{RT}$$

已知 $K_{sp}\ll 1$,如果电池反应按 AgCl(s)的溶解反应,则所设计的电池的 $E^{\ominus}$ 为负值,电池电动势无法测量。所以电池反应应为 AgCl(s)溶解反应的逆反应。

首先设计一电池,使电池反应就是 AgCl(s)溶解反应的逆反应,该电池可表示为

$$AgCl(s)+Ag(s)|Cl^-(a_{Cl^-})\parallel Ag^+(a_{Ag^+})|Ag(s)$$

左边,负极反应 $Ag(s)+Cl^-(a_{Cl^-})\longrightarrow AgCl(s)+e^-$

右边,正极反应 $Ag^+(a_{Ag^+})+e^-\longrightarrow Ag(s)$

电池总反应 $Ag^+(a_{Ag^+})+Cl^-(a_{Cl^-})\longrightarrow AgCl(s)$

$$E=E^{\ominus}+\frac{RT}{F}\ln(a_{Ag^+}\cdot a_{Cl^-})$$

其中 $a_{Ag^+}\cdot a_{Cl^-}$ 的数值可根据所配制的溶液浓度和 $\gamma_{\pm}$ 值计算得到,这样通过实验测定 E,求得 $E^{\ominus}$。

已知,$\Delta_r G_m^{\ominus}=-zE^{\ominus}F=-RT\ln K_a$,$K_a=\frac{1}{K_{sp}}$所以

$$\ln K_{sp}=-\frac{zE^{\ominus}F}{RT}$$

因此,只要测出上述设计电池的电动热 E,求得 $E^{\ominus}$,就可求得 K_{sp}。

七、思考题

1. 写出标准电池的电极反应和电池反应。并结合 Cd-Hg 相图分析为什么该电池可用作标准电池?
2. 画出对消法测电动势的线路图。简述对消法测电动势的基本原理。
3. 选择“盐桥”液应注意什么问题?
4. 分析可否直接用伏特计来测定电池电动势?

参考文献

陈六平,邹世春.2007. 现代化学实验与技术.北京:科学出版社

复旦大学,武汉大学,中国科学技术大学,等.2004. 物理化学实验.3 版.北京:高等教育出版社

刘寿长,张建民,徐顺.2004. 物理化学实验与技术.郑州:郑州大学出版社

王国荣,袁万钟.2008. 电位法测定亚磷酸镍溶度积常数探讨.大连理工大学学报,48(6):800-803

杨美芳,冷春莉.2007. 电势法测定 KI 在 CH_3OH-H_2O 混合溶剂中的活度系数.化学研究,18(1):49-53

实验十 离子迁移数的测定

一、实验目的

1. 加深理解迁移数的意义;
2. 用希托夫(Hittorf)法测定 Cu^{2+} 和 SO_4^{2-} 的迁移数。

二、基本原理

离子在外电场的作用下发生定向移动称为离子的电迁移(electromigration)。通电于电解质溶液时,在电极上就会发生电解作用。根据法拉第(Faraday)定律,电极上物质变化量的多少与所通的电量有关。在溶液中则发生离子迁移现象。阳离子向阴极移动,阴离子向阳极移动,致使电解质溶液能导电。而通过溶液的电量等于阴、阳离子迁移电荷之和。如果阴、阳离子的迁移速率不同,则它们各自所分担的输电百分数也不同(输电量与速率成正比)。它们在阴、阳电极部分的浓度变化也不同。

离子所输送的电流占总电流的百分数称为离子的迁移数,它可表示为

$$t_+=\frac{I_+}{I}=\frac{r_+}{r_++r_-}=\frac{n_+}{n};t_-=\frac{I_-}{I}=\frac{r_-}{r_++r_-}=\frac{n_-}{n}$$

式中,t_+、t_- 分别为阴、阳离子的迁移数;I_+、I_- 和 I 分别为阴、阳离子所负载的电流和总电流;r_+、r_- 分别为阴、阳离子的运动速率;n_+、n_- 和 n 分别为阳离子向阴极移动的物质的量、阴离子向阳极移动的物质的量和通入的总电荷的物质的量。

希托夫法是根据电解前后两电极区电解质数量的变化来求算离子的迁移数。

通电于电解质溶液中所引起电极附近浓度变化的原因有两点:①电极反应;②离子的迁移。

如果我们用分析方法知道了电极附近部分电解质浓度的变化,再用电量计测定了电解过程中通过的总电量,就可以从物料平衡来算出迁移离子的数量和迁移数。

以 Cu 为电极,电解稀 $CuSO_4$ 溶液为例,在电解后阳极附近 Cu^{2+} 的浓度变化为

$$n_{后}=n_{前}+n_{电}-n_{迁}$$

$n_{前}$= 电解前阳极附近存在的 Cu^{2+} 物质的量;

$n_{后}$= 电解后阳极附近存在的 Cu^{2+} 物质的量;

$n_{电}$= 电解过程中阳极溶解而生成的 Cu^{2+} 物质的量;

$n_{迁}$= 电解过程中 Cu^{2+} 移向阴极的物质的量。

$n_{后}$、$n_{前}$ 和 $n_{电}$ 均可由实验测出,则有

$$n_{迁}=n_{前}+n_{电}-n_{后}$$

$$t_{Cu^{2+}}=\frac{n_{迁}}{n_{电}}\qquad t_{SO_4^{2-}}=1-t_{Cu^{2+}}$$

三、仪器与试剂

仪器:迁移管 1 套;铜电极 2 只;离子迁移数测定仪 1 台;铜电量计 1 台;分析天平 1 台;台秤 1 台;碱式滴定管(250 mL)1 只;碘量瓶(100 mL)1 只;碘量瓶(250 mL)1 只;移液管(20 mL)3 只。

试剂:KI 溶液(10%);淀粉指示剂(0.5%);$Na_2S_2O_3$ 溶液(0.12 mol · L^{-1});$K_2Cr_2O_7$ 溶液(0.015 mol · L^{-1});H_2SO_4(2 mol · L^{-1});硫酸铜溶液(0.05 mol · L^{-1});KSCN 溶液(10%);HCl(4 mol · L^{-1});HNO_3(1 mol · L^{-1})。

四、实验步骤

(一) 具体操作方法

1. 水洗干净迁移管,用 0.05 mol · L^{-1} 的 $CuSO_4$ 溶液荡洗两次(注意:迁移管活塞下的尖

端部分也要荡洗),最后盛以 $CuSO_4$ 溶液,将迁移管安装到固定架上,并把阳极和阴极浸入(两电极在浸入前也需用少量 $CuSO_4$ 溶液冲洗)。

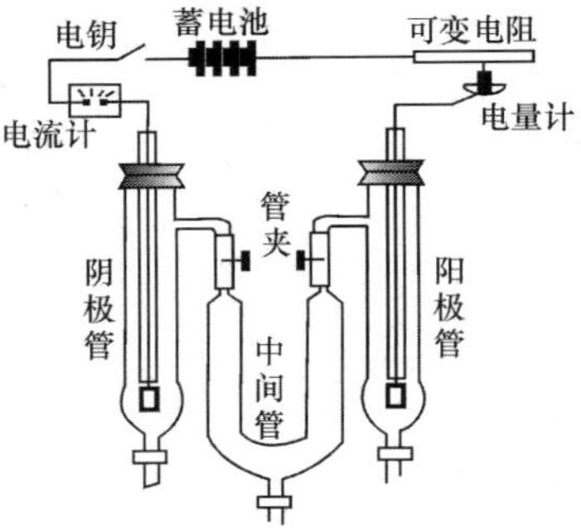

图Ⅱ-10-1 希托夫法测定离子迁移数的装置

2. 铜电量计中的阴极铜片取下,先用细砂纸磨光,除去表面氧化层,用水冲洗,再在 1 mol · L^{-1} HNO_3 中浸洗,然后用蒸馏水洗净,蘸以乙醇并吹干,在分析天平上称其质量,装入电量计中。迁移管、毫安计、铜电量计及直流电源按图Ⅱ-10-1组装。接通电源(注意阴、阳极的位置切勿弄错),调节电流强度约为 18 mA,连续通电 1.5～2 h(在通电时要注意电流稳定),并记下平均室温。

3. 停止通电后,从电量计中取出阴极铜片,用水冲洗后再蘸以乙醇并吹干,称其质量。

4. $Na_2S_2O_3$ 溶液的滴定:准确移取 20 mL 标准 $K_2Cr_2O_7$ 溶液于 250 mL 的碘量瓶中,加入 6 mL 4 mol · L^{-1}的 HCl 溶液,8 mL 10%的 KI 溶液,摇匀后放在暗处 5 min,待反应完全后,加入 80 mL 蒸馏水,立即用待滴定的 $Na_2S_2O_3$ 溶液滴定至近终点,即溶液呈淡黄色,加入 0.5%的淀粉指示剂 1 mL(大约 10 滴),继续用 $Na_2S_2O_3$ 溶液滴定至溶液呈现亮绿色为终点。

$$c(Na_2S_2O_3)=\frac{c(K_2Cr_2O_7)V(K_2Cr_2O_7)}{V(Na_2S_2O_3)}\times 6$$

5. 取 3 个碘量瓶,洗净,烘干,冷却,台秤称其质量(如用分析天平称则不能带盖称,防止加入溶液后称量时超出量程)。

6. 停止通电后,迅速取阴、阳极区溶液以及中间区溶液称其质量,滴定(从迁移管中取溶液时电极需要稍稍打开,尽量不要搅动溶液,阴极区和阳极区的溶液需要同时放出,防止中间区溶液的浓度改变)。

7. $CuSO_4$ 溶液的滴定:每 10 mL $CuSO_4$ 溶液(约 10.03 g),加入 1 mL 2 mol · L^{-1}的 H_2SO_4 溶液,加入 3 mL 10%的 KI 溶液,塞好瓶盖,振荡,置暗处 5～10 min,以 $Na_2S_2O_3$ 标准溶液滴定至溶液呈淡黄色,然后加入 1 mL 淀粉指示剂(指示剂不用加倍),继续滴定至浅蓝色,再加入 2.5 mL 10%的 KSCN 溶液,充分摇匀(蓝色加深),继续滴定至蓝色恰好消失(呈砖红色)为终点。

(二) 注意事项

1. 实验所用的铜电极(包括电输管中螺旋形铜电极及铜电量计中所用铜片电极)必须用纯度为 99.999%的电解铜。

2. 实验过程中能引起溶液扩散、搅动、对流等的因素必须避免。电输管阴、阳极的位置不能倒置,管的活塞下端应充满溶液,电极上不能附有气泡,所通电流不能太大。

3. 本实验中各部溶液的划分极为重要,不能将阳极区与阴极区的溶液错划入中部,这样会引起实验误差。

4. 本实验根据库仑计阴极的质量增加来计算阳极部 Cu 溶解为 Cu^{2+} 的物质的量或阴极部 Cu^{2+} 沉积为 Cu 的物质的量,所以称量应特别小心。

5. 通电完毕后,从电输管中放出溶液的速度一定要缓慢,以免引起溶液的搅动。

（三）提问

1. 在希托夫法中，若通电前后中间区浓度改变，为什么要重做实验？
2. 如果迁移管中有气泡，对实验有何影响？

五、实验总结

（一）数据处理

1. 从中间区分析结果得到每克水中所含的硫酸铜克数。

(1) 由下述公式计算出每克水中所含 $CuSO_4$ 的克数。

$$V \times M_{Na_2S_2O_3} \times \frac{159.6}{1000} = CuSO_4\text{ 的克数}$$

硫酸铜的克数＝滴定中间部的体积×硫代硫酸钠的浓度×159.6/1000

(2) 水的克数＝溶液克数－硫酸铜的克数。

(3) 每克水中含 $CuSO_4$ 的克数＝$\frac{CuSO_4\text{ 的质量}}{H_2O\text{ 的质量}}$。

由于中部溶液在通电前后浓度不变，因此其值应为原 $CuSO_4$ 溶液的浓度，若两者的计算结果相差很远，则实验需重做。

2. 由电量计中铜阴极所增加的质量，算出通入迁移管中的电量。以法拉第常量表示。该量即为阳极溶入阳极部溶液中的物质的量($n_{电}$)。

3. 由“阳极部”滴定的结果算出通电后阳极部所含 $CuSO_4$ 的克数，再换算为物质的量($n_{后}$)，同时算出阳极部中水的质量(W_g)。

4. 根据 1 的值计算通电前原溶液中 W_g 水中含 $CuSO_4$ 的物质的量($n_{前}$)。

5. 按 $n_{后} = n_{前} + n_{电} - n_{迁}$ 算出 $n_{迁}$ 值，进而计算出：$t_{Cu^{2+}} = \frac{n_{迁}}{n_{电}}$ 和 $t_{SO_4^{2-}} = 1 - t_{Cu^{2+}}$。

（二）实验数据

通电时间______；电流强度______；铜片增量____________；$M_{Na_2S_2O_3}$ ＝____________。

各部划分	溶液的质量/g	滴定所用 $Na_2S_2O_3$ 的体积/mL
阳极部		
中间部		
阴极部		

计算结果：$t_{Cu^{2+}}$ ＝________。

（三）结果要求及文献值

1. 结果要求：$t_{Cu^{2+}}$ 为 0.34～0.40。
2. 文献值见表Ⅱ-10-1 和表Ⅱ-10-2。

表Ⅱ-10-1 不同浓度硫酸铜溶液中 SO_4^{2-} 的迁移数(18 ℃)

浓度/(mol · L⁻¹)	0.02	0.05	0.1	0.2	0.5	1.0	1.5	2.0
$t_{SO_4^{2-}}$	0.625	0.625	0.627	0.643	0.672	0.696	0.714	0.720

引自 Dobos. 1975. Electrochemical Data. Amsterdam. Elsevier Scientific Publishing Company:72。

表Ⅱ-10-2 不同浓度硫酸铜溶液中 Cu^{2+} 的迁移数(18 ℃)

浓度/(mol · L^{-1})	0.02	0.05	0.1	0.2	0.5
$t_{Cu^{2+}}$	0.375	0.375	0.373	0.361	0.327

引自 Dobos. 1975. Electrochemical Data. Amsterdam. Elsevier Scientific Publishing Company:310。

六、实验延伸

1. 由本实验所测得的迁移数,称为希托夫迁移数(又称为表观迁移数),计算时假定水是不移动的。由于离子水化作用,离子迁移时实际上是附着水分子的,因此阴、阳离子水化程度的不同,在迁移过程中会引起浓度的改变。倘若考虑水的迁移对浓度的影响,算出阳离子或阴离子实际上迁移的数量,这种迁移数称为真实迁移数。

2. 除了希托夫法测定离子的迁移数外,还有界面移动法和电动势法两种方法。

(1) 界面移动法是直接测定电解时溶液界面在迁移管中移动的距离来求出迁移数。主要问题是如何获得鲜明的界面以及如何观察界面的移动。为了获得鲜明的界面,首先必须防止对流和扩散。所以实验温度不能太高,管内温度应均匀,时间不能太长,电流密度不能太大。并选用毛细管作迁移管,以减少两液体的接触面。其次,使用一个适当的跟随离子,它在单位电位梯度时的移动速度要小于被测离子。

(2) 电动势法是通过测量具有或不具有溶液接界的浓差电池的电动势来进行的,如测定 $AgNO_3$ 溶液的 t_{Ag^+} 和 $t_{NO_3^-}$,可安排如下两电池。

① 有溶液接界的浓差电池:

$$Ag|AgNO_3(m_1)\|AgNO_3(m_2)|Ag$$

总的电池反应 $t_{NO_3^-}-AgNO_3(m_2)\longrightarrow t_{NO_3^-}-AgNO_3(m_1)$

测得电动势 $E_1=2\cdot t_{NO_3^-}\times\dfrac{RT}{F}\ln\dfrac{\gamma_{\pm,2}m_2}{\gamma_{\pm,1}m_1}$

② 无溶液接界的浓差电池:

$$Ag|AgNO_3(m_1)|AgNO_3(m_2)|Ag$$

总的电池反应 $Ag^+(m_2)\longrightarrow Ag^+(m_1)$

测得电动势 $E_2=\dfrac{RT}{F}\ln\dfrac{(a_{Ag^+})_2}{(a_{Ag^+})_1}$

假定溶液中价数相同的离子具有相同的活度系数,则可得

$$a_{\pm,1}=(a_{Ag^+})_1=(a_{NO_3^-})_1=\gamma_{\pm,1}\cdot m_1 \qquad a_{\pm,2}=(a_{Ag^+})_2=(a_{NO_3^-})_2=\gamma_{\pm,2}\cdot m_2$$

因为

$$\frac{E_1}{E_2}=\frac{2t_{NO_3^-}\times\dfrac{RT}{F}\ln\dfrac{\gamma_{\pm,2}m_2}{\gamma_{\pm,1}m_1}}{\dfrac{RT}{F}\ln\dfrac{(a_{Ag^+})_2}{(a_{Ag^+})_1}}=2t_{NO_3^-}$$

所以

$$t_{NO_3^-}=\frac{1}{2}\frac{E_1}{E_2}$$

$$t_{Ag^+}=1-t_{NO_3^-}$$

这三种测定迁移数的方法，以界面法最常用，如果能获得鲜明的界面，此方法所得结果也是最精确的。电动势法测出的迁移数是 m_1、m_2 浓度下的平均值。

七、思考题

1. $0.1\ mol \cdot L^{-1}$ KCl 和 $0.1\ mol \cdot L^{-1}$ NaCl 中的 Cl^- 迁移数是否相同，为什么？
2. 如果以阴极部电解质溶液的浓度变化来计算 $t_{Cu^{2+}}$，那么其计算公式应如何？
3. 影响本实验的因素有哪些？
4. 通过电量计阴极的电流密度为什么不能太大？

参考文献

傅献彩，沈文霞，姚天扬，等. 2006. 物理化学(下册). 5 版. 北京：高等教育出版社
复旦大学，武汉大学，中国科学技术大学，等. 2004. 物理化学实验. 3 版. 北京：高等教育出版社
孙尔康，徐维清，邱金恒. 1998. 物理化学实验. 南京：南京大学出版社
顾月姝，宋淑娥. 2007. 基础化学实验(Ⅲ)——物理化学实验. 2 版. 北京：化学工业出版社

实验十一　电导滴定法测定食醋中的总酸含量

一、实验目的

1. 掌握电导滴定法测定食醋中总酸含量的原理与方法；
2. 熟悉电导率仪的使用。

二、基本原理

电导滴定是根据滴定过程中溶液电导率变化的转折来确定滴定终点的一种分析方法。电解质溶液的电导率取决于溶液中离子的种类和浓度。在电导滴定过程中，由于溶液中离子的种类和浓度发生了变化，因而电导率也发生了变化，据此可以确定滴定终点。

食醋中的酸主要是乙酸，含量一般为 3～5 g/(100mL)，此外还含有少量其他有机酸。尽管用氢氧化钠标准溶液滴定食醋，测定的是食醋中酸的总量，但测定结果仍按乙酸含量计算。由于食醋常有较深的颜色，不宜用指示剂确定滴定终点，本实验采用电导法来确定滴定终点。

用氢氧化钠标准溶液滴定食醋，其反应为

$$CH_3COOH + Na^+ + OH^- \longrightarrow Na^+ + CH_3COO^- + H_2O$$

食醋溶液中乙酸电离度很小，只有极少量的 H^+ 及 CH_3COO^-，所以电导率较低。当滴加氢氧化钠标准溶液后，形成了乙酸-乙酸钠缓冲溶液，氢离子浓度受到控制，在化学计量点以前，随着电导率较小的钠离子浓度逐渐增加，溶液的电导率缓慢上升。超过化学计量点后，由于电导率大的氢氧根离子不断累积，溶液的电导率迅速上升。作两条电导率上升直线的延长线，其交点即为化学计量点，如图Ⅱ-11-1所示。

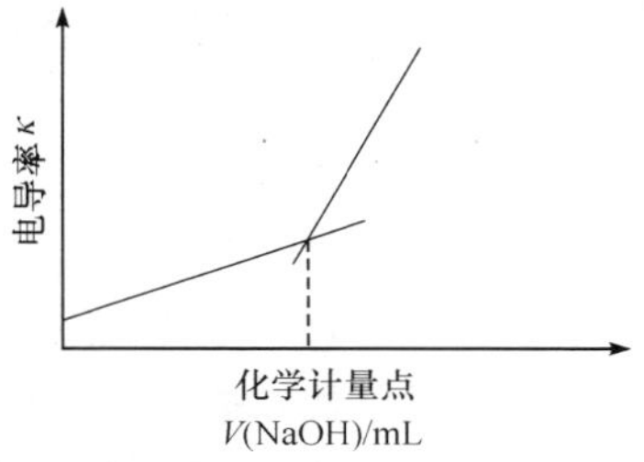

图Ⅱ-11-1　氢氧化钠溶液对食醋的滴定曲线

三、仪器与试剂

仪器:电导率仪 1 台;分析天平(万分之一)1 台;电磁搅拌器 1 台;搅拌子 1 个;50 mL 碱式滴定管 1 支;500 mL 试剂瓶 1 个;250 mL 锥形瓶 3 个;200 mL 烧杯 1 个;5 mL、2 mL 移液管各 1 支;100 mL 量筒 1 只。

试剂:食醋(市售食品级);氢氧化钠(分析纯);邻苯二甲酸氢钾(基准试剂);1%的酚酞指示剂。

四、操作步骤

(一) 具体操作方法

1. 0.1 mol·L^{-1} NaOH 标准溶液的配制与标定。

(1) NaOH 标准溶液的配制:参照 GB/T 601—2002 化学试剂标准滴定溶液的制备,称取 110 g NaOH,溶于 100 mL 蒸馏水中,注入塑料容器中,密闭放置数周至溶液清亮(此步应由实验准备人员提前完成)。用移液管取 2.70 mL 上清液置于试剂瓶中(是否需要用容量瓶?),再加入 500 mL 蒸馏水,摇匀即可。

(2) NaOH 标准溶液的标定:用递减法称取 0.75 g(准确至 0.0001 g)于 105~110 ℃烘箱中干燥至恒量的基准试剂邻苯二甲酸氢钾三份,分别置于 250 mL 锥形瓶中(是否需要干燥?),各加入 50 mL 蒸馏水,轻轻旋转使瓶中固体全部溶解后,再加入 2~3 滴酚酞指示剂,用待标定的 NaOH 溶液滴定至溶液呈微红色,并保持 30 s 不褪色,即为终点。记录消耗 NaOH 标准溶液的体积(精确至 0.01 mL)。

同时做空白实验:量取 50 mL 蒸馏水于 250 mL 锥形瓶中,加入 2~3 滴酚酞指示剂,用待标定的 NaOH 溶液滴定至终点。记录消耗 NaOH 标准溶液的体积。

2. 电导滴定法。

打开电导率仪电源,预热数分钟,测量频率选择“高周”,并将“常数”旋钮调到指定位置(电极上已标明)。电导率仪的原理及用法参见本书第Ⅳ部分“五”。

用移液管移取 2.00 mL 食醋于 200 mL 烧杯中(烧杯内放入洗净的搅拌子),加入 100 mL 蒸馏水,置烧杯于电磁搅拌器托盘中央,将电极插入溶液中。从低速启动电磁搅拌器,调节到适宜的搅拌速度,用 NaOH 标准溶液进行滴定,每次滴加 2 mL,待搅拌均匀后,记录 NaOH 标准溶液的总体积和电导率的数值,共测量约 15 个点。

同一样品应平行测定两次。

实验完毕后将电极浸泡在蒸馏水中。

(二) 注意事项

1. 邻苯二甲酸氢钾在水中溶解缓慢,尤其是在冬季室温较低时,可以用电炉稍微加热,使其全部溶解后,冷却至室温再进行滴定。

2. 滴定过程中要确保电极的金属铂片浸没到液面以下,但不能与电磁搅拌子相碰撞。

3. 搅拌速度不宜过快,以免电极的金属铂片露出液面,影响电导率读数的稳定性和准确性。

4. 每次测定前,都必须将电极用蒸馏水冲洗干净,以免污染待测液,影响测定结果。

5. 不同食醋样品中总酸的含量不同，消耗 NaOH 标准溶液的体积也不尽相同，滴定过程中可以根据电导率增加的幅度，粗略估计出转折点的位置，应使其在滴定曲线的中部为宜。

（三）提问

1. 标定 0.1 mol · L^{-1} NaOH 标准溶液时，要求称取基准试剂邻苯二甲酸氢钾的质量为 0.75 g 左右，依据是什么？

2. 滴加 NaOH 标准溶液时，是否需要小心翼翼地调节滴加溶液体积为整数 2.00 mL、4.00 mL、6.00 mL、…，还是只需按一定体积间隔滴加并准确读数（如 2.04 mL、3.98 mL、6.12 mL、…）即可？

五、实验总结

（一）数据处理

1. 列表记录实验数据。

2. 计算 NaOH 标准溶液的准确浓度，计算结果以 mol · L^{-1}表示，保留 4 位有效数字，并计算相对平均偏差。

注意：滴定邻苯二甲酸氢钾所消耗的 NaOH 标准溶液的体积，应减去空白实验所消耗的体积。

3. 以 NaOH 标准溶液体积为横轴、溶液电导率为纵轴绘制滴定曲线，通过计算机处理可以得到图中两条直线对应的线性方程，联立方程得到化学计量点时所消耗 NaOH 标准溶液的体积，并取平均值。

4. 计算食醋中总酸的含量，计算结果以 g/(100mL)表示。

（二）实验讨论

一定温度时，在稀溶液中，离子的电导率与其浓度成正比。如果滴定液加入后，原溶液体积发生明显改变，那么所加入溶液的体积与溶液的电导率就不呈线性关系，这是由于存在稀释效应的影响。如果稀释效应显著，溶液的电导率应按稀释程度进行校正，校正后再作滴定曲线。校正公式为

$$\kappa=\frac{\kappa_{测}(V_0+V_1)}{V_0} \qquad (Ⅱ-11-1)$$

式中，κ 为校正后溶液的电导率；$\kappa_{测}$ 为实测的溶液的电导率；V_0 为被滴定溶液的初始体积；V_1 为加入滴定溶液的体积。

同一样品平行测定两次的过程中，可以尝试向相同体积的食醋样品中加入不同体积的蒸馏水，如 50 mL 和 100 mL，比较稀释效应对总酸含量测定结果的影响。

六、实验延伸——食醋中总酸含量测定的其他方法

酸度计法是另外一种较电导滴定法更为简便适用的方法，它是用氢氧化钠标准溶液滴定待测溶液中的酸，以酸度计指示滴定终点。该方法同样适用于有色、浑浊体系的测定。

根据国家标准 GB/T 12456—2008 食品中总酸的测定中的规定，对乙酸而言，其滴定终点为 pH8.3±0.1。

具体操作步骤如下：

(1) 打开酸度计电源，预热数分钟，分别进行“温度”、“定位”、“斜率”的设定与校正。酸度计的原理及用法参见本书第Ⅳ部分“五”。

(2) 用移液管移取 4.00 mL 食醋于 100 mL 烧杯中(烧杯内放入洗净的搅拌子)，加入 50 mL蒸馏水，置烧杯于电磁搅拌器托盘中央，将复合电极插入待测溶液中。从低速启动电磁搅拌器，调节到适宜的搅拌速度，用 NaOH 标准溶液进行滴定，随时观察溶液 pH 的变化，接近滴定终点时(如 pH>7)，应放慢滴定速度，一次滴加一滴或半滴，直至溶液的 pH 达到终点 8.3±0.1。记录消耗 NaOH 标准溶液的体积。同一样品应平行测定两次。

七、思考题

1. 比较电导滴定法与指示剂法各自的优缺点。
2. 如果食醋中含有少量无机酸(如盐酸)，滴定曲线有何变化？为什么？
3. 电导滴定时，用水稀释食醋的目的是什么？所加蒸馏水是否需要用移液管精确移取？用量筒量取对总酸含量的测定结果有无明显影响？

参考文献

北京大学化学学院物理化学实验教学组．2002．物理化学实验．4 版．北京：北京大学出版社

阮长青，郭德军，侯殿江．2001．连续电导滴定法测定食醋中游离矿酸和有机酸的含量．食品科学，22(2)：62－64

夏海涛．2003．物理化学实验．哈尔滨：哈尔滨工业大学出版社

张勇．2005．现代化学基础实验．2 版．北京：科学出版社

朱传征，许海涵．2002．物理化学．北京：科学出版社

实验十二　金属钝化曲线的测定

一、实验目的

1. 掌握准稳态法测定金属钝化曲线的基本方法，测定金属镍在硫酸溶液中的钝化曲线及其维钝电流值；
2. 学会处理电极表面，了解表面状态对钝化曲线测量的影响。

二、基本原理

在以金属作阳极的电解池中，通过电流时，通常会发生阳极的电化学溶解过程：$M \longrightarrow M^{n+} + ne^-$。当阳极的极化不太大时，溶解速度随着阳极电极电势的增大而增大，这是金属正常的阳极溶解。但是在某些化学介质中，当阳极电极电势超过某一正值后，阳极的溶解速度随着阳极电极电势的增大反而大幅度地降低，这种现象称为金属的钝化。

研究金属的钝化过程，需要测定钝化曲线，通常用恒定电位法。将被研究金属(如铁、镍、铬等)或其合金置于硫酸盐溶液中即为研究电极，它与辅助电极(铂电极)组成一个电解池，同时它又与参比电极(硫酸亚汞电极)组成原电池，以镍作阳极为例，其基本测量路线如图Ⅱ-12-1所示，这个测量回路实际上分为两部分：一是研究电极和辅助电极形成的极化回路，由毫安(mA)表测量极化电流的大小；二是参比电极与研究电极形成的电位测量回路。通过恒电位仪对研究电极给定一个恒定电位后，测量与之对应的准稳态电流值 I。以超电势 η 对通过被

研究电极的电流密度j的对数$\lg\{j\}$作图，得如图Ⅱ-12-2所示金属钝化曲线。超电势η即电流密度为j时的阳极电极电势$E_{Ni}(j)$与$j=0$时的阳极电极电势$E_{Ni}(0)$之差：

$$\eta=E_{Ni}(j)-E_{Ni}(0)$$

因为

$$E(j)=E_{Hg_2SO_4}-E_{Ni}(j)$$

$$E(0)=E_{Hg_2SO_4}-E_{Ni}(0)$$

所以

$$\eta=E(0)-E(j)$$

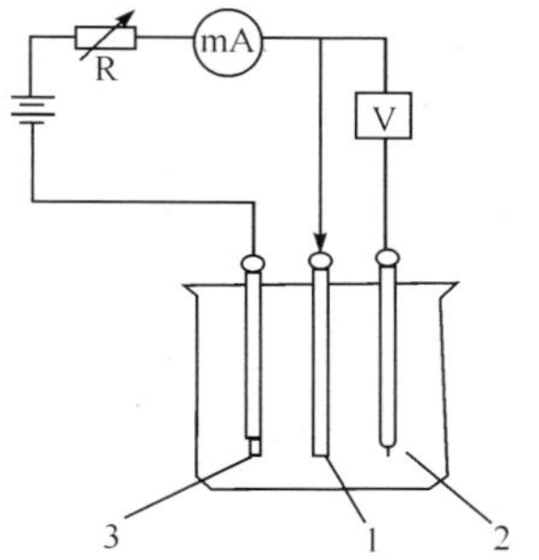

图Ⅱ-12-1 恒电位法测定金属钝化曲线示意图

1. 研究电极；2. 参比电极；3. 辅助电极

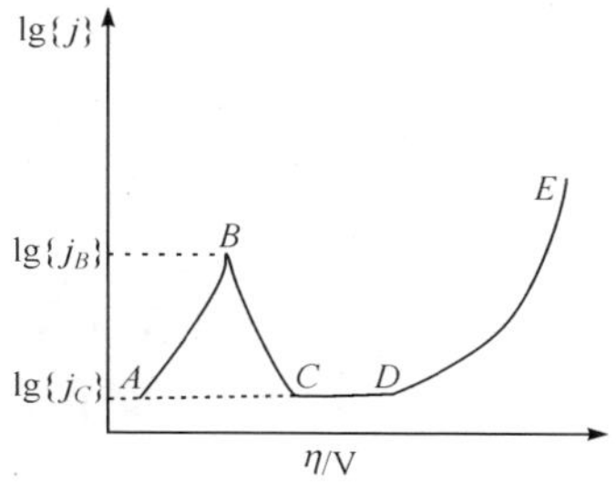

图Ⅱ-12-2 金属钝化曲线

图Ⅱ-12-2中AB线段表明，当表示阳极电极电势的外加给定电位增加，电流密度j随之增大，是金属正常溶解的区间，称为活性溶解区。BC线段即表明阳极已经开始钝化，此时，作为阳极的金属表面开始生成钝化膜，所以其电流密度j(溶解速度)随着阳极电极电势增大而减小，这一区间称为钝化过渡区。CD线段表明金属处于钝化状态，此时金属表面生成了一层致密的钝化膜，在此区间电流密度稳定在很小的值，而且与阳极电极的变化无关，这一区间称为钝化稳定区。随后的DE线段，电流密度j又随阳极电极电势的增大而迅速增大，在此区间钝化了的金属又重新溶解，称为“超钝化现象”。这一区间称为超钝化区。对应于B点的电流密度j_B称为致密钝电流密度，对应的电位称为致钝电位。对应于C点的j_C称为维钝电流密度，CD段所对应的电位称为维钝电位。

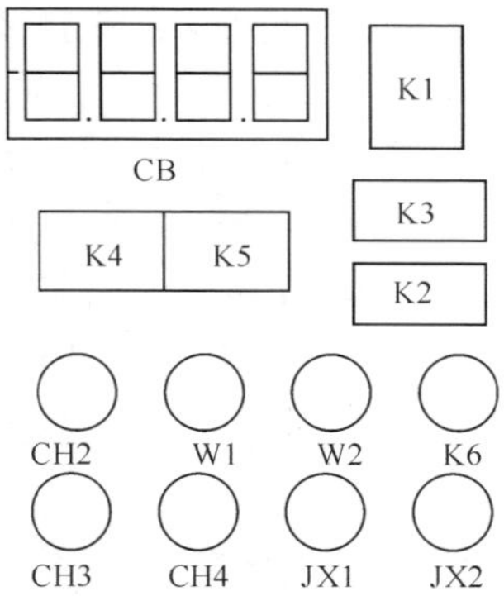

图Ⅱ-12-3 JH2X型数字式恒电位仪

K1. 电源开关；K2. 给定/参比选择开关；K3. 恒电位时极化电流测量量程开关；K4. 恒电流/恒电位转换开关；K5. 电流/电位显示选择开关；K6. 准备/工作开关；W1，W2. 给定电位调节旋钮；CB. 数字显示屏

三、仪器与试剂

仪器：JH2X型数字式恒电位仪(图Ⅱ-12-3)；电解槽；饱和硫酸亚汞电极(参比电极)；Pt电极(辅助电极)；直径为9 mm的Ni电极(研究电极)。

试剂：0.05 $mol \cdot L^{-1}$ H_2SO_4溶液；丙酮。

四、实验步骤

1. 将Ni电极表面用金相砂纸磨亮，然后用丙酮、去离子水洗净，并测量其表面积。

2. 在电解池内倒入约60 mL(约电解池容积的1/2)0.05 $mol \cdot L^{-1}$的H_2SO_4溶液，按图Ⅱ-12-1组装实验装备，公开端接研究电极。

3. 接通恒电位仪电源,将恒电位仪上开关K6置准备位(此时测量回路处于开路状态,$j=0$),K4置于恒电位,K3置于20 mA,K5置于电位选择,K2置于参比位,打开恒电位仪电源开关,预热15 min。此时显示屏上所显示的数据即为参比电极(饱和硫酸亚汞电极)与研究电极(Ni)的开路电位$E(0)[E_{Hg_2SO_4}-E_{Ni}(0)]$。待数据稳定下来后读下$E(0)$值[0.6 V左右]。

4. 用静态法调节给定电位;将K6置于准备位,K2置于给定位,K5置于电位选择,K4置于恒电位,调节给定W1、给定W2,使显示屏的电位显示值等于$E(0)$,然后将K6置于工作位,K5置于电流选择,1 min后记下相应的电流值。(注:电流测量量程由K3调节,其量程由电流读数而定。)

5. 通过给定W1、给定W2的调节使电位$E(j)$值逐一减小0.05 V,1 min后记下$E(j)$及与之对应的电流值,给定电位减至−0.6 V左右后再改为每次减少0.1 V,直到电位值为−1.2 V为止。

6. 实验完毕,调节给定电位到0.6 V,K6置于准备位,K3置于20 V mA,K4置于恒电流位,K5置于电位显示后关闭电源,拆除三电极上的连接导线并测量镍电极的表面积,洗净电解池。

五、实验总结

(一) 数据处理

1. 记录金属实验条件并计算超电势η。
2. 计算电流密度j,列表并描绘钝化曲线。
3. 从钝化曲线上确定Ni在H_2SO_4溶液中维钝电位范围和维钝电流密度值。

(二) 实验讨论

1. 处于钝化状态的金属溶解速度是很小的。在金属的防腐以及作为电镀的不溶性阳极时,金属的钝化正是人们所需要的。例如,将待保护的金属作阳极,先使其在致钝电流密度下表面处于钝化状态,然后用很小的维钝电流密度使金属保持在钝化状态,从而使其腐蚀速度大大降低,达到保护金属的目的。但是,在化学电源、电冶金和电镀中作为可溶性阳极时,金属的钝化就非常有害。

2. 金属的钝化,除决定于金属本身性质之外,还与腐蚀介质的组成和实验条件有关。例如,在酸性溶液和中性溶液中金属一般较易钝化;卤素离子,尤其是Cl^-往往能大大延缓或防止钝化;氧化性离子,如CrO_4^{2-},则可促进金属钝化。在低温下钝化比较容易;加强搅拌可阻碍钝化等。

3. 测定极化曲线除恒电位法外,还有恒电流法(用恒电流仪)。其特点是在不同的电流密度下,测定对应的电极电势。但对金属钝化曲线,恒电流仪不能信任。因为从图Ⅱ-12-2可知,在一个恒定的电流密度下会出现多个对应的电极电势,因而得不到一条完整的钝化曲线。恒电流仪主要用于研究表面不发生变化和不受扩散控制的电化学过程。

4. 极化曲线测定除应用于金属防腐外,在电镀中有重要的应用。一般凡能增加阴极极化的因素,都可提高电镀层的致密性与光亮度。为此,通过测定不同条件的阴极极化曲线,可以选择理想的镀液组成、pH以及电镀温度等工艺条件。

六、实验延伸

(一) 金属的钝化与防腐

某些较活泼的金属放置在某一特定的环境中,将由原来的活泼状态变为不活泼状态,使它失去原来的化学活性,这一异常现象称为金属的钝化。在日常生活和工业生产中常利用钝化现象达到防腐的目的。

取一个铁片,把它放在浓度不同的硝酸中,观察铁片的腐蚀进度与硝酸浓度的关系,得到图Ⅱ-12-4所示的曲线,可以发现铁片在稀硝酸中剧烈溶解,其溶解速度随硝酸浓度增加而急剧增大,当硝酸浓度为30%~40%,铁片溶解速度达最大值,但浓度大于40%时,铁片溶解速度又急剧下降,甚至接近停止。这时铁的表面处于一种特殊状态,即使把它再移到稀硝酸中也不腐蚀,因为铁在浓硝酸中已经钝化。

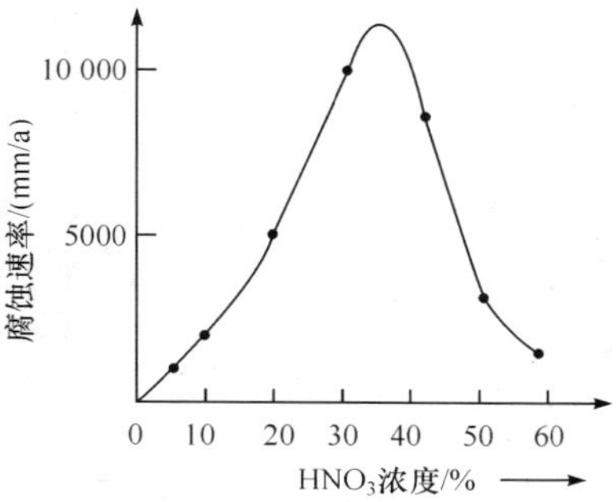

图Ⅱ-12-4 金属腐蚀曲线

能使金属发生钝化的物质称为钝化剂。除浓硝酸外,其他强氧化剂(如硝酸钾、重铬酸钾、高锰酸钾、硝酸银、氯酸钾)也能引金属钝化,甚至非氧化性酸也能使金属(如镁在氢氟酸中,钼和铌在盐酸中)发生钝化。溶液和大气中的氧也是一种钝化剂。

金属处于钝化状态时,其腐蚀速率非常低,由活化态转入钝化态腐蚀速率减少 10^4 ~ 10^6 数量级,钝化后能使金属的电位朝正方向移动0.5~2.0 V。显然,这是由于钝化膜的形成改变了双电层结构,从而使电极电势发生相应的改变。

在发生钝化的金属中,有的容易发生钝化,有的较难钝化,根据钝化的难易程度将金属分为两大类:

(1) 自钝化金属指在空气和含氧的溶液中将自发钝化的金属。例如,金属铝在空气中其表面生成一层氧化膜,此外还有铬、钛、钴和不锈钢。

(2) 非自钝化金属指在空气和含氧溶液中不能自发钝化的金属。对这些金属要使之钝化必须有强氧化剂或强电源供应阳极电流,通过阳极极化使之钝化。

(二) 阳极钝化

根据引起钝化的原因可把钝化分为化学钝化和阳极钝化。化学钝化是由金属与钝化剂(包括空气和含氧溶液)的化学作用而产生的。若需用外加阳极电流的方法使金属由活性状态变为钝态,称为阳极钝化。

金属的阳极极化过程(图Ⅱ-12-5)为:

1. *ABC*段:金属的活化溶解区。在这个区内金属进行正常的阳极溶解,溶解进度按塔菲尔规律增长(电流随电极电势升高而增大)。

2. *CD*段:金属活化-钝化过渡区。*C*点所对应的电位和电流分别称为致钝电位 φ_p 和致钝电流 i_p。在这个区间内金属表面状态发生急剧变化并处于不稳定状态。随着电位升高,阳极溶解电流明显下降。当达到*D*点时,金属完全钝态。

3. *DO*段:金属稳定钝化区。这一段的电流密度变化很少或几乎不变。这一微小的电流密

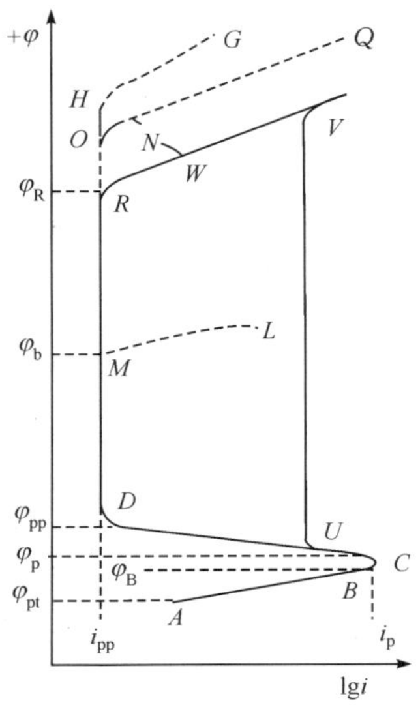

图Ⅱ-12-5　金属钝化过程的阳极极化曲线

度称为维钝电流密度 i_{pp}。*D* 点所对应的电位是维持钝态所必需的电位 $φ_{pp}$,在这个区域内金属已处于钝化状态,维钝电流密度越小,金属在钝态下的腐蚀速率也越低。

4. *OQ* 段:金属过钝化区。过了 *O* 点以后,阳极极化电位继续增高,电流密度开始增大,*O* 点的电位称为过钝化电位($φ_{pt}$),在这一区域上发生了某种新的阴极反应或者是原来的钝化膜进一步钝化后变得不耐腐蚀了,如可能发生析氧反应:$2H_2O \longrightarrow O_2 + 4H^+ + 4e^-$。

(三) 钝化过程的阳极极化曲线上的几条特殊线段

1. 击穿电位 $φ_b$,溶液中含有 Cl^-、Br^-、I^- 等活性阴离子时,Fe-Co 和 Fe-Ni 合金上的钝化膜有可能发生小孔腐蚀而使表面膜成为多孔钝化膜,这种现象称为击穿。出现击穿的电位称为击穿电位 $φ_b$。

2. *RWN* 曲线,表示含有 Cr 的合金,随 Cr 含量提高,合金的致钝电位和维钝电位都向负方向移动,所以 *R* 较 *O* 点低。由于表面的氧化膜被氧化到更高价的可溶性氧化物(如六价铬),金属又从钝态变为活化态,这个电位称为过钝化电位(*RW* 部分)。当电位更正时,过钝化金属又可能转变为钝态。这种现象称为二次钝化,如曲线 *RWN* 中 *WN* 部分。

3. 以铝和钛为典型代表的一些金属在电极电势达到很高的正电位时,薄而致密的氧化膜变为蜂窝状多孔的孔膜,如铝合金的阳极化处理(由孔膜与溶液接触的底部不断溶解致使腐蚀速度加大),其极化曲线如图Ⅱ-12-5 中 *HG* 段。

外加电流能促使某些金属发生阳极钝化。因此就可能利用阳极钝化原理来保护这些金属在强氧化性介质中不受腐蚀。

七、思考题

1. 金属钝化的基本原理是什么?
2. 测定极化曲线,为何需要三个电极?在恒电位仪中,电位与电流哪个是自变量?哪个是因变量?
3. 试说明实验所得金属钝化曲线各转折点的意义。
4. 是否可用恒电流法测量金属钝化曲线?

参考文献

傅献彩,沈文霞,姚天扬,等.2006. 物理化学(下册). 5 版. 北京:高等教育出版社
复旦大学,武汉大学,中国科学技术大学,等.2004. 物理化学实验. 3 版. 北京:高等教育出版社
刘寿长,张建民,徐顺.2004. 物理化学实验与技术. 郑州:郑州大学出版社

实验十三　金属的电镀实验

一、实验目的

1. 了解梯形槽的使用方法；
2. 了解电镀溶液的分散能力以及电流效率的测定方法；
3. 了解电镀溶液中添加剂的作用和杂质对镀层的影响。

二、基本原理

把电能转化为化学能的过程称为电解。电镀属于电解，是一种电化学沉积过程，指在含有欲镀金属的盐类溶液中，在直流电的作用下，以欲镀金属或其他惰性导体为阳极，通过电解作用，阴极镀件表面上沉积出金属，获得牢固的金属膜的过程。

（一）梯形槽实验原理

梯形槽也称赫尔槽，其形状如图Ⅱ-13-1所示。槽的容积有三种，即1 L、267 mL和250 mL。由于槽中阴、阳极放置不平行，因此阴极上各部分电流分布是不均匀的，在离阳极近的近阴极端，电流密度较高，在另一端电流密度较低。通过大量实验，对于267 mL的梯形槽来说，得到一个在阴极各部分电流密度分布的经验公式（Ⅱ-13-1），即

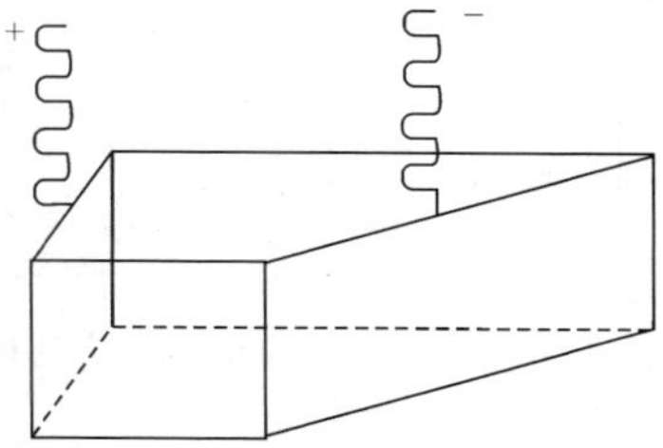

图Ⅱ-13-1　梯形槽

$$D_K = I \times (5.1 - 5.24\lg L) \qquad (Ⅱ-13-1)$$

式中，D_K 为阴极上某点的电流密度，A/dm^2；I 为实验时的电流强度，A；L 为阴极上该点距近阴极端的距离，cm。

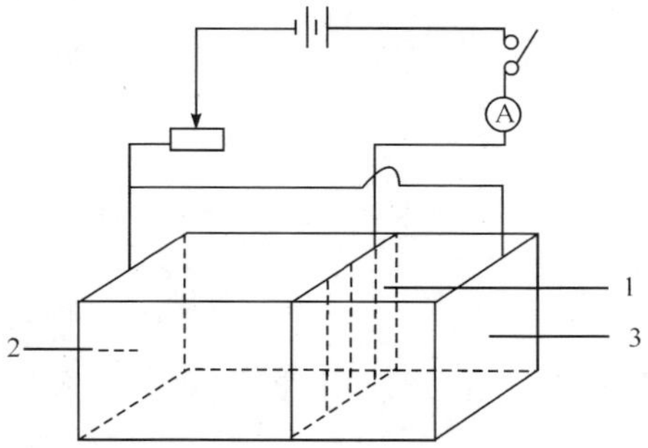

图Ⅱ-13-2　测定分散能力的电镀槽
1,2,3分别表示阳极、远阴极和近阴极

（二）镀液分散能力的测定原理

镀液的分散能力是指电解液所具有的使镀层厚度均匀分布的能力。测定的方法有多种，方法不同用来表达分散能力的公式也不同。因此，为了比较不同镀液分散能力的大小，必须采用同一种方法测量才有意义。本实验采用远阴极和近阴极的方法，如图Ⅱ-13-2所示，远阴极和近阴极与阳极的距离比为 L_2/L_1 等于 K，用这种方法所测得的分散能力可用式（Ⅱ-13-2）表达。

$$T_p = \frac{K - \frac{m_1}{m_2}}{K-1} \times 100\% \qquad (Ⅱ-13-2)$$

式中，T_p 为分散能力，%；K 为远阴极和近阴极与阳极距离之比；m_1、m_2 为近阴极上和远阴极上金属的增量。

(三) 电流效率的测定原理

根据法拉第定律，在电镀镍时，通过电镀槽的电量若为 1 F(96500 C · mol^{-1})，则应得镍镀层 0.5 mol(58.69/2 g)。而实际上沉积的镍不到 0.5 mol，这是由于在电镀过程中，阴极上进行的反应不只是 $Ni^{2+}+2e^- = Ni$，还有 $2H^+ + 2e^- = H_2$ 副反应的存在，使得用于沉积金属的电流只是通过总电流的一部分，而其余部分消耗在副反应上，所以电流效率达不到 100%。电流效率计算公式(Ⅱ-13-3)为

$$\eta=\frac{W_{实}}{W_{理}}\times 100\%=\frac{Q}{Q_{总}}\times 100\% \qquad (Ⅱ-13-3)$$

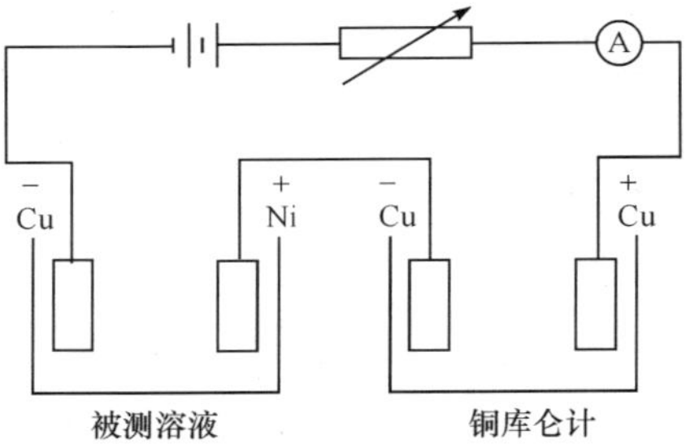

图Ⅱ-13-3　测量电流效率线路图

在实际测定镀液的电流效率时，与被测镀槽串联一个铜库仑计(图Ⅱ-13-3)。因为铜库仑计上铜阴极的电流效率为 100%，所以根据铜阴极上镀层质量可以得到理论上的金属镀层的质量或通过电极的总电量。当采用铜库仑计时，电流效率的计算公式(Ⅱ-13-4)可表达为

$$\eta=\frac{Q}{Q_{总}}\times 100\%=\frac{W\cdot M_{Cu}}{M\cdot W_{Cu}}\times 100\% \qquad (Ⅱ-13-4)$$

式中，W 为被测金属镀层的质量；M 为被测金属的摩尔质量；W_{Cu} 为库仑计阴极上铜镀层质量；M_{Cu} 为铜的摩尔质量(注：被测金属和铜的摩尔质量的值均随所取的基本单元而定)。

三、仪器与试剂

仪器：直流稳压电源；塑料镀槽；导线。

试剂：普通镍镀液；库仑镀液。

四、实验步骤

(一) 具体操作方法

1. 配制电镀溶液(已配好)。

2. 梯形槽实验。

将铜阴极和镍阳极均用金相砂纸打磨光亮，用水冲洗干净。在 267 mL 梯形槽中注入一定量的普通镀镍溶液，装上阳极、阴极试片，接通电源，控制电流在 1 A，电镀 5 min 后，取出阴极片用水冲洗，观察其外观，并将试片各区域的镀层外观按下述符号记录下来。

3. 镀液分散能力的测定。

取两片铜片，用金相砂纸打磨光亮。再用水冲洗，做好近、远阴极标记，吹干后分别准确称

其质量。将镍阳极和两片铜阴极放在长方槽中,并使 $L_2/L_1=2$。将普通镀镍溶液注入长方槽中,接通电源,电流密度控制在 1 A · dm^{-2}。电镀 30 min 后,取出阴极用水冲洗、吹干,用分析天平分别称出远、近阴极的质量。

4. 电流效率的测定。

将被测镀液和铜库仑计的阴、阳极(被测镀液为铜阴极、镍阳极,铜库仑计阴、阳极均为纯铜)用金相砂纸打磨,冲洗干净。两阴极吹干后分别准确称其质量。接好线路,镀槽中注入镀液,接通电源,电流密度控制在 1 A · dm^{-2},电镀 30 min 后,取出两阴极洗净、吹干,分别准确称取其质量。

（二）注意事项

1. 电解液化学品有一定的腐蚀和污染,实验和观察过程中应避免皮肤直接接触。

2. 镀液分散能力和电流效率测定中不是电流为 1 A,而是电流密度控制在 1 A · dm^{-2}(应该根据实验中试片浸入到镀液中的实际面积进行计算)。

3. 实验完成后,镀液必须倒回原瓶中重复使用。

4. 两溶液不可互相污染。

（三）提问

1. 由梯形槽实验中所观察的现象说明什么问题?

2. 镀液分散能力和电流效率测定中为什么不是电流为 1 A,而是要控制电流密度为 1 A · dm^{-2}?

3. 铜库仑计在实验中的作用是什么?

五、实验总结

（一）数据处理

1. 用规定的符号绘制和标明梯形槽的阴极镀层外观图,并分析所观察现象的原因。

2. 将实验数据列表如下,计算镀液的分散能力,并说明镀液分散能力的优劣。

电极种类	镀前质量/g	镀后质量/g	增量/g	分散能力
远阴极				
近阴极				

3. 将实验数据列表如下,计算电流效率。写出普通镀液电解池阴、阳电极所发生的半反应,并分析电流效率不是 100%的原因。

电流密度/(A · dm^{-2})	库仑计阴极质量/g			被测镀液阴极质量/g			电流效率
	镀前	镀后	增量	镀前	镀后	增量	

(二) 实验讨论

电镀前要对金属片进行打磨,其目的是为了处理、清洁被镀金属的表面,从而得到结合力好的镀层。镀层质量的好坏要考虑的因素有很多,主要有:被镀金属的特性、镀层特性、合适的前处理、合适的电镀溶液、合适的操作条件(电流密度、镀液浓度和各组分比例、镀液温度、时间、后处理)、合适的电镀设备和器具、环境条件等。

1. 添加剂对电镀效果的影响。

在电镀溶液中加添加剂:糖精、1,4-丁炔二醇、香豆素等可以明显地提高镀层的光亮度。加入光亮剂的镀镍溶液称为光亮镀液,其中一个配方如下:

试剂名称	试剂用量
$NiSO_4 \cdot 7H_2O$	$250 \sim 300\ g \cdot L^{-1}$
H_3BO_3	$30 \sim 40\ g \cdot L^{-1}$
$NiCl_2 \cdot 6H_2O$	$20 \sim 30\ g \cdot L^{-1}$
糖精	$0.6 \sim 1\ g \cdot L^{-1}$
1,4-丁炔二醇	$0.1 \sim 0.2\ g \cdot L^{-1}$
香豆素	$0.2 \sim 0.5\ g \cdot L^{-1}$
十二烷基硫酸钠	$0.05 \sim 0.1\ g \cdot L^{-1}$
pH	4～4.5

2. 杂质对镀层质量的影响。

在电镀液中如果含有一定量的金属杂质,会影响镀层的质量,如镀镍溶液中含有铁离子就会使镀层的质量下降。

3. 镀液深度能力的测定。

在实际应用中电镀的对象很复杂,大多是管件和带凹槽的工件,因此就要求电镀液有深度能力。也就是说电镀液在阴极镀件深凹(或孔内)部分镀上金属层的能力。测定电镀液深度能力的方法很多,方法不同,深度能力的表示方式也不同(与分散能力的测定类似),所以为了比较不同种镀液的深度能力,必须用同一种方法测定。

4. 镀件的表面状态对镀层的影响。

镀件的表面状态对镀层的光洁度、亮度、镀层的附着力等都有很大的影响。为了得到合格的镀层,镀件的表面必须经过合格的酸洗除锈、碱洗(或有机溶剂清洗)除油以及机械或电化学抛光等。

六、实验延伸

(一) 电镀技术

电镀是一个普遍的工业流程。使用电流可以将一层金属(如铜或镍)镀在一有导电性的物体上。传统电镀的主要目的通常是改变基体表面的特性,改善基体材料的外观、耐腐蚀性和耐磨性。现在,电镀技术在制备半导体、催化材料、纳米材料等功能性材料和计算机电加工领域正日益发挥着重要作用。国内期刊《电镀与环保》、《电镀与精饰》、《材料保护》等均刊登了这方面的研究。

（二）设计一个趣味实验——电镀小饰品

铜片和石墨棒(铅笔芯)分别充当电池的阴极和阳极。含有镍离子的电解液,在电池的作用下,带正电的镍离子会转移至阴极,在铜片的表面取得电子并附于其上。电镀前,可用油性书写笔在铜片表面上画图。由于书写笔的油墨是非导电体,因此镍离子是不会附于油墨所成之图画上,而其余部分均可镀上一层镍(图Ⅱ-13-4)。电镀完成后,清水冲洗镀件并用丙酮擦去图画的油墨痕迹,露出底色铜,这样一件工艺电镀品便告完成。

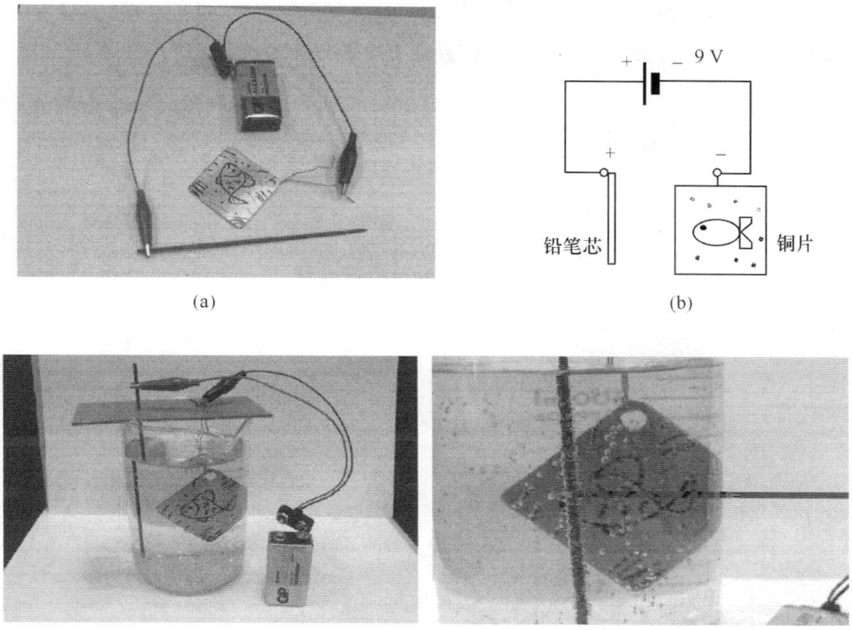

图Ⅱ-13-4　电镀小饰品装置

(a)电极与 9 V 电解池连接;(b)实验电路图;(c)实验装置图;(d)电镀效果

七、思考题

1. 普通镀液使用一段时间后就需更换新的镀液,电镀废液可以直接倒入下水道吗？为什么？电镀废液在排放之前应如何处理？

2. 通常镀液由哪几种成分构成？分析该实验普通镀镍溶液中各成分的作用。

3. 分析影响镀层质量的主要因素。

附:1. 普通镀镍溶液配方:

试剂名称	试剂用量
$NiSO_4 \cdot 7H_2O$	140～170 $g \cdot L^{-1}$
H_3BO_3	25～35 $g \cdot L^{-1}$
NaCl	7～12 $g \cdot L^{-1}$
$MgSO_4 \cdot 7H_2O$	20～30 $g \cdot L^{-1}$
$Na_2SO_4 \cdot 10H_2O$	60～80 $g \cdot L^{-1}$
pH	5.2～5.6

2. 库仑溶液配方：

试剂名称	试剂用量
$CuSO_4 \cdot 5H_2O$	$125\ g \cdot L^{-1}$
H_2SO_4	$25\ g \cdot L^{-1}$
乙醇	$50\ mL \cdot L^{-1}$

参考文献

霍胜娟，李翔晔，黄胜标，等. 2009. 提高电镀锌钢板耐指纹性的研究. 电镀与精饰，31：6-10

古晓雁，潘湛昌，肖楚民，等. 2009. 纳米 Ni-ZrO_2 复合电镀研究. 化学工程与装备，11：5-7

动力学部分

实验十四 电导法测定乙酸乙酯皂化反应的速率常数

一、实验目的

1. 用电导法测定乙酸乙酯皂化反应的速率常数、反应级数；
2. 学会用图解法求二级反应的速率常数；
3. 学会使用电导率仪和恒温水浴。

二、基本原理

乙酸乙酯皂化反应是一个典型的二级反应，当反应物乙酸乙酯和 NaOH 起始的最初浓度相同，且均为 c 时，则反应过程中各物质浓度随反应时间的变化关系为

$$CH_3COOC_2H_5 + NaOH \longrightarrow CH_3COONa + C_2H_5OH$$

	$CH_3COOC_2H_5$	NaOH	CH_3COONa	C_2H_5OH
$t=0$ 时	c	c	0	0
$t=t$ 时	$c-x$	$c-x$	x	x
$t\to\infty$时	$\to 0$	$\to 0$	$\to c$	$\to c$

该反应的速率方程式可以写成

$$\frac{dx}{dt}=k(c-x)^2 \qquad (\text{Ⅱ}-14-1)$$

移项并作不定积分得

$$\int\frac{dx}{(c-x)^2}=\int k dt \qquad (\text{Ⅱ}-14-2)$$

$$\frac{1}{(c-x)}=kt+常数 \qquad (\text{Ⅱ}-14-3)$$

作定积分则得

$$\frac{x}{c(c-x)}=kt \qquad (\text{Ⅱ}-14-4)$$

式中，k 为反应速率常数。

由式(Ⅱ-14-4)可知，实验中若测得不同时间 t 的 x 值，则可根据式(Ⅱ-14-4)求出不同时间 t 的 k 值(c 为起始浓度，已知)。若所求得不同 t 时的 k 值为常数，则可证明该反应为二级反应。而根据式(Ⅱ-14-3)，若以$\frac{1}{(c-x)}$对 t 作图，则应得一条直线，直线的斜率即为反应速率常数 k，也可证明是该反应为二级反应，这是利用作图法求二级反应速率常数的一种方法，其单位应为(浓度)$^{-1}$·(时间)$^{-1}$。因此二级反应速率常数转化为如何测定不同反应时间内的 x 的问题。本实验是用电导率仪来测定反应溶液电导率的方法来间接测定 x 值的。

电导率是指单位长度(1 m)、单位截面积(1 m^2)导体的电导，其单位是 S·m^{-1}。在稀溶液中，每种强电解质的电导率与其浓度成正比，而反应体系总的电导率为组成体系各种电解质

的电导率之和。对乙酸乙酯皂化反应,反应物中 NaOH 和生成物中 CH_3COONa 是电解质,对体系中总的电导率产生影响。Na^+ 在反应前后浓度不变。即 Na^+ 在反应过程中对溶液体系电导率的变化无贡献,而 OH^- 的电导率比 CH_3COO^- 的电导率大得多,因此,随着反应的进行,OH^- 不断减少,CH_3COO^- 不断增加,体系的电导率不断下降。所以

$t=0$ 时　　$$G_0=\alpha c \tag{Ⅱ-14-5}$$

$t=\infty$ 时　　$$G_\infty=\beta c \tag{Ⅱ-14-6}$$

$t=t$ 时　　$$G_t=\alpha(c-x)+\beta x \tag{Ⅱ-14-7}$$

式中 α、β 为与温度、溶剂、电解质 NaOH 和 CH_3COONa 性质有关的比例常数;G_0、G_∞ 分别为反应起始和终止时的电导率;G_t 为 t 时体系总的电导率。将式(Ⅱ-14-5)、式(Ⅱ-14-6)和式(Ⅱ-14-7)联立求解得

$$x=\left(\frac{G_0-G_t}{G_0-G_\infty}\right)\cdot c \tag{Ⅱ-14-8}$$

将式(Ⅱ-14-8)代入式(Ⅱ-14-4)得

$$k=\frac{1}{tc}\times\left(\frac{G_0-G_t}{G_t-G_\infty}\right) \tag{Ⅱ-14-9}$$

或

$$\frac{G_0-G_t}{G_t-G_\infty}=kct$$

式中,G_0、G_t、G_∞ 分别为反应起始、反应 t 时、反应结束时溶液的电导率,分别对应为 NaOH 溶液、反应体系以及 NaAC 溶液的电导率,均可由电导率仪测得。以 $\frac{G_0-G_t}{G_t-G_\infty}$ 对 t 作图,应得一条直线,直线的斜率为 kc,由于 c 已知,可求得反应速率常数 k 值。k 值的单位为 $dm^3\cdot mol^{-1}\cdot min^{-1}$。

三、仪器与试剂

仪器:DDSJ-308A 型电导率仪 1 台;SYC-15 系列数显恒温水浴锅 1 台;容量瓶 100 mL、1000 mL 各 1 个;锥形瓶 100 mL;移液管 25 mL 2 支。

试剂:邻苯二甲酸氢钾(分析纯);氢氧化钠(分析纯);乙酸乙酯(分析纯);乙酸钠(分析纯)。

四、操作步骤

(一) 操作方法

1. 打开恒温水浴槽,并将温度控制为 25.0±0.1 ℃(冬天)或 30.0±0.1 ℃(夏天)。

2. NaOH 溶液(Ⅰ)的配制:配制浓度约为 0.02 $mol\cdot L^{-1}$ NaOH 水溶液 500 mL。

3. NaOH 溶液(Ⅰ)的标定:准确称取 0.1000 g 的邻苯二甲酸氢钾(储存在保干器中)三份,并用蒸馏水将其溶解,以酚酞作为指示剂,对 NaOH 水溶液进行标定,并计算出 NaOH 溶液精确浓度。

4. NaOH 溶液(Ⅱ)的配制:移取 NaOH 溶液(Ⅰ)50.00 mL 于 100 mL 容量瓶中,定容、摇匀待用(稀释一倍)。

5. G_0 的测定:打开电导率仪,调整至电导模式,并根据所用电导电极常数校正电导仪中电极常数值。将电导电极用 NaOH 溶液(Ⅱ)润洗三次后放入盛有 NaOH 溶液(Ⅱ)试管中,在恒温水浴槽中恒温 5 min 后,测量其电导率三次(每半分钟读数一次,切勿长久放置后读数,电

导率的单位为 $mS \cdot cm^{-1}$ 或 $\mu S \cdot cm^{-1}$)。记作 G_0。

6. NaAc 溶液的配制：根据 NaOH 溶液(Ⅱ)的浓度配制相同浓度的 NaAc 的水溶液。

7. G_∞ 的测定：用 NaAc 溶液将电导电极润洗三次，恒温水浴槽恒温 5 min 后，测量其电导率三次(每半分钟读数一次)。

8. 乙酸乙酯溶液的配制：根据所标定的 NaOH 溶液(Ⅰ)准确浓度配制浓度相等的乙酸乙酯溶液 1000 mL，应根据乙酸乙酯的密度计算出所要移取的体积，或用天平准确称取乙酸乙酯的质量。

9. G_t 的测定：移取 NaOH 溶液(Ⅰ)25.00 mL 于干燥的锥形瓶中，放入擦干的电导电极，恒温后，加入恒温的乙酸乙酯溶液 25.00 mL，迅速混合并开始计时，每隔 2 min 测定体系中的电导率，得到 G_t，测定 15 组数据后结束实验。

(二) 注意事项

1. 为了减少恒温水浴槽本身对温度的影响，应将水浴槽循环速度、升温速度均设定为慢挡，温度控制中示差选择 0.1。

2. 测定 G_0 所用 NaOH 溶液为 NaOH 溶液(Ⅱ)，即稀释一倍后的 NaOH 溶液。

3. NaAc 溶液的配制中，注意摩尔质量的计算，NaAc 含有三个结晶水。

4. 在进行电导率 G_0、G_∞ 的测定时，电导电极应充分润洗，而测定 G_t 时应将电导电极擦干后放入待测溶液中。

(三) 提问

1. 测定 NaOH 电导率时，如长时间放置在空气中，对电导的测量会有何影响?

2. G_0、G_t、G_∞ 分别为反应起始、反应 t 时、反应结束时溶液的电导率，为何分别对应于 NaOH 溶液、反应体系以及 NaAC 溶液的电导率?

3. 为何乙酸乙酯溶液体积为 1000 mL，且必须新鲜配制?

五、实验总结

(一) 数据处理

计算反应速率常数 k：根据实验数据，以 $\frac{(G_0-G_t)}{(G_t-G_\infty)}$ 对 t 作图，得一条直线，从直线的斜率计算反应速率常数 k 值，用 Origin 等软件处理。

(二) 实验讨论

该实验配制溶液所用的水均为电导水或重蒸馏水。若用一般的去离子水，应首先测其电导率。在测定 G_0、G_∞、G_t 时应于扣除水的电导率。在我们以往的实验中发现有个别同学费时费力一定要把 NaOH 配成 0.0200 $mol \cdot L^{-1}$，这实际上既不可能，也没有必要。实验的要求是先粗配浓度约为 0.02 $mol \cdot L^{-1}$ 的 NaOH 溶液，然后标定，求其标准浓度。所配 NaOH 溶液应无 Na_2CO_3、NaCl、CO_2 等，NaOH(Ⅱ)溶液应由 NaOH(Ⅰ)溶液稀释而得。

六、实验延伸

(一) 电导测定的应用

有关溶液电导数据的应用很广,可以用来检验水的纯度,计算弱电解质的解离度和解离常数,测定难溶盐的溶解度,也可以测定水中含盐量,作为化学动力学指示,测定临界胶团浓度,进行电导滴定等实验。

(二) 电导滴定

电导滴定法是根据滴定过程中溶液电导的变化来确定滴定终点。在滴定过程中,滴定剂与溶液中被测离子生成水、沉淀或难离解的化合物,使溶液的电导发生变化,而在计量点时滴定曲线上出现转折点,指示滴定终点。电导滴定法一般用于酸碱滴定和沉淀滴定,但不适用于氧化还原滴定和配位滴定,因为在氧化还原或配位滴定中,往往需要加入大量其他试剂以维持和控制酸度,所以在滴定过程中溶液电导的变化就不太显著,不易确定滴定终点。

七、思考题

1. 若 $CH_3COOC_2H_5$ 与 NaOH 溶液的浓度不相等,应如何计算反应速率常数 k 值?
2. 若 $CH_3COOC_2H_5$ 与 NaOH 溶液均为浓溶液,能否用此方法求反应速率常数 k 值?为什么?
3. 在配制 $CH_3COOC_2H_5$ 溶液时,为什么要在容量瓶中加入适量的电导水?

参考文献

复旦大学,武汉大学,中国科学技术大学,等 . 2004. 物理化学实验 . 3 版 . 北京:高等教育出版社
傅献彩,沈文霞,姚天扬,等 . 2006. 物理化学(下册). 5 版 . 北京:高等教育出版社
孙尔康,徐维清,邱金恒 . 1998. 物理化学实验 . 南京:南京大学出版社
刘寿长,张建民,徐顺 . 2004. 物理化学实验与技术 . 郑州:郑州大学出版社

实验十五 旋光法测定蔗糖转化反应的速率常数

一、实验目的

1. 测定蔗糖转化反应的速率常数和半衰期;
2. 了解反应的反应物浓度与旋光度之间的关系;
3. 了解旋光仪的基本原理,掌握旋光仪的使用方法。

二、基本原理

蔗糖在水中可发生水解反应,转化成葡萄糖与果糖,其反应为

$$C_{12}H_{22}O_{11}(\text{蔗糖})+H_2O\xrightarrow{H^+}C_6H_{12}O_6(\text{葡萄糖})+C_6H_{12}O_6(\text{果糖})$$

这是一个二级反应,在纯水中此反应的速率极慢,通常需要在 H^+ 催化作用下进行。由于反应时水是大量存在的,尽管有部分水分子参加了反应,仍可近似认为整个反应过程中水的浓度是恒定的,而且 H^+ 是催化剂,其浓度也保持不变。因此蔗糖转化反应可看作为一级反应,

其动力学方程由式(Ⅱ-15-1)表示:

$$-\frac{dc}{dt}=kc \quad (Ⅱ-15-1)$$

式中,k 为反应速率常数;c 为时间 t 时的反应物浓度。式(Ⅱ-15-1)积分可得

$$\ln c=-kt+\ln c_0 \quad (Ⅱ-15-2)$$

式中,c_0 为反应物的初始浓度。

当 $c=c_0/2$ 时,t 可用 $t_{1/2}$ 表示,即为反应的半衰期。由式(Ⅱ-15-2)可得

$$t_{1/2}=\frac{\ln 2}{k}=\frac{0.693}{k} \quad (Ⅱ-15-3)$$

由式(Ⅱ-15-2)可看出,测定不同反应时间的反应物浓度 c,并以 $\ln c$ 对 t 作图,可得到一条直线,直线斜率即为 $-k$,由此可求得反应速率常数 k。

然而在不断进行的反应中,要快速测定反应物的剩余浓度是困难的,因此必须借助其他方法。联想到蔗糖及其分解产物均为旋光性物质,而且其各自的旋光能力不同,因此可利用体系在反应过程中旋光度的变化来度量反应的进程。

物质的旋光度可用旋光仪来测量。除了取决于被测分子自身的立体结构特征外,溶液的旋光度还与溶液中所含旋光物质的种类、浓度、旋光能力、溶剂性质、样品管长度、光源波长及温度等因素有关。当其他条件固定时,旋光度 α 与反应物浓度 c 呈线性关系,即

$$\alpha=\beta c \quad (Ⅱ-15-4)$$

式中,比例常数 β 与物质的旋光能力、溶剂性质、样品管长度及温度等有关。

“旋光度”只有相对含义,它可因实验条件不同而有很大差异,为此提出了用“比旋光度”来度量物质的旋光能力。规定以钠光灯 D 线作为光源,温度为 20 ℃时,一个 10 cm 长的样品管中,每立方厘米溶液中含有 1 g 旋光物质所产生的旋光度,即为该物质的比旋光度,如式(Ⅱ-15-5)表示:

$$[\alpha]_D^{20}=\frac{\alpha}{l\cdot c_A} \quad (Ⅱ-15-5)$$

式中,$[\alpha]_D^{20}$ 右上角的“20”表示实验时温度为 20 ℃;D 为指旋光仪所采用的钠灯光源;α 为测得的旋光度值,°;l 为样品管的长度,dm;c_A 为浓度,g/mL。

如果 c_A 以每 100 mL 溶液中所含的溶质的克数来表示,即单位为 g/100 mL,式(Ⅱ-15-5)可写为

$$[\alpha]_D^{20}=\frac{\alpha\cdot 100}{l\cdot c_A} \quad (Ⅱ-15-6)$$

比旋光度有左旋和右旋之分,分别对应测定时偏振光的振动面是按逆时针方向偏转还是按顺时针方向偏转。规定顺时针旋转为右旋,旋光度为正值;逆时针旋转为左旋,旋光度为负值,$[\alpha]$值前面要加“$-$”号。

作为反应物的蔗糖是右旋性物质,其比旋光度$[\alpha]_D^{20}=66.6°$;生成物中葡萄糖也是右旋性物质,比旋光度$[\alpha]_D^{20}=52.5°$,但果糖是左旋性物质,其比旋光度$[\alpha]_D^{20}=-91.9°$。由于生成物中果糖的左旋性比葡萄糖右旋性大,生成物总体呈现左旋性质。因此随着反应的进行,体系的右旋角不断减小,反应至某一瞬间,体系的旋光度可恰好等于零,而后就变成左旋,直至蔗糖完全转化,这时左旋角达到最大值 α_∞。

设体系最初的旋光度为

$$\alpha_0=\beta_{反}\ c_0 \qquad (t=0,蔗糖尚未转化) \qquad (Ⅱ-15-7)$$

体系最终的旋光度为

$$\alpha_\infty=\beta_{生}\ c_0 \qquad (t=\infty,蔗糖已完全转化) \qquad (Ⅱ-15-8)$$

式中,$\beta_{反}$和$\beta_{生}$分别为反应物与生成物的比例常数。

当时间为t时,蔗糖浓度为c,此时旋光度为α_t,即

$$\alpha_t=\beta_{反}\ c+\beta_{生}(c_0-c) \qquad (Ⅱ-15-9)$$

式(Ⅱ-15-7)、式(Ⅱ-15-8)和式(Ⅱ-15-9)三式联立可解得

$$c_0=\frac{\alpha_0-\alpha_\infty}{\beta_{反}-\beta_{生}}=\beta'(\alpha_0-\alpha_\infty) \qquad (Ⅱ-15-10)$$

$$c=\frac{\alpha_t-\alpha_\infty}{\beta_{反}-\beta_{生}}=\beta'(\alpha_t-\alpha_\infty) \qquad (Ⅱ-15-11)$$

将式(Ⅱ-15-10)和式(Ⅱ-15-11)代入式(Ⅱ-15-2)可得

$$\ln(\alpha_t-\alpha_\infty)=-kt+\ln(\alpha_0-\alpha_\infty) \qquad (Ⅱ-15-12)$$

以$\ln(\alpha_t-\alpha_\infty)$对$t$作图可得一直线,从直线斜率即可求得反应速率常数$k$。

通常有两种方法测定α_∞,一是将反应液放入恒温水浴锅(55～58 ℃,不可超过60 ℃)中,加热0.5 h以上以保证蔗糖完全转化,取出后冷却至室温测α_∞;另一种方法是将反应液放置24 h以上,让其完全反应后再测α_∞。前一种方法容易产生副反应,使溶液颜色变黄,而后一种方法时间太长,一次实验难以实现。

古根哈姆(Guggenheim)曾提出一种方法,可以不必测定反应终止浓度(本实验中为α_∞)即可计算一级反应的速率常数k。把在t和$t+\Delta$时(Δ代表一定的时间间隔)测得的α分别用α_t和$\alpha_{t+\Delta}$表示,则由式(Ⅱ-15-12)可得

$$\alpha_t-\alpha_\infty=(\alpha_0-\alpha_\infty)\cdot e^{-kt} \qquad (Ⅱ-15-13)$$

用$t+\Delta$时代替式(Ⅱ-15-13)中的t时刻,得到

$$\alpha_{t+\Delta}-\alpha_\infty=(\alpha_0-\alpha_\infty)\cdot e^{-k(t+\Delta)} \qquad (Ⅱ-15-14)$$

用式(Ⅱ-15-13)减去式(Ⅱ-15-14),可得

$$\alpha_t-\alpha_{t+\Delta}=(\alpha_0-\alpha_\infty)\cdot e^{-kt}\cdot(1-e^{-k\Delta}) \qquad (Ⅱ-15-15)$$

两边取对数,得

$$\ln(\alpha_t-\alpha_{t+\Delta})=\ln[(\alpha_0-\alpha_\infty)(1-e^{-k\Delta})]-kt \qquad (Ⅱ-15-16)$$

可以看出,只要Δ不变,式(Ⅱ-15-16)右端的第一项即为常数,以$\ln(\alpha_t-\alpha_{t+\Delta})$对$t$作图得一直线,从直线斜率即可求得反应速率常数$k$。$\Delta$可选为半衰期的2～3倍,或反应接近完成的时间之半。本实验可取Δ=30～40 min,每隔5 min选一个数据来处理。

对于一级反应,因为速率常数与反应物起始浓度无关,所以反应速率常数的测定可从任一时刻开始。

三、仪器与试剂

仪器:WZZ-2S数字式自动旋光仪(上海精密科学仪器有限公司)1台;移液管(25 mL)2个;量筒1个;锥形瓶(150 mL)2个;恒温水浴1套;台秤1个;秒表(0.1 s)1个。

试剂:蔗糖(分析纯);HCl溶液(4 mol·L^{-1});试管(50 mL)2个。

四、实验步骤

（一）具体操作方法

1. 数字式旋光仪的使用。

（1）接通电源前，“电源”、“光源”和“测量”开关都应处在向下位置。

（2）将“电源”开关向上扳接通电源，等待 5 min 使钠光灯发光稳定。

（3）将“光源”开关向上扳，此时钠光灯在直流供电下点燃，从钠光灯指示窗中应看到明亮的灯光。若钠光灯未点燃，可再次快速扳动“光源”开关，直至钠光灯点燃。

（4）将“测量”开关向上扳，仪器读数窗显示旋光度数值。

2. 仪器的调零。

蒸馏水为非旋光物质，可以用来校正旋光仪的零点，也可直接用清洁的空管来校正。

（1）用蒸馏水洗净旋光管。

（2）将管子一端的盖子旋紧，向管内注入蒸馏水使其在管口形成一凸面，把小玻璃片盖好。玻片紧贴于旋光管，使管内无气泡存在，勿使漏水。注意旋光管套盖时，一只手握住管上的金属鼓轮，另一只手旋套盖，不能用力太猛，以免压碎玻璃片。

（3）用吸滤纸擦干管壁，管子两端的小玻璃片用擦镜纸擦干。

（4）将旋光管放入仪器样品室中，按下“清零”键，使读数显示为零。

3. 蔗糖溶液的配制：在锥形瓶内，称取 20.0 g 蔗糖，加入 100 mL 蒸馏水，使蔗糖完全溶解。若溶液浑浊，则需要过滤。

4. α_t 的测量。

（1）用移液管吸取蔗糖溶液 25.00 mL，注入预先已清洁干燥的 50 mL 试管内并加盖；用另一支移液管吸取 4 mol · L^{-1}的 HCl 溶液 25.00 mL，置于另一支 50 mL 试管内并加盖。将这两支试管一起置于恒温水浴内恒温 10 min 以上。

（2）将两支试管取出，擦干试管外壁的水珠，然后将 HCl 溶液倒入蔗糖溶液中。启动秒表记录时间，同时迅速摇匀反应液。

（3）用少量反应液荡洗旋光管两次，然后用反应液装满旋光管，旋上套盖，放进已预先恒温的旋光仪样品室中，读数窗中即显示旋光度值。这几步要尽可能迅速，要求在反应开始后 2～3 min 测定第一个数据。每分钟记录一个数据，记录 80 min 以上，或者至出现第一个负值为止。

5. α_∞的测量。

为了节约测 α_∞的时间，可在实验开始预先配制一份蔗糖反应液（在 25.00 mL 蔗糖溶液中加入 25.00 mL 盐酸，可供两组合用），将其放入恒温水浴锅（55～58 ℃，不可超过 60 ℃）中，恒温半小时以上使蔗糖完全转化，取出后冷却至室温测量。α_∞测量 5 次，取平均值。

6. 实验结束。

所有反应液包括旋光管中的溶液都倒入回收瓶。将旋光管用蒸馏水清洗干净，擦干，放入旋光仪收好。

（二）注意事项

1. 实验需要在恒温下进行，也可简单选择在室温下测定。若在室温下测定，由于钠光灯发热，样品室内温度变化较大，而室温相对变化较小，为了减少温度变化过大对反应产生的影响，测量过程中，在不读数时，可将样品室盖子打开散热，读数前关闭箱盖，以此减小因未恒温而对测量结果带来的误差。

2. 旋光管管盖只要旋至不漏液即可，不可过度旋压。旋得过紧会造成小玻璃片损坏，或因玻片受应力而产生一种附加的假偏振作用，给测量造成误差。

3. 在打开旋光管帽时，注意保护小玻璃片，以防其跌落损坏或丢失。

4. 在混合蔗糖和盐酸溶液时，应将盐酸加到蔗糖溶液，而不能将蔗糖加到盐酸溶液中去。

5. 旋光管装样时其中不能有气泡。如果不小心进入了气泡，可将气泡赶至旋光管的大球处，使其避开光路。

（三）提问

1. 为什么可直接用清洁的空管来校正旋光仪零点？

2. 反应起始时间的记录，是不是在将盐酸倒入蔗糖时必须启动秒表开始计时？为什么？

五、实验总结

（一）数据处理

1. 普通方法。

(1) 将记录的旋光度 α_t 与对应时间 t 列表，作出 α_t-t 曲线图。注意由式(Ⅱ-15-13)可知，α_t 与 t 的关系应为 α_t-e^{-kt}，勿作成直线图。

(2) 从 α_t-t 曲线上等间隔选点，计算 $\ln(\alpha_t-\alpha_\infty)$值。时间间隔可选 3～5 min。

(3) 以 $\ln(\alpha_t-\alpha_\infty)$对 t 作图，由直线斜率求反应速率常数 k，并计算反应半衰期 $t_{1/2}$。298 K 时本实验 k 约为$(11\pm1)\times10^{-3}\ \text{min}^{-1}$。

2. 古根哈姆方法。

(1) 取 Δ 为 40 min，每 5 min 选一个数据，记入表Ⅱ-15-1 中。

表Ⅱ-15-1 旋光法测定蔗糖转化反应速率常数的实验数据

t/min	α_t	$t+\Delta$/min	$\alpha_{t+\Delta}$	$\alpha_t-\alpha_{t+\Delta}$	$\ln(\alpha_t-\alpha_{t+\Delta})$
5		45			
10		50			
15		55			
20		60			
25		65			
30		70			
35		75			
40		80			

(2) 以 $\ln(\alpha_t-\alpha_{t+\Delta})$对 t 作图，从所得直线斜率求 k，并计算 $t_{1/2}$。

（二）实验讨论

1. 旋光物质的旋光度主要取决于物质本身的构型，此外还与温度、光线透过物质的厚度、测量时所用光的波长有关。若测量溶液，则影响因素还包括溶液浓度、所选溶剂等。所以旋光物质的旋光度，在不同测量条件下结果往往不同。测定比旋光度时，应指明所选溶剂，若不指明则默认为水。

2. 浓度及样品管长度的影响。

一般把比旋光度看作常数，所以物质的旋光度与其溶液浓度成正比。在其他实验条件相对固定的情况下，可以很方便地利用这一关系来测量旋光物质的浓度及其变化(事先作出浓度-旋光度的标准曲线)。

旋光度也与样品管长度成正比，通常旋光仪中的样品管长度有 10 cm、20 cm、22 cm 三种，一般均选用 10 cm 长度的，这样计算比旋光度比较方便，但对于旋光能力较弱或溶液浓度太稀的样品，为了提高准确度，降低读数的相对误差，则需用 20 cm 或 22 cm 长的样品管。

3. 温度的影响。

旋光度对温度比较敏感，温度升高会使旋光管的长度增大，但使液体的密度有所降低，有时还会涉及旋光物质分子不同构型平衡态之间的改变，以及溶剂-溶质分子之间相互作用的改变等内在因素。温度效应具有如下一般公式：

$$[\alpha]_D^T = [\alpha]_D^{20} + Z(T-20) \qquad (Ⅱ-15-17)$$

式中，Z 为温度系数；T 为实验温度，℃。

旋光度一般具有负的温度系数 Z，并且随着温度的升高，温度系数越负，不存在简单的线性关系，还随各种物质的构型不同而异，一般 Z 值为$(-0.01\sim-0.04)$℃$^{-1}$。因此在测试时必须对试样进行恒温控制。在要求不太高的测量工作中可以将旋光仪(光源除外)放在空气恒温箱内，用普通的样品管进行测量，但要求被测试样预先恒温(温度与恒温箱内的温度相同，一般选择在超过室温 5 ℃的条件下进行)，然后注入样品管，再恒温 3～5 min 进行测量。

对蔗糖溶液来说

$$[\alpha]_D^T = [\alpha]_D^{20}[1-0.000\,37(T-20)] \text{(适用于 } T=14\sim30\ ℃\text{)} \qquad (Ⅱ-15-18)$$

$$[\alpha]_D^{20} = 66.412 + 0.012\,67d - 0.003\,76d^2 \qquad (Ⅱ-15-19)$$

式(Ⅱ-15-19)的适用范围 $d=0\sim50$，d 为每 100 mL 溶液中蔗糖的克数。

4. 用古根哈姆方法处理数据可以不必测量反应完毕时的旋光度 α_∞ 即可算出速率常数 k，这可避免一些副反应的干扰，并可大大节约实验时间。

六、实验延伸

(一) 催化剂

蔗糖在纯水中水解速率很慢，但在催化剂作用下会迅速加快，此时反应速率大小不仅与催化剂种类有关，而且与催化剂浓度有关。

本实验中除了用 H^+ 作催化剂外，也可用蔗糖酶催化。后者的催化效率更高，并且用量大大减小。如蔗糖酶液(每毫升 3～5 活力单位)，其用量仅为 2 mol · L^{-1} HCl 用量的 1/50。

蔗糖酶的制备可采用以下方法：在 50 mL 清洁的锥形瓶中加入鲜酵母 10 g，同时加入 0.8 g 乙酸钠，搅拌 15～20 min，使团块溶化，再加 1.5 mL 甲苯，用软木塞将瓶口塞住并荡摇 10 min，置于 37 ℃恒温水浴中，恒温 60 h。取出后加入 1.6 mL 乙酸溶液(4 mol · L^{-1})和 5 mL 蒸馏水，使其为 pH 4.5 左右，摇匀。然后以 3000 r · min^{-1}的转速离心 30 min，取出后用滴管将中层澄清液移出，放置于冰柜中备用。

本实验用 HCl 溶液作催化剂，如果改变盐酸浓度，其蔗糖转化速率也随着改变。

(二) 温度的控制

温度对反应速率常数影响很大,所以严格控制反应温度是做好本实验的关键。反应为了节约测 α_∞ 的时间,采用 50～60 ℃恒温促使反应进行完全。但温度不能高于 60 ℃,否则会产生副反应,使溶液变黄。因为蔗糖是由葡萄糖的苷羟基与果糖的苷羟基之间缩合而成的二糖,在 H^+ 催化下,除了苷键断裂进行转化反应外,高温还可能进行脱水反应,这就会影响测量结果。

(三) 假级反应

对于蔗糖水解:$C_{12}H_{22}O_{11}$(蔗糖)$+H_2O \longrightarrow C_6H_{12}O_6$(葡萄糖)$+C_6H_{12}O_6$(果糖),人们发现该反应速率为 $v=kc_{C_{12}H_{22}O_{11}}$。因为溶剂水参加反应,预计其速率定律应具有 $v=k'c^m_{C_{12}H_{22}O_{11}}\cdot c^n_{H_2O}$的形式。由于水是大量存在的,各次实验中,水的浓度几乎保持不变。因此,可认为 $k=k'c^n_{H_2O}$。这个反应称为假一级反应或准一级反应。欲测定 n 是很困难的,但动力学表明 $n=6$。这可以用包含六合水化蔗糖的反应机理予以解释。

假级数包括在催化反应中,催化剂影响速率,但在反应中不损耗。在一次实验中,H_3O^+ 浓度固定不变。然而,改变 $c_{H_3O^+}$ 进行一系列实验中,人们发现实际上反应速率对 H_3O^+ 为一级反应速率。对于蔗糖水解,正确的速率方程为 $v=k''c_{C_{12}H_{22}O_{11}}c^6_{H_2O}c_{H_3O^+}$,反应级数为 8。然而在某一次实验中,它的表观(或假)级数为 1。

(四) 活化能

如果实验测得了不同的温度,则可计算出不同温度下的速率常数。根据阿伦尼乌斯方程的积分形式:$\ln k=-\dfrac{E}{RT}+$常数,以 $\ln k$ 对$\dfrac{1}{T}$作图,可得一条直线,从直线斜率即可求算反应的活化能 E。若只测了两个温度,则可根据公式 $\ln\dfrac{k_2}{k_1}=\dfrac{E}{R}\cdot\dfrac{T_2-T_1}{T_1T_2}$计算平均活化能 E。

七、思考题

1. 实验中用蒸馏水来校正旋光仪的零点,在蔗糖转化过程中所测定的旋光度 α_t 是否必须要进行零点校正?
2. 配制蔗糖溶液时称量不够准确,对速率常数计算结果是否有影响?
3. 蔗糖和盐酸反应时,是将哪个溶液加入到哪个溶液中?能否反过来添加?为什么?
4. 实验中如果旋光管的光路中有气泡将对旋光度的测定产生什么影响?如何避免溶液中的气泡影响旋光度的测定?
5. 在测量蔗糖转化速率时,选用长的旋光管好,还是短的旋光管好?
6. 旋光度与哪些因素有关?

参考文献

陈六平,邹世春.2007.现代化学实验与技术.北京:科学出版社

复旦大学,武汉大学,中国科学技术大学,等.2004.物理化学实验.3 版.北京:高等教育出版社

傅献彩,沈文霞,姚天扬,等.2006.物理化学(下册).5 版.北京:高等教育出版社

顾月姝,宋淑娥.2007.基础化学实验(Ⅲ)——物理化学实验.2 版.北京:化学工业出版社

胡晓洪，刘弋潞，梁舒萍．2007．物理化学实验．北京：化学工业出版社
黄允中，张元勤，刘凡．2003．计算机辅助物理化学实验．北京：化学工业出版社
刘寿长，张建民，徐顺．2004．物理化学实验与技术．郑州：郑州大学出版社
孙尔康，徐维清，邱金恒．1998．物理化学实验．南京：南京大学出版社
唐浩东，吕德义，周向东．2008．新编基础化学实验(Ⅲ)——物理化学实验．北京：化学工业出版社
罗澄源，向明礼．1991．物理化学实验．3版．北京：高等教育出版社

实验十六　丙酮碘化反应的速率方程

一、实验目的

1. 掌握用孤立法确定反应级数的方法；
2. 测定酸催化作用下丙酮碘化反应的速率方程，测定其反应速率常数；
3. 掌握分光光度计的使用方法；
4. 通过本实验加深对复杂反应特征的理解。

二、基本原理

在酸性溶液中，丙酮碘化反应是一个复杂反应，其反应式为

$$CH_3COCH_3+X_2 \xrightarrow{H^+} CH_3COCH_2X+X^-+H^+$$

式中，X_2 为卤素。实验表明，该反应速率几乎与卤素的种类及其浓度无关，而与丙酮及氢离子的浓度有关。假定该反应的速率方程为

$$r=-\frac{dc_{丙}}{dt}=-\frac{dc_{碘}}{dt}=kc_{丙}^{x}\cdot c_{酸}^{y}\cdot c_{碘}^{z} \qquad (Ⅱ-16-1)$$

式中，指数 x,y,z 分别为丙酮、氢离子和碘的反应级数；k 为反应速率常数。将式(Ⅱ－16－1)取对数：

$$\lg\left(-\frac{dc_{碘}}{dt}\right)=\lg k+x\lg c_{丙}+y\lg c_{酸}+z\lg c_{碘} \qquad (Ⅱ-16-2)$$

在丙酮、酸和碘三种反应物中，先固定其中两种反应物的浓度，而配制一系列不同浓度第三种物质的溶液。则反应速率只是第三种物质浓度的函数。若以 $\lg\left(-\frac{dc_{碘}}{dt}\right)$ 对该组分浓度的对数 $\lg c$ 作图应为一直线，直线的斜率即为对该物质的反应级数。采用相同的处理方法，可得其他两种物质的反应级数。由于配制不同浓度 $\lg c$ 已知，测定该物质的反应级数转化为如何测定反应物(丙酮或碘)在反应过程中浓度随时间变化的问题。

因为碘在可见光区有一个吸收带，而在这个吸收区域中酸和丙酮没有明显的吸收，所以可采用分光光度计来测定反应过程中碘浓度随时间的变化关系。根据朗伯-比尔(Lambert-Beer)定律，有

$$A=-\lg T=-\lg\left(\frac{I}{I_0}\right)=\varepsilon bc_{碘} \qquad (Ⅱ-16-3)$$

式中，A 为吸光度；T 为透光率；I 和 I_0 分别为某一波长的光线通过待测溶液和空白溶液后的光强；ε 为物质的吸光系数；b 为样品池光径长度；$c_{碘}$ 为碘的浓度。从式(Ⅱ－16－3)可见，透过率的对数 $\lg T$ 是 $c_{碘}$ 的函数。

对式(Ⅱ-16-3)取微分,可得

$$\mathrm{dlg}T=-ab\mathrm{d}c \tag{Ⅱ-16-4}$$

由式(Ⅱ-16-1)可知在反应过程中 $c_{碘}$ 又是反应时间 t 的函数,即

$$\lg T=f[c_{碘}(t)] \tag{Ⅱ-16-5}$$

那么$\frac{\mathrm{dlg}T}{\mathrm{d}t}=\frac{\mathrm{dlg}T}{\mathrm{d}c_{碘}}\cdot\frac{\mathrm{d}c_{碘}}{\mathrm{d}t}=-ab\frac{\mathrm{d}c_{碘}}{\mathrm{d}t}$ 将式(Ⅱ-16-3)代入式(Ⅱ-16-5),得

$$\int \mathrm{dlg}T=\int -ab\frac{\mathrm{d}c_{碘}}{\mathrm{d}t}\cdot \mathrm{d}t \tag{Ⅱ-16-6}$$

当$\frac{\mathrm{d}c_{碘}}{\mathrm{d}t}$为定值时,有

$$\lg T=-ab\frac{\mathrm{d}c_{碘}}{\mathrm{d}t}t+B \tag{Ⅱ-16-7}$$

以 $\lg T$ 对 t 作图,其斜率为$-ab\left(\frac{\mathrm{d}c_{碘}}{\mathrm{d}t}\right)$。若已知 a 和 b,则可计算出反应速率$-\frac{\mathrm{d}c_{碘}}{\mathrm{d}t}$。

若 $c_{酸}\approx c_{丙}\gg c_{碘}$,实验表明 $\lg T$ 对 t 作图为一直线,$\frac{\mathrm{d}c_{碘}}{\mathrm{d}t}$不随时间而变,这就意味着反应速率与碘的浓度无关。即该反应对碘为零级,$z=0$。

本实验中 $c_{酸}\approx c_{丙}\gg c_{碘}$,可认为反应过程中 $c_{酸}$ 和 $c_{丙酮}$ 保持不变,又因 $z=0$,积分式(Ⅱ-16-1),得

$$c_{碘1}-c_{碘2}=kc_{丙酮}^{x}c_{酸}^{y}(t_2-t_1) \tag{Ⅱ-16-8}$$

将式(Ⅱ-16-3)代入式(Ⅱ-16-8),得

$$k=\left(\frac{\lg T_2-\lg T_1}{t_2-t_1}\right)\cdot\frac{1}{ab}\cdot\frac{1}{c_{丙酮}^{x}c_{酸}^{y}} \tag{Ⅱ-16-9}$$

式中,$\left(\frac{\lg T_2-\lg T_1}{t_2-t_1}\right)$实际上就是 $\lg T$-t 的直线斜率。再由 a、b 及 $c_{丙酮}$、$c_{酸}$($x,y=1$)可求出 k 值。

三、仪器与试剂

仪器:7220 型可见分光光度计 1 台;容量瓶 50 mL 6 个;50mL 烧杯 1 个;3 cm 比色皿 2 个;移液管 5 mL 2 支。

试剂:丙酮(分析纯);盐酸(2.00 mol·L^{-1});碘酸钾(分析纯);碘化钾(分析纯)。

四、操作步骤

(一)具体操作步骤

1. 碘溶液的配制:准确称取 0.1427 g KIO_3 于 50 mL 烧杯中,加入少量蒸馏水使其全部溶解,加入 1.1 g KI,加热溶解,再加入 2.0 mol·L^{-1}盐酸溶液 2 mL,将得到的溶液体系转移至 100 mL容量瓶,稀释至刻度,得到浓度为 0.02 mol·L^{-1}的碘溶液。

2. 丙酮溶液的配制:在 50 mL 容量瓶中(加入少量蒸馏水),准确称取丙酮质量 5.808 g,加入蒸馏水至刻度,得到浓度为 2.00 mol·L^{-1}的丙酮溶液。

3. 反应溶液的配制:移取 5 mL 2.00 mol·L^{-1}盐酸于 6 个 50 mL 的容量瓶中,分别加入 2.00 mL、2.50 mL、3.00 mL、3.50 mL、4.00 mL、4.50 mL 碘溶液于不同容量瓶中,并标记为

1 号、2 号、3 号、4 号、5 号、6 号溶液，加入少量蒸馏水待用。

4. 分光光度计的调节：打开分光光度计，预热 10 min，将波长选定在 520 nm 处，调节至 T%模式，选用 3 cm 光程比色皿，以蒸馏水作为参比，按 100%T 按钮，屏幕显示为 100%；或按 0%T 按钮，屏幕显示为 0%。

5. 测量：将 5.00 mL 丙酮加入 1 号溶液中，迅速地加入蒸馏水定容。摇匀后，将 3 cm 光程比色皿润洗 2 次，放入分光光度计第四格中，按第 4 步调节 100%和零点。将待测样拉入光路，开始计时，每隔一分钟记录一次读数，(注意：每次读数前均需调节 100%和零点)。记录 10 组数据。重复以上操作，测量 2～6 号样品。

(二) 注意事项

1. 丙酮溶液要最后加入容量瓶中，丙酮溶液加入后要尽量快地操作。
2. KIO_3 全部溶解后，加入 KI，微热助溶后再加入盐酸。
3. 溶液配制时注意体积不同而要求的质量不同。
4. 每次读数前都要进行透光率 100%和零点调节。

(三) 提问

1. 在每次等待读数过程中，如将样品池放在光路中将会对反应有什么影响？
2. 丙酮溶液的配制中为何在容量瓶中加入少量蒸馏水？

五、实验总结

(一) 数据处理

1. 分别将所测各组反应液的 $\lg T$ 对 t 作图，求其斜率。以该斜率的对数对该组分浓度的对数作图，从该斜率求出物质碘的反应级数 z。
2. 根据式(Ⅱ-16-9)计算各组反应速率常数，然后取其平均值。
3. 吸光系数 ε 采用 0.0200 $mol \cdot L^{-1}$ 的碘溶液可自行测定或采用 $\varepsilon = 180\ L \cdot mol^{-1} \cdot cm^{-1}$。

(二) 实验讨论

由于反应并不停留在一元卤化丙酮上，还会继续反应下去。因此采用初始速率法测量开始一段的反应速率，实验中应尽可能缩短从丙酮加入到开始读数的时间，从而保证测定反应的开始阶段。

六、实验延伸

(一) 实验型

1. 配制不同浓度的 I_2 溶液，求出实验中所用 520 nm 处 I_2 溶液吸光系数 ε。
2. 固定丙酮或盐酸的量，求出本实验中对于丙酮和盐酸的反应级数 x、y。

(二) 朗伯-比尔定律及其偏离因素

朗伯和比尔分别于 1768 年和 1859 年研究了光的吸收与有色溶液液层厚度及溶液浓度的定量关系，奠定了光度分析法的基础。朗伯-比尔定律可以描述为：当一束平行单色光通过某一均匀的、非散射有色溶液时,光的一部分被介质吸收,另一部分透过溶液,则溶液的吸光度与溶液厚度(光程)和溶液的浓度的乘积成正比。这就是著名的朗伯-比尔定律,数学表达式为

$$A=\lg(I_0/I)=\varepsilon bc$$

式中,I_0 为入射光强度;I 为透过光强度;b 为液层厚度(光程),cm;c 为溶液浓度,$mol \cdot L^{-1}$;ε 为摩尔吸光系数,$L \cdot mol^{-1} \cdot cm^{-1}$,其物理意义为:物质的浓度为 1 $mol \cdot L^{-1}$,液层厚度为 1 cm 时溶液的吸光度。它是有色化合物的重要特性,它随入射光的波长、溶液的性质和温度而改变,也与仪器的质量有关。但在实际应用中往往容易发生偏离直线的现象,尤其是在高浓度时。导致偏离该定律的主要因素有:

1. 吸收定律本身的局限性:朗伯-比尔定律是一个只有在稀溶液中才能成立的定律,在高浓度时(通常 $c>0.01$ $mol \cdot L^{-1}$),吸收质点之间的平均距离缩小到一定程度,邻近质点彼此的电荷分布都会相互受到影响,此影响能改变它们对特定辐射的吸收能力,因此,导致 A 与 c 之间偏离线性关系。

2. 化学因素:溶液中的溶质可因 c 的改变而发生解离、缔合、配位以及与溶剂间的作用等,这些因素导致偏离朗伯-比尔定律。

3. 仪器因素(非单色光的影响):朗伯-比尔定律的重要前提是“单色光”,即只有一种波长的光。实际上,真正的单色光却难以得到。由于吸光物质对不同波长的光的吸收能力不同将导致偏离朗伯-比尔定律。

4. 其他光学因素:①散射和反射:浑浊溶液由于散射光和反射光而偏离朗伯-比尔定律;②非平行光的影响。

七、思考题

1. 若将丙酮加至含有碘和盐酸的容量瓶中,并不立即开始计时,而是当混合物稀释至 50 mL 摇匀,并加入比色皿测定透光率时,再开始计时,对处理结果有无差别?为什么?

2. 影响本实验精确度的主要因素有哪些?如何提高实验精确度?

参考文献

曹晖. 2004. 偏离朗伯-比尔定律的有关问题. 黔东南民族师范高等专科学校学报,22(3):17
复旦大学,武汉大学,中国科学技术大学,等. 2004. 物理化学实验. 3 版. 北京:高等教育出版社
孙尔康,徐维清,邱金恒. 1998. 物理化学实验. 南京:南京大学出版社
刘寿长,张建民,徐顺. 2004. 物理化学实验与技术. 郑州:郑州大学出版社

实验十七　催化剂活性的测定——甲醇分解

一、实验目的

1. 测定氧化锌催化剂对甲醇分解反应的催化活性;
2. 了解用流动法测定催化剂活性的特点和实验方法;
3. 了解流速计、流量计、稳压管等的原理和使用。

二、基本原理

催化剂的活性用来表征催化剂催化能力的量度,通常用单位质量或单位体积催化剂表示反应物的转化百分率。

测定催化剂活性的实验方法分为静态法和流动法两类。静态法是反应物和催化剂放入一封闭容器中，测量体系的组成与反应时间的关系的实验方法。流动法是使流态反应物不断稳定地经过反应器，在反应器中发生催化反应，离开反应器后反应停止，然后设法分析产物种类及数量的一种实验方法。

在工业连续生产中，使用的装置与条件和流动法比较类似。因此在探讨反应速率，研究反应机理的动力学实验及催化活性测定的实验中，流动法使用较广。

根据实验，一般认为流动法的关键是要产生和控制稳定的流态。如果流态不稳定，则实验结果不具有任何意义。流动法的另一个关键是要在整个实验时间内控制整个反应系统各部分实验条件（温度、压力等）稳定不变。

流动法按催化剂是否流动又可分为固定床和流动床，而流动的流态情况又可分为气相和液相，或分为常压和高压。ZnO 催化剂对甲醇分解反应所用的是最简单的气相、常压、固定床的流动法。

甲醇可由 CO 和 H_2 作原料合成，反应如下：

$$CO+2H_2 \longrightarrow CH_3OH$$

这是一个可逆反应，反应速率很慢，关键是要找到优良的催化剂。但按正向反应进行实验需要在高压下进行，而且还有生成 CH_4 等的副反应，对实验不利。按催化剂的特点，凡是对正向反应是优良的催化剂，对逆向反应也同样是优良的催化剂，而甲醇的分解反应可在常压下进行，因此在选择催化剂的（活性）实验中往往利用甲醇的催化分解反应。

$$CH_3OH(g) \xrightarrow[300\sim400\ ℃]{ZnO} CO(g)+2H_2(g)$$

由于反应物和产物可经冷凝而分离，因此只要测量流动气体经过催化剂后体积的增加量，便可求算出催化活性。这种为了便于实验的进行，用逆向反应来评价用于正向反应催化剂的性能是催化实验中常用的方法。

表示催化剂活性的方法很多，现用单位质量 ZnO 催化剂在一定的实验条件下，使 100 g 甲醇中所分解掉的甲醇克数来表示。

三、仪器与试剂

仪器见实验装置示意图Ⅱ-17-1。

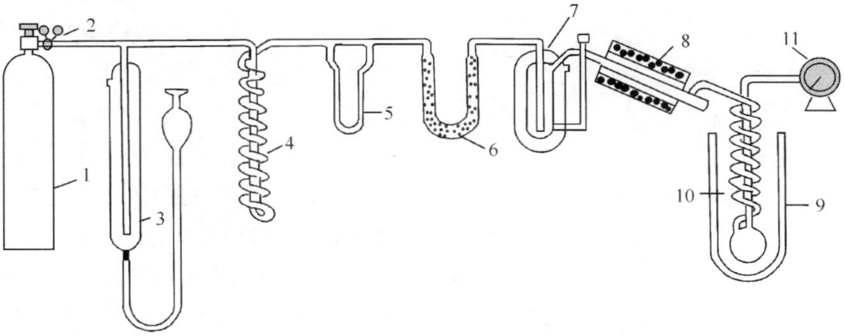

图Ⅱ-17-1 甲醇分解实验装置简图

1. 氮气钢瓶；2. 减压阀；3. 稳压管；4. 缓冲管；5. 毛细管流速计；6. 干燥管；7. 液体挥发器；8. 反应器；9. 杜瓦瓶；10. 捕集器；11. 湿式流量计

试剂：ZnO 催化剂（颗粒 1.5 mm 制备方法见讨论）；甲醇（分析纯）；KOH（化学纯）；食盐。

四、实验步骤

(一) 具体操作

1. 连接仪器。

按图Ⅱ-17-1所示连接仪器,并做好下列准备工作。

(1) 用量筒向各液体挥发器(本实验中为保证甲醇蒸气饱和,共串联三个液体挥发器)内加入甲醇至充满2/3的量。

(2) 向杜瓦瓶内加食盐及碎冰的混合物作为冷却剂。

(3) 调节超级恒温槽温度到(313 ± 0.1)K,打开循环水的出口,使恒温水沿挥发器夹套进行循环。

(4) 调节湿式气体流量计至水平位置,并检查流量计内液面。

2. 检漏。

检查整个系统有无漏气,其方法如下:小心开启N_2气钢瓶的减压阀,使小股N_2气流通过系统(毛细管流速计上出现压力差)。这时把湿式气体流量计和捕集器间的导管关闭,若毛细管流速计上的压力差逐渐变小直至为零,则表示系统不漏气,否则要分段检查,直至无漏。

3. 开启钢瓶。

检漏后,缓缓开启N_2气钢瓶的减压阀,调节稳压管内液面的高度,并使气泡不断地从支管经石蜡油逸出,其速度约为每秒1个(这时稳压管才起到稳压作用)。根据已校正毛细管的流速计校正曲线,使N_2气流速度稳定为每分钟50 mL和70 mL,准确读下这时毛细管流速计上的压力差读数,作为下面测量时判断流速是否稳定为某数值的依据。每次测定过程中,自始至终都需要保持N_2气流速的稳定,这是本实验成败的关键之一。

4. 测定。

(1) 空白曲线的测定:通电加热并调节电炉温度为(573 ± 2)K,在反应管中不放催化剂,调节N_2气流为50 mL/min,稳定后,每5 min读湿式气体流量计一次,共计40 min,以流量读数V_{N_2}(Ⅰ)对时间t(min)作图得图Ⅱ-17-2中的直线1。

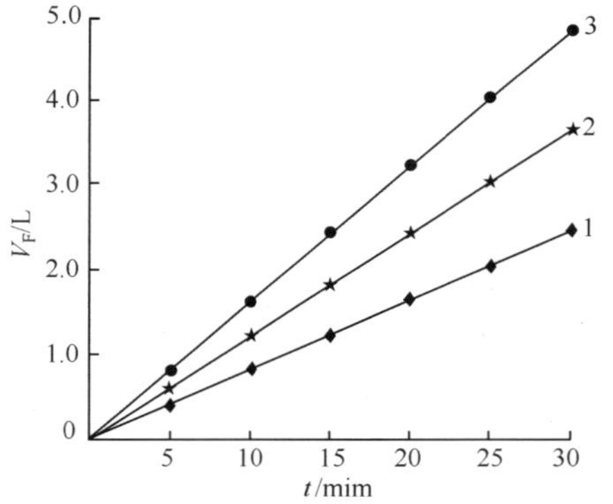

图Ⅱ-17-2 流量和时间关系

(2) 样品活性的测定:称取存放于真空干燥器内、粒度为1.5 mm左右、经过573 K焙烧的ZnO催化剂约2 g装入反应管内(管两端填放玻璃布,催化剂放在其中。装催化剂时应沿壁轻轻倒入,并把反应管加以转动和振动以装匀,但不宜重振以免催化剂破碎而阻塞气流),装妥后记下催化剂层在反应管内的位置,在插入到电炉中时,催化剂层应在电炉的等温区内。然后接好管道并检漏,打开电炉电源并调节电炉温度到(573 ± 2)K,调节N_2的流速,与空白实验(50 mL · min^{-1})时相同(由毛细管流速计的压力差来指示),同样每隔5 min读一次湿式气体流量计($V_{N_2+H_2+CO}$),共40 min,其V-T的直线即直线2。在相同的温度下,再测定N_2气流速为70 mL · min^{-1}时流量和时间的关系,即得到另一条V-t直线3。

同法,在N_2气流速为50 mL · min^{-1}和70 mL · min^{-1}的条件下,对经773 K焙烧的ZnO催化剂进行活性测定。

实验结束后应切断电源和关掉 N_2 气钢瓶的总阀并把减压阀内的余气放掉。

（二）注意事项

1. 系统必须不漏气。

2. N_2 的流速在实验过程中必须保持稳定。

3. 在对比催化剂经不同温度焙烧与不同 N_2 气流速的活性时，实验条件（如装样、催化剂在电炉中的位置等）需尽量相同。

4. 在通入 N_2 气前，不要打开干燥管上通向液体挥发器的活塞，以防甲醇蒸气或甲醇液体流至装有 KOH 的干燥管，堵塞通路。

5. 在实验前检查湿式流量计的水平和水位，并预先使其运转数圈，使水与气体饱和后方可进行计量。

6. 实验结束后，需用夹子使挥发器不与反应管和干燥管相通，以免因炉温下降甲醇被倒吸入反应管内。

五、实验总结

（一）数据处理

1. 数据处理。

(1) 对比空白的和加有催化剂的流量(V)-时间(t)的曲线，计算出在不同 N_2 气流速下，不同焙烧温度的催化剂反应后各增加的 H_2 和 CO 的总体积，并进而算出因反应而分解掉的各甲醇量(g)。

(2) 由甲醇蒸气压和温度的关系算出在 313 K 时，40 min 内，不同 N_2 气流速下通入管内的各甲醇量(g)。

(3) 比较不同 N_2 气流速下，不同焙烧温度的催化剂的活性（1 g 催化剂使 100 g 甲醇中分解掉的甲醇克数表示）。

2. 结果要求。

(1) 流量对时间(V-t)作图应得一直线，且线性关系良好。

(2) 用 $ZnCO_3$ 加皂土制备的催化剂活性列入表Ⅱ-17-1。

表Ⅱ-17-1 用 $ZnCO_3$ 加皂土制备的催化剂活性

焙烧温度/K	N_2 流速/(mL·min^{-1})	活性
573	50	26 ± 3
573	70	17 ± 2
773	50	16 ± 2
773	70	10 ± 2

（二）实验讨论

1. ZnO 催化剂的制备：催化剂的活性随其制备方法的不同而不同。现用的催化剂其制备方法是：取 80 g ZnO（分析纯）加 20 g 皂土（黏结剂）和约 50 mL 蒸馏水研压混合使均匀，成型弄碎，过筛，取粒度约为 1.5 mm（12～14 目）的筛分，在 383.2 K 烘箱内烘 2～3 h，分成两份，分别放入 573 K 和 773 K 的马弗炉中焙烧 2 h,取出放入真空干燥器内以备用。

2. 要获得稳定的加料速度,对于挥发性的液体常可采用液体挥发器来达到。其原理是当流速为 V_1 的载气(N_2)流经挥发性液体(如甲醇),就被该挥发性的蒸气所饱和。由于液体的挥发,气流速度由 V_1 增加到 V_2(此即挥发器出口的流速),那这一流速的增值($\Delta V=V_2-V_1$)和 V_2 之比在数值上等于挥发性液体蒸气在载气中所占的分数,即

$$\frac{\Delta V}{V_2}=\frac{p_S}{p_A}$$

式中,p_A 为大气压;p_S 为实验温度下挥发性液体的蒸气压。因此只要控制适宜的温度和载气流速就可以得到稳定的加料速度。

六、实验延伸——湿式气体流量计

1. 工作原理。

湿式气体流量计是实验室常规的气体流量检测仪表,它主要由圆鼓形壳体、转鼓及传动机构组成,其工作原理图见图Ⅱ-17-3。

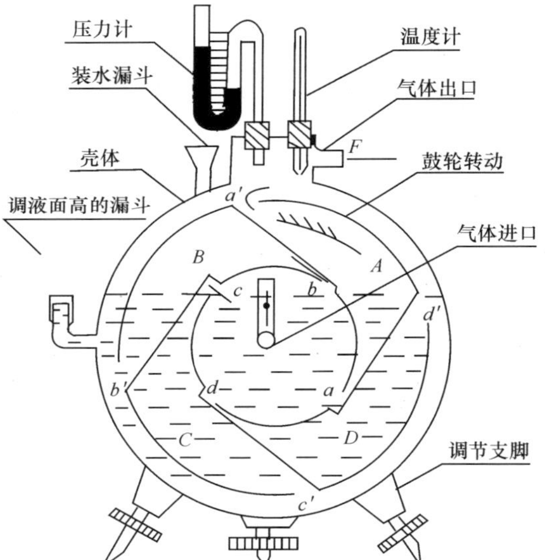

图Ⅱ-17-3　湿式气体流量计工作原理图

湿式气体流量计转鼓是由圆筒及四个弯曲形状的叶片所构成。四个叶片构成四个体积相等的小室。鼓的下半部浸没在水中。充水量由水位器指示。气体从背部中间的进气管处一次进入各室,并相继由顶部排出时,迫使转鼓转动。转动的次数通过齿轮机构由指针或机械计数器指示也可将转鼓的转动次数转换为电信号做远传显示。

2. 使用方法。

将仪表摆放在工作台上,调整地角螺钉使水准器水泡位于中心,并在使用中要长期保持。

(1) 打开水位控制器密封螺帽,拉出内部的毛线绳。

(2) 在温度计或压力计的插孔内,向仪表内注入蒸馏水,待蒸馏水从水位控制器孔内流出时即停止注入蒸馏水,当多余的蒸馏水从水位控制器孔内顺着毛线绳流干净(很久流出一滴时即为流干净)时,再将毛线绳收入水位控制器密封螺帽内,并且拧紧密封螺帽。

(3) 装好温度计和压力计(每一小格 10 Pa)。

(4) 按进出气方向连接好气路,并且密封。

(5) 开启气阀,即可进行气体测量。

3. 注意事项。

(1) 使用过程中,要经常注意仪表内水位保持,否则将影响测量精度。

(2) 使用中,温度应保持在 15～25 ℃,气温与室温相同,其温差应≤2 ℃。

(3) 最好在仪表指针运转数周后再进行读数。

(4) 当被测气体的压力超过正常压力值 1～6 倍(1～6 kPa)时,仪器仍然可以进行工作,

此时应将压力计取下,用无孔橡皮塞堵住压力计安装孔。

(5) 当被测气体的流量超过额定流量至超额流量范围内使用时,仪器仍然可以进行工作,但此时测量的精度会有所降低。

(6) 仪表在长期不使用时,应将仪表内的蒸馏水放干净,排放时先使用放水阀,然后将表头向下,再将出气管向下,这样反复几次,才能将鼓轮内的水放干净。

(7) 仪表不宜置于过冷室内安装,以免内部结冰。

(8) 在正常使用情况下,至少每年检验一次精度。

七、思考题

1. 毛细管流速计和湿式流量计两者有何不同?
2. 流动法测定催化剂活性的特点是什么? 有哪些注意事项?
3. 欲得较低的温度,氯化钠和冰应以怎样的比例混合?
4. 试设计测定合成氨铁催化剂活性的装置。了解测定空白曲线的目的,以及为什么实验时必须严格控制载气(N_2)的流速,不同流速对实验结果有何影响?
5. 如何计算通入反应管的甲醇量和分解掉的甲醇量,以求出催化剂的活性?

参考文献

孙尔康,徐维清,邱金恒. 1998. 物理化学实验. 南京:南京大学出版社
顾月姝,宋淑娥. 2007. 基础化学实验(Ⅲ)——物理化学实验. 2版. 北京:化学工业出版社
刘澄蕃,滕弘霓,王世全. 2002. 物理化学实验. 北京:化学工业出版社

实验十八　计算机模拟化学反应动力学

一、实验目的

1. 掌握过渡态理论的基本原理;
2. 掌握化学反应路径的连通方法(寻找过渡态);
3. 熟悉化学反应速率常数的计算方法;
4. 熟悉化学反应路径合理性的验证方法(IRC方法)。

二、基本原理

在研究化学反应的问题中,化学热力学与化学动力学是两个重要的基础理论。化学热力学主要研究反应自发进行的趋势大小,只关心变化的始态与末态,而化学动力学研究化学反应速率与反应机理,研究反应发生的具体步骤、机理、分子结构的变化过程及其与能量的关系。化学反应的快慢(速率)与热力学中的吉布斯自由能变($\Delta_r G_m$)无关,一个反应要发生,反应物一般必须经历旧化学键的断裂,即反应分子必须获得足够高的能量,并经历高能状态才能变成产物。因此研究反应速率与机理的反应动力学具有与反应热力学同等重要的地位。

目前研究化学反应机理的方法很多。实验中可以通过控制气体分子的定向运动速度,使分子与分子在可控条件下发生碰撞,从而研究反应发生的机理(李远哲教授基于这方面的卓越贡献,获得了1986年诺贝尔化学奖)。最近发展的激光飞秒等技术可以直接检测一些反应的中间物质的存在、性质与分解速率,从而研究反应机理(Zewail教授基于在激光化学领域的卓

越贡献,获得了 1999 年诺贝尔化学奖)。理论上可以采用量子化学方法,从反应物出发,计算反应过程中分子构型与能量的变化,从而研究反应的机理与速率。

研究化学反应机理的理论方法很多,下面主要介绍目前比较常用的过渡态理论。过渡状态理论又称活化配合物理论或绝对反应速率理论,由艾琳和波兰尼在 1931～1935 年提出。该理论的基本要点是:反应物分子在相互靠近的过程中电子结构要重排,从而使分子构型发生变化,并形成各种可能结构的原子结合体,不同结构及其对应的能量由势能面描述,这些原子结合体在势能面上对应能量的高点,此点向反应物与产物方向的移动都将导致能量降低,因此定义形成的原子结合体为反应过渡状态(transition state,TS)的结构,经过此 TS 反应就有可能发生,从而形成产物。另外,需要强调的是,许多反应不是从反应物经过唯一 TS 就直接生成最终产物,而是从反应物经过一个或多个 TS 到达一个或多个稳定中间体(intermediate)而最终生成产物。

由此可见,找到势能面上的关键驻点(反应物、产物、稳定中间体及过渡态)就成为研究化学反应机理的关键点。此外,在势能面上的任意过渡态两边,一定分别有一个稳定点(反应物、产物或稳定中间体都属于稳定点),依次连接稳定点、过渡态及另一稳定点就可以得到许多路径。我们可以通过猜测并通过量子化学计算获得这些关键驻点的构型、位置与能量,并将这些关键驻点的能量连接起来形成一条与势能面上各等高线垂直的曲线。这条曲线相当于沿着能量最低的路径连接,称为内禀反应坐标(intrinsic reaction coordinates,IRC)。采用 IRC 一方面是为了确认得到的 TS 是否的确为两个稳定中间体之间的过渡态;另一方面是为了了解化学键断裂与形成的详细过程。图Ⅱ-18-1 为某一反应基态势能面上的 IRC,此 IRC 连接了两个 TS 和三个稳定点(分别为反应物与产物的基态稳定点以及一个稳定中间体),这种图形为反应通道或反应路径(reaction path)。

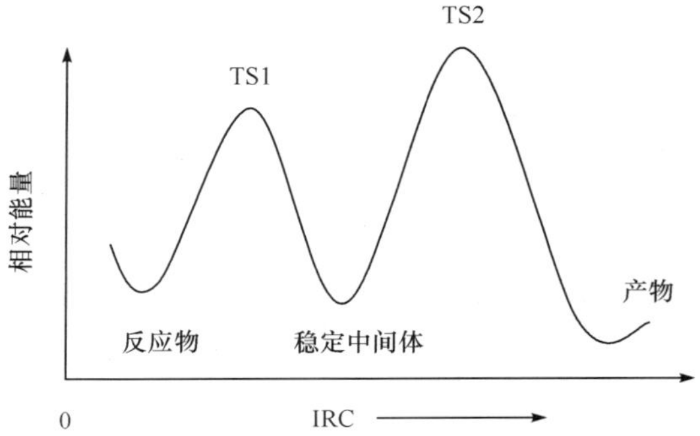

图Ⅱ-18-1　反应路径(IRC)示意图

过渡态理论可以不依赖任何实验数据而完全通过理论计算的方法得到反应速率常数 k,因此称为“绝对反应速率理论”。下面以一个简单的单分子基元反应为例,介绍如何计算 k 值。假定单分子反应模型为

$$\text{反应物 A} \underset{}{\overset{\text{快}}{\rightleftharpoons}} \text{TS} \xrightarrow{\text{慢}} \text{产物}$$

其中第一步反应生成 TS,此反应过程速率较快,可以满足反应物与 TS 之间的快速平衡,因此 TS 的浓度可以保持相对稳定,并可由平衡常数与反应物的浓度表示出来

$$K_{TS}^{\ominus} = \frac{c_{TS}/c^{\ominus}}{c_A/c^{\ominus}}$$

即

$$c_{TS} = K_{TS}^{\ominus} c_A \qquad (\text{Ⅱ}-18-1)$$

第二步反应对应 TS 分解为产物的慢反应过程,是反应的速决步,因此过渡态理论的反应速率为 TS 的分解速率。

由此可知,TS 的能量在反应坐标方向 R_i 上处于势能的最大值,即 TS 的能量沿着 IRC 是

降低的，因此 TS 沿着 IRC 方向的任何一次振动都会导致能量降低，从而形成产物。另外，TS 沿着其他方向的振动都使其能量升高，从而无法使反应向能量较低的产物方向移动。因此反应速率与沿 R_i 的振动频率 ν_{TS} 成正比。另外，反应速率的大小与参与反应的物质的浓度成正比，因此对于第二步反应，反应速率也与 TS 的浓度 c_{TS} 成正比。即

$$r=\nu_{TS}c_{TS} \qquad (Ⅱ-18-2)$$

将式(Ⅱ-18-1)代入式(Ⅱ-18-2)，得

$$r=\nu_{TS}K_{TS}^{\ominus}c_{A} \qquad (Ⅱ-18-3)$$

另外单分子基元反应的速率公式可以表示为

$$r=kc_{A} \qquad (Ⅱ-18-4)$$

对比式(Ⅱ-18-3)与式(Ⅱ-18-4)，得到反应速率常数为

$$k=\nu_{TS}K_{TS}^{\ominus} \qquad (Ⅱ-18-5)$$

在此，必须指出，与稳定点不同，量子化学计算中 TS 存在唯一的振动虚频(imaginary frequency)，这一频率 ν_{TS} 表明，TS 的能量沿着反应方向 R_i 为极大值，并不是 TS 的真正振动频率，因此在采用统计热力学计算式(Ⅱ-18-5)中的平衡常数 $K_{TS}^{\ominus}$ 时，应与其他的真正振动频率分开。根据统计热力学，$K_{TS}^{\ominus}$ 可以表示为

$$K_{TS}^{\ominus}=\frac{Q_{0,TS}^{\ominus}}{Q_{0,A}^{\ominus}}\exp\left(-\frac{E_0}{RT}\right) \qquad (Ⅱ-18-6)$$

式中，E_0 为 TS 与反应物各自考虑零点能以后的能量(热力学能)之差，定义为过渡态理论中的活化能；$Q_0^{\ominus}$ 为配分函数，其中 $Q_{0,TS}^{\ominus}$ 可以表示为 $Q_{0,TS}^{\ominus}=Q_{TS}^{\ominus,\nu}Q_{TS}^{\ominus,t}$，其中一部分 $Q_{TS}^{\ominus,\nu}$ 与 ν_{TS} 有关，另一部分 $Q_{TS}^{\ominus,t}$ 与其他真正振动频率有关。因此可以将 $Q_{TS}^{\ominus,\nu}$ 对 $K_{TS}^{\ominus}$ 的贡献分离出来，分离后的平衡常数 $K_{TS}^{\ominus,t}$ 可以表示为

$$K_{TS}^{\ominus,t}=\frac{Q_{TS}^{\ominus,t}}{Q_{0,A}^{\ominus}}\exp\left(-\frac{E_0}{RT}\right) \qquad (Ⅱ-18-7)$$

$Q_{TS}^{\ominus,\nu}$ 的表达式为

$$Q_{TS}^{\ominus,\nu}=\frac{1}{1-e^{-h\nu_{TS}/k_BT}} \qquad (Ⅱ-18-8)$$

式中，h 与 k_B 分别为普朗克常量与玻耳兹曼常量。因为 ν_{TS} 为沿着反应方向的振动，其振动能级差自然比其他真正振动能级差要小得多，因此 $h\nu_{TS}\ll k_BT$。根据级数展开式 $e^{-h\nu_{TS}/k_BT}=1-h\nu_{TS}/k_BT+\cdots$，略去二次项及后面高阶项，式(Ⅱ-18-8)可以近似表示为

$$Q_{TS}^{\ominus,\nu}\approx\frac{1}{1-(1-h\nu_{TS}/k_BT)}=\frac{k_BT}{h\nu_{TS}} \qquad (Ⅱ-18-9)$$

将式(Ⅱ-18-6)、式(Ⅱ-18-7)与式(Ⅱ-18-9)代入式(Ⅱ-18-5)得到该反应速率常数为

$$k=\frac{k_BT}{h}K_{TS}^{\ominus,t} \qquad (Ⅱ-18-10)$$

式(Ⅱ-18-10)就是所给反应模型在过渡态理论中的基本公式。其中 $K_{TS}^{\ominus,t}$ 可以通过经典热力学或统计热力学计算得到。

采用经典热力学计算 $K_{TS}^{\ominus,t}$ 时，需要考虑反应物到 TS 在标准状态下的变化过程，即

$$\Delta G_{TS}^{\ominus}=\Delta H_{TS}^{\ominus}-T\Delta S_{TS}^{\ominus}=-RT\ln K_{TS}^{\ominus,t} \qquad (Ⅱ-18-11)$$

式中，$\Delta H_{TS}^{\ominus}$、$\Delta S_{TS}^{\ominus}$ 和 $\Delta G_{TS}^{\ominus}$ 分别为反应的活化焓、活化熵和活化吉布斯自由能，可分别由产物与反应物的热力学焓值差、熵值差及吉布斯自由能差计算得到。将式(Ⅱ-18-11)代入式(Ⅱ-18-10)得

$$k=\frac{k_B T}{h}\exp\left(\frac{\Delta S_{TS}^{\ominus}}{R}\right)\exp\left(-\frac{\Delta H_{TS}^{\ominus}}{RT}\right) \tag{Ⅱ-18-12}$$

此式即为结合经典热力学的过渡状态理论的反应速率常数计算公式，速率常数单位为 s^{-1}。由此可知，化学反应速率常数与反应温度、活化焓及活化熵有关。

在量子化学计算过程中，首先猜测并计算可能的反应驻点，并采用 IRC 验证过渡态存在的合理性，进而得到可能的反应路径(通道)。接着计算反应活化焓、活化熵，并结合反应温度计算反应速率常数 k。

三、仪器

硬件：主频≥2.0 GHz、内存≥500 MB、硬盘≥20 GB 的 PC 或服务器计算机。

软件：Windows XP 或 Windows Vista 操作系统，Gaussian03W 与 GaussView(Windows 版)。

四、操作步骤

(一) 具体操作方法

本实验研究室温下(T=298 K)甲醛生成不同产物化学反应的机理，并计算反应活化能 E_0 及反应速率常数 k。

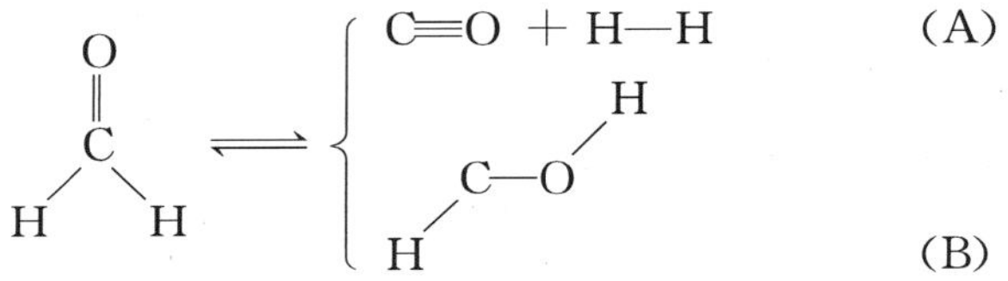

1. 计算反应(A)的过渡态并进行 IRC 验证。

首先产生 Gaussian03W 程序运行所需输入文件，如 CH2O_A. gjf，输入文件内容为

```
%Chk=formts
#T RHF/6-31G(d)Opt(CalcFC,TS)Freq Test

H2+CO<->H2CO Opt Freq

0,1
O
C,1,1.13
H,2,1.1,1,164.0
H,3,1.3,2,90.0,1,0.

--Link1--
%Chk=formts
%NoSave
#T RHF/6-31G(d)IRC=RCFC Guess=Read Geom=AllCheck Test
```

运行 Gaussian03W 程序，产生输出文件 CH2O_A. out，从其中查找并记录。

(1) TS1 的经过零点能修正后的能量(total energy)，查找输出文件中含有下面字符串所对应的数值。

```
Sum of electronic and zero-point Energies=
```

(2) TS1 的热力学焓值,查找输出文件中含有下面字符串所对应的数值。

Sum of electronic and thermal Enthalpies=

(3) TS1 的热力学吉布斯自由能值,查找输出文件中含有下面字符串所对应的数值。

Sum of electronic and thermal Free Energies=

运行 GaussView,并打开 Gaussian03W 程序输出文件 CH2O_A. out,这时会弹出一个窗口,用鼠标点击其中左上角绿色按钮以观察从 TS1 到产物 H_2 和 CO 反应的动力学过程。

2. 计算反应(B)的过渡态并进行 IRC 验证。

首先产生 Gaussian03W 程序运行所需输入文件,如 CH2O_B. gjf,输入文件内容为

```
%Chk=hydroxy
#T RHF/6-31G(d)Opt=QST2 Freq Test

formaldehyde

0,1
C
O,1,AB
H,1,AH,2,HAB
H,1,AH,2,HAB,3,180.,0

AB=1.18429
AH=1.09169
HAB=122.13658

trans hydroxycarbene

0,1
C
O,1,AB
H,1,AH0,2,BAH0
H,2,BH6,1,ABH6,3,180.,0

AB=1.29994
AH0=1.09897
BH6=0.95075
BAH0=103.00645
ABH6=109.43666

--Link1--
%Chk=hydroxy
%NoSave
#T RHF/6-31G(d)IRC=RCFC Guess=Read Geom=AllCheck Test
```

运行 Gaussian03W 程序,产生输出文件 CH2O_B. out,从其中查找并记录。

(1) TS2 的经过零点能修正后的能量,查找输出文件中含有下面字符串所对应的数值。

```
Sum of electronic and zero- point Energies=
```

(2) TS2 的热力学焓值,查找输出文件中含有下面字符串所对应的数值。

```
Sum of electronic and thermal Enthalpies=
```

(3) TS2 的热力学吉布斯自由能值,查找输出文件中含有下面字符串所对应的数值。

```
Sum of electronic and thermal Free Energies=
```

运行 GaussView,并打开 Gaussian03W 程序输出文件 CH2O_B. out,这时同样会弹出一个窗口,用鼠标点击其中左上角绿色按钮以观察从 TS2 到产物 H_2 和 CO 反应的动力学过程。

(二) 注意事项

实验过程请勿关闭程序,计算得到的结果随时保存,以免发生数据丢失。

五、实验总结

(一) 数据处理

表Ⅱ-18-1 给出了反应物 CH_2O、反应(A)产物 CO 和 H_2 以及反应(B)产物反式 HCOH 的相关计算数据,表Ⅱ-18-1 中数据单位为 HF(1 HF=2625.5 kJ·mol^{-1})。

表Ⅱ-18-1 反应物 CH_2O、反应(A)产物 CO 和 H_2 以及反应(B)产物反式 HCOH 的相关计算数据

分子	CH_2O	H_2	CO	H_2+CO	HCOH
经零点能修正能量	−113.837 13	−1.117 16	−112.732 80	−113.849 96	−113.757 09

1. 分别计算 TS1、TS2 与反应物 CH_2O 之间经过零点能修正后的能量的差值,进而计算反应活化能 E_0^A 与 E_0^B。

2. 在室温 T=298 K 下,通过 TS1 与反应物 CH_2O 的热力学焓与吉布斯自由能值,采用公式 $G=H-TS$ 分别计算它们的热力学熵值,并将 TS1 与反应物 CH_2O 之间的热力学焓值差 $\Delta H^\ominus$ 与熵值差 $\Delta S^\ominus$ 代入式(Ⅱ-18-12)计算反应(A)的速率常数 k_A。同理计算反应(B)的速率常数 k_B(反应物 CH_2O 的热力学焓与吉布斯自由能值分别为 −113.833 33 HF 和 −113.85 809 HF)。

3. 参照图Ⅱ-18-1 绘制反应(A)与(B)的反应路径图。

六、实验延伸——基于本实验所学知识

研究下面化学反应及其逆反应的化学反应动力学。

$$\text{反式 HCOH} \rightleftharpoons \text{顺式 HCOH} \rightleftharpoons H_2 + CO$$

由此式可知,此反应为两步反应,反应过程中有顺式 HCOH 中间体生成。首先通过驻点优化得到此反应及其逆反应的反应路径,然后计算反应速决步的速率及活化能(提示:此反应中具有除上述反应物与产物以外的稳定中间体 1 个,反应过渡态 4 个)。

七、思考题

1. 反应动力学主要用于什么方面的研究?
2. 反应中的过渡态与稳定中间体的区别是什么?
3. 化学反应的反应路径是否只有一条?

4. 如何将过渡态理论与其他的经验反应机理联系起来，试述它们的异同。

参考文献

苏克和，胡小玲. 2004. 物理化学. 西安：西北工业大学出版社

苏克和，李秀仪，吴雄，等. 1996. 化学反应焓变的量子化学理论计算. 化学通报，4：50-54

Foresman J B, Frisch Æ. 1996. Exploring chemistry with electronic structure methods. 2d ed. Pittsburgh: Gaussian Inc.

Frisch M J, Trucks G W, Schlegel H B, et al. 2003. Gaussian 03, Revision A. 1. Pittsburgh: Gaussian Inc.

Wang H, Yang H, Ran X, et al. 2002. The pyrolysis mechanism of carbon matrix precursor toluene used as carbon material. Journal of Molecular Structure(Theochem), 581: 1 - 9

表面现象与胶体化学部分

实验十九　电导法测定水溶性表面活性剂的临界胶束浓度

一、实验目的

1. 用电导法测定十二烷基硫酸钠的临界胶束浓度；
2. 了解表面活性剂的特征及胶束的形成原理；
3. 掌握电导率仪的使用方法。

二、基本原理

凡能显著降低表面张力的物质，称为表面活性剂。表面活性剂分子具有明显的“双亲”性，既含有亲油的非极性基，又含有亲水的极性基，如肥皂和各种合成洗涤剂等。

表面活性剂的分类方法很多，根据来源来分，表面活性剂分为合成、天然和生物三大类；根据疏水基结构来分，分为直链、支链、芳香链、含氟长链等；根据亲水基结构分为羧酸盐、硫酸盐、季铵盐、内酯等。目前，大家公认的分类是根据分子构成的离解性，分为离子型和非离子型。凡溶于水能电离生成离子的，称为离子型表面活性剂，凡在水中不电离的称为非离子型表面活性剂。离子型表面活性剂根据活性中心的离子性质又分为阳离子型、阴离子型、两性型表面活性剂。

表面活性剂
- 离子型表面活性剂
  - 阴离子型表面活性剂
  - 阳离子型表面活性剂
  - 两性型表面活性剂
- 非离子型表面活性剂

阴离子型表面活性剂，如羧酸盐（肥皂，$C_{17}H_{35}COONa$）、磺酸盐[十二烷基苯磺酸钠，$CH_3(CH_2)_{11}C_6H_5SO_3Na$]、硫酸盐[十二烷基硫酸钠，$CH_3(CH_2)_{11}SO_4Na$]等。

阳离子型表面活性剂，如十二烷基二甲基叔胺[$RN(CH_3)_2HCl$]、十二烷基二甲基氯化铵[$RN(CH_3)_3Cl$]。

两性型表面活性剂，如氨基酸类（氨基乙酸类，$RNH_2CH_2COO^-$）。

非离子型表面活性剂，如聚氧乙烯类[$RO(CH_2CH_2O)_nH$]。

表面活性剂进入水中，在低浓度时呈分子状态，并且把亲油基团靠拢而分散在水中。当溶液浓度增加到一定程度时，许多表面活性分子立刻结合成很大的基团，形成“胶束”。以胶束形式存在于水中的表面活性物质是比较稳定的。表面活性物质在水中形成胶束所需的最低浓度，称为临界胶束浓度，以 CMC(critical micelle concentration)表示。在 CMC 前后，由于溶液结构的改变，导致其物理化学性质（如电导率、渗透压、表面张力、去污能力等）同浓度的关系曲线出现明显的转折，如图Ⅱ-19-1 所示。这种浓度与性质的特殊现象是测定 CMC 的实验依据，也是表面活性剂的一个重要特征。这种特征行为可用形成分子聚集体或胶束来说明，如图Ⅱ-19-2 所示。

当表面活性剂溶于水中后，不但定向的吸附在水溶液表面，而且达到一定浓度时，还会在溶液中发生定向排列而形成胶束。表面活性剂为了成为溶液中的稳定分子，有可能采取两种途径：一是把亲水基留在水中，亲油基伸向油相或空气；二是让表面活性剂的亲油基相互靠在一起，以减少亲油基与水的接触面积。前者是表面活性剂分子吸附在界面上，其结果是降低界面张力，形成定向排列的单分子膜，后者就形成了胶束。由于胶束的亲水基方向朝外，与水分子相互吸引，表面活性剂能稳定地溶于水中。

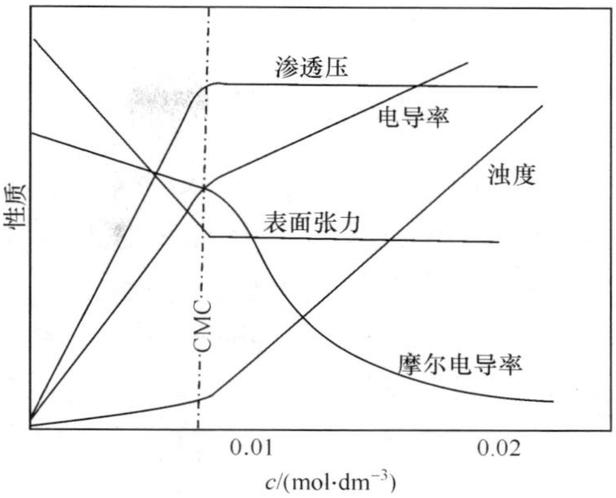

图Ⅱ-19-1　十二烷基硫酸钠水溶液的物理性质与浓度的关系图

随着表面活性剂在溶液中浓度的增长，球形胶束还可能转变成棒形胶束，甚至层状胶束，如图Ⅱ-19-3 所示。后者可用来制作液晶，它具有各向异性的性质。

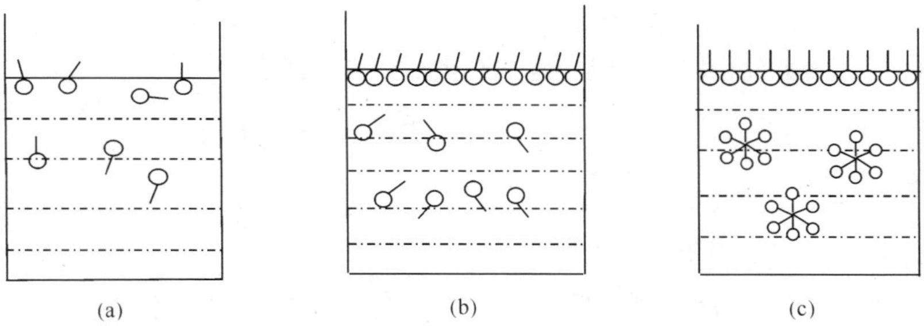

图Ⅱ-19-2　胶束形成过程示意图

(a) 浓度＜CMC；(b) 浓度＝CMC；(c) 浓度＞CMC

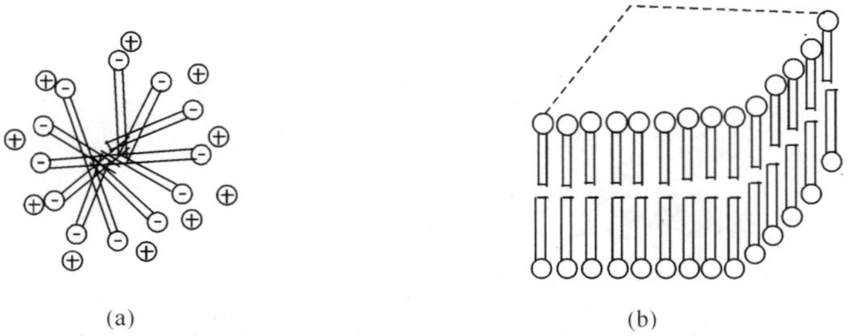

图Ⅱ-19-3　胶束的球形结构和层状结构示意图

(a) 球形结构；(b) 层状结构

本实验利用电导率仪，测定不同浓度十二烷基硫酸钠水溶液的电导率值(也可换算成摩尔电导率)，并作电导率值(或摩尔电导率)与浓度的关系图，从图中转折点，即可求得临界胶束浓度。

三、仪器与试剂

仪器：电导率仪 1 台；移液管(1 mL、2 mL、5 mL、10 mL)各 1 只；电导电极 1 支；恒温水浴 1 套；容量瓶(100 mL)13 只。

试剂：氯化钾(分析纯)；十二烷基硫酸钠(分析纯)；电导水。

四、操作步骤

(一) 具体操作方法

1. 用电导水或重蒸馏水准确配制 0.0100 mol · dm^{-3}的 KCl 标准溶液。

2. 取十二烷基硫酸钠在 80 ℃烘干 3 h,用电导水或重蒸馏水准确配制 0.2000 mol · dm^{-3}的十二烷基硫酸钠溶液 100 mL,备用。

3. 选用合适的移液管取一定量的 0.2000 mol · dm^{-3}的十二烷基硫酸钠储备溶液,配制 0.0020 mol · dm^{-3}、0.0040 mol · dm^{-3}、0.0060 mol · dm^{-3}、0.0070 mol · dm^{-3}、0.0080 mol · dm^{-3}、0.0090 mol · dm^{-3}、0.010 mol · dm^{-3}、0.012 mol · dm^{-3}、0.014 mol · dm^{-3}、0.016 mol · dm^{-3}、0.018 mol · dm^{-3}、0.020 mol · dm^{-3}的十二烷基硫酸钠溶液各 100 mL。

4. 调节恒温水浴温度至 25 ℃或其他合适温度。

5. 开通电导率仪电源,预热 20 min。

6. 在恒温下用 0.0100 mol · dm^{-3}的 KCl 标准溶液标定电导池常数。

7. 用电导率仪从稀到浓依次测定上述各溶液的电导率值。测定时各溶液必须恒温 10 min,每种溶液电导率读数三次,取平均值。

8. 列表记录各溶液对应的电导率,并换算成摩尔电导率。

9. 实验结束后,用蒸馏水清洗电极和试管,并测量所用水的电导率。

(二) 注意事项

1. 配制溶液时要用电导水或重蒸馏水。

2. 测定溶液电导时,应从稀到浓依次测定。每次更换溶液用待测液润洗电极和电导池 3 次以上。

3. 配制储备溶液要保证表面活性剂完全溶解。

4. CMC 有一定的范围。

5. 若电导池常数已知,具体操作方法步骤 1、6 可略。

(三) 提问

1. 表面活性剂具有起泡作用,在准确配制溶液时应注意什么问题?

2. 为什么需要恒温?

3. 为什么测定各溶液的电导率值时要从稀到浓依次进行测定?

4. 配制溶液时为什么要用电导水或重蒸馏水?

五、实验总结

(一) 数据处理

1. 记录不同浓度溶液电导率 κ 值,计算摩尔电导率 $\Lambda_m\left(=\frac{\kappa}{c}\cdot 10^{-3}\right)$。

2. 作电导率或摩尔电导率与浓度的关系图,从图中转折点处找出临界胶束浓度。

序号	溶液浓度 c/($mol \cdot dm^{-3}$)	电导率 κ/($10^{-3}S \cdot m^{-1}$)				摩尔电导率 Λ_m/($10^{-5}\ S \cdot m^2 \cdot mol^{-1}$)
		1	2	3	平均	
1						
2						
3						
4						
5						
6						
7						
8						
9						
10						
11						
12						

（二）实验讨论

电导法测定表面活性剂的 CMC 是经典方法。通过测定电导率随浓度的变化关系，从电导率-浓度曲线或摩尔电导率-浓度曲线，寻找变化转折点求 CMC。电导法简便可靠，但过量无机盐的存在会降低测定灵敏度。若测定时转折点不明显，可采用摩尔电导率-浓度平方根曲线，以获得明显转折点。

在实验作图时，应分别对图中转折点前后的数据进行线性拟合，找到两条直线，这两条直线的相交点所对应的浓度才是所求的水溶性表面活性剂的 CMC。

电导法仅适用于离子型表面活性剂，尤其是表面活性高的表面活性剂。而对 CMC 值较大、表面活性低的，其转折点不明显，灵敏性差。对有些电解质、盐类的表面活性剂溶液误差大。对非离子型表面活性剂不适用。

六、实验延伸

表面活性剂有渗透、润湿、增溶、去污、杀菌、乳化和破乳、起泡和消泡、分散和絮凝等作用，在日常生活、工农业生产及高新技术领域有着广泛的应用。CMC 是溶液中表面活性剂分子缔合形成胶束的最低浓度，是表面活性剂表面活性大小的一种度量，CMC 值越小，表面活性越大。

CMC 是表面活性剂溶液物理化学性质发生显著变化的一个“分水岭”，根据这种突变特征形成多种测定 CMC 的方法。原则上只要其性质随浓度在 CMC 处发生突变，都可用来测定 CMC。测定 CMC 常用的方法除了电导法外，还有表面张力法、染料法、增溶法等。CMC 随测定方法的不同稍有不同。

1. 表面张力法。

根据表面张力随浓度变化的明显转折来确定 CMC。表面活性剂溶液随浓度的增大，表面张力急剧降低，当达到 CMC 后，几乎不再变化或变化很小。实验测定不同浓度表面活性剂溶液的表面张力，以表面张力对浓度的对数作图，由曲线转折点所对应的浓度可确定 CMC。

这种方法可用来测定离子型和非离子型表面活性剂的 CMC,方法的灵敏度不受表面活性剂的类型、活性高低等影响,不受无机盐存在的干扰,但离子型表面活性剂 CMC,因盐类的加入而变小。

表面活性剂溶液若有微量有机物杂质,使曲线出现最低点,不易确定转折点,难于正确测定 CMC,因此需对表面活性剂进行提纯。

注意表面张力应达到平衡状态再进行测定。

2. 染料法。

基于有些染料的生色有机离子吸附于胶束之上,其颜色发生明显的改变,因此可用染料作为指示剂,测定最大吸收光谱的变化来确定 CMC。

本法简便快捷,但准确度差,特别是染料的存在可能影响 CMC。

3. 增溶法。

利用表面活性剂溶液对有机物增溶能力随浓度的变化,在 CMC 处有明显的改变来确定 CMC。

七、思考题

1. 实验中影响临界胶束浓度的因素有哪些?

2. 若要知所测得的 CMC 是否准确,可用什么实验方法验证?

3. 非离子型表面活性剂能否用本方法测定 CMC? 为什么? 若不能,则可用何种方法测定?

参考文献

复旦大学,武汉大学,中国科学技术大学,等. 2004. 物理化学实验. 3版. 北京:高等教育出版社

尹业平,王辉宪. 2006. 物理化学实验. 北京:科学出版社

傅献彩,沈文霞,姚天扬,等. 2006. 物理化学(下册). 5版. 北京:高等教育出版社

王培义,徐宝财,王军,等. 2007. 表面活性剂. 北京:化学工业出版社

实验二十　最大泡压法测定溶液的表面张力

一、实验目的

1. 了解表面张力的性质、表面自由能的意义以及表面张力和吸附的关系;

2. 掌握用最大泡压法测定表面张力的原理和技术;

3. 测定不同浓度正丁醇水溶液的表面张力,计算溶液的表面吸附量和正丁醇分子的横截面积。

二、基本原理

(一) 表面自由能

一般地,溶液表面分子在外侧方向除了与气相物质分子作用外,不存在与其他物质分子的作用,因而溶液表面分子比内部分子具有更高的平均位能,所以液体有尽量缩小表面积的倾向。从热力学观点看,液体表面缩小是一个自发过程,将使体系总自由能减少。欲使液体增大单位面积时,要由外界对液体做功,其所需要的能量称为液体的表面自由能或表面能。液体表

面积的缩小将使其达到尽可能低的位能状态，所以自由小液滴常呈球形。

假设液体产生新的表面 ΔS，则需对其做功的大小应与 ΔS 成正比：

$$-W=\sigma \cdot \Delta S \qquad (\text{Ⅱ}-20-1)$$

式中，S 为表面积；σ 即为表面张力。如果 ΔS 为 1 m^2，则 $-W=\sigma$ 是在恒温恒压下生成 1 m^2 新表面所需的可逆功，所以 σ 称为比表面吉布斯自由能或表面能，其单位为 $J \cdot m^{-2}$，即恒温恒压下体系增加单位表面积时所需的能量。

因为 $J \cdot m^{-2}=N \cdot m \cdot m^{-2}=N \cdot m^{-1}$，所以也可将 σ 看成是表面层的分子垂直作用在界面每单位长度边缘上且与表面平行或相切的收缩力，称为比表面张力，简称表面张力，其单位是 $N \cdot m^{-1}$。它与表面自由能的概念不同，但量纲一致。

σ 表示液体表面自动缩小趋势的大小，其量值与液体的成分、溶液的浓度、温度及表面气氛等因素有关。

（二）溶液的表面吸附

在定温下纯液体的表面张力为定值，当加入溶质形成溶液时，表面张力发生变化，其变化的大小决定于溶质的性质和加入量的多少。溶液表面张力与其组成的关系大致有以下三种情况：

（1）随溶质浓度增加表面张力略有升高。

（2）随溶质浓度增加表面张力降低，并在开始时降得快些。

（3）溶质浓度增加时表面张力急剧下降，于某一浓度后表面张力几乎不再改变。

以上三种情况溶质在表面上的浓度与体相中的都不相同，这种现象称为溶液的表面吸附。根据能量最低原理，溶质能降低溶剂的表面张力时，它在表面层中的浓度比在内部大；反之，溶质使溶剂的表面张力升高时，它在表面层中的浓度比在内部的浓度低。在指定的温度和压力下，溶质的吸附量与溶液的表面张力及溶液的浓度有关，它们之间的关系遵守吉布斯(Gibbs)吸附方程：

$$\Gamma=-\frac{c}{RT}\left(\frac{\mathrm{d}\sigma}{\mathrm{d}c}\right)_T \qquad (\text{Ⅱ}-20-2)$$

式中，Γ 为单位表面上被吸附物质的量，即表面吸附量，$mol \cdot m^{-2}$；c 为吸附达平衡时溶质在介质中的浓度，$mol \cdot L^{-1}$；σ 为表面张力；T 为热力学温度，K；R 为摩尔气体常量。

当 $\left(\frac{\mathrm{d}\sigma}{\mathrm{d}c}\right)_T<0$ 时，$\Gamma>0$ 称为正吸附；当 $\left(\frac{\mathrm{d}\sigma}{\mathrm{d}c}\right)_T>0$，$\Gamma<0$ 称为负吸附。本实验测定正吸附情况。

有些溶质进入溶剂后，能使溶剂的表面张力显著降低，这类物质称为表面活性物质。表面活性物质具有显著的不对称结构，它们是由亲水的极性基团和憎水的非极性基团构成的。对于有机化合物来说，表面活性物质的活性部分一般为 $—NH_3^+$、—OH、—SH、—COOH、$—SO_2OH$ 等。正丁醇就属于这样的化合物。它们在水溶液表面排列的情况随其浓度不同而有差异，如图Ⅱ-20-1所示。浓度较小时，分子可以平躺在表面上；浓度增大时，分子的极性基团取向溶液内部，而非极性基团基本上取向气相；当浓度增至一定程度，溶质分子占据了所有表面，就形成饱和吸附层。

以表面张力对浓度作图，可作出 σ-c 曲线，如图Ⅱ-20-2所示，在开始时 σ 随浓度的增加而迅速下降，之后变化得比较缓慢。

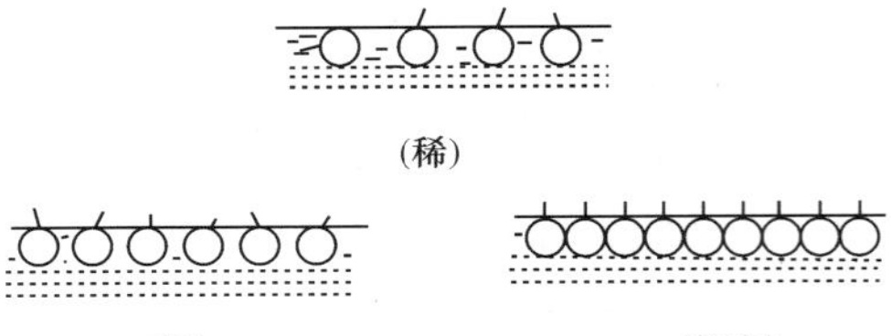

图Ⅱ-20-1　表面活性物质分子在水溶液表面排列情况示意图

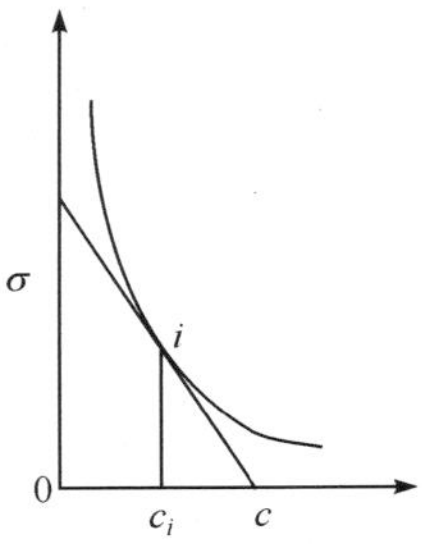

图Ⅱ-20-2　表面张力与浓度的关系

在 σ-c 曲线上任选一点 i 作切线,可得该点所对应浓度 c_i 的斜率 $(\mathrm{d}\sigma/\mathrm{d}c_i)_T$,再由式(Ⅱ-20-2)可求得不同浓度下的 Γ 值。

(三) 饱和吸附与溶质分子的横截面积

吸附量 Γ 与浓度 c 之间的关系,可用朗缪尔(Langmuir)吸附等温式表示:

$$\Gamma=\Gamma_\infty\frac{kc}{1+kc}\qquad(Ⅱ-20-3)$$

式中,Γ_∞ 为饱和吸附量,$\mathrm{mol\cdot m^{-2}}$;k 为常数。将式(Ⅱ-20-3)取倒数,可得

$$\frac{c}{\Gamma}=\frac{c}{\Gamma_\infty}+\frac{1}{k\Gamma_\infty}\qquad(Ⅱ-20-4)$$

作 $\frac{c}{\Gamma}-c$ 可得一直线,直线斜率的倒数即为 Γ_∞。

如果以 N 代表 1 $\mathrm{m^2}$ 表面上溶质的分子数,则有

$$N=\Gamma_\infty\cdot N_A\qquad(Ⅱ-20-5)$$

式中,N_A 为阿伏伽德罗常量。则每个溶质分子在表面上所占的横截面积为

$$S_0=\frac{1}{\Gamma_\infty N_A}\qquad(Ⅱ-20-6)$$

因此,若测得不同浓度溶液的表面张力,从 $\sigma-c$ 曲线上求出不同浓度的吸附量 Γ,再从 $\frac{c}{\Gamma}-c$ 曲线上求出 Γ_∞,便可计算得到溶质分子的横截面积 S_0。

如果知道溶质的密度 ρ、摩尔质量 M,还可计算吸附层的厚度 δ:

$$\delta=\frac{\Gamma_\infty M}{\rho}\qquad(Ⅱ-20-7)$$

(四) 最大泡压法

测定表面张力的方法很多,有毛细管上升法、最大泡压法、滴重或滴体积法、拉脱法、液滴外形法、振动射流法等。本实验用最大泡压法测定正丁醇水溶液的表面张力,实验装置如图Ⅱ-20-3所示。

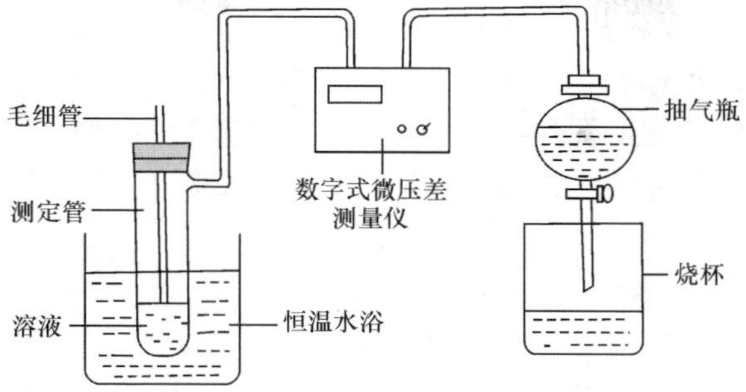

图Ⅱ-20-3　表面张力测定装置图

当毛细管下端端面与被测液体液面相切时，液体沿毛细管上升。打开抽气瓶（滴液漏斗）的活塞缓缓放水抽气，此时测定管中的压力 p_r 逐渐减小，毛细管中的大气压力 p_0 就会将管中液面压至管口，并形成气泡。其曲率半径恰好等于毛细管半径 r 时，根据拉普拉斯（Laplace）公式，此时能承受的压力差为最大，有

$$\Delta p_{max}=p_0-p_r=\frac{2\sigma}{r} \qquad (Ⅱ-20-8)$$

随着放水抽气，大气压力将把该气泡压出管口。曲率半径再次增大，此时气泡表面膜所能承受的压力差必然减小，而测定管中的压力差却在进一步加大，所以导致气泡的破裂。最大压力差可通过数字式微压差测量仪得到。

用同一根毛细管分别测定具有不同表面张力（σ_1 和 σ_2）的溶液时，可得到下列关系式：

$$\sigma_1=\frac{r}{2}\Delta p_{max1} \qquad \sigma_2=\frac{r}{2}\Delta p_{max2} \qquad \frac{\sigma_1}{\sigma_2}=\frac{\Delta p_{max1}}{\Delta p_{max2}}$$

$$\sigma_1=\sigma_2\frac{\Delta p_{max1}}{\Delta p_{max2}}=K\Delta p_{max1} \qquad (Ⅱ-20-9)$$

式中，$K=\frac{r}{2}$称为毛细管常数，其值可由已知表面张力的物质来确定。

三、仪器与试剂

仪器：表面张力测定装置 1 套；恒温水浴 1 套；150 mL 容量瓶 8 个；洗瓶 1 个；滴管 1 个；洗耳球 1 个；烧杯 2 个。

试剂：正丁醇（分析纯）。

四、实验步骤

（一）具体操作方法

1. 恒温水浴的调节。参照室温的高低，调节恒温水浴的温度为 25 ℃（或 30 ℃）。

2. 溶液的配制。洗净容量瓶，用称量法配制 0.02 mol · L^{-1}、0.04 mol · L^{-1}、0.06 mol · L^{-1}、0.08 mol · L^{-1}、0.10 mol · L^{-1}、0.12 mol · L^{-1}、0.16 mol · L^{-1}、0.20 mol · L^{-1}的正丁醇水溶液各 150.00 mL 待用。容量瓶加入正丁醇之前可先加入适量的蒸馏水（有什么作用?）。

3. 以蒸馏水为待测液测定毛细管常数。将测定管和毛细管清洗干净，在测定管中注入适量蒸馏水，将毛细管垂直插入测定管中，并使毛细管管口刚好与水面相切，置于恒温水浴内恒温 3～5 min。慢慢打开抽气瓶活塞，控制滴液速度，使毛细管口逸出气泡的速率保持稳定，约

5～7 s一个气泡为宜。读取最大压力差Δp_{max}，记录3次取平均值。

4. 待测样品表面张力的测定。由稀到浓依次测定正丁醇水溶液的表面张力。每次测量前，都需用待测液充分润洗测定管和毛细管，以保证所测溶液浓度的准确。按照步骤3测定。

5. 所有溶液测定完成后，用蒸馏水冲洗测定管和毛细管。毛细管浸泡在铬酸洗液中，以防杂质堵塞。

(二) 注意事项

1. 实验中所用的压力计为数字式微压差测量仪，可直接读取压力差数值，数字窗显示的最大值即为最大压差。

2. 注意在大气畅通的情况下采零，每个样品测定前都必须采零。

3. 在测量中，抽气速度不宜过快，控制在每5 s逸出一个气泡为宜。

4. 注意不要让液体进入胶管内，以免损伤压力计；胶管内若有液体阻塞，数字窗读数将不准确，对压力差的测定影响很大。

(三) 提问

用待测液润洗测定管和毛细管时，为节约溶液又要润洗干净，应注意哪些问题?

五、实验总结

(一) 数据处理

1. 根据正丁醇的质量计算正丁醇水溶液的准确浓度。

2. 测定纯水的p_{max}。由附表20查得25 ℃时纯水的表面张力为71.91×10^{-3} N·m^{-1}，30 ℃时纯水的表面张力为71.18×10^{-3} N·m^{-1}。根据式(Ⅱ-20-9)计算毛细管常数K值，单位为m。

3. 根据式(Ⅱ-20-9)，计算各溶液的表面张力σ，并作σ-c曲线。

4. 在σ-c曲线上取8～10个点，分别作出切线，可得各点所对应浓度c_i的斜率$(d\sigma/dc_i)_T$，再由式(Ⅱ-20-2)可求得不同浓度下的吸附量Γ值。

5. 作$\frac{c}{\Gamma}$-c图，应得一直线，直线斜率的倒数即为Γ_∞(mol·m^{-2})。

6. 由式(Ⅱ-20-6)计算正丁醇分子的横截面积S_0值，单位换算为nm^2，与文献值0.274～0.289 nm^{2}比较。

(二) 实验讨论

本实验关键在于毛细管的清洁、毛细管口与液面的相切及抽气速度的恒定。每次更换溶液时，测定管和毛细管均需润洗；毛细管内壁外壁均要清洗干净，洗内壁时可用洗耳球将洗涤液吹掉。如发现抽气瓶中滴液速度很快而压力差计示数上不去时，检查胶管有无被液体堵塞。仪器系统不能漏气。

配制正丁醇溶液时，可根据正丁醇的摩尔质量和室温下的密度计算需用正丁醇的体积，用移液管移取；也可直接算出所需正丁醇的质量，用称量法配制。若根据体积配制，可精确配成前文中的各个浓度。若用称量法，则不可能恰好配成前文浓度，会稍有偏差，此种情况数据处理时注意要用实际浓度来计算。

六、实验延伸

（一）关于表面张力

在液体内部，任何分子所受其周围分子的吸引力是平衡的，而液体表面分子却不相同。由于表面层的分子一方面受到液体内层的邻近分子的吸引，另一方面受到液体外部气体分子的吸引，而前者的作用要比后者大。因此在液体表面层中，每个分子都受到垂直于液面并指向液体内部的不平衡力，这种内向吸引力使表面上的分子向内挤，趋向于液体内部，使表面尽量收缩至最小表面积。这表现在当外力很小时液滴趋于球形，如常见的汞珠或荷叶上的水珠等。

（二）表面张力的其他测定方法

表面张力的测定方法众多，本实验所用的最大泡压法实验装置简单，操作方便，而且不用测定管壁接触角 θ。除此之外，还有毛细管上升法、滴重或滴体积法、拉脱法、液滴外形法、振动射流法等。

(1) 毛细管上升法。毛细管插入液体后，液体在毛细管内将上升一定高度。平衡时，上升液柱的质量和液体由于表面张力的作用而受到向上的拉力相等，由此可获得表面张力值。该法精度可达 0.05%，常用作等张比容测定以研究分子的结构，但该法对样品润湿性要求极高，只有对接触角 θ 为 0 的样品才能测得准确结果；对接触角 θ 不为 0 的样品，计算公式中含有 $\cos\theta$ 项，而接触角 θ 难以测准，所以在应用上受到限制。

(2) 滴重法或滴体积法。液体受重力作用从垂直安放的毛细管向下滴落，当液滴最大时，其半径等于毛细管半径，此时重力与表面张力相平衡，因而可从滴落质量计算 σ。直接测定落滴质量的称为滴重法，通过测定落滴体积而推算的称为滴体积法。由于液滴形状的变化及滴落的不完整，重力项常需乘以校正系数。此法设备简单，操作方便，准确度高，同时温度易于控制；但对毛细管要求较严，要求下口平整、光滑、无破口。

(3) 拉脱法。拉脱法也称拉环法、环形法、环法。测量一已知周长的金属圆环（或金属片）从待测液体表面拉出时的最大拉力和圆环的内外半径，可求得表面张力。使用该法测定液体表面张力的范围为 $10^{-3} \sim 10^{-2}\ \mathrm{N \cdot m^{-1}}$，因此需要测量仪器的灵敏度较高。近年来，新发展的硅压阻式力敏传感器可满足这些要求，比传统的扭力天平等灵敏度高，稳定性好，并可作数字信号显示。此法精度在 1%以内，优点是测定快，用量少，计算简单，因此对表面张力随时间而很快变化的胶体溶液特别适用，也可用来研究溶液表面温度的变化情况，如果利用适当的仪器也可具有较好的精确度；缺点是控温困难，易挥发的液体常因部分挥发而使温度较室温略低。

(4) 液滴外形法和振动射流法。液滴外形法常用来测定熔融金属以及界面张力低于 $10^{-4}\ \mathrm{N \cdot m^{-1}}$体系的表面张力。振动射流法主要用于测定新生成表面的表面张力，即动态表面张力。

七、思考题

1. 表面张力为什么需在恒温条件下进行测量？温度变化对表面张力有何影响？
2. 在测定中为什么要读取最大压力差 Δp_{max}？
3. 测定中如果毛细管末端插入溶液内部对 Δp_{max}有何影响？为什么？
4. 实验中若抽气速率太快或同时有几个气泡一起出来，对实验结果有什么影响？

5. 为什么要测定纯水的最大压力差？本实验测得的 Δp_{max} 随溶液浓度的变化有何规律？

6. 哪些因素会影响表面张力的测量结果？如何减小这些因素的影响？

参考文献

陈六平,邹世春.2007.现代化学实验与技术.北京:科学出版社

复旦大学,武汉大学,中国科学技术大学,等.2004.物理化学实验.3版.北京:高等教育出版社

傅献彩,沈文霞,姚天扬,等.2006.物理化学(下册).5版.北京:高等教育出版社

顾月姝,宋淑娥.2007.基础化学实验(Ⅲ)——物理化学实验.2版.北京:化学工业出版社

胡晓洪,刘弋潞,梁舒萍.2007.物理化学实验.北京:化学工业出版社

刘寿长,张建民,徐顺.2004.物理化学实验与技术.郑州:郑州大学出版社

孙尔康,徐维清,邱金恒.1998.物理化学实验.南京:南京大学出版社

唐浩东,吕德义,周向东.2008.新编基础化学实验(Ⅲ)——物理化学实验.北京:化学工业出版社

实验二十一　电泳和电渗

一、实验目的

1. 了解 ζ 电势及双电层结构的产生原理；

2. 掌握 ζ 电势法测定 SiO_2 对水的 ζ 电势的方法和技术；

3. 加深理解电渗是胶体中液相和固相在外电场作用下相对移动而产生的电性现象。

二、基本原理

在胶体溶液中,分散在介质中的微粒由于自身的电离或表面吸附其他粒子,而形成带一定电荷的胶粒,同时在胶粒附近的介质中必然分布有与胶粒表面电性相反而电荷数量相同的反离子,形成一个扩散双电层。

在外电场作用下,带电的胶粒携带周围一定厚度的吸附层向带相反电荷的电极运动,在带电胶粒相对运动的边界处溶液本体会产生一电势差,称为 ζ 电势,它随吸附层内离子浓度,电荷性质的变化而变化。它与胶体的稳定性有关。ζ 绝对值越大,表明胶粒电荷越多,胶粒间斥力越大,胶体越稳定。

电动现象是指溶胶粒子的运动与电性能之间的关系。一般包括电泳、电渗、流动电位与沉降电位。电动现象的实质是由于双电层结构的存在,其紧密层和扩散层中各具有相反的剩余电荷,在外电场或外加压力下,它们发生相对运动。

(一) 电泳原理

在外电场作用下,带电的胶粒在分散介质中发生相对运动,若分散介质不动,胶粒向正极或负极移动,这种现象称为电泳。电泳法可分为两类,即宏观法和微观法。宏观法原理是观察与另一不含胶粒的导电液体的界面在电场中的移动速度。微观法则是直接测定单个胶粒在电场中的移动速度。对于高分散度的溶胶,如 $Fe(OH)_3$ 胶体,不易观察个别粒子的运动,只能用宏观法。对于颜色太浅或浓度过稀的溶胶,则适宜用微观法。胶体的 ζ 电势可依电泳公式计算得到。

当带电的胶粒在外电场作用下迁移时,若胶粒的电荷为 q,两极间的电位梯度为 w,胶粒受到的静电力为

$$F_1 = qw \qquad (Ⅱ-21-1)$$

球形胶粒在介质中运动受到的阻力按斯托克斯(Stokes)定律为

$$F_2 = 6\pi\eta r u \qquad (Ⅱ-21-2)$$

式中,η 为介质的黏度;r 为胶粒的半径;u 为胶粒运动速度。若胶粒运动速度 u 达到恒定,则

$$qw = 6\pi\eta r u \qquad (Ⅱ-21-3)$$

$$u = qw/(6\pi r\eta) \qquad (Ⅱ-21-4)$$

胶体的 ζ 电势为

$$\zeta = q/(\varepsilon r) \qquad (Ⅱ-21-5)$$

代入式(Ⅱ-21-4)中得

$$\zeta = 6u\pi\eta/(w\varepsilon) \qquad (Ⅱ-21-6)$$

式(Ⅱ-21-6)适用于球形胶粒。对于棒状胶粒,电泳速度为

$$u = \varepsilon w\zeta/(4\pi\eta) \qquad (Ⅱ-21-7)$$

或

$$\zeta = 4\pi\eta u/(\varepsilon w) \qquad (Ⅱ-21-8)$$

因此对于不同形状的胶粒,其 ζ 电势数值均可根据式(Ⅱ-21-9)计算:

$$\zeta = K\pi\eta u/(\varepsilon w) \qquad (Ⅱ-21-9)$$

式中,K 为与胶粒形状有关的常数(对于球形胶粒 $K=6$,棒形胶粒 $K=4$,在实验中均按棒形粒子看待);η 为介质的黏度;u 为电泳速度;ζ 为胶体的电动电势;w 为电位梯度;ε 为介质的介电常数。但式(Ⅱ-21-9)中各物理量的单位都采用的是 c·g·s 制,所以计算得到的胶粒 ζ 电势为静电单位。若将式(Ⅱ-21-9)均换算为 SI 单位,得到 ζ 电势的单位为伏特,则有

$$\zeta = 300^2 \times \frac{4\pi\eta}{\varepsilon} \times \frac{u}{w} = 3.6 \times 10^5 \times \frac{\pi\eta u}{\varepsilon w} \qquad (Ⅱ-21-10)$$

(二) 电渗原理

电渗同样属于胶体的电动现象,是指在电场作用下,分散介质通过多孔膜或极细的毛细管而定向移动的现象。若已知液体介质的黏度 η、介电常数 ε、电导率 κ,只要测定在电场作用下通过液体介质的电流强度 I 和单位时间内液体流过毛细管的流量 v,可根据式(Ⅱ-21-11)求出 ζ 电势。

$$\zeta = \frac{\eta\kappa v}{\varepsilon I} \qquad (Ⅱ-21-11)$$

三、仪器与试剂

仪器:电泳仪 1 台;直流恒流稳压器 1 台;电渗仪 1 台;电导率仪 1 台;秒表;注射器。

试剂:二氧化硅粉末(80～100 目);氯化钠(分析纯);三氯化铁(分析纯);火棉胶液。

四、实验步骤

(一) 电泳具体操作方法

1. $Fe(OH)_3$ 溶胶的制备。

量取 100 mL 蒸馏水,置于 300 mL 烧杯中,先煮沸 2 min,用刻度移液管逐滴加入20 mL,质量分数为 2%的 $FeCl_3$ 溶液,得到棕红色的 $Fe(OH)_3$ 溶胶,冷却后即可使用。其结构式可

表示为 $\{m[Fe(OH)_3]\cdot nFeO^+\cdot(n-x)Cl^-\}^{x+}xCl^-$。

2. 渗析法净化溶胶。

(1) 自制火棉胶半透膜：取一洁净干燥的 250 mL 锥形瓶，倒入约 8 mL 的火棉胶液，转动锥形瓶使火棉胶均匀地铺在内壁上，用电吹风吹干，用小刀仔细地将瓶口的膜与瓶壁完全分离，取出半透膜袋。将袋装满水，检查是否漏水，若有漏洞，只需擦干有洞的部分，用玻璃棒蘸少许火棉胶液接触漏洞，即补好漏洞。

(2) 净化溶胶：把 $Fe(OH)_3$ 溶胶倒入半透膜袋中，扎好袋口，将其置于 2～3 倍溶胶体积的蒸馏水中，使水温保持在 60～70 ℃进行热渗析，每 20 min 换一次水，直至渗析液用 $AgNO_3$ 检查不出 Cl^-。

3. 取 75 mL 已净化的 $Fe(OH)_3$ 溶胶由小漏斗注入至 U 形电泳管的活塞口(注意：管内不能有气泡)立即关闭活塞。再取 45 mL 的渗析液作为辅助液(事先将其调至电导率与已净化的溶胶的电导率一样大小)，加入 U 形管中。将漏斗的液面与 U 形管液面相平，缓慢打开活塞，将漏斗慢慢提升(越慢界面越清晰)，使辅助液与红棕色的溶胶之间产生明显界面。当辅助液面离 U 形管口 1 cm 处时，关闭活塞。

4. 轻轻将铂电极插入辅助液层中(不要搅动)，记下 U 形管左右两边辅助液与溶胶界面的高度位置。

5. 将两电极连接在电泳仪上，然后接通电源，调节直流电压为 50 V，并同时开始计时，观察溶胶液面移动现象及电极表面现象。记录通电 1 h 内界面移动的距离，以及两电极间的距离 L。

6. 关闭电源，回收胶体溶液，整理实验用品。

(二) 电渗具体操作方法

1. 电解质溶液的配制：配制浓度约为 0.001 $mol\cdot L^{-1}$的 NaCl 溶液 1000 mL。

2. 安装电渗仪。利用注射软管将小气泡注入电渗仪的刻度管中部(控制好气泡的大小，使其将液体介质隔断)。

3. 注意观察在 2 min 内气泡是否移动，判断电渗仪的水平性(水平与否对实验将产生较大影响)。

4. 将恒电流仪与铂电极相连(无正、负极区别)，通入电流调节小气泡的位置，使之处于中间部分(由于电渗仪烧结区域刻度不准确，应尽量使用中间部分)。

5. 调节电流强度为 1.00 mA，测定液体的流量 $V=0.01$ mL 所需的时间(1 cm 刻度为 1 mL)，利用换向按钮可将电流方向改变。反复测量正、反向电流三次，用秒表记录下时间(气泡在正向与反向通过的 1 cm 要保持相同)。

6. 调节电流强度为 1.40 和 1.80 mA，用同样方法测定，同时记录各次的电流值。

7. 测定液体介质的电导率，记录实验温度下液体介质的黏度 η、介电常数 ε(注意单位换算)。

(三) 注意事项

1. 计算 SiO_2 对水的 ζ 电势时，在法定计量单位实行之后，计算公式中不应有 4π。

2. 制备胶体时，一定要缓慢向沸水中逐滴加入 $FeCl_3$ 溶液，并不断搅拌，否则得到的胶体颗粒太大，稳定性差。

3. 电泳测定管须洗净，以免其他离子干扰。

（四）提问

1. 固体粉末样品粒度太大，电渗测定的结果重现性差，其原因何在？
2. 电渗实验中为什么要配制稀的 NaCl 溶液？

五、实验总结

（一）数据处理

计算各次电渗测定的 V/I 值，取其平均值，将液体的电导率 κ 和 V/I 的平均值代入式（Ⅱ-21-1），可求得 SiO_2 对水的 ζ 电势。

（二）实验讨论

在电渗测量时，连续通电使溶液发热，并且最好在恒温条件下测定。电渗仪应水平放置，且在整个实验过程中保持。在测定过程中会看到在两个铂电极的两端有气泡产生，这是水在通电过程中发生了电解。应注意不要通电时间过长，以免造成溶液电导率发生较大改变。

六、实验延伸——电泳技术在生物中的应用

在生物学中，蛋白质、多肽、病毒、甚至细胞或小分子的氨基酸、核苷酸等带电物质，均有电泳现象。1937 年，Tiselius 研制出界面电泳仪进行血清中蛋白质的电泳实验，然后利用各种蛋白质折光率的差别成像，从而将血清中的蛋白质分离成五种不同的蛋白质。1948 年，Wieland 和 Kanig 等采用滤纸条作载体，开发了滤纸，各种纤维素粉、淀粉凝胶、琼脂和琼脂糖凝胶、醋酸纤维素薄膜等固体物质为载体的区带电泳方法，该方法结合增染试剂(如银氨染色、考马斯亮蓝)等新技术，大大提高和促进了生物样品的分离和分辨能力。目前生物学中常用的电泳技术有以下几种。

1. 聚丙烯酰胺凝胶电泳：用于蛋白质纯度的鉴定。能够将相对分子质量大小相同而带不同数量电荷的物质分离开，还可以将带相同数量电荷而分子大小不同的物质分离开。电泳后的凝胶经凝胶扫描仪扫描，能够给出定量结果。凝胶扫描仪主要用于对样品单向电泳后的区带和双向电泳后的斑点进行扫描。其分辨率远高于一般层析方法和电泳方法，可检出 10^{-9}～10^{-12} g的样品，且重复性好，没有电渗作用。

2. SDS/聚丙烯酰胺凝胶电泳：用于测定蛋白质相对分子质量。其原理是带大量电荷的 SDS 结合到蛋白质分子上，克服了蛋白质分子原有电荷的影响而得到恒定的荷质比蛋白质分子。此法测定时间短，分辨率高，所需样品量极少(1～100 μg)。

3. 琼脂或琼脂糖凝胶免疫电泳：该技术可用于：①检查蛋白质制剂的纯度；②分析蛋白质混合物的组分；③研究抗血清制剂中是否具有抗某种已知抗原的抗体；④检验两种抗原是否相同。

七、思考题

1. 电泳、电渗速度的快慢各与哪些因素有关？
2. 二氧化硅或制备胶粒带电的原因是什么？如何判断它们所带电荷的符号？
3. 如何判断气泡的大小是否将液体介质隔断？

参考文献

复旦大学,武汉大学,中国科学技术大学,等.2004.物理化学实验.3版.北京:高等教育出版社
傅献彩,沈文霞,姚天扬,等.2006.物理化学(下册).5版.北京:高等教育出版社
孙尔康,徐维清,邱金恒.1998.物理化学实验.南京:南京大学出版社
刘寿长,张建民,徐顺.2004.物理化学实验与技术.郑州:郑州大学出版社
李铜.2008.氢氧化铁胶体实验的改进.化学教育,29(9):66

实验二十二　固体的比表面测定——BET容量法

一、实验目的

1. 用BET容量法测定微球硅胶样品对氮气的吸附等温线;
2. 用BET多分子层吸附理论计算微球硅胶的比表面;
3. 了解吸附、物理吸附、化学吸附等基本概念及BET气相吸附法测量比表面的基本原理;
4. 了解和掌握高真空实验技术。

二、基本原理

固体表面上的原子或分子与液体一样,受力也是不均匀的,而且不像液体表面分子可以移动,通常它们是定位的。固体表面是不均匀的,即使从宏观上看似乎很光滑,但从原子水平上看是凹凸不平的。因此,处于固体表面上的原子或分子具有表面(过剩)自由能。当气体分子与其接触时,有一部分会暂时停留在表面上,使得固体表面上气体的浓度大于气相中的浓度,这种现象称为气体在固体表面上的吸附作用。

通常把能有效地吸附气体的固体称为吸附剂;被吸附的气体称为吸附质。吸附剂对吸附质吸附能力的大小由吸附剂和吸附质的性质、温度和压力决定。

吸附大致可分为物理吸附和化学吸附两类。化学吸附时,吸附剂与吸附质之间发生电子转移;物理吸附时不发生这种转移,吸附作用中的吸附力是物理力(范德华力)。两种吸附的差别列于表Ⅱ-22-1。

表Ⅱ-22-1　化学吸附和物理吸附的差别

性质	物理吸附	化学吸附
吸附热	$10^2 \sim 10^3$ J	接近化学键生成热 $10^3 \sim 10^5$ J
吸附温度	低	高
活化能	几乎不需要活化能	需要相当高的活化能
吸附层	单层、多层	单层
吸附平衡	快	慢
可逆性	可逆	不可逆

通常可利用物理吸附的特点来测量固体物质的宏观结构性质——比表面和孔径分布。这些性质是评价催化剂、了解固体表面性质和研究电极性质的重要因素。

吸附量是描述吸附能力大小的重要物理量,通常用单位质量(或单位表面面积)的吸附剂在一定温度下,吸附达到平衡时所吸附的吸附质的体积(或质量、物质的量等)来表示。对于一定化学组成的吸附剂,其吸附能力的大小还与其表面积的大小、孔的大小及分布、制备和处理

条件等因素有关。一般应用的吸附剂都是多孔的，这种吸附剂的表面积主要由孔内的面积（内表面积）决定。我们把 1 g 固体所具有的表面积称为比表面。比表面和孔的大小及分布是描述吸附剂的重要宏观结构参数。

测定固体比表面的基本设想是测出在 1 g 吸附剂表面上，某吸附质分子铺满 1 层所需的分子数再乘以该种物质每个分子所占的面积，即为该固体的比表面。因而，比表面的测定实质上是求出某种吸附质的单分子层饱和吸附量。测定多孔固体比表面的方法很多，而 BET 气相吸附法则是比较有效、准确的常用方法之一。

BET 吸附理论的基本假设是：在物理吸附中，吸附质与吸附剂之间的作用力是范德华力，而吸附质分子之间的作用力也是范德华力，因此当气相中的吸附质分子被吸附在多孔固体表面后，它们还可能从气相中吸附其同类分子，因此吸附是多层的；吸附平衡是动态平衡；第二层及其以后各层分子的吸附热等于气体的液化热。根据这个假设，推导得到 BET 方程式如下：

$$\frac{p}{V(p_0-p)}=\frac{1}{V_m \cdot C}+\frac{C-1}{V_m \cdot C}\times\frac{p}{p_0} \qquad (Ⅱ-22-1)$$

式中，p 为平衡压力；p_0 为吸附平衡温度下吸附质的饱和蒸气压；V 为平衡时的吸附量（以标准状况计算）；V_m 为以单分子层覆盖固体表面所需的气体量（以标准状态计算）；C 为与温度、吸附热和液化热有关的常数。

通过实验测得一系列的 p 和 V，根据 BET 方程式求得 V_m，那么吸附剂的比表面积 A 就可用式（Ⅱ－22－2）计算：

$$A=n_A\sigma=\frac{V_m N_A \sigma_A}{22\,400\times W} \qquad (Ⅱ-22-2)$$

式中，n_A 为以单分子层覆盖 1 g 固体表面所需吸附质的分子数；σ_A 为 1 个吸附质的截面积，$Å^2$；N_A 为阿伏伽德罗常量；22 400 为标准状态下 1 mol 气体的体积，mL；W 为固体吸附剂质量，g。

根据爱默特和勃鲁瑙尔建议，σ_A 可按式（Ⅱ－22－3）计算：

$$\sigma=4\times0.866\left[\frac{M}{4\sqrt{2}\cdot L\cdot\rho}\right]^{2/3}=1.09\left(\frac{M}{L\cdot d}\right)^{2/3} \qquad (Ⅱ-22-3)$$

式中，M 为吸附质的摩尔质量；ρ 为实验温度下吸附质的液体密度，$g \cdot mL^{-1}$。

本实验以 N_2 为吸附质，在 78 K 时，其截面积 σ_A 取 16.2 $Å^2$。将这个数值代入式(Ⅱ－22－2)，可得

$$A=4.36\,\frac{V_m}{W} \qquad (Ⅱ-22-4)$$

BET 公式的适用范围是相对压力 p/p_0 为 0.05～0.35，因而实验时气体的引入量应控制在该范围内。此外，BET 方法在计算中需假定吸附质分子的横截面积，因此严格地说，这个方法也还只是相对的方法。但是本实验的精度一般可在±5%之内。

本实验采用 BET 容量法，测量范围为 1～1500 $m^2 \cdot g^{-1}$。

在测定之前，需将吸附剂表面上原已吸附的气体或蒸气分子除去，否则可能改变它对氮气的吸附条件，影响比表面的测定结果。这个操作，在催化实验中又常称为活化。活化的温度和时间因吸附剂的性质而异。本实验选用微球硅胶作为吸附剂，活化温度为 150 ℃，活化时间约 1 h，真空度≤10^{-4} mmHg。

三、仪器与试剂

仪器:容量法测比表面的高真空系统1套(图Ⅱ-22-1),包括机械泵、油扩散泵、复合真空计、量气管、U形水银压力计;气体温度计;小电炉;温度自动控制器;分析天平。

试剂:微球硅胶;高纯氮;氦气;液氮。

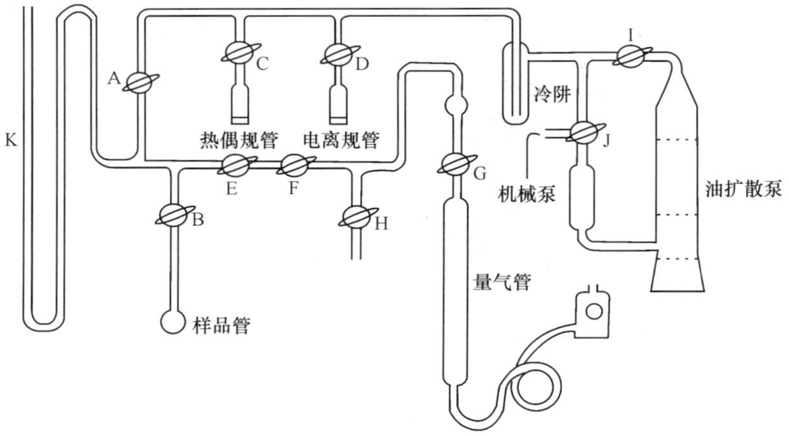

图Ⅱ-22-1 简易BET吸附装置示意图

四、实验步骤

1. 用气体温度计测量液氮的温度和饱和蒸气压 p_0。

2. 真空系统检漏。

将空样品管接在活塞B下面的磨口塞上。

(1) 量气管排气:将活塞F闭住,打开活塞G、H,提高水准瓶O使硅油液面恰好上升到活塞G处,关闭活塞G、H。

(2) 抽真空:将活塞A、B、C、D、E、F打开。按操作规程开动机械泵,慢慢旋转活塞J,使系统与机械泵连通,直至水银面不再移动,继续抽空3~5 min。

(3) 检漏:用复合真空计测量真空度,应达 10^{-2} mmHg。也可用高频火花真空测定仪检查,观察玻璃管中气体放电颜色,此时应为淡蓝色。将活塞J关闭,5 min后再测量真空度,若读数不变或颜色不变,则可认为系统不漏气。

3. 装样品。

关闭活塞A,从活塞H处向系统缓慢放入空气(注意U形压力计的水银面)至常压。将样品管从系统上取下,准确称取0.2 g干燥的微球硅胶于样品管中,再装回系统。关闭活塞H,打开活塞A。

4. 装氮气。

缓慢打开活塞J,用机械泵抽空系统。

在活塞H处接上氮气球胆,打开活塞H,把球胆连接管中的空气抽去。关闭活塞F,慢慢拧开球胆管上的螺旋夹,放出一部分氮气,再拧紧螺旋夹。打开活塞F,把氮气抽去。如此反复两三次。

关住活塞F,缓慢拧开螺旋机夹,并打开活塞G,让氮气慢慢充满量气管,观察活塞H。待硅油液面稳定后读数。

5. 样品活化。

接通油扩散泵的冷却水，旋转活塞J使机械泵与扩散泵连通，然后打开活塞I。用电炉逐渐加热油扩散泵，待扩散泵工作一段时间后，在冷阱外面套上盛有液氮的保温瓶，让系统$\leqslant 10^{-4}$ mmHg。关闭活塞C和D。

在样品管外套上加热电炉，一边继续抽空，一边加热样品管，加热温度控制在(150±5)℃。加热1 h后再测量真空度，系统$\leqslant 10^{-4}$ mmHg后，停止加热，取下电炉。让样品管自然冷却至室温。

6. 测吸附量。

关闭活塞A、C、D、E、J。按操作规程停止油扩散泵和机械泵工作。

在样品管M外面套上盛有液氮的保温瓶。待样品管温度平衡后即可进行吸附测量。测量前准确记下压力计的量气管读数。

把活塞F旋转180°，在活塞E和F之间储存一定体积的氮气。把活塞E也旋转180°，把储存的气体放入样品管。如此反复数次，至U形压力计一侧水银面高度改变3～4 cm。此时活塞E开着，F关闭。每隔5 min，读一次压力计读数，直至吸附达到平衡，准确记下压力计与量气管读数。

重复以上测量5～6次，每次放入氮气使U形压力计一侧水银面高度改变4～5 cm。

注意，在测量过程中应随时向套在样品管外面的保温瓶添加液氮，尽可能使液面高度保持一定。

7. 测死体积。

按照上述吸附装置测吸附量，在样品吸附氮气时，必然会有一定量的氮气留存于管道及样品管的空间。因此，在系统的压力平衡后，真正被样品所吸附的氮气量必定少于从量气管放入吸附系统的氮气量。如将氮气量都换算成标准状态的体积，那么，它们之间的关系可用式(Ⅱ-22-5)表示：

$$V_{量}=V+V_{死}$$

或

$$V=V_{量}-V_{死} \qquad (Ⅱ-22-5)$$

式中，$V_{量}$为从量气管放入吸附系统的氮气量；V为平衡时样品所吸附的氮气量；$V_{死}$为平衡时管道及样品管的空间留存的氮气量。

管道及样品管空间留存的氮气量，称为死体积$V_{死}$，它包括活塞A、F及水银面这个范围内的空间。$V_{死}$的数值与平衡压力有关，通常可以采用以下两种方法予以测定。

(1) 氦气法：测定吸附量之后，可接着用氦气进行死体积测定。此时样品管外面仍套有盛有液氮的保温瓶，并使液面与氮气吸附时相一致。

取下氮气球胆，打开活塞H，提高水准瓶O，使硅油充满整个量气管。关闭活塞G，在活塞H处接上氦气球胆。

开动机械泵，小心打开活塞A、B、C、D、E、F和J，将样品管及管道的空间留存的氮气抽去。真空度达到10^{-3} mmHg后，关闭活塞B、C、D。

打开活塞H，把球胆管中的气体抽去。关闭活塞F，慢慢拧开球胆管上的螺旋夹，放出一部分氦气，再拧紧螺旋夹。打开活塞F，把氦气抽去。如此反复两三次。然后用氦气充满量气管。

以下操作如“测吸附量”所述。每次平衡时需注意活塞E应开着，F应闭着。

(2) 氮气法:测定吸附量之后,关闭活塞 F,量气管再次充满氮气。打开机械泵,打开 A、B、C、D、E、J 活塞,取下盛有液氮的保温瓶,将系统个抽真空至真空度达到 10^{-3} mmHg。关闭活塞 A、C、D。

将样品管外套上沸水浴,待温度平衡后,按"测吸附量"操作步骤向样品管放入氮气,平衡后记下压力计读数和量气管读数。重复操作测定四五个平衡压力。

关闭活塞 F,打开活塞 A,将氮气抽空。

取下沸水浴,换上冰水浴,重复上述操作,记下一系列相应的平衡压力和氮气体积。

实验结束后,闭住活塞 F,用机械泵抽空系统。取下样品管外的保温瓶,继续抽空 5 min。

按操作规程要求关闭油扩散泵及真空泵。

打开活塞 G、H,提高水准瓶,使硅油液面正好处于活塞 G 处,关闭活塞 G、H。

五、实验总结

(一) 数据处理和结果

1. 死体积。

(1) 氦气法。

实验数据可按下表记录:

日期______,室温______℃,大气压______ mmHg。

$p_上$	$p_下$	Δp	p	$V_读$	$V'_死$	$V_死$

$p_上$、$p_下$ 为水银压力计读数;$\Delta p = p_上 - p_下$;p=大气压$-\Delta p$;$V_读$ 为量气管读数;$V'_死$ 为从量气管放入系统的氦气体积(温度为室温、压力为大气压);$V_死$ 为放入系统的氦气标准状况体积。

以 $V_死$ 对 p 作图,即为死体积-压力工作曲线。各平衡压力下系统的死体积可直接由工作曲线查得。

(2) 氮气法。

实验数据可按下表记录:

日期______,室温______℃,大气压______ mmHg。

t/℃	T/K	$\left(\frac{1}{T}\right)$/K^{-1}	$p_上$	$p_下$	Δp	p	$V_读$	V'_{N_2}	V_{N_2}
0	273	3.66×10^{-3}							
10	373	2.68×10^{-3}							

注:表中符号可参见氦气法。

以 V_{N_2} 对 p 作图,分别得到 0 ℃和 100 ℃时的两条工作曲线。

各吸附平衡压力下系统的死体积可按下述方法推得:首先由工作曲线查得该平衡压力下,273 K 和 373 K 的 V_{N_2},然后以 V_{N_2} 对 $\frac{1}{T}$ 作图,将两点连线外推至 $\frac{1}{T}=\frac{1}{78\ \text{K}}=12.82\times10^{-3}\ \text{K}^{-1}$ 处,读得的体积即为在该吸附平衡压力下的死体积 $V_死$。

2. 计算比表面。

(1) 将吸附平衡时测得之数据列入表中：

液氮温度______K，液氮温度下氮气的饱和蒸气压______kPa，室温__________℃，大气压__________kPa。

$p_上$	$p_下$	Δp	p	$V_读$	$V'_量$	$V_量$	$V_死$	V	$\frac{p}{p_0}$	$\frac{p}{V(p_0-p)}$

(2) 求 V_m。

将$\frac{p}{V(p_0-p)}$对$\frac{p}{p_0}$作图得一直线，从图上求得直线的斜率 S 与截面 I_0，有

$$S=\frac{C-1}{V_mC},\ I=\frac{1}{V_mC},V_m=\frac{1}{I+S}$$

(3) 求比表面 A。

以 V_m(mL)及硅胶样品的质量(g)代入式(Ⅱ-22-4)即可求得比表面。

六、实验延伸

(一) 气体温度计

气体温度计可分为定容气体温度计和定压气体温度计。低温气体温度计大多数采用定容法。

定容气体温度计：由测温泡、一根热导率小的德银毛细管和压力表组成。测温泡 B(材料由待测温度范围和所用的气体决定)内储有一定质量的气体(一般装有氦、氢或氮气)，经毛细管与水银压强计的左臂相连。测量时，使测温泡与待测系统相接触，然后上下移动压强计的右臂，使左臂中的水银面在不同的温度下始终保持在同一位置 X 处，以保持气体的体积不变。当待测温度不同时，气体的压强不同，这个压强可由压强计两臂水银面的高度差 h 和右臂上端水银面所受的大气压强求得。这样，就可由压强随温度的改变来确定温度。

通常，测温泡用铜制作，设其体积为 V_B。压力表的容积为 V_M，测温泡和压力表之间通常用一根外径为 0.5 mm、内径为 0.3 mm 的德银(或不锈钢)毛细管连接，其体积为 V_d，V_d 称有害体积或死体积。

在 $V_d \ll V_B$ 的情况下，对于上述气体温度计，若测温气体满足理想气体状态方程，则可推得：$T=p/(a-bp)$，式中，a、b 均为常数，由实验确定，表达式为：$a=p_0(V_B+V_M)/(V_BT_0)$，$b=V_M/(V_BT_0)$。

由上式，可算出所测得的某一压力 p 下的温泡温度 T。

(二) 蒸气压温度计

原理：蒸气压温度计是利用液化气体的饱和蒸气压随温度迅速改变的性质进行测温，在一个比较窄的温度范围内可作为很有实用价值的温度计。

在纯物质的气、液相变时，其液体饱和蒸气压和温度之间的关系可用克劳修斯-克拉贝龙方程式表示：

$$\frac{dp}{dT}=\frac{S_V-S_L}{V_V-V_L}=\frac{L_b}{T(V_V-V_L)}=\frac{L_b}{T\Delta V}$$

式中,$\Delta V=V_V-V_L\approx V_V$ 为液体气化时的体积变化,可近似等于蒸气摩尔体积;L_b 为摩尔气化热。

蒸气服从理想气体状态方程:

$$\frac{dp}{dT}=\frac{L_b}{TV_V}=\frac{L_b p}{RT^2}$$

可得

$$\lg p=A+\frac{B}{T}+C\lg T$$

七、思考题

1. 为什么可用物理吸附现象测量比表面?
2. 在测量氮气吸附量时,为什么要使液面高度保持一定?液面过高或过低对测量结果有何影响?
3. 为什么要测量"死体积"?

参考文献

复旦大学,武汉大学,中国科学技术大学,等. 2004. 物理化学实验. 3版. 北京:高等教育出版社
傅献彩,沈文霞,姚天扬,等. 2006. 物理化学(下册). 5版. 北京:高等教育出版社
孙尔康,徐维清,邱金恒. 1998. 物理化学实验. 南京:南京大学出版社
罗澄源,向明礼. 1991. 物理化学实验. 3版. 北京:高等教育出版社
陈六平,邹世春. 2007. 现代化学实验与技术. 北京:科学出版社

实验二十三　溶胶的制备、净化和聚沉

一、实验目的

1. 了解制备溶胶的基本原理及方法;
2. 学习溶胶的净化方法;
3. 了解电解质对溶胶的聚沉作用及两种溶胶的相互聚沉作用;
4. 掌握聚沉值的测定方法;
5. 观察高分子溶液对溶胶的稳定作用。

二、基本原理

制备比较稳定的溶胶,需满足两个条件:一是粒子大小为 1～1000 nm;二是粒子在介质中保持分散状态,不能聚结。溶胶的制备方法可分为分散法和凝聚法。分散法是用适当方法把较大的物质颗粒变为胶体大小的质点;凝聚法是先制成难溶物分子(或离子)的过饱和溶液,再使之相互结合成胶体粒子而得到溶胶。

无论用哪种方法制备出的溶胶,除含有必需的稳定剂外,常会有多余的电解质及其他杂质,它们的存在影响了溶胶的稳定性,因此必须设法除去。一般常用渗析法,也可用超过滤法。

由于胶粒比杂质离子大，因此可利用半透膜除去多余的杂质，此即为渗析，为了加速净化还可用电渗析仪。

溶胶是热力学不稳定体系，因此溶胶粒子有自动降低其界面自由能而使胶粒合并长大发生聚结的趋势。由于溶胶含有适量的稳定剂，因此溶胶又具有一定程度的相对稳定性。其稳定程度的大小决定于胶粒表面所带电荷的多少。

当在溶胶中加入电解质时，电解质中与胶粒相反电荷符号的离子通过交换或压缩作用，使胶粒双电层变薄，ζ 电势降低，从而引起溶胶的聚沉。电解质使溶胶发生聚沉的能力随带相反电荷离子价数的升高而迅速增大。在一定溶胶中加入电解质，使其在一定时间内发生聚沉所需电解质的最低量，称为聚沉值，单位常用 $mmol \cdot L^{-1}$ 表示。由于聚沉值随实验条件的不同而异，因此做此实验时，处理方法与实验步骤必须按规定前后一致。

胶粒带相反电荷的两种溶胶混合在一起时，若两者的相对用量适当，则会发生共同聚沉；若其中一种溶胶的用量过多或过少，则不发生聚沉作用或仅有部分发生聚沉作用。

如果将适量高分子溶液加入溶胶中，将大大增加溶胶对电解质的稳定性，这种现象称为稳定作用。

三、仪器与试剂

仪器：试管 24 支；5 mL 移液管 2 支；1 mL 移液管 3 支；100 mL 烧杯 2 个；100 mL 量筒 1 个；滴管 1 支；橡皮塞 7 个；试管夹 1 个；火棉胶袋 1 个；电炉 1 个。

试剂：$Fe(OH)_3$ 溶胶；As_2S_3 溶胶；无水乙醇；硫磺粉；质量分数为 30% 的 $FeCl_3$ 溶液；4 $mol \cdot L^{-1}$ 的 NaCl 溶液；0.03 $mol \cdot L^{-1}$ 的 $CaCl_2$ 溶液；0.00 15 $mol \cdot L^{-1}$ 的 $AlCl_3$ 溶液；0.01 $mol \cdot L^{-1}$ 的 Na_2SO_4 溶液；0.025 $mol \cdot L^{-1}$ 的 $K_4Fe(CN)_6$ 溶液；0.001 25 $mol \cdot L^{-1}$ 的 $K_3Fe(CN)_6$ 溶液；0.1 $mol \cdot L^{-1}$ 的 $AgNO_3$ 溶液；质量分数为 1% 的明胶溶液。

四、操作步骤

（一）具体操作方法

1. 凝聚法制备溶胶。

(1) 更换溶剂法：硫磺能溶于无水乙醇中呈分子分散，但不溶于水中。取少量（小米粒大小）硫磺粉末放入试管中，加入约 3 mL 的无水乙醇，剧烈摇动，静置后用滴管将上清液滴加到 10 mL 的蒸馏水中，摇匀后即可制得硫溶胶。

(2) 水解法：在烧杯中加入 50 mL 的蒸馏水并加热至沸，趁沸腾时滴加质量分数为 30% 的 $FeCl_3$ 溶液 15 滴，即可制得 $Fe(OH)_3$ 溶胶。

2. 溶胶的净化。

渗析法：取一制好的火棉胶袋，将制得的 $Fe(OH)_3$ 溶胶加入袋内（约袋体积的 1/2）。用试管夹夹住袋口，悬挂于烧杯中，杯中蒸馏水水面不低于袋内溶胶液面。放置至少 30 min 后，取袋外蒸馏水，鉴定是否存在 Fe^{3+} 或 Cl^-。如果仍存在，应继续换水渗析，直到检查不出为止。

(1) Cl^- 的鉴定方法：取少量袋外水溶液于一试管中，加入 0.1 $mol \cdot L^{-1}$ 的 $AgNO_3$ 溶液数滴，观察有无白色 AgCl 沉淀产生。

(2) Fe^{3+} 的鉴定方法：取少量袋外水溶液于另一试管中，加入 0.025 $mol \cdot L^{-1}$ 的 $K_4Fe(CN)_6$

溶液数滴，观察有无蓝色 $Fe_4[Fe(CN)_6]_3$ 产生。

3. 电解质对溶胶的聚沉作用。

(1) 取三支试管，用移液管各加入 5 mL 的 $Fe(OH)_3$ 溶胶，分别用滴管逐滴加入 4 mol·L^{-1} 的 NaCl 溶液、0.01 mol·L^{-1}的 Na_2SO_4 溶液、0.001 25 mol·L^{-1}的 $K_3Fe(CN)_6$溶液，边加边摇，直至出现明显浑浊，且三支试管中浑浊程度相近。记录现象及所加电解质滴数。

(2) 取三支试管，用移液管各加入 5 mL 的 As_2S_3 溶胶，分别用滴管逐滴加入 4 mol·L^{-1} 的 NaCl 溶液、0.03 mol·L^{-1}的 $CaCl_2$ 溶液、0.0015 mol·L^{-1}的 $AlCl_3$ 溶液，边加边摇，直至出现明显浑浊，且三支试管中浑浊程度相近。记录现象及所加电解质溶液的滴数。

4. 稳定作用。

在三支试管中各加入 5 mL 的 As_2S_3 溶胶，再各加入质量分数为 1%的明胶溶液 1 mL，充分摇匀后，分别滴加 4 mol·L^{-1}的 NaCl、0.03 mol·L^{-1}的 $CaCl_2$、0.0015 mol·L^{-1}的 $AlCl_3$ 溶液，当三种电解质用量与操作方法 3 中(2)相同时，记录各试管中现象。并与操作方法 3 中(2)的现象比较，解释差异产生的原因。

5. 两种溶胶的相互聚沉作用。

取 5 支试管，按下表所列用量分别加入 As_2S_3 溶胶和 $Fe(OH)_3$ 溶胶。充分摇匀后，静置 1 h，观察记录各试管中的现象，找出两种溶胶全部聚沉时的用量比例。

试管编号	1	2	3	4	5
$Fe(OH)_3$ 溶胶体积/mL	0.5	1.0	3.0	5.0	5.5
As_2S_3 溶胶体积/mL	5.5	5.0	3.0	1.0	0.5

6. 聚沉值的测定。

(1) 初步实验：按如下所列用量将各试剂用移液管分别加入到两试管中，用橡皮塞塞住管口，颠倒三次。放置 30 min 后，观察记录两试管中的现象。

试管编号	1	2
$Fe(OH)_3$ 溶胶体积/mL	5.0	5.0
蒸馏水体积/mL	0.5	0.0
0.01 mol·L^{-1} Na_2SO_4 溶液体积/mL	0.5	1.0

(2) 细测实验：如果初步实验时试管 1 中无胶粒沉淀，而试管 2 中有胶粒沉淀，则表明聚沉值所需电解质用量为 0.6～1.0 mL。按如下所列各试剂用量做进一步测定。

试管编号	1	2	3	4	5
$Fe(OH)_3$ 溶胶体积/mL	5.0	5.0	5.0	5.0	5.0
蒸馏水体积/mL	0.4	0.3	0.2	0.1	0.0
0.01 mol·$L^{-1}$$Na_2SO_4$ 溶液体积/mL	0.6	0.7	0.8	0.9	1.0

如果初步实验时两试管中都观察到有明显的胶粒沉淀，则表明聚沉值所需电解质用量为 0.1～0.5 mL。按如下所列各试剂用量做进一步测定。

试管编号	1	2	3	4	5
$Fe(OH)_3$ 溶胶体积/mL	5.0	5.0	5.0	5.0	5.0
蒸馏水体积/mL	0.9	0.8	0.7	0.6	0.5
0.01 mol·L^{-1} Na_2SO_4 溶液体积/mL	0.1	0.2	0.3	0.4	0.5

加完后，如同初步实验一样，用橡皮塞塞住管口，颠倒三次，放置 30 min 后，观察记录各试管中的现象，并确定有胶粒沉淀的 0.01 mol·L^{-1}的 Na_2SO_4 溶液的最低用量。

（二）注意事项

1. 更换溶剂法制备硫溶胶，用滴管吸取上清液时要小心，不要把试管底部未溶解的硫磺粉末冲起、吸出。

2. 水解法制备 $Fe(OH)_3$ 溶胶时，$FeCl_3$ 溶液一定要逐滴加入，加完后继续煮沸数分钟，以使其水解完全。

3. 移取 1%明胶溶液的移液管在实验结束后要充分洗净，以免造成管尖堵塞。

4. 实验结束后，所有液体都应倒入指定的废液桶内集中回收处理，禁止直接倒入水池中，以免造成环境污染。

（三）提问

1. 如何从外观上判断两种溶胶相互完全聚沉或不完全聚沉？

2. 实验中所用的 $Fe(OH)_3$ 溶胶、As_2S_3 溶胶的胶粒各自电性如何？电解质中正、负离子中哪种离子起作用？作用方式有哪些？

3. 在进行明胶对溶胶的稳定作用实验时，向 As_2S_3 溶胶中加入明胶溶液和电解质溶液的顺序不能颠倒，如果颠倒，会产生什么样的结果？

五、实验总结

（一）数据处理

1. 列表记录实验现象。

2. 结合电解质浓度和所用滴数，比较各电解质对 $Fe(OH)_3$ 溶胶、As_2S_3 溶胶聚沉力的大小顺序。

3. 按式（Ⅱ-23-1）计算 Na_2SO_4 电解质对 $Fe(OH)_3$ 溶胶的聚沉值。

$$聚沉值\ c=\frac{V_1c_0}{V_1+V_2+V_3}\times 1000(\mathrm{mmol\cdot L^{-1}}) \qquad (Ⅱ-23-1)$$

式中，V_1 为加入 Na_2SO_4 溶液的体积，mL；V_2 为加入 $Fe(OH)_3$ 溶胶的体积，mL；V_3 为加入蒸馏水的体积，mL；c_0 为加入 Na_2SO_4 溶液的浓度，mol·L^{-1}。

（二）实验讨论

1. As_2S_3 溶胶的制备：将一只 250 mL 锥形瓶用蒸馏水洗净，倒入 100 mL 质量分数为

0.1%的砷酸溶液，把制备 H_2S 的 250 mL 烧瓶及导气管洗净，并向其中放入数块硫化亚铁固体，在通风橱内，向锥形瓶中加入 50 mL 的浓盐酸，用导气管将 H_2S 通入砷酸溶液中。不断摇动锥形瓶，至溶液的颜色由无色变为金黄色，且不再加深为止(约需 10 min)，即得 As_2S_3 溶胶。制备完毕，将剩余的硫化亚铁及 HCl 倒入回收瓶，洗净烧瓶及导气管。

2. 半透膜(火棉胶袋)的制备：在一个内壁洁净、干燥的高型称量瓶(或锥形瓶)中，加入适量火棉胶液，小心转动，使火棉胶液黏附在瓶内壁上形成均匀薄层，倾出多余的火棉胶于回收瓶中。此时瓶体仍需倒置，并不断旋转，待剩余的火棉胶流尽，使瓶中的乙醚蒸发至闻不出气味为止(此时用手轻触火棉胶膜，已不粘手)。然后再往瓶中注满水，浸泡 10 min(若乙醚未蒸发完全，加水过早，则半透膜发白)。倒出瓶中的水，小心用手分开膜与瓶壁之间的缝隙，使膜脱离瓶壁，轻轻取出，在膜袋中注入水，观察有无漏洞，如有小漏洞，可将此洞周围擦干，用玻璃棒蘸沾火棉胶补之。制好的半透膜不用时，要浸泡在蒸馏水中。

六、实验延伸——制备溶胶的其他方法

1. 研磨法：工业上常用机械分散法，用特殊的“胶体磨”将粗分散程度的悬浊液进行研磨而制成溶胶。为了使新制成的溶胶稳定，需加入明胶或丹宁之类的化合物作为“稳定剂”。一般工业上用的胶体石墨、颜料以及医药用硫溶胶等都是用胶体磨制成的。

2. 电弧法：主要用于制备金属水溶液。以金属为电极，浸入水中，通直流电使产生电弧。由于电弧温度很高，电极表面的金属气化，遇水冷凝而成胶体。

3. 超声波法：利用超声波场的空化作用，将物质撕碎成细小的质点，该法适用于分散硬度低的物质或制备乳状液。

4. 胶溶法：属化学分散法。原理是在新生成的沉淀中加入适量电解质，使沉淀重新分散成胶体。如新生成的 $Fe(OH)_3$ 沉淀，经洗涤再加入少量稀 $FeCl_3$ 溶液，通过搅拌沉淀就转变为红棕色的 $Fe(OH)_3$ 溶胶。

七、思考题

1. 聚沉值、电动电势(ζ 电势)与哪些因素有关?

2. 两种溶胶相互聚沉时需要满足什么样的条件?

3. 写出本实验中所用的 $Fe(OH)_3$ 溶胶、As_2S_3 溶胶的胶团结构式。外加电解质是通过何种方式影响溶胶稳定性的?

4. 高分子溶液对溶胶的稳定作用的机理是什么?

参考文献

北京大学化学学院物理化学实验教学组．2002．物理化学实验．4 版．北京：北京大学出版社
陈宗淇，王光信，徐桂英．2001．胶体与界面化学．北京：高等教育出版社
崔献英，柯燕雄，单绍纯．2000．物理化学实验．合肥：中国科学技术大学出版社
董元彦，路福绥，唐树戈．2008．物理化学．4 版．北京：科学出版社
夏海涛．2003．物理化学实验．哈尔滨：哈尔滨工业大学出版社
张勇．2005．现代化学基础实验．2 版．北京：科学出版社

实验二十四　黏度法测定水溶性高聚物的相对分子质量

一、实验目的

1. 了解黏度法测定高聚物相对分子质量的基本原理和公式；
2. 掌握用乌贝路德(Ubbelohde)黏度计测定黏度的原理和方法；
3. 测定线形高聚物聚乙二醇的平均摩尔质量。

二、基本原理

单体分子经加聚或缩聚过程可形成高聚物，并非高聚物每个分子的大小都相同，即聚合度不一定相同，所以高聚物的摩尔质量是一个统计平均值。高聚物溶液由于其分子链长度远大于溶剂分子，加上溶剂化作用，其液体分子在有流动或有相对运动时，会产生内摩擦阻力。内摩擦阻力越大，表现出来的黏度就越大，而且与聚合物的结构、溶液浓度、溶剂性质、温度以及压力等因素有关。

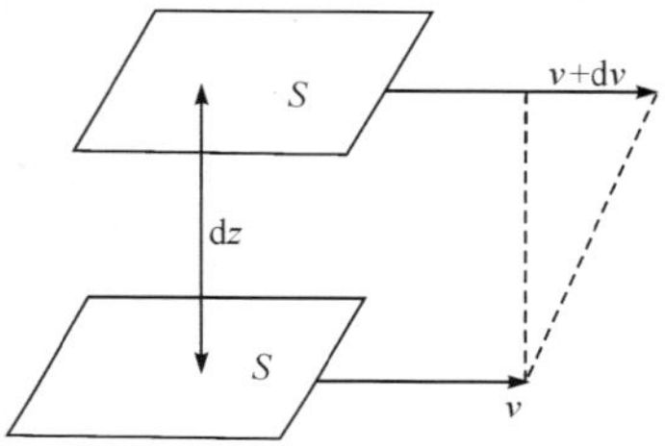

图Ⅱ-24-1　液体流动示意图

黏度是液体对流动所表现的阻力，这种阻力反抗液体中邻接部分的相对移动。如图Ⅱ-24-1所示，当相距为 dz 的两个液层以不同速率 v 和 $v+dv$ 移动时，产生的流速梯度为$\frac{dv}{dz}$。当建立平稳流动时，维持一定流速所需的力(液体对流动的阻力)f'与液层的接触面积 S 以及流速梯度$\frac{dv}{dz}$成正比，即

$$f'=\eta\cdot S\cdot\frac{dv}{dz} \tag{Ⅱ-24-1}$$

若以 f 表示单位面积的黏滞阻力，$f=f'/S$，则

$$f=\eta\left(\frac{dv}{dz}\right) \tag{Ⅱ-24-2}$$

式(Ⅱ-24-2)称为牛顿黏度定律表示式，其比例常数 η 称为黏度系数，简称黏度，国际单位为 $Pa\cdot s$，CGS单位制用“泊”(P，$1\ P=1\ dyn\cdot s\cdot cm^{-2}$)表示，1泊$=10^{-1}\ Pa\cdot s$。

高聚物稀溶液的黏度，主要反映了液体在流动时存在着内摩擦。其中因溶剂分子之间的内摩擦表现出来的黏度称为纯溶剂黏度，记作 η_0；此外还有高聚物分子相互之间的内摩擦，以及高聚物分子与溶剂分子之间的内摩擦，三者之和表现为溶液的黏度 η。一般地，在同一温度下，$\eta>\eta_0$。溶液黏度与纯溶剂黏度的比值称为相对黏度，记作 η_r，即

$$\eta_r=\frac{\eta}{\eta_0} \tag{Ⅱ-24-3}$$

相对于溶剂，溶液黏度增加的分数称为增比黏度，记作 η_{sp}，即

$$\eta_{sp}=\frac{\eta-\eta_0}{\eta_0} \tag{Ⅱ-24-4}$$

式中，η_r 为整个溶液的黏度行为；η_{sp} 则意味着已扣除了溶剂分子之间的内摩擦效应。两者关系为

$$\eta_{sp}=\frac{\eta}{\eta_0}-1=\eta_r-1 \qquad (Ⅱ-24-5)$$

对于高分子溶液，增比黏度 η_{sp} 往往随溶液浓度 c 的增加而增加。为了便于比较，将单位浓度下的增比浓度 $\frac{\eta_{sp}}{c}$ 称为比浓黏度，而 $\frac{\ln\eta_r}{c}$ 称为比浓对数黏度。η_r 和 η_{sp} 都是无因次的量，而 $\frac{\eta_{sp}}{c}$ 和 $\frac{\ln\eta_r}{c}$ 的单位为浓度的倒数，常用 $mL \cdot g^{-1}$ 表示。

为了进一步消除高聚物分子之间的内摩擦效应，必须将溶液浓度无限稀释，使得每个高聚物分子彼此相隔极远，其相互干扰可以忽略不计。这时溶液所呈现出的黏度行为基本上反映了高聚物分子与溶剂分子之间的内摩擦。这一黏度的极限值记为

$$\lim_{c\to 0}\frac{\eta_{sp}}{c}=\lim_{c\to 0}\frac{\ln\eta_r}{c}=[\eta] \qquad (Ⅱ-24-6)$$

式中，$[\eta]$ 称为特性黏度或极限黏度，单位是浓度 c 单位的倒数，其值与浓度无关。实验证明，当聚合物、溶剂和温度确定后，$[\eta]$ 的数值只与高聚物平均相对分子质量 $\overline{M}$ 有关，它们之间的半经验关系可用带两个参数的 Mark-Houwink 方程式表示，有

$$[\eta]=K\,\overline{M}^{\alpha} \qquad (Ⅱ-24-7)$$

式中，$\overline{M}$ 为黏均相对分子质量(用黏度法测得的聚合物的相对分子质量)；K 为比例常数；扩张因子 α 是与分子形状有关的经验常数。K 和 α 值与温度、聚合物、溶剂性质有关，在一定相对分子质量范围内与分子质量大小无关。K 值受温度的影响较明显，而 α 值主要取决于高分子线团在某温度下于某溶剂中舒展的程度，其数值介于 0.5～1.0。K 与 α 的数值可从有关手册中查到，或采用几个标准样品根据式(Ⅱ-24-7)进行确定，标准样品的摩尔质量可由绝对方法如渗透压法、光散射法等确定。

综上所述，黏度有关定义的名称、符号及物理意义可归纳于表Ⅱ-24-1。

表Ⅱ-24-1　黏度有关定义的命名与物理意义

名称	符号和物理意义
纯溶剂的黏度	η_0，溶剂分子之间的内摩擦表现出来的黏度
溶液的黏度	η，溶剂与溶剂之间、溶质与溶质之间、溶质与溶剂之间三者内摩擦的总和
相对黏度	$\eta_r=\eta/\eta_0$，溶液黏度对溶剂黏度的相对值
增比黏度	$\eta_{sp}=\eta_r-1=(\eta-\eta_0)/\eta_0$，溶质与溶质之间、溶质与溶剂之间的内摩擦效应
比浓黏度	η_{sp}/c，单位浓度下的增比黏度
比浓对数黏度	$\frac{\ln\eta_r}{c}$，单位浓度下相对黏度的对数
特性黏度	$[\eta]=(\eta_{sp}/c)_{c=0}=(\ln\eta_r/c)_{c=0}$，溶质与溶剂之间的内摩擦

测定黏度的方法主要有三类：

(1) 用毛细管黏度计测定液体在毛细管里的流出时间。

(2) 用落球式黏度计测定圆球在液体里的下落速率。

(3) 用旋转式黏度计测定液体与同心轴圆柱体相对转动的情况。

测定高分子的$[\eta]$时，用毛细管黏度计最为方便，最常用的是乌氏（乌贝路德，Ubbelohde）黏度计，也称气承悬柱式黏度计，其特点是溶液的体积对测量没有影响，所以可以在黏度计内采取逐步稀释的方法得到不同浓度的溶液。当液体在毛细管黏度计内因重力作用而流出时遵守泊肃叶（Poiseuille）定律，如式（Ⅱ-24-8）所示。

$$\frac{\eta}{\rho}=\frac{\pi hgr^4t}{8lV}-\frac{qV}{8\pi lt} \quad (Ⅱ-24-8)$$

式中，ρ为液体的密度；l为毛细管长度；r为毛细管半径；t为流出时间；h为流经毛细管液体的平均液柱高度；g为重力加速度；V为流经毛细管液体的体积；q为与仪器几何形状有关的常数，在$r/l \ll 1$时，可取$q=1$。

对于某一支指定的黏度计，令$\alpha=\frac{\pi hgr^4}{8lV}$，$\beta=\frac{qV}{8\pi l}$，则式（Ⅱ-24-8）可改写为

$$\frac{\eta}{\rho}=\alpha t-\frac{\beta}{t} \quad (Ⅱ-24-9)$$

式中，$\beta<1$；当$t>100$ s时，等式右边第二项可以忽略。假设溶液无限稀释，则溶液的密度ρ与溶剂的密度ρ_0近似相等，则分别测定溶液和溶剂的流出时间t和t_0就可求算η_r，有

$$\eta_r=\frac{\eta}{\eta_0}=\frac{t}{t_0} \quad (Ⅱ-24-10)$$

进而可分别计算得到η_{sp}、$\frac{\eta_{sp}}{c}$和$\frac{\ln\eta_r}{c}$值。配制一系列不同浓度的溶液分别进行测定，以$\frac{\eta_{sp}}{c}$和$\frac{\ln\eta_r}{c}$为同一纵坐标，c为横坐标作图，得两条直线，分别外推到$c=0$处（图Ⅱ-24-2），其截距即为$[\eta]$，代入式（Ⅱ-24-7）（K、α已知），即可得到$\overline{M}$。

本实验用乌氏黏度计测定溶液的黏度，其结构如图Ⅱ-24-3所示，测试方法见下文。

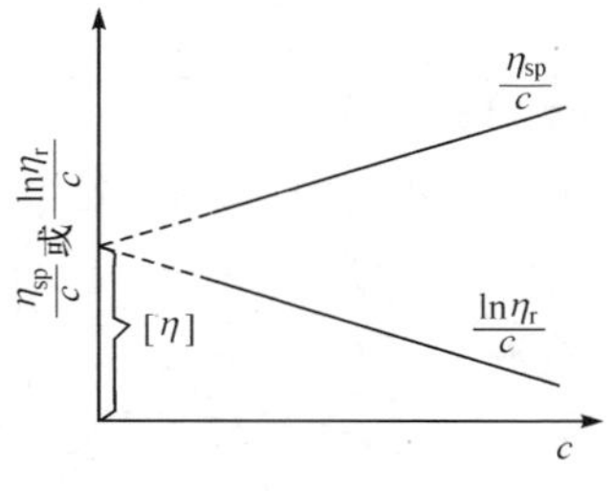

图Ⅱ-24-2 外推法求$[\eta]$示意图

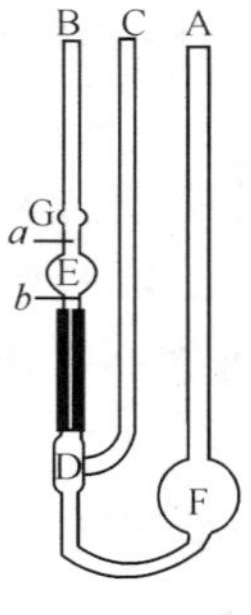

图Ⅱ-24-3 乌（贝路德）氏黏度计

三、仪器与试剂

仪器：乌氏黏度计1支；恒温水浴1套；容量瓶（50 mL）1个；移液管（5 mL）1个；移液管（10 mL）1个；乳胶软管2小截；洗耳球1个；夹子2个；秒表（0.1 s）1个。

试剂：聚乙二醇（分析纯）；蒸馏水。

四、实验步骤

(一) 具体操作方法

1. 将恒温水浴调至 25 ℃、30 ℃或 35 ℃(视室温而定)。

2. 溶液配制。称取聚乙二醇 2 g(称准至 0.001 g),在清洁的 50 mL 容量瓶中配制成浓度为 c_0 的水溶液。

3. 黏度计的安装。将已清洁干燥的乌氏黏度计的 B 管和 C 管管口分别套上小截乳胶软管(注意别用力过猛而掰断管口,可用手指蘸点水湿润一下管口外沿),将 A 管固定在铁架台上,放入恒温水浴中,注意黏度计一定要竖直,不能偏斜(试想为什么?),可由不同方向查验其垂直度。

4. 待测液的加入。用移液管吸取 10.00 mL 的聚乙二醇溶液,由 A 管注入黏度计的 F 球中(移液管尽量伸入 A 管底部,为什么?)。用夹子加住 C 管,借助洗耳球由 B 管管口向上将溶液吸入 G 小球中,再吹入 F 球,如此重复两遍(此操作的作用是什么?)。恒温 5 min。

5. 溶液流出时间 t 的测量。用洗耳球将溶液吸入 G 小球中,松开 C 管的夹子,让液体自由下落,测定流经 a、b 线所需的时间 t。测量三次,要求相差不超过 0.2～0.3 s。再用移液管在溶液中依次加入 5.00 mL、5.00 mL、10.00 mL、10.00 mL 的蒸馏水,同法逐一测定各浓度溶液的流经时间。

6. 蒸馏水流出时间 t 的测定。用蒸馏水洗净黏度计,尤其是毛细管和小球部分要反复抽洗。装入适量蒸馏水,同法测定流经 a、b 线所需的时间。

7. 实验结束。将黏度计取出,卸掉上面的乳胶软管,甩干,放入烘箱中,以备下组使用。

(二) 注意事项

1. 高聚物在水溶剂中溶解缓慢,配制溶液时必须保证其完全溶解,否则会影响溶液的起始浓度。

2. 黏度计必须洗干净,特别是毛细管和小球处,需借助洗耳球反复抽洗。

3. 黏度计前后两次的固定均要竖直,G 球必须处于恒温水浴液面以下。实验过程中不要振动黏度计,否则会造成液位差的变化,影响实验结果的准确性。

4. 在测其他浓度时,将蒸馏水直接加入黏度计来稀释溶液。蒸馏水加入后,必须先用洗耳球从 B 管不断鼓气(类似搅拌的作用),使液体在 F 球中混合均匀,然后将溶液吸入 G 小球中,再吹入 F 球,如此重复两遍才能准备测量。要注意恒温。

5. 向黏度计中注入液体时,移液管尽量伸入 A 管底部,不要让液体溅到管壁,以免影响其体积或浓度。

6. 测量时 C 管的夹子要松开。

五、实验总结

(一) 数据处理

1. 根据实验对不同浓度的溶液和纯水溶剂测得相应的流出时间,计算 η_r、η_{sp}、$\frac{\eta_{sp}}{c}$、$\frac{\ln\eta_r}{c}$,并列表。

温度：__±__℃　　　　聚乙二醇溶液浓度 c_0：______ g·cm^{-3}

参数：K=______ cm^3·g^{-1}　　　　α=______

项目		$\frac{t_1}{s}$	$\frac{t_2}{s}$	$\frac{t_3}{s}$	$\frac{\bar{t}}{s}$	η_r	η_{sp}	$\frac{\eta_{sp}}{c'}$	$\frac{\ln\eta_r}{c'}$
溶液	$c'=1$								
	$c'=2/3$								
	$c'=1/2$								
	$c'=1/3$								
	$c'=1/4$								
水									

注：c'为相对浓度。

2. 以$\frac{\eta_{sp}}{c'}$和$\frac{\ln\eta_r}{c'}$分别对c'作图，可得到两条直线，外推至$c'=0$处，求得截距，此截距除以原始浓度c_0即得$[\eta]$。

3. 根据实验温度时的参数K、α值(表Ⅱ-24-2)，再将$[\eta]$值代入式(Ⅱ-24-7)中，计算聚乙二醇相对分子质量$\overline{M}$。

表Ⅱ-24-2　聚乙二醇不同温度时的K、α值(溶剂为纯水)

T/℃	K/(cm^3·g^{-1})	α
25	0.1560	0.50
30	0.0125	0.78
35	0.0064	0.82

(二) 实验讨论

1. 高聚物的平均摩尔质量因测定原理与计算方法的不同而异，其中黏度法设备简单，操作方便，有相当好的实验精度，但黏度法不是测摩尔质量的绝对方法，因为此法中所用的特性黏度与摩尔质量的经验方程式(Ⅱ-24-7)是要用其他方法来确定的。而且高聚物不同，溶剂不同，摩尔质量范围不同，就要用不同的经验公式，这会给参数K和α的确定带来不便。

2. 高聚物分子链在溶液中所表现出的一些行为会影响$[\eta]$的测定。

(1) 聚电解质行为。例如，某些高分子链的侧基可以电离，电离后的高分子链有相互排斥作用，随着c的减小，η_{sp}/c反常地增大。通常可以加入少量小分子电解质作为抑制剂，利用同离子效应加以抑制。

(2) 某些高聚物在溶液中会发生降解，使$[\eta]$和$\overline{M}$结果偏低。可加入少量的抗氧剂加以抑制。

3. (η_{sp}/c)-c及$(\ln\eta_r/c)$-c曲线异常的影响因素。

(1) 温度的波动：一般来说，对于不同的溶剂和高聚物，温度的波动对黏度的影响不同。溶液黏度与温度的关系可以用 Andraole 方程$\eta=A\exp(B/RT)$表示，式中，A与B对于给定的高聚物和溶剂在一定范围内是常数，R为摩尔气体常量，T为热力学温度。因此，这就要求恒温槽具有很好的控温精度，即恒温水浴的灵敏度要高。

(2) 溶液浓度的变化：随着溶液浓度的增加，高聚物分子链之间的距离逐渐缩短，因而分子链间作用力增大，当浓度超过一定限度时，高聚物溶液的$\frac{\eta_{sp}}{c}$或$\frac{\ln\eta_r}{c}$与c的关系不再呈现线性。通常选用$\eta_r=1.2\sim2.0$的浓度范围。

(3) 测定过程中，因为毛细管垂直度发生改变以及微粒杂质局部堵塞毛细管而影响流经时间，都会影响到作图的线性。

4. 黏度测定中异常现象的近似处理。

即使在测定过程中注意到以上因素，有时仍会出现图Ⅱ-24-4所示的异常现象，这并非操作不严格，而是高聚物本身的结构及其在溶液中的形态所致。目前还不能清楚解释其原因，只能作一些近似处理。图中的(a)、(b)、(c)三种情况均应以$\left(\frac{\eta_{sp}}{c}\right)$-$c$线与纵坐标相交的截距求$[\eta]$，具体分析如下。

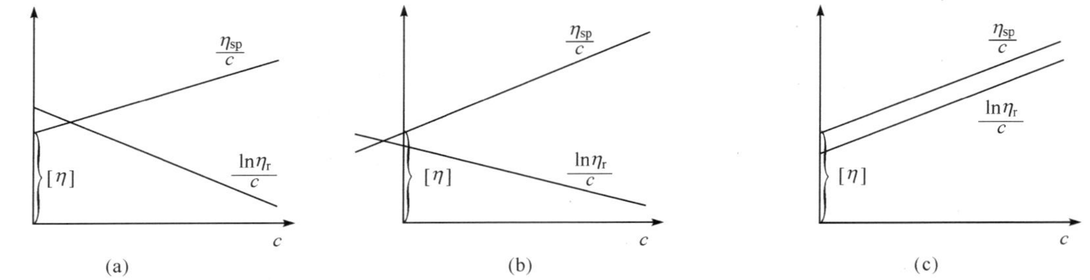

图Ⅱ-24-4 黏度测定中的异常现象示意图

5. 溶液黏度与浓度关系的详细讨论。

图Ⅱ-24-2中的两条直线一般有式(Ⅱ-24-11)的形式：

$$\frac{\eta_{sp}}{c}=[\eta]+a[\eta]^2c \tag{Ⅱ-24-11}$$

此式称为惠金斯(Huggins)公式，大多数聚合物在较稀的浓度范围内都符合式(Ⅱ-24-11)。

$$\frac{\ln\eta_r}{c}=[\eta]+\left(a-\frac{1}{2}\right)[\eta]^2c+\left(\frac{1}{3}-a\right)[\eta]^3c^2+\cdots \tag{Ⅱ-24-12}$$

式(Ⅱ-24-12)包括下列三种情况：

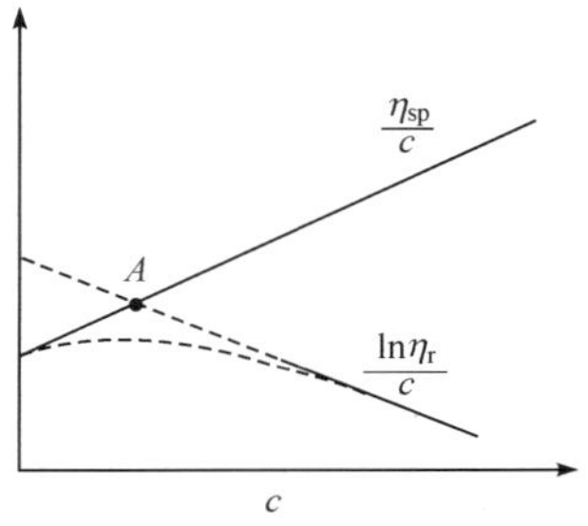

图Ⅱ-24-5 $a>\frac{1}{3}$，$b>\frac{1}{2}-a$

(1) 若$a=\frac{1}{3}$，且令$b=\frac{1}{2}-a$，则有

$$\frac{\ln\eta_r}{c}=[\eta]-b[\eta]^2c \tag{Ⅱ-24-13}$$

此式称为克拉默(Kraemer)公式。以$\frac{\ln\eta_r}{c}$对c作图为一直线，其直线斜率为负值，与式(Ⅱ-24-11)以$\frac{\eta_{sp}}{c}$对c作图所得的直线分别进行外推，可得到共同的截距$[\eta]$，如图Ⅱ-24-2所示。这条可用来判断该实验的可靠性。

(2) 若$a>\frac{1}{3}$，$\left(\frac{\ln\eta_r}{c}\right)$-$c$不呈直线。当浓度较高时，曲线向下弯曲，切线斜率$b>\frac{1}{2}-a$。

切线与$\left(\frac{\eta_{sp}}{c}\right)$-$c$ 线在 $c>0$ 处相交于 A 点，两者截距不同，如图Ⅱ-24-5 所示。

(3) 当 $a<\frac{1}{3}$，$\left(\frac{\ln\eta_r}{c}\right)$-$c$ 也不呈直线，但情况与(2)不同，如图Ⅱ-24-6 所示。

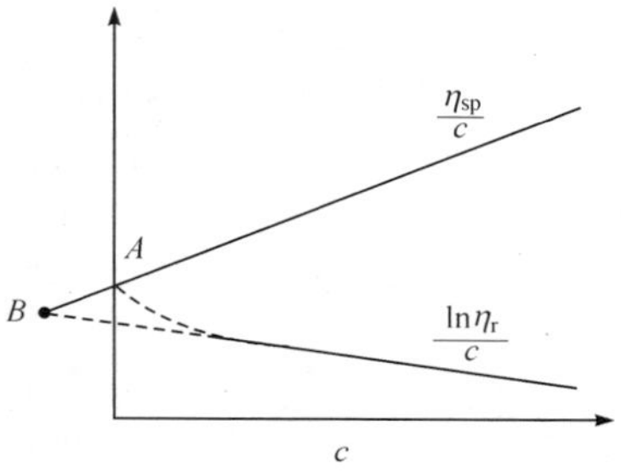

图Ⅱ-24-6　$a<\frac{1}{3}, b<\frac{1}{2}-a$

如果出现(2)和(3)这两种情况，如何来求[η]呢？当溶液不太稀时，可取$\frac{\eta_{sp}}{c}=[\eta]+a[\eta]^2c$ 截距作为特性黏度较好些。根据惠金斯公式和克拉默公式，惠金斯公式中的 a 和$\frac{\eta_{sp}}{c}$值与高聚物结构(如高聚物的多分散性及高分子链的支化等)和形态有关，该式物理意义明确。克拉默公式则基本上是数学运算式，含义不太明确。因此，图Ⅱ-24-4、图Ⅱ-24-5、图Ⅱ-24-6 中的异常现象就应该以$\frac{\eta_{sp}}{c}$与 c 的关系为基准来求得高聚物溶液的特性黏度[η]。如果溶液浓度太高，图的线性不好，则外推不可靠；如果浓度太稀，测得的 t 和 t_0 很接近，则 η_{sp}的相对误差比较大。恰当的浓度即 η_r 为 1.2～2.0。

上述作图求[η]的方法称为稀释法或外推法，结果较为可靠。但在实际工作中，往往由于试样少，或要测定大量同品种的试样，为了简化操作，可采用“一点法”，即在一个浓度下测定 η_{sp}，直接计算出[η]值。采用“一点法”必须先用外推法测出所用体系的 a、b 值，并且假定：$a=\frac{1}{3}$和 $a+b=\frac{1}{2}$，则由式(Ⅱ-24-11)和式(Ⅱ-24-13)可得

$$[\eta]=\frac{[2(\eta_{sp}-\ln\eta_r)]^{\frac{1}{2}}}{c} \qquad (Ⅱ-24-14)$$

或者

$$[\eta]=\left(\eta_{sp}+\frac{a}{b}\ln\eta_r\right)\Big/\left[\left(1+\frac{a}{b}\right)c\right] \qquad (Ⅱ-24-15)$$

六、实验延伸

1. 高分子是由小分子单体聚合而成的，高聚物相对分子质量是表征聚合物特征的基本参数之一，相对分子质量不同，高聚物的性能差异很大。不同材料、不同用途对高聚物相对分子质量的要求是不同的。所以测定高聚物的相对分子质量对生产和使用高分子材料具有重要的实际意义。

2. 常用的毛细管黏度计除了本实验介绍的乌氏黏度计外，奥氏黏度计(奥斯瓦尔德，Ostwald)也较为常用。奥氏黏度计的原理和使用方法参见本书第Ⅳ部分“十”。

3. 恒温水浴的控制是本实验成败的关键之一，要了解恒温水浴的原理，掌握提高恒温水浴灵敏度的方法和技巧。

4. 乌氏黏度计的一个优点是溶液的体积对测量没有影响，所以可在黏度计内采取逐步稀释的方法得到不同浓度的溶液。分析以下两种情况是否影响黏度的测量：①实验时忘记松开 C 管的夹子；②夹住 C 管的夹子，但每次测量都取同样体积的待测液，如本实验各溶液和纯水均取 10.00 mL。试设计一个合理的实验步骤，完成这两种做法和本实验做法的比较。

七、思考题

1. 乌氏黏度计的支管C有什么作用？除去C管是否仍可以测量黏度？
2. 乌氏黏度计的毛细管太粗或太细会产生什么影响？
3. 实验中若没有将C管上的夹子放开，则所测时间有何变化？试分析其原因。
4. 高聚物的 η_r、η_{sp}、$\frac{\eta_{sp}}{c}$、$\frac{\ln\eta_r}{c}$和$[\eta]$的物理意义是什么？
5. 分析$\left(\frac{\eta_{sp}}{c}\right)$-$c$ 及$\left(\frac{\ln\eta_r}{c}\right)$-$c$ 作图缺乏线性的原因。数据处理中若$\frac{\eta_{sp}}{c}$与$\frac{\ln\eta_r}{c}$两条直线在$c=0$处没有交于一点，如何选取特性黏度？
6. 评价黏度法测定高聚物相对分子质量的优缺点，指出影响测定结果准确度的因素。

参考文献

陈六平，邹世春．2007．现代化学实验与技术．北京：科学出版社
复旦大学，武汉大学，中国科学技术大学，等．2004．物理化学实验．3版．北京：高等教育出版社
傅献彩，沈文霞，姚天扬，等．2006．物理化学(下册)．5版．北京：高等教育出版社
顾月姝，宋淑娥．2007．基础化学实验(Ⅲ)——物理化学实验．2版．北京：化学工业出版社
黄允中，张元勤，刘凡．2003．计算机辅助物理化学实验．北京：化学工业出版社
刘寿长，张建民，徐顺．2004．物理化学实验与技术．郑州：郑州大学出版社
孙尔康，徐维清，邱金恒．1998．物理化学实验．南京：南京大学出版社
罗澄源，向明礼．1991．物理化学实验．3版．北京：高等教育出版社

实验二十五　温度和浓度对溶液黏度的影响

一、实验目的

1. 了解恒温槽的构造，并掌握恒温操作技术；
2. 掌握用奥氏黏度计测定溶液黏度的原理与方法；
3. 了解温度、浓度对溶液黏度的影响。

二、基本原理

测定黏度的方法较多，对黏度不太大的液体，一般以毛细管法最为简便。常用的毛细管黏度计有奥氏黏度计和乌氏黏度计两种。同一种黏度计，由于生产厂家不同，其外观形状也略有差异，但功能和使用方法相同。本实验所用的奥氏黏度计如图Ⅱ-25-1所示。

当液体在圆柱形毛细管中流动时，其黏度 η 与流出时间 t 的关系符合泊肃叶公式

$$\eta=\frac{\pi r^4\rho g h}{8lV}t \qquad (Ⅱ-25-1)$$

式中，r 为毛细管半径；l 为毛细管的长度；V 为流经毛细管液体的体积；ρ 为液体的密度；g 为重力加速度；h 为流经毛细管液体的平均液柱高度。

对于同一支毛细管黏度计，r、l、V、h 为常数，则式(Ⅱ-25-1)有

$$\eta=K\rho t \qquad (Ⅱ-25-2)$$

由于 K 的值难以准确测得，因此通常先测定液体的相对黏度，即待测液体黏度与相同条

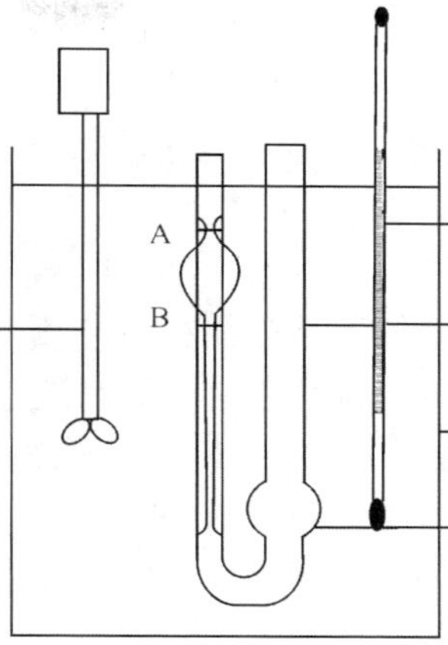

图Ⅱ-25-1　黏度测定装置示意图

件下标准液体黏度(如水)的比值(η/η_0)。如果相同体积的待测液体和标准液体分别流经同一毛细管黏度计,则有

$$\frac{\eta}{\eta_0}=\frac{K\rho t}{K\rho_0 t_0}=\frac{\rho t}{\rho_0 t_0} \qquad (Ⅱ-25-3)$$

因此只要测出待测液体与标准液体在同一黏度计中的流出时间 t 和 t_0,查出实验温度下 ρ、ρ_0 及 η_0,即可求出待测液体的 η。

高分子溶液的黏度较大,是高分子溶液的重要特性之一。高分子溶液具有较高黏度的主要原因有:

(1) 溶液中高分子的柔性使得无规线团状的高分子在溶液中所占体积很大,对介质的流动形成阻碍。

(2) 高分子的溶剂化作用,使大量溶剂束缚于高分子无规线团中,流动性变差。

(3) 在浓度较大时,高分子溶液中不同高分子链段间因相互作用而形成一定的结构,流动阻力增大,导致黏度增大。这种由于在溶液中形成某种结构而产生的黏度称为结构黏度。

高分子溶液的黏度一般随温度升高而减小。这是因为当温度升高时,水分子的热运动加快,使高分子的溶剂化作用减弱,自由溶剂增加,液体流动性增大;此外,温度升高也会破坏高分子间形成的内部结构,因此黏度减小较大。

三、仪器和试剂

仪器:恒温槽(配 1/10 精密温度计)1 套;奥氏黏度计 1 只;电子秒表 1 块;5 mL 移液管 3 支;洗耳球 1 只。

试剂:质量分数为 0.15%和 0.45%明胶水溶液;消泡剂(正丁醇)。

四、实验步骤

(一) 具体操作方法

1. 调节恒温槽温度至 25 ℃或 30 ℃(视不同季节、不同室温而定)。按图Ⅱ-25-1 所示将黏度计垂直固定在恒温槽中(试想为什么?倾斜对流出时间的测定会有什么影响?)。

2. 标准液体流出时间的测定。

用移液管取 5.00 mL 的蒸馏水注入黏度计内。待恒温 5 min 后，用洗耳球将液体缓慢吸至刻度线 A 以上 1 cm 左右时，移开洗耳球，液体自由流下，用秒表记录液面从刻度线 A 流到 B 所需时间，重复测定 3 次，相差不超过 0.5 s，取其平均值。

3. 高分子溶液流出时间的测定。

取下黏度计，借助洗耳球将其中的蒸馏水尽量排尽，用移液管取 5 mL，质量分数为 0.15%或 0.45%的明胶溶液加入黏度计中(可先用少量待测溶液润洗黏度计 2～3 次，同组二人可以各自测定一个浓度)，再加入 2～3 滴消泡剂消除润洗过程中产生的少量泡沫。与标准液体的操作方法相同，测定溶液液面从刻度线 A 流到 B 所需时间，重复测定 3 次。

依次测定 30 ℃、35 ℃、40 ℃、45 ℃时溶液的黏度。

实验结束后，黏度计应充分洗净，然后装满蒸馏水浸泡，以免残留的高分子物质黏结在毛细管壁上而影响毛细管孔径，甚至堵塞。

(二) 注意事项

1. 实验过程中，每次调节恒温槽到指定温度后，至少需要恒温 5 min 才能进行测定。
2. 黏度计要垂直浸入恒温槽中，且保证测量球上部的刻度线 A 浸入水面以下。
3. 用洗耳球吸液体时要缓慢，避免气泡的形成，不要把液体吸入洗耳球内，以免污染被测液体。
4. 恒温槽中搅拌速度要适中，以免引起黏度计的振动，从而影响流出时间的测定。
5. 明胶溶液中若出现絮状物，不能将其移入黏度计中，以免堵塞毛细管。可过滤除去絮状物或重新配制溶液后进行测定。
6. 洗涤或安装黏度计时要细心，以防把支管掰断或碰裂。

(三) 提问

1. 如何确定黏度计中所加液体的适宜体积？原则是什么？为什么移取标准液体与待测溶液的体积要相等？
2. 有无必要每个温度下均先测定蒸馏水的流出时间，然后再测高分子溶液？
3. 正丁醇作为消泡剂，其作用原理是什么？

五、实验总结

(一) 数据处理

1. 列表记录实验数据。
2. 从附表 18 中查阅所需数据，按式(Ⅱ-25-4)计算不同温度、浓度下溶液的黏度 η(本实验中所用明胶水溶液浓度很稀，其密度可看成与水近似相同)。

$$\eta = \eta_0 \cdot \frac{t}{t_0} \tag{Ⅱ-25-4}$$

3. 作黏度 η-温度 T 的关系曲线。
4. 从图中曲线分析讨论溶液黏度随温度、浓度变化的规律，并解释原因。

(二) 实验讨论

1. 液体的黏度与温度有关，一般要求温度变化不超过±0.3 ℃。恒温水浴的控制是本实验成败的关键之一，因此，应掌握调节恒温水浴灵敏度的方法和技巧。

2. 本实验测定明胶溶液的黏度时，没有将黏度计进行干燥，而是采用润洗的方法，这样做对明胶溶液的浓度以及溶液的流出时间都会有轻微的影响，但并不影响实验测定数据的规律性和结论的可靠性。

3. 如果测定样品为乙醇、丙酮等有机液体，则需要将黏度计充分洗净后进行干燥，然后再移入待测液体进行黏度测定。

4. 实验材料也可以选取苹果、草莓、西红柿等时令新鲜果蔬的汁液，但需要在榨汁时用100～200 目尼龙滤布除去其中较大的颗粒，以免堵塞黏度计中的毛细管。

5. 黏性液体在毛细管中的流出受各种因素的影响，如动能校正、末端校正、倾斜度校正、重力加速度校正及毛细管内壁粗度校正等，其中影响最大的是动能校正项。考虑动能校正的泊肃叶公式为

$$\eta = \frac{\pi r^4 \rho g h t}{8lV} - \frac{m\rho V}{8\pi l t} \tag{Ⅱ-25-5}$$

式中，m 为动能校正系数，是一个与仪器几何形状有关的常数，视毛细管两端处液体的流动情况而异。本实验忽略上述诸因素的影响，使用式(Ⅱ-25-1)必须满足以下条件：

(1) 液体属于牛顿性流体，即液体的黏度与流动的切变速率无关。

(2) 液体的流动呈层流状态，没有湍流存在，要求液体流动速率不能太大。根据所用溶剂选择 V 和 r，并使溶剂流出时间 $t_0 > 100$ s。

(3) 液体在毛细管管壁上没有滑动。

六、实验延伸——测定液体黏度的其他方法

1. 常用的毛细管黏度计除了本实验介绍的奥氏黏度计外，还有乌氏黏度计，也称为气承式黏度计，其特点是溶液的体积对测量没有影响，所以可在黏度计内采取逐步稀释的方法得到不同浓度的溶液。本书实验二十四用的是乌氏黏度计。

2. 落球法是借助固体球在液体中沉降时受到黏性阻力，测定其在液体中下落一定距离所需的时间，这种黏度计适用于测定具有中等黏度的透明液体。落球式黏度计测定相对黏度的关系式为

$$\frac{\eta}{\eta_0} = \frac{(\rho_s - \rho)t}{(\rho_s - \rho_0)t_0} \tag{Ⅱ-25-6}$$

式中，ρ_s 为球体的密度；ρ、ρ_0 分别为待测液体和标准液体(如甘油)的密度；t、t_0 分别为球体在待测液体和标准液体中下落一定距离所需的时间。落球法对钢珠的要求较高，要求光滑而圆，另外要防止球在下落时与圆柱筒壁相碰，以免造成测定误差。

3. 转筒法是适用范围最广的液体黏度测量方法，特别适用于粗分散体系的黏度测量。其原理是在内外两柱体之间充以待测液体，当外力使两柱体之一匀速转动，而另一柱体静止不动时，在两柱体之间的径向距离上的液体内部将出现速度梯度，于是在液体中产生了内摩擦。由于内摩擦的作用，在旋转柱体上施加一个切应力，测量此切应力即可计算液体黏度值。圆盘式旋转黏度计就是根据这一原理设计的，该仪器配有多种型号的转子，而且电机的转速可调，根据被测液体性质的不同，可选择不同型号的转子和不同的电机转速。其缺点在于，该类仪器采用指针式读数，其稳定性及读数精度受到一定的限制。而且当游丝产生的扭矩过大时，容易产生蠕变，损伤游丝，因此在测量范围和转子转速上也有所限制。

七、思考题

1. 在黏度测定过程中,易起泡,应如何设法避免或消除?
2. 黏度计毛细管的粗或细各有什么优缺点?
3. 为什么每支黏度计均要装蒸馏水进行测定?有无必要每个温度下均先测定蒸馏水再测高分子溶液?
4. 列出影响本实验测定准确度的因素。

参考文献

陈宗淇,王光信,徐桂英.2001.胶体与界面化学.北京:高等教育出版社
傅献彩,沈文霞,姚天扬,等.2006.物理化学(下册).5版.北京:高等教育出版社
高桂丽,李大勇,石德全.2006.液体黏度测定方法及装置的研究现状和发展趋势.现代涂料与涂装,9(2):39-42
郭子成,杨建一,罗青枝.2005.物理化学实验.北京:北京理工大学出版社
韩喜江,张天云.2004.物理化学实验.哈尔滨:哈尔滨工业大学出版社

实验二十六　微电泳法测定高岭土的电动电势

一、实验目的

1. 理解电动电势(ζ电势)的物理意义,掌握宏观电泳法测定电动电势的原理和实验技术;
2. 加深理解胶粒表面的电荷与其周围的离子做相对运动时的电动现象;
3. 了解ζ电势的应用。

二、基本原理

在固、液界面处,固体表面上与其附近的液体内部通常会分别带有电性相反、电荷量相同的双层离子,从而形成双电层。产生上述现象的原因在于,当固体与液体接触时,分散于液相中的固体颗粒,由于水解、吸附、解离或晶格取代等作用,使其表面带电。在静电引力作用下,固体颗粒周围就会形成与其相反电荷的离子层,这样微粒表面的电荷与其周围的离子就构成了双电层,如图Ⅱ-26-1所示。由于离子的热运动,反离子并不是全部整齐地排列在一个面上,而是随着距离界面的远近,有一定的浓度分布。对溶液中的胶粒来说,在靠近固体表面的那一层反离子有较大的浓度,随着与界面距离的增大,过剩的反离子浓度逐渐减少,直到距界面为d处,过剩的反离子浓度等于零,即正、负离子的浓度相等。

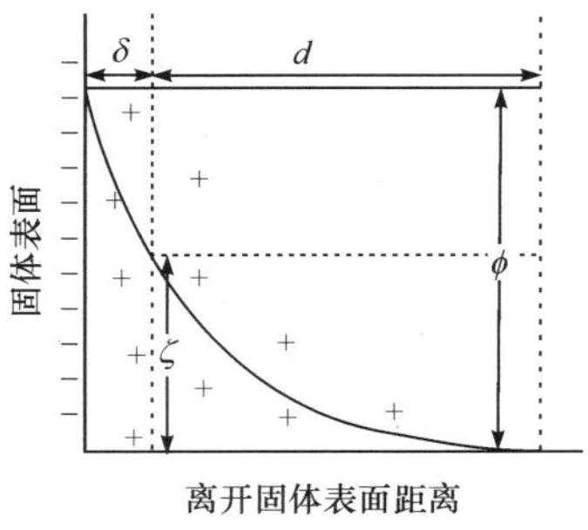

图Ⅱ-26-1　双电层示意图

双电层可分为两部分。一部分为紧靠固体表面的不流动层,称为紧密层,其中包含被吸附的离子和部分过剩的反离子,其厚度为δ;另一部分为从此层到d的范围,称为扩散层。在这一层中过剩的反电离子逐渐减少至零,这一层是可以流动的。紧密层与介质内部之间存在电势差,称为电动电势或ζ电势,其大小直接影响胶粒在电场中的运动速度。在特定的电场中,只有通过电泳(或电渗)才能显现ζ电势。它与胶粒的性质、介质

组成及胶体的浓度有关,其正负根据吸附离子的电荷符号来决定,胶粒表面吸附正离子,则 ζ 电势为正;表面吸附负离子,ζ 电势为负。

测定分散体系电动电势的方法很多,最方便、最广泛的测定方法是利用电泳现象来测定。电泳法的基本原理为:分散系统中分散相和分散介质接触时,在扩散双电层的滑动面上存在电动电势。在外加电场作用下,悬浮在液相介质中的微粒将向其所带电荷符号相反的电极移动,ζ 电势和电泳速度之间成正比,其简单推导如下:

对带 q 电荷的胶粒,在电位梯度 E 的电场作用下的运动,粒子受到的静电作用力为

$$f_1 = qE \tag{Ⅱ-26-1}$$

球形胶粒在介质中受到的流体阻力为

$$f_2 = 6\pi\eta ru \tag{Ⅱ-26-2}$$

若胶粒运动速率 u 恒定,则有

$$qE = 6\pi\eta ru \tag{Ⅱ-26-3}$$

根据静电学原理,胶粒的 ζ 电势与电量存在关系式

$$\zeta = \frac{q}{\varepsilon r} \tag{Ⅱ-26-4}$$

因此

$$\zeta = \frac{6\pi\eta u}{\varepsilon E} \tag{Ⅱ-26-5}$$

对于棒状胶粒,其 ζ 电势为

$$\zeta = \frac{4\pi\eta u}{\varepsilon E} \tag{Ⅱ-26-6}$$

式中,r 为胶粒半径;η 和 ε 为液体介质的黏度($Pa \cdot s^{-1}$)和介电常数。

可见,测定特定电场下胶粒在已知介质中的运动速度,就可计算出其 ζ 电势。

本实验就是采用微观法测定电动电势,将分散相粒子在电场作用下的泳动通过显微镜放大,直接观察溶液中被测粒子的定向移动(也可放大成像在投影屏上),读出在一预定的距离内多次换向泳动的时间和次数,求其平均值从而得到电泳速度。

三、仪器与试剂

仪器:DXD-2 型电视显微电泳仪(图Ⅱ-26-2);

试剂:高岭土;蒸馏水。

四、实验步骤

(一) 具体操作方法

1. 待测悬浮液配备,称取 0.1 g 高岭土粉末,分散于 250 mL 蒸馏水中,超声分散制成待测悬浮体试液。

2. 接通电源,打开电源开关及光源开关。把光源亮度滑键置于最小处,开启显微镜光源,然后逐步调大至合适位置。摄像机和监测器预热大约 10 min。

3. 清洗电泳池,向电泳池中加入样品。注意加入样品后,要保证连通部分、电极室无气泡,若有气泡则要排除。样品加满后塞紧橡皮塞,保证测试工作在封闭条件下进行,擦干电泳池外壁。

4. 将电泳池有定位孔的一侧向里,放在显微镜工作台上,并与水准泡定位座的定位销对位,向前平推紧贴,插上电泳池电源线。

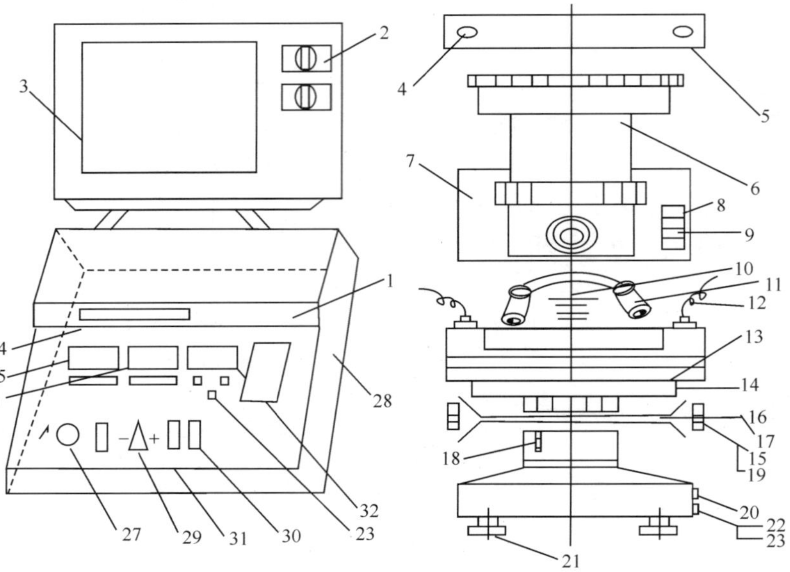

图Ⅱ-26-2　DXD-2型电视显微电泳仪结构

1. 控制器;2. 视频电缆;3. 监视器;4. 快门;5. 摄影机;6. 摄影目镜;7. 摄像机;8. 光路切换器;9. 目镜;10. 物镜转换器;11. 物镜;12. 电泳池电源线;13. 电泳池;14. 工作台;15. 粗调手轮;16. 聚光镜;17. 可变光栏;18. 聚光镜架手轮;19. 微调手轮;20. 亮度调节按钮;21. 可调地脚螺钉;22. 灯座;23. 光源开关;24. 数字显示屏;25. 电压表;26. 电流表;27. 操作器;28. 温度表;29. 变向开关;30. 操作器开关;31. 计时开关;32. 计算机

5. 确定静止层。先用粗调手轮升降工作台,通过监视器或目镜可逐步分辨出四层板面,四层板面上均留有特殊条纹,可辨认板面位置,准确地找到2层或3层。再用微调手轮测量电泳池连通部分的总厚度(实际上即2层和3层板间距离 h)。微调手轮测量值为1200～1280 μm(1圈=200 μm),静止层深度为 S 值,$S=0.194\ h$。

如果在2层板面上,则微调手轮按顺时针方向转动 S 值;如果在3层板面上,则微调手轮按逆时针方向转动 S 值;此时在监测器上或目镜中观察到的即为静止层。

6. 打开操作器开关,并用电压旋钮给电泳施加电压,观察微粒运动。电压值的大小,以控制微粒在8～12 s通过1格为宜。如果电压有变化,仍调回至定值,操作器上的正反开关可改变粒子的运动方向。

7. 随机选取10～20颗粒子,连续改变方向,用计时开关累计计时,则显示屏上显示出测量次数和时间的累计值,清零键可清除显示。

(二) 注意事项

1. 样品加入电泳池后,要保证连通部分、电极室都没有气泡,若有气泡则要排除。
2. 控制微粒的速度在8～12 s通过一格为宜。

(三) 提问

电泳池中加入样品,要保证连通部分、电极室无气泡,为什么?

五、实验总结

(一) 数据处理

1. 根据粒子运动的次数和时间,求出平均时间和平均泳动速度。

2. 根据 $\zeta=\left(\frac{4\pi\eta}{10\varepsilon}\right)\left(\frac{u}{E}\right)900\ \text{V}$,表Ⅱ-26-1 及测量数据,计算 ζ 电势,并计算 20 ℃下的 ζ 电势值

$$\zeta(20\ ℃)=\zeta_{测}[1-0.02/(t-20)]$$

式中,ζ 的单位为 V;u 的单位为 $\text{cm}\cdot\text{s}^{-1}$;$E$ 为电位梯度,其单位为 $\text{V}\cdot\text{cm}^{-1}$;黏度 η 的单位为 Pa·s;ε 为液体介电常数,20 ℃的水为 80。

表Ⅱ-26-1 不同温度下 ζ 电势与电泳淌度 u/E 的比值(液相为水或水溶液)

T/℃	$[\zeta/(u/E)\times10^{-5}]$ /($\text{V}^2\cdot\text{m}^2\cdot\text{s}$)	T/℃	$[\zeta/(u/E)\times10^{-5}]$ /($\text{V}^2\cdot\text{m}^2\cdot\text{s}$)	T/℃	$[\zeta/(u/E)\times10^{-5}]$ /($\text{V}^2\cdot\text{m}^2\cdot\text{s}$)
0	22.99	17	15.04	34	11.04
1	22.34	18	14.72	35	10.87
2	21.70	19	14.42	36	10.70
3	21.11	20	14.13	37	10.54
4	20.54	21	13.56	38	10.37
5	20.00	22	13.59	39	10.24
6	19.47	23	13.33	40	10.09
7	18.97	24	13.09	41	9.952
8	18.50	25	12.85	42	9.815
9	18.05	26	12.62	43	9.628
10	17.61	27	12.40	44	9.551
11	17.20	28	12.18	45	9.426
12	16.79	29	11.98	46	9.305
13	16.42	30	11.78	47	9.185
14	16.04	31	11.58	48	9.070
15	15.70	32	11.40	49	8.958
16	15.36	33	11.22	50	8.850

(二) 实验讨论

1. 电泳法测定电动电势分为宏观法和微观法。宏观法一般用来观察微粒与另一个不含此微粒的导电液体的界面在电场中的移动速度,称为界面移动;而微观法则是用显微镜直接观察单个粒子在电场中的电泳速度,要求研究的对象在显微镜下能明显观测到,此法简便、快速,样品用量少,在质点本身所处环境下测定,适用于粗颗粒的悬浮体和乳状液。本实验采用微观法。此外,还有区域电泳法,它是以惰性而均匀的固体或凝胶作为被测样品的载体进行电泳,此时由于被测混合样品中各组分的电泳速度不同而分离。该法简便,分离、分析同步进行,且分离效率高,样品量少,还能避免对流影响,现成为分离与分析蛋白质的基本方法。

2. 电泳槽是测定电泳速度的关键部分。电泳速度是在密封的石英毛细管内测定的。当对管内胶体施加直流电压时,可同时产生两种电动现象,其中胶粒对溶液的相对运动称为电泳,溶液对毛细管壁的相对运动称为电渗。当带负电荷的胶粒向正极方向迁移时,溶液则沿毛细管壁向负极方向移动,到达毛细管端面处汇合,形成液体回流。因此,在靠近管壁处的胶粒电泳方向与液体电渗方向相反,电泳速度缓慢;而处于毛细管中心的胶粒,其电泳方向与液体的电渗方向一致,电泳速度加快。在液体流动转移过程中,当液层处于相对不流动时电渗速度为零,在这一环层上测定的速度,就是电泳速度,此环层称为"静止层"。因此通过寻找"静止层",即可测得粒子的电泳速度。

3. 电泳技术的应用。电泳技术是发展较快、技术较新的实验手段,不仅用于理论研究,还有广泛的实际应用,如陶瓷工业的黏土精选、电泳涂漆、电泳镀橡胶、生物化学和临床医学上的蛋白质及病毒的分离等。

六、实验延伸

试设计用宏观法测定 $Fe(OH)_3$ 胶体的电动电势。写出实验原理,自己设计实验步骤,列出需要的仪器与试剂,并进行数据处理。比较宏观法和微观法的优缺点。

七、思考题

1. 高岭土胶粒带什么电荷?为什么?

2. 胶粒电泳速度的快慢取决于哪些因素?胶粒做匀速运动的条件是什么?要准确测定溶胶的电泳速度必须注意哪些问题?

3. 微观法测 ζ 电势的研究对象是粗颗粒的悬浮液和乳状液,此法简便、快速,样品用量少,在质点本身所处环境下测定。则还有什么方法可测定 ζ 电势,比较它们的优缺点?

4. 为什么一定要在静止层中进行微粒泳动速度的测定?

参考文献

刘澄蕃,滕弘霓,王世权. 2002. 物理化学实验. 北京:化学工业出版社

罗雪容. 2004. 提高电泳速度的研究. 化学教育,25:51-52

沈钟,王果庭. 1997. 胶体与表面化学. 2版. 北京:化学工业出版社

唐林,孟阿红,刘红天. 2007. 物理化学实验. 北京:化学工业出版社

王丽芳,康艳珍. 2007. 物理化学实验. 北京:化学工业出版社

附注

DXD-2型电视显微电泳仪工作原理:光源通过聚光镜、反光镜和前后两片隔热玻璃后照射电泳池,经过调焦,在目镜中可以看到液体中被测的微粒。对电泳池两极施加一定电压后,可以观察到粒子的定向移动。目镜中摄像机靶面处和摄像镜中都放置了特制的正方形网格板,三种观测方法显示网格值大小不等,如表Ⅱ-26-2所示。操作者可根据需要任选或临时变换观察方法。总体系统工作示意图和光学系统图见图Ⅱ-26-3和图Ⅱ-26-4。

表Ⅱ-26-2 网格值对照表

观察方式		10 目镜	2 摄影目镜	电视监视
网格值/μm	物镜 4×	450	250	250
	物镜 10×	140	100	100
	物镜 20×	70	70	70

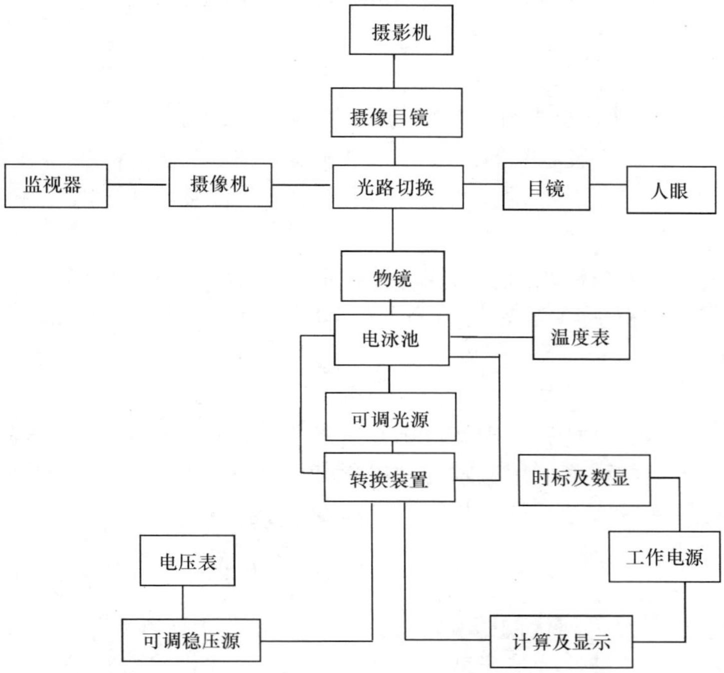

图Ⅱ-26-3 总体系统工作示意图

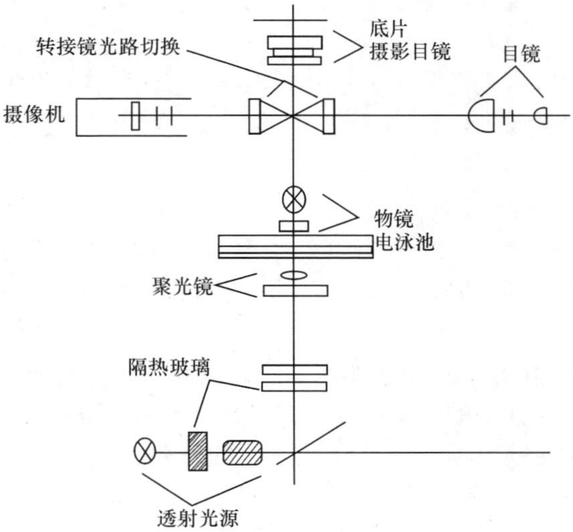

图Ⅱ-26-4 光学系统图

结构化学部分

实验二十七　溶液法测定偶极矩

一、实验目的

1. 掌握测定偶极矩的原理，了解偶极矩与分子电性的关系；
2. 学会用溶液法测定乙酸乙酯的偶极矩的原理、方法及实验技术。

二、基本原理

偶极矩是表示分子中电荷分布情况的物理量，其数值大小可以量度分子的极性。偶极矩是一个向量，规定其方向由正到负，定义为分子正负电荷中心所带的电荷量 q 与正负电荷中心之间的距离 d 的乘积，即

$$\boldsymbol{\mu} = q\boldsymbol{d} \tag{Ⅱ-27-1}$$

若将极性分子置于均匀电场中，则偶极矩在电场作用下会趋向沿电场方向排列。这时称这些分子被极化了，极化的程度可用摩尔转向极化度 $P_{转向}$ 来衡量。

$P_{转向}$ 与永久偶极矩的平方成正比，与热力学温度 T 成反比。

$$P_{转向} = \frac{4}{3}\pi L\frac{\mu^2}{3kT} = \frac{4}{9}\pi L\frac{\mu^2}{kT} \tag{Ⅱ-27-2}$$

式中，k 为玻耳兹曼常量；L 为阿伏伽德罗常量。

在外电场作用下，无论极性分子还是非极性分子都会产生电子云对分子骨架的相对移动，分子骨架也会发生变形，这种现象称为诱导极化或变形极化，用摩尔诱导极化度 $P_{诱导}$ 来衡量。$P_{诱导}$ 可分为两项，即电子极化度和原子极化度，因此 $P_{诱导} = P_{电子} + P_{原子}$，其与外电场强度成正比，与温度无关。

如果外电场是交变电场，极性分子的极化情况则与交变电场的频率有关，当处于频率小于 $10^{10}\ s^{-1}$ 的低频电场或静电场中，极性分子所产生的摩尔极化度是转向极化、电子极化和原子极化的总和。

$$P = P_{转向} + P_{诱导} = P_{转向} + P_{电子} + P_{原子} \tag{Ⅱ-27-3}$$

当频率增加到 $10^{12} \sim 10^{14}\ s^{-1}$ 的中频（红外频率）时，电场的交变周期小于分子的偶极矩的弛豫时间，极性分子的转向运动跟不上电场的变化，即极性分子来不及沿电场定向，因此 $P_{转向} = 0$。此时极性分子的摩尔极化度等于摩尔诱导极化度 $P_{诱导}$。当交变电场的频率进一步增加到大于 $10^{15}\ s^{-1}$ 的高频（可见光和紫外频率）时，极性分子的转向运动和分子骨架变形都跟不上电场的变化，此时极性分子的摩尔极化度等于电子极化度 $P_{电子}$。

因此，原则上只要在低频电场下测得极性分子的摩尔极化度 P（$P = P_{转向} + P_{诱导}$）在红外频率下测得极性分子的摩尔诱导极化度 $P_{诱导}$，两者相减得到极性分子的摩尔转向极化度 $P_{转向}$，然后代入式（Ⅱ-27-2）就可算出极性分子的永久偶极矩。

（一）极化度的测定

克劳修斯（Clausius）、莫索蒂（Mosotti）和德拜（Debye）从电磁理论中导出了摩尔极化度 P

与介电常数 ε 之间的关系式

$$P=\frac{\varepsilon-1}{\varepsilon+2}\cdot\frac{M}{\rho} \qquad (Ⅱ-27-4)$$

式中，M 为被测物质的摩尔质量；ρ 为该物质的密度；ε 可通过实验测定。

但式(Ⅱ-27-4)是假定分子与分子间无相互作用而推导得到的，因此它只适用于温度不太低的气相体系。由于测定气相的介电常数和密度，在实验上困难较大，某些物质甚至根本无法使其处于稳定的气相状态。因此，有人提出一种溶液法来解决这一困难。溶液法的基本思想是，在无限稀释的非极性溶剂的溶液中，溶质所处的状态和气相时相近，于是无限稀释溶液中溶质的摩尔极化度 P_2^{∞} 就可以看成式(Ⅱ-27-4)中的摩尔极化度 P。

海德斯特兰(Hedestran)首先利用稀溶液的近似公式

$$\varepsilon_s=\varepsilon_1(1+\alpha x_2) \qquad (Ⅱ-27-5)$$

$$\rho_s=\rho_1(1+\beta x_2) \qquad (Ⅱ-27-6)$$

再根据溶液的加和性，推导出无限稀释时溶质摩尔极化度的公式

$$P=P_2^{\infty}=\lim_{x_2\to 0}P_2=\frac{3\alpha\varepsilon_1}{(\varepsilon_1+2)^2}\cdot\frac{M_1}{\rho_1}+\frac{\varepsilon_1-1}{\varepsilon_1+2}\cdot\frac{M_2-\beta M_1}{\rho_1} \qquad (Ⅱ-27-7)$$

上述式(Ⅱ-27-5)至式(Ⅱ-27-7)中，ε_s、ρ_s 分别为溶液的介电常数和密度；M_2、x_2 分别为溶质的摩尔质量和摩尔分数；ε_1、ρ_1 和 M_1 分别为溶剂的介电常数、密度和摩尔质量；α、β 分别为与 ε_s-x_2 和 ρ_s-x_2 直线斜率有关的常数，称之为斜率因子。

根据光电磁理论，在同一频率的高频电场作用下，透明物质的介电常数 ε 与折光率 n 的关系为

$$\varepsilon=n^2 \qquad (Ⅱ-27-8)$$

习惯上用摩尔极化度 R_2 来表示高频区测得的极化度，因为此时 $P_{转向}=0$，$P_{原子}=0$，则

$$R_2=P_{电子}=\frac{n^2-1}{n^2+2}\cdot\frac{M}{\rho} \qquad (Ⅱ-27-9)$$

在稀溶液情况下也存在近似公式

$$n_s=n_1(1+\gamma x_2) \qquad (Ⅱ-27-10)$$

同样，从式(Ⅱ-27-9)可推导出无限稀释时溶质的摩尔折射度的公式，有

$$P_{电子}=R_2^{\infty}=1\lim_{x_2\to 0}R_2=\frac{n_1^2-1}{n_1^2+2}\cdot\frac{M_2-\beta M_1}{\rho_1}+\frac{6n_1^2M_1\gamma}{(n_1^2+2)^2\rho_1} \qquad (Ⅱ-27-11)$$

上述式(Ⅱ-27-10)、式(Ⅱ-27-11)中，n_s 为溶液的折光率；n_1 为溶剂的折光率；γ 为与 ε_s-x_2 直线斜率有关的斜率因子。

(二) 偶极矩的测定

考虑到原子极化度通常只有电子极化度的 5%～10%，而且 $P_{转向}$ 又比 $P_{电子}$ 大得多，所以常忽视原子极化度。从式(Ⅱ-27-2)、式(Ⅱ-27-3)、式(Ⅱ-27-7)和式(Ⅱ-27-11)可得

$$P_{转向}=P_2^{\infty}-R_2^{\infty}=\frac{4}{9}\pi L\frac{\mu^2}{kT} \qquad (Ⅱ-27-12)$$

式(Ⅱ-27-12)把物质分子的微观性质偶极矩和它的宏观性质介电常数、密度和折射率联系起来，分子的永久偶极矩就可以用简化式(Ⅱ-27-13)计算

$$\mu=0.042\,74\times10^{-30}\sqrt{(P_2^{\infty}-R_2^{\infty})T}\ (\mathrm{C\cdot m}) \qquad (Ⅱ-27-13)$$

在某种情况下,若需要考虑 $P_{原子}$影响时,只需对 R_2^{∞} 做部分修正。

(三) 介电常数的测定

介电常数是通过测量电容,再经计算而得到的。电容池两极间为真空和充满某物质时的电容分别为 C_0 和 C_x,则某物质的介电常数 ε 与电容的关系为

$$\varepsilon = \frac{\varepsilon_x}{\varepsilon_0} = \frac{C_x}{C_0} \qquad (\text{Ⅱ}-27-14)$$

式中,ε_0 和 ε_x 分别为真空电容率和该物质的电容率。

当将电容池插在小电容测量仪上测量电容时,实际测量所得的电容应是电容池两极间的电容和整个测试系统中的分布电容 C_d 并联构成。C_d 是一个恒定值,称为仪器的本底值,在测量时应予以扣除,否则会引起误差。因此,必须先求出本底值 C_d,并在各次测量中扣除。小电容测量仪的使用参见本书第Ⅳ部分"十二"。

电容 C_0 和 C_d 的计算:采用四氯化碳作为标准物质,其介电常数的温度公式为

$$\varepsilon_{标准} = 2.238 - 0.0020 \times (t - 20) \qquad (\text{Ⅱ}-27-15)$$

$$C_d = \frac{C_x - C_0\varepsilon_{标准}}{1 - \varepsilon_{标准}} \qquad (\text{Ⅱ}-27-16)$$

$$C_0 = C'_0 - C_d \qquad (\text{Ⅱ}-27-17)$$

式中,C'_0为实际测定的空气电容;C_x 为某待测物质的电容。

三、仪器与试剂

仪器:PCM-1A 型精密电容测量仪 1 台;25 mL 容量瓶 5 个;阿贝折光仪 1 台;电吹风 1 台;5 mL 移液管 1 支;滴管 6 支。

试剂:乙酸乙酯(分析纯);四氯化碳(分析纯);丙酮(分析纯);蒸馏水。

四、操作步骤

(一) 具体操作方法

1. 溶液配制:取干燥的 5 个容量瓶,用称量法配制 5 个不同浓度的乙酸乙酯-四氯化碳溶液,将 1～5 号容量瓶称量后,分别移取 2.50 mL、3.00 mL、3.50 mL、4.00 mL、4.50 mL 的乙酸乙酯,再称量;加入 CCl_4 至容量瓶刻度,称量,摇匀。

2. 折光率的测定:以 CCl_4 的折光率对阿贝折光仪进行校正后,取相同编号的小滴管分别吸取各容量瓶中的溶液,在阿贝折光仪上测定各样品的折光率。先用少量样品清洗棱镜镜面两次,用洗耳球吹干镜面。测定时,滴加的样品应均匀分布在镜面上,迅速闭合棱镜,调节反射镜,使视场明亮。转动右上边的消色散旋钮,使镜筒内呈现一条清晰的明暗临界线。转动右下边调节旋钮,使临界线移动至推丝交点上,此时可在镜筒内读取折光率读数。每个样品要求测定三次,数据之间相差不能超过 0.0003。求其平均值。

3. 预备电容测量:先接好小电容测量仪的配套电源线,打开前面面板的电源开关,预热 5 min;用配套测试线将数字小电容测量仪的"电容池座"插座与电容池的"内电极"插座相连,将另一根测试线的一端插入小电容测试仪的"电容池座"插座,插入后顺时针旋转一下,以防脱落,把另一端悬空不插;待显示稳定后,按下"采零"键,以清除仪表系统零位漂移,屏幕显示"00.00"。

4. 测空气介质电容：将那一根测试线悬空的一端插入电容池“外电极”插座，插入后顺时针旋转一下，此时仪表显示值为空气介质的电容，该值是空气电容的真值 C_0 与系统分布电容 C_d 之和。

5. 测液体介质电容：拔出电容池“外电极”插座一端的测试线，打开电容池加料口盖子，用指定的对号入座的滴管加注少量的待测液体，清洗电容池 2 次后，用吹风机的冷风吹干。再次测定空气介质电容，确认电容池已干，拔下的测试线的一端，正式加入待测液体，盖好盖子，按“采零”键，屏幕显示“00.00”。然后将测试线的一端插入电容池，顺时针旋转一下挂进去，记录读数。

（二）注意事项

1. 在配溶液时，容量瓶必须干燥，且注意是称量配制，本实验 β 值为 -0.463。
2. 实验过程中都要迅速盖好塞子或盖子，防止溶质和溶剂的挥发及吸收水分，以免造成实验结果的偏差。
3. 应用吹风机的冷风对电容池吹干，防止热风对温度变化的干扰。
4. 测电容时，直接用指定的滴管将样品注入电容池内，动作要谨慎、缓慢。万一把样品溅到测量池外，可用滤纸吸干，以免影响数据的稳定。

（三）提问

1. 在进行溶液电容测定时，为什么每个溶液测试前都必须再次测定空气介质的电容？
2. 用阿贝折光仪测定折光率时，为什么要迅速读数？

五、实验总结

（一）数据处理

1. 计算每个溶液的摩尔浓度 x_2。
2. 计算 C_0、C_d 和各溶液的 C_x 值，求出各溶液的介电常数 ε_x；作 ε_s-x_2 图，由直线斜率求出 α 值。
3. 作 n_s-x_2 图，由直线斜率计算 γ 值。
4. 将 ρ_1、ε_1、α 和 β 值代入式(Ⅱ-27-7)计算 P_2^∞。
5. 将 ρ_1、n_1、β 和 γ 值代入式(Ⅱ-27-11)计算 R_2^∞。
6. 将 P_2^∞、R_2^∞ 值代入式(Ⅱ-27-13)，即可计算出乙酸乙酯分子的偶极矩 μ 值。

（二）实验讨论

1. 实验证明，在温度变化不大的条件下，β 值基本上是个常数，在 20～30 ℃时，$\beta=-0.463$。
2. 溶液电容的温度系数很小，因此在室温变化不大时，可以在室温下测定电容。
3. 在测量折光率时记录当时的室温，因为折光率受温度变化影响较大。

六、实验延伸

（一）介电常数及其测量方法

介电常数又称为介质常数、介电系数或电容率。介电常数是反映材料特性的重要参量，是表示其绝缘能力的一个系数。电介质极化能力越强,其介电常数就越大。介电常数以 ε 表示,单位为 $F \cdot m^{-1}$。真空介电常数 $\varepsilon_0 = 8.85 \times 10^{-12}\ F \cdot m^{-1}$。介电常数超过 1 的物质通常称为绝缘体材料或绝缘体。普遍使用的绝缘体包括玻璃、纸、云母、各种不同的陶瓷、聚乙烯和特定的金属氧化物,如聚苯乙烯的相对介电常数为 2.4～2.6,硅是 11.9。介电常数有相对介电常数和有效介电常数之分,平时我们说的介电常数就是相对介电常数,对介电性的研究不但在电介质材料的应用上具有重要意义,而且也是了解电介质的分子结构和激化机理的重要分析手段之一。测量介电常数的方法很多,常用的有比较法、替代法、电桥法、谐振法、Q 表法、直流测量法和微波测量法等。各种方法各有特点和适用范围,因而要根据材料的性能、样品的形状和尺寸大小及所需测量的频率范围等选择适当的测量方法。

(二) 电容及其测定方法

电容是基本电参数之一。测量电容时,由于极间绝缘材料的介质损耗,电容器除电容外还会伴随一定的电阻。电容测量的方法除本实验所用的电容表法外还有三表法、电桥法和谐振法等。

1. 三表法:使用电压表、电流表和功率表测量电容量。由三表的读数 U、I、P 以及电源的角频率 ω,进行计算后得到电容量。若损耗可忽略,则只用电压表、电流表的读数由 $C = I/(\omega U)$ 即可计算出电容量。

2. 用电桥测电容:准确度较高。常用的有通用电桥、西林电桥和感应耦合比例臂电桥。①通用电桥:携带、使用方便,准确度稍低,误差一般为±1%,测量范围为数皮法到数百微法,适合于工厂现场使用;②西林电桥:其特点是可在工频高电压下测量电容,精密西林电桥的测量准确度较高,包括标准电容器在内的测量误差为±(0.5%～0.05%),测量范围为数皮法到数十微法;③感应耦合比例臂电桥:测量频率可为工频或 1 kHz,测试电压可为低压或高压,包括标准电容器在内的测量误差为±(0.2%～0.02%)。测量范围为数皮法到数十微法,适用于准确度要求较高的电容测量。

3. 谐振法:将标准电感和待测电容组成串联或并联回路,由高频信号发生器供电,调节发生器输出信号的频率,使回路谐振。由谐振频率计算后得到电容量。

七、思考题

1. 溶液法测定极性分子的偶极矩有何假定?其基本思想是什么?

2. 如何由 ε_s-x_2,n_s-x_2 图判断电容和折光率实际测定值误差大小,本实验的主要误差来源是什么?

参考文献

复旦大学,武汉大学,中国科学技术大学,等. 2004. 物理化学实验. 3 版. 北京:高等教育出版社

孙尔康,徐维清,邱金恒. 1998. 物理化学实验. 南京:南京大学出版社

刘寿长,张建民,徐顺. 2004. 物理化学实验与技术. 郑州:郑州大学出版社

王云才. 2003. 大学物理实验教程. 2 版. 北京:科学出版社

实验二十八　配合物的磁化率测定

一、实验目的

1. 了解物质磁性与其电子结构的关系，加深对物质结构基本原理的理解；
2. 掌握古埃(Gouy)磁天平测定物质磁化率的基本原理和实验方法；
3. 通过测定一些配合物的磁化率，求算其未成对电子数，判断这些分子的配键类型。

二、基本原理

磁化率是物质的一种基本性质。磁化率的测定是研究物质结构的重要方法之一，它涉及物理学及物质结构中的磁化强度、磁场强度、磁感应强度、分子磁矩等基本概念，常用于某些有机物、稀土元素化合物、配合物、金属催化剂、磁流体、自由基等体系的研究，旨在了解物质内部电子结构、化学键、构型、立体化学等信息。

(一) 物质磁性与磁化率

物质在外磁场的作用下，由于电子等带电体的运动，会被磁化产生一附加磁场。物质内部的磁感应强度等于

$$\boldsymbol{B} = \boldsymbol{B}_0 + \boldsymbol{B}' = \mu_0 \boldsymbol{H} + \boldsymbol{B}' \tag{Ⅱ-28-1}$$

式中，$\boldsymbol{B}_0$ 为外磁场的磁感应强度；$\boldsymbol{B}'$为物质磁化产生的附加磁场的磁感应强度；$\boldsymbol{H}$ 为外磁场强度；μ_0 为真空磁导率，其数值等于 $4\pi\times10^{-7}\ \mathrm{N\cdot A^{-2}}$。

物质的磁化可用磁化强度 $\boldsymbol{M}$ 来描述，它与磁场强度 $\boldsymbol{H}$ 成正比，即

$$\boldsymbol{M} = \chi \boldsymbol{H} \tag{Ⅱ-28-2}$$

式中，χ 为无因次量，称为物质的体积磁化率，简称磁化率，是物质的一种宏观磁性质，表示物质被磁化引起的单位体积内磁场强度的变化，反映了物质被磁化的难易程度。

$\boldsymbol{B}'$与 $\boldsymbol{M}$ 的关系为

$$\boldsymbol{B}' = \mu_0 \boldsymbol{M} = \chi \mu_0 \boldsymbol{H} \tag{Ⅱ-28-3}$$

将式(Ⅱ-28-3)代入式(Ⅱ-28-1)可得

$$\boldsymbol{B} = (1+\chi)\mu_0 \boldsymbol{H} = \mu\mu_0 \boldsymbol{H} \tag{Ⅱ-28-4}$$

式中，$\mu=1+\chi$ 称为物质的(相对)磁导率。

在化学上常用质量磁化率χ_m或摩尔磁化率χ_M来表示物质的磁性质，其定义为

$$\chi_m = \frac{\chi}{\rho} \tag{Ⅱ-28-5}$$

$$\chi_M = M \cdot \chi_m = \frac{\chi M}{\rho} \tag{Ⅱ-28-6}$$

式中，ρ、M 分别为物质的密度和摩尔质量；χ_m 的单位是 $\mathrm{m^3 \cdot kg^{-1}}$；$\chi_M$ 的单位是 $\mathrm{m^3 \cdot mol^{-1}}$。

(二) 分子磁矩与磁化率

物质的磁性与组成物质的原子、分子或离子的微观结构有关，物质在外磁场作用下的磁化现象有以下三种。

第一种:物质的原子、离子或分子中没有自旋未成对的电子,这类物质的分子磁矩 $\mu_m=0$,本身并不呈现磁性。当它受到外磁场作用时,其内部的电子轨道运动会产生拉莫进动(1900年,英国科学家拉莫提出,在外磁场作用下,电子除自旋运动和轨道运动外,还会受到磁场产生的力矩的作用而做拉莫进动),相应产生一种与外磁场方向相反的感应磁矩。其磁化强度与外磁场强度成正比,并随着外磁场的消失而消失,这种物质称为反磁性(或逆磁性)物质,如 Hg、Cu、Bi 等,其 $\mu<1,\chi_M<0$。

第二种:当物质的原子、离子或分子有未成对电子存在时,物质具有永久磁矩 μ_m。由于热运动,永久磁矩指向各个方向的机会相同,因此该磁矩的统计值等于零。在外磁场作用下,一方面,永久磁矩会顺着外磁场的方向排列(其磁化方向与外磁场相同,磁化强度与外磁场强度成正比),表现为顺磁性;另一方面,其内部电子轨道运动也会产生拉莫进动,其磁化方向与外磁场相反,表现为逆磁性。此类物质的摩尔磁化率χ_M是上述两部分贡献之和,即摩尔顺磁化率 $\chi_{顺}$和摩尔逆磁化率$\chi_{逆}$之和,有

$$\chi_M=\chi_{顺}+\chi_{逆} \qquad (\text{Ⅱ}-28-7)$$

对于顺磁性物质,$\chi_{顺}\gg|\chi_{逆}|$,所以 $\mu>1,\chi_M>0$,可做近似处理认为$\chi_M=\chi_{顺}$。对于逆磁性物质,则只有$\chi_{逆}$,所以有$\chi_M=\chi_{逆}$。

第三种:物质被磁化的强度与外磁场强度不存在正比关系,而是随着外磁场强度的增加而剧烈增加;当外磁场消失后,它的附加磁场并不立即随之消失,而是呈现出滞后现象。这种物质称为铁磁性物质。

磁化率是物质的宏观性质,分子磁矩是物质的微观性质。假定分子之间无相互作用,用统计力学方法可导出摩尔顺磁化率$\chi_{顺}$和分子永久磁矩 μ_m 间的定量关系为

$$\chi_{顺}=\frac{N_A\mu_m^2\mu_0}{3kT}=\frac{C}{T} \qquad (\text{Ⅱ}-28-8)$$

式中,N_A 为阿伏伽德罗常量;k 为玻耳兹曼常量;T 为热力学温度;C 为居里常量。物质的摩尔顺磁化率与热力学温度成反比这一关系,称为居里(Curie)定律,是居里首先在实验中发现的。

物质的摩尔逆磁化率$\chi_{逆}$是由诱导磁矩产生的,它随温度的变化极小,而且$\chi_{顺}\gg|\chi_{逆}|$,因此具有永久磁矩的物质其摩尔磁化率χ_M与磁矩之间的关系为

$$\chi_M=\chi_{顺}+\chi_{逆}\approx\chi_{顺}=\frac{N_A\mu_m^2\mu_0}{3kT} \qquad (\text{Ⅱ}-28-9)$$

式(Ⅱ-28-9)将宏观摩尔磁化率χ_M和微观分子永久磁矩μ_m相联系,所以实验只要测得χ_M,便可求算出 μ_m。

(三) 永久磁矩与未成对电子数

物质的永久磁矩 μ_m 与物质的未成对电子数 n 的关系为

$$\mu_m=\mu_B\sqrt{n(n+2)} \qquad (\text{Ⅱ}-28-10)$$

式中,μ_B 为玻尔(Bohr)磁子,是磁矩的自然单位,其物理意义是单个自由电子自旋产生的磁矩。

$$\mu_B=\frac{eh}{4\pi m_e}=9.274\ 078\times10^{-24}\ \text{A}\cdot\text{m}^2 \qquad (\text{Ⅱ}-28-11)$$

式中，h 为普朗克常量；m_e 为电子质量。

实验上只要测得χ_M，即可求出 μ_m，进而算出未成对电子数。这对于研究某些原子或离子的电子组态，以及判断配合物分子的配键类型是很有意义的。

（四）磁化率与分子结构

通常将配合物分为电价配合物和共价配合物两种。电价配合物中，中心离子仍保持自由离子的电子结构，不受配体的影响，以静电库仑力结合形成电价配键。共价配合物中，中心离子空的价电子轨道接受配体的孤对电子形成共价配键，中心离子往往会发生电子重排以腾出更多的空轨道来接受电子，常形成低自旋配合物。

例如，Fe^{2+} 自由离子的价电子组态为 $3d^6 4s^0 4p^0$，6 个 d 电子分占不同的轨道形成高自旋，未成对电子数为 4。当它与 6 个 H_2O 配体形成配合物$[Fe(H_2O)_6]^{2+}$时，由于水具有相当大的偶极矩，与中心 Fe^{2+} 以库仑静电引力结合形成电价配合物。电价配键不需中心离子腾出空轨道，Fe^{2+} 仍保持自由离子的价电子组态，如图Ⅱ-28-1 所示。

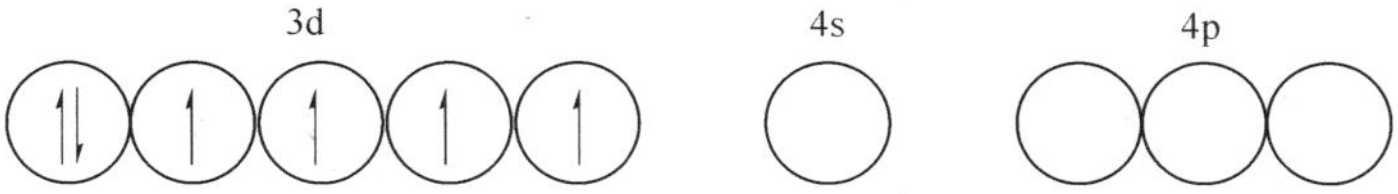

图Ⅱ-28-1　Fe^{2+} 自由离子的外层电子组态示意图

当 Fe^{2+} 与 6 个 CN^- 配体形成配合物$[Fe(CN)_6]^{4-}$时，Fe^{2+} 的价电子组态发生重排，如图Ⅱ-28-2 所示。Fe^{2+} 3d 轨道上的电子重排配对，腾出两个 3d 空轨道，与 4s 和 4p 轨道进行 d^2sp^3 杂化，形成 6 个空的杂化轨道来容纳 6 个 CN^- 配体中 N 原子上的孤对电子，形成 6 个共价配键。此时中心 Fe^{2+} 未成对电子数为 0，配合物的 $\mu_m=0$。

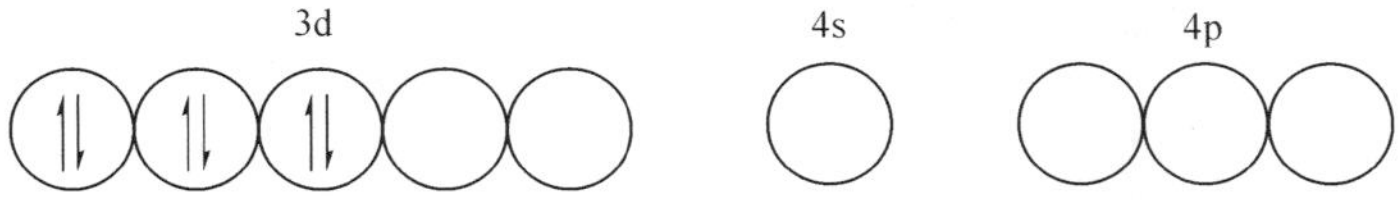

图Ⅱ-28-2　Fe^{2+} 外层电子组态重排示意图

一般认为，中心离子与配位原子之间的电负性相差很大时，容易形成电价配键，而电负性相差很小时，易生成共价配键。

测定配合物的磁矩是判别电价配键和共价配键的主要方法，但有时两者形成的配合物含有相同的未成对电子数，就不能适用。例如，Zn^{2+} 自由离子的价电子组态为 $3d^{10} 4s^0 4p^0$，未成对电子数为零，其共价配合物如$[Zn(CN)_4]^{2-}$、$[Zn(NH_3)_4]^{2+}$等和电价配合物如$[Zn(H_2O)_4]^{2+}$等，其磁矩均为零。所以对于$[Zn^{2+}]$，就无法用测定磁矩的方法来判别其配位键的性质。

（五）磁化率的测定

本实验用古埃磁天平法测定物质的摩尔磁化率χ_M。古埃磁天平的原理和χ_M的测定方法见本书第Ⅳ部分“九”。

三、仪器与试剂

仪器：FD-FM-A 古埃磁天平（上海复旦天欣科教仪器有限公司）1 台；软质玻璃样品管 1

支;清洁工具(长铁丝、棉花);装样工具(包括研钵、角匙、小漏斗、玻棒、软垫、直尺)。

试剂:莫尔盐$(NH_4)_2SO_4 \cdot FeSO_4 \cdot 6H_2O$(分析纯);$K_4Fe(CN)_6 \cdot 3H_2O$(分析纯);$FeSO_4 \cdot 7H_2O$(分析纯)。

四、实验步骤

(一)具体操作方法

1. 未接通电源时,将励磁电流旋钮左旋至最小。

2. 接通电源,将电流缓慢调到 2~3 A,预热 5 min。

3. 磁场两极中心处磁感应强度 B 的测定。

(1) 调节励磁电流值为零,旋转毫特斯拉计读数旋钮,使其显示值为零。

(2) 将励磁电流调至任意值(不要超过 10 A),霍尔探头放在磁天平下方线圈中间,探头平面垂直于磁场方向。上下左右调节其位置,使毫特斯拉计的读数显示最大后将其固定,此时为探头最佳位置。若特斯拉计为负,只需将探头转动 180°。

(3) 调节励磁电流值分别为 I_1、I_2,从毫特斯拉计表中读取相应电流下的磁感应强度 B 值。将电流增大至 I_3 后直接返回到 I_2 和 I_1(建议使用 $I_1=5$ A,$I_2=8$ A,$I_3=9$ A,不要超过 10 A),再次分别读取磁感应强度值。

4. 摩尔磁化率的测定。

(1) 将各药品分别研细,放在干燥器中备用。

(2) 调节天平零点,取洁净、干燥的空样品管挂在磁天平的挂钩上,调节细线的长度使样品管的底部与霍尔探头齐平,然后取出霍尔探头。调节励磁电流值为零,迅速准确称取空管的质量。

(3) 缓慢调节电流升至 I_1,称取空管的质量;增大电流至 I_2,同法称取空管的质量;继续增大电流至 I_3,不必称量,返回 I_2 再次称量;再返回 I_1 称量;最后使电流回零称量,完成一次循环。

(4) 按照上述方法,再做一次循环称量。

(5) 由 $I=I_i$ 和 $I=0$ A 时测得的空管质量平均值,求 $I=I_i$ 下空管质量的变化 $\Delta m_{空管,I_i}$:

$$\Delta m_{空管,I_i} = \overline{m}_{空管,I_i} - \overline{m}_{空管,0A}$$

(6) 将电流由小变大,再由大变小的测定方法是为了消除磁场的剩磁现象带来的影响。

(7) 用莫尔盐标定磁场强度。将莫尔盐通过小漏斗装入样品管内,装样时可不断将样品管底部轻击软垫,使样品均匀填实(装入 15~16 cm),用直尺准确测量样品高度 h。然后使电流以 $0 \to I_1 \to I_2 \to I_3 \to I_2 \to I_1 \to 0$ 顺序变化,以同样方法循环两次,称量莫尔盐加空管的质量,求 $\Delta m_{莫尔盐+空管,I_i}$ 值。测量完毕,将样品倒回药品瓶放回干燥器中,可重复使用。样品管洗净、干燥,或用铁丝缠上棉花擦干净备用。

(8) 同样方法测 $FeSO_4 \cdot 7H_2O$ 和 $K_4Fe(CN)_6 \cdot 3H_2O$ 样品。

(9) 测量完毕后,先将电位器逐渐调节到零,然后再关闭电源开关,以防反电动势将晶体管击穿。

(二)注意事项

1. 实验过程中应保证冷却水畅通,以防线圈过热。

2. 严禁在负载时突然切断电源。

3. 励磁电流的升降应平稳、缓慢，以防损坏仪器。

4. 样品管在两磁极之间，其底部与磁极中心线齐平。悬挂样品管的悬线和样品管勿与任何物件接触。

5. 磁极间距离一旦确定，在测量过程中不得随意变动。

6. 霍尔探头平面与磁场方向要垂直放置。

7. 称量时关好玻璃门，避免气流的影响。勿振动磁天平。

8. 所用样品应研细并保存在干燥器中，防止样品吸潮。

9. 样品管须干燥洁净，若空管在磁场中增量，说明样品管不干净。可将样品管洗净、干燥，或用铁丝缠上棉花仔细擦干净。

10. 对应本实验所测的三种物质，已在研钵和小漏斗上贴上了标签，注意不要混用。样品回收时，也要注意样品瓶上的标签，切勿混乱。

11. 样品与莫尔盐的粒度、样品管中的装样密度以及高度等，都应尽量一致。

12. 整个实验用同一样品管测量，不能中途更换样品管。

13. 样品长度的测量精确度直接影响到实验结果。除了要求在样品周围多次测量外，还应注意在测量结果中不要包括样品管底部的壁厚。

14. 本实验测量时间不宜过长(实验中要注意线圈发热以及电流、磁场稳定的情况)。

（三）提问

1. 实验中为什么要将电流由小变大，再由大变小来测量？

2. 励磁电流的升降若比较快，除了易损坏仪器外，还会对测量造成什么影响？

五、实验总结

（一）数据处理

将所有实验数据和计算结果填入下表，并写出一组求 B、H、χ_M、μ_m^2 和 n 的运算过程。

常数：$g=$________ $m\cdot s^{-2}$， $N_A=$________ mol^{-1}， $k_B=$________ $J\cdot K^{-1}$

$\mu_0=$________ $N\cdot A^{-2}$，$\mu_B=$________ $A\cdot m^2$， $T=$________ K

1. 磁感应强度 B 的测定。

电流 I/A	特斯拉计读数 B/T		
	①	②	平均
$I_1=5.00$			
$I_2=8.00$			

2. 空管。

电流 I/A	m_1/g↓	m_1/g↑	m_2/g↓	m_2/g↑	$\overline{m}_{空管}$/g	$\Delta m_{空管}$/g
$I_0=0.00$						
$I_1=5.00$						
$I_2=8.00$						

3. 莫尔盐$(NH_4)_2SO_4 \cdot FeSO_4 \cdot 6H_2O$。

M=________ $kg \cdot mol^{-1}$,m=________ g,h=________ m

电流 I/A	m_1/g↓	m_1/g↑	m_2/g↓	m_2/g↑	$\overline{m}_{样+管}$/g	$\Delta m_{样+管}$/g	磁感应强度 B/T
$I_0=0.00$							
$I_1=5.00$							
$I_2=8.00$							

χ_M计算值=________ $m^3 \cdot mol^{-1}$；χ_M文献值：1.558×10^{-7} $m^3 \cdot mol^{-1}$(293 K)。

4. $FeSO_4 \cdot 7H_2O$。

M=________ $kg \cdot mol^{-1}$,m=________ g,h=________ m

电流 I/A	m_1/g↓	m_1/g↑	m_2/g↓	m_2/g↑	$\overline{m}_{样+管}$/g	$\Delta m_{样+管}$/g
$I_0=0.00$						
$I_1=5.00$						
$I_2=8.00$						

电流 I/A	莫尔氏盐标定 B/T	$\chi_M/(m^3 \cdot mol^{-1})$	$\mu_m^2/(A^2 \cdot m^4)$	μ_m^2/μ_B^2	n
$I_1=5.00$					
$I_2=8.00$					

χ_M计算值=________ $m^3 \cdot mol^{-1}$；χ_M文献值：1.407×10^{-7} $m^3 \cdot mol^{-1}$(293.5 K)。

5. $K_4Fe(CN)_6 \cdot 3H_2O$。

表格与$FeSO_4 \cdot 7H_2O$相同，χ_M文献值：-2.165×10^{-9} $m^3 \cdot mol^{-1}$(298 K)。

（二）实验讨论

1. 本实验的数据计算可按如下步骤进行：

(1) 由莫尔盐的χ_M与热力学温度T的关系计算实验温度下莫尔盐的χ_M。

$$\chi_M = M \cdot \frac{9500}{T+1} \times 4\pi \times 10^{-9}\ m^3 \cdot mol^{-1}$$

(2) 代入$\chi_M = \dfrac{2(\Delta m_{样+管} - \Delta m_{空管})ghM}{\mu_0 m H^2}$，可求得$H_{5\,A}$、$H_{8\,A}$。

(3) 对$FeSO_4 \cdot 7H_2O$和$K_4Fe(CN)_6 \cdot 3H_2O$，代入$H_{5\,A}$、$H_{8\,A}$的数值，由上式可求得5 A、8 A下的χ_M值。

(4) 由$\chi_M = \dfrac{N_A \mu_m^2 \mu_0}{3kT}$可推得$\mu_m^2 = \dfrac{3kT \cdot \chi_M}{N_A \mu_0}$，进而求得$\mu_m^2/\mu_B^2$。

(5) 由$\mu_m = \mu_B\sqrt{n(n+2)}$可得$n = \sqrt{\dfrac{\mu_m^2}{\mu_B^2}+1}-1$，可求得$n$值。

(6) 根据未成对电子数，讨论$FeSO_4 \cdot 7H_2O$和$K_4Fe(CN)_6 \cdot 3H_2O$中Fe^{2+}的最外层电

子结构及由此构成的配键类型。

2. 本实验物理量较多，单位也较多，注意各单位间的换算。

例如，玻尔磁子 μ_B 的单位为 $A \cdot m^2$，也可写为 $J \cdot T^{-1}$：

$$J \cdot T^{-1} = \frac{m^2 \cdot kg \cdot s^{-2}}{kg \cdot s^{-2} \cdot A^{-1}} = A \cdot m^2$$

$A \cdot m^2$ 的推导如下：

$$\mu_B = \frac{eh}{4\pi m_e} = \frac{1.6 \times 10^{-19}\ C \times 6.626 \times 10^{-34}\ J \cdot s}{4 \times 3.14 \times 9.11 \times 10^{-31}\ kg} = 9.274\ 078 \times 10^{-24}\ \frac{C \cdot m^2 \cdot kg \cdot s^{-2} \cdot s}{kg}$$

$$\frac{C \cdot m^2 \cdot kg \cdot s^{-2} \cdot s}{kg} = C \cdot m^2 \cdot s^{-1} = A \cdot s \cdot m^2 \cdot s^{-1} = A \cdot m^2$$

3. 磁化率的单位以前用 CGS 电磁制的较多，近年来逐渐改为国际单位制(SI)。两种单位制下质量磁化率、摩尔磁化率的换算关系分别为

$$1\ m^3 \cdot kg^{-1}(\text{SI 单位}) = \frac{1}{4\pi} \times 10^3\ cm^3 \cdot g^{-1}(\text{CGS 电磁制})$$

$$1\ m^3 \cdot mol^{-1}(\text{SI 单位}) = \frac{1}{4\pi} \times 10^6\ cm^3 \cdot mol^{-1}(\text{CGS 电磁制})$$

4. 磁感应强度 B(T)与磁场强度 H($A \cdot m^{-1}$)之间存在如下关系：

$$10^{-4} B = \frac{10^3}{4\pi} \mu_0 H$$

即

$$10^{-4}\ T = \frac{10^3}{4\pi} \mu_0\ A \cdot m^{-1}$$

5. 样品管中样品高度的确定。

本实验要求样品高度为 15～16 cm，有两种方法可确定此范围。

(1) 用霍尔探头确定。霍尔探头不仅用来探测磁场的中心，还可探测磁场的有效区域。做法如下：将励磁电流调至任意值(不要超过 10 A)，用霍尔探头先找出磁场中心，然后将探头沿此位置的垂线缓慢向上移动，测定离磁场中心多高处磁场强度为 0，该高度为样品管内应装样品的高度。这一过程可借助直尺完成。

(2) 由公式计算确定。在求作用于样品的力 $F = \int_{H_0}^{H} (\chi - \chi_{空}) \mu_0 HS\, dz \frac{\partial H}{\partial z}$ 时，积分结果为 $\frac{1}{2} \chi \mu_0 H^2 S$，在此假设了 H_0 为 0，同时将 $\chi_{空}$ 也按 0 计算。要使这两步近似成立，在本实验中 h=15 cm 即可满足。有兴趣的同学可自己推导练习。

6. 影响磁化率测定的因素，除样品的纯度及装样密度均匀外，保持励磁电流的稳定十分重要。为此，需选用稳定性好的电源，还要防止电流通过电磁线圈后引起发热，因为发热会使线圈的电阻增大，导致电流与磁场强度发生变化，而使天平称量的值难以重现。当室温较高时，线圈散热尤要注意。

7. 励磁电流的选择应根据待测物质的磁化率而定。低磁化率的试样选择较大的励磁电流，高磁化率的试样选择较小的励磁电流，但过小的电流往往稳定性不好，容易造成称量误差。

8. 对于液体试样的磁化率测定，常用新鲜的二次重蒸水作为参比物来标定磁场强度。

六、实验延伸

(一) 摩尔磁化率的加和性

有机化合物绝大多数分子都是闭壳层分子,没有未成对电子,因此这些分子的总自旋矩等于零,是反磁性的。帕斯卡(Pascal)总结和分析了大量有机化合物的摩尔磁化率,发现每一化学键都有确定的磁化率数值,把某一化合物所包含的各个化学键的磁化率相加,就是该化合物的磁化率,即分子的摩尔磁化率具有加和性。

此结论可用于研究有机分子的结构。因为各种化学键的磁化率数据已测得,当一种新的有机物被合成出来时,通过测其磁化率就可推断该化合物中包含哪些化学键,从而推测其分子结构。

(二) 磁性测量的其他应用

从磁性测量还可得到一些其他信息。例如,测定物质磁化率对温度和磁场强度的依赖关系,可以判断物质是顺磁性、反磁性或铁磁性的定性结果。对合金磁化率测定可推断合金的组成。磁化率分析还可用于气候变化、环境监测、确定矿石的品位、研究生物体系中血液的成分等。

七、思考题

1. 本实验为什么要用已知磁化率的物质校正磁天平?
2. 样品在玻璃管中的填充密度对测量有何影响?
3. 用古埃磁天平测定磁化率的精密度与哪些因素有关?
4. 从本实验结果总结顺、逆磁性物质的质量随磁场强度变化的定性关系。
5. 不同励磁电流下测得的样品摩尔磁化率是否相同? 如果测量结果不同应如何解释?
6. 试比较用高斯计和莫尔盐标定的相应励磁电流下的磁场强度数值,并分析两者测定结果差异的原因。

参考文献

陈六平,邹世春.2007.现代化学实验与技术.北京:科学出版社
复旦大学,武汉大学,中国科学技术大学,等.2004.物理化学实验.3版.北京:高等教育出版社
顾月姝,宋淑娥.基础化学实验(Ⅲ)——物理化学实验.2版.北京:化学工业出版社
胡晓洪,刘弋潞,梁舒萍.2007.物理化学实验.北京:化学工业出版社
黄允中,张元勤,刘凡.2003.计算机辅助物理化学实验.北京:化学工业出版社
刘寿长,张建民,徐顺.2004.物理化学实验与技术.郑州:郑州大学出版社
孙尔康,徐维清,邱金恒.1998.物理化学实验.南京:南京大学出版社

实验二十九　Gaussian03W 的常用操作与应用

一、实验目的

1. 掌握 Gaussian03W 输入文件的制作方法；

2. 掌握 Guassian03W 进行小分子计算的方法与流程；通过分析计算结果总结各种方法的特点，能进行简单的分子设计与性质分析；

3. 应用 Gaussian03W 进行频率、分子光谱、热力学性质及过渡态计算。

二、基本原理

Gaussian 软件是一个功能强大的量子化学综合软件包。其中包括半经验方法、密度泛函方法、Hatree-Fock 方法以及 Post Hatree-Fock 方法等现在常用的量子化学计算方法。应用这些方法，Gaussian 可用于分子能量和结构、过渡态能量和结构、键和反应能量、分子轨道、多重矩、原子电荷和电势、振动频率、红外和拉曼光谱、核磁性质、极化率和超极化率、热力学性质、反应路径等的计算。另外，Gaussian 也可以计算体系的基态或激发态以及预测周期体系的能量、结构和分子轨道等。因此，Gaussian 可作为功能强大的工具被用于研究化学领域的许多课题，如取代基的影响、化学反应机理、势能曲面和激发能等。Gaussian 程序具有配套的视图软件——GaussView，主要用于产生 Gaussian 输入文件与分析 Gaussian 计算产生的输出结果。

（一）Gaussian03W（Windows 版）窗口界面

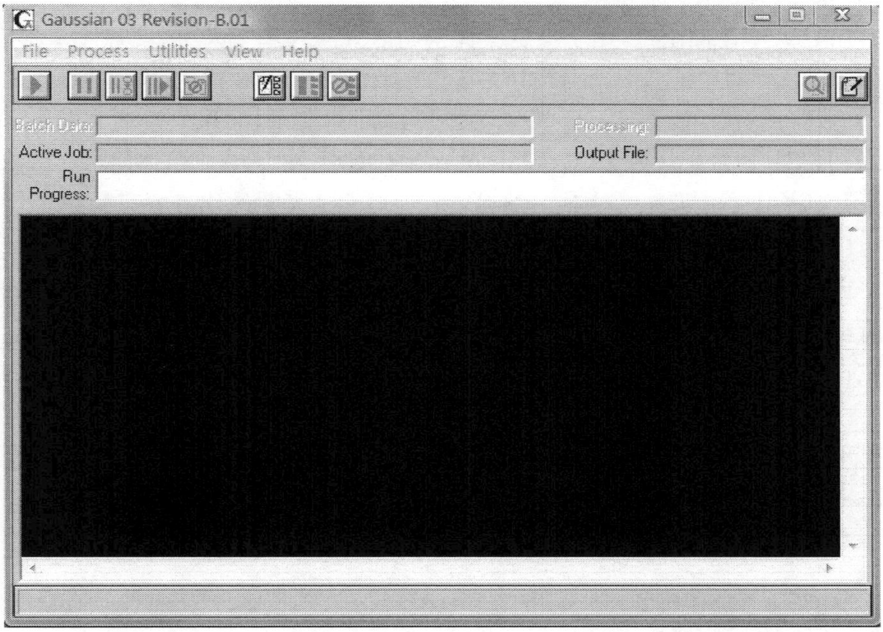

（二）输入文件格式

(1) 如果采用如下输入文件窗口输入，则在输入文件窗口中空白处输入所需输入的信息。

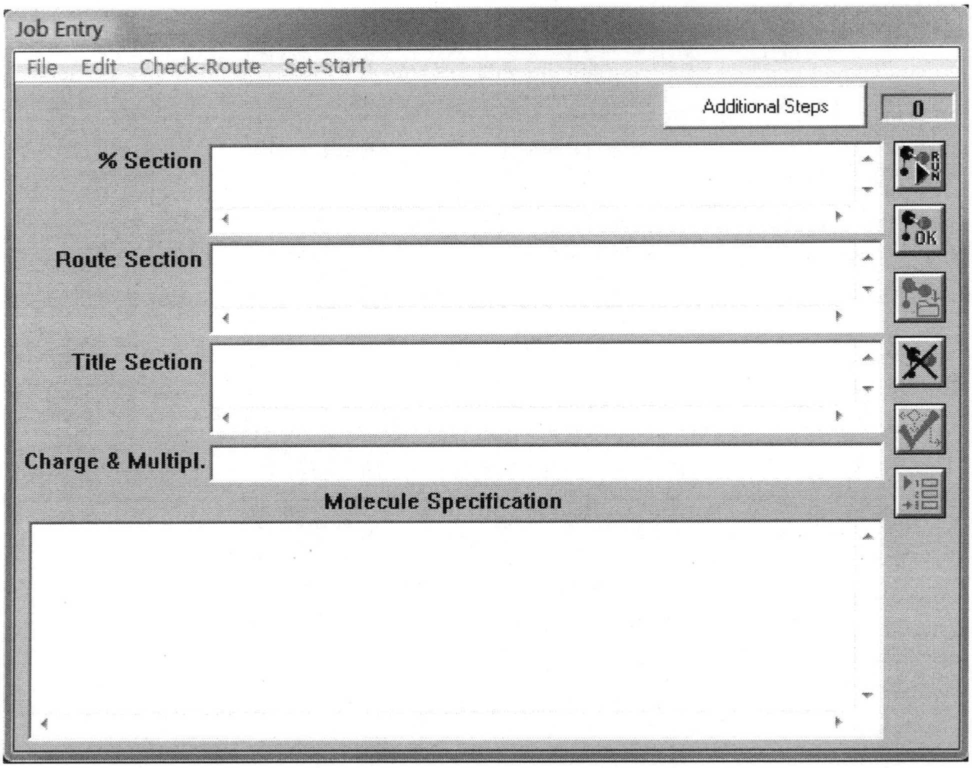

第一空白处为命令控制行，用于设定 CPU 使用数、内存使用量、临时文件大小与路径，保存计算中间信息以及保存路径。

第二空白处为作业控制行，用于指定计算采用的方法及基组大小，设置计算任务。例如

```
#T RHF/6-31G(d)Opt
```

其中，# 为作业行的开始标记；#T 为只需简要输出计算结果，如果只输入 # 表示正常输出计算结果；RHF/6-31G(d)为计算方法/基组；Opt 为计算任务，对应分子构型优化，默认为优化最稳定分子几何构型，如果输入 Opt＝TS 或 Opt＝QST2 表明优化过渡态构型。

第三空白处为计算任务标题行，用于设置计算任务的标题。

第四空白处为电荷与自旋多重度设定行。例如，0 为中性分子的电荷数，1 为中性分子单重态的自旋多重度。

第五空白处用于设定分子几何构型，可以输入直角坐标，例如

O	−0.464	0.177	0.0
原子符号	*X* 坐标	*Y* 坐标	*Z* 坐标

也可以输入内坐标(*Z* 矩阵)，例如

```
C1
C2 1 CC
H3 1 CH 2 HCC
H4 1 CH 2 HCC 3 180.
H5 2 CH 1 HCC 3 180.
H6 2 CH 1 HCC 4 DAC.
Variables:
```

```
CC=1.316
CH=1.073
HCC=122.0
  DAC=180.0
```

其中,CC、HCC 与 DAC 分别为键长 $C_1—C_2$、键角 $H_3—C_1—C_2$ 与二面角 $H_6—C_2—C_1—H_4$ 的大小。

(2) 如果采用文本文档输入,则第一行、第二行输入的信息分别与上述第一空白处、第二空白处相同,第三行为空行,不需输入任何信息。第四行输入的信息与上述第三空白处相同。第五行也不需输入任何信息。第六行输入的信息与上述第四空白处相同。从第七行开始输入的信息与上述第五空白处相同。

(三) 输出文件格式

(1) Gaussian 公司版权、程序版本与主要完成人。

(2) 重复输入文件信息。

(3) 转化输入分子构型为标准坐标(直角坐标系)。

(4) 输入计算分子体系的电子数、所用基函数数目。

(5) 迭代计算分子总能量,若是优化几何构型计算,则会出现多次构型更新后的分子能量,最后一次计算的能量为体系稳定构型的能量。

(6) 几何优化结果。

(7) 分子轨道能量及其对称性。

(8) 分子轨道组分。

(9) 计算其他性质的结果。

(10) 计算所用的时间以及是否正常结束的标志。

(四) GaussView(Windows 版)窗口界面

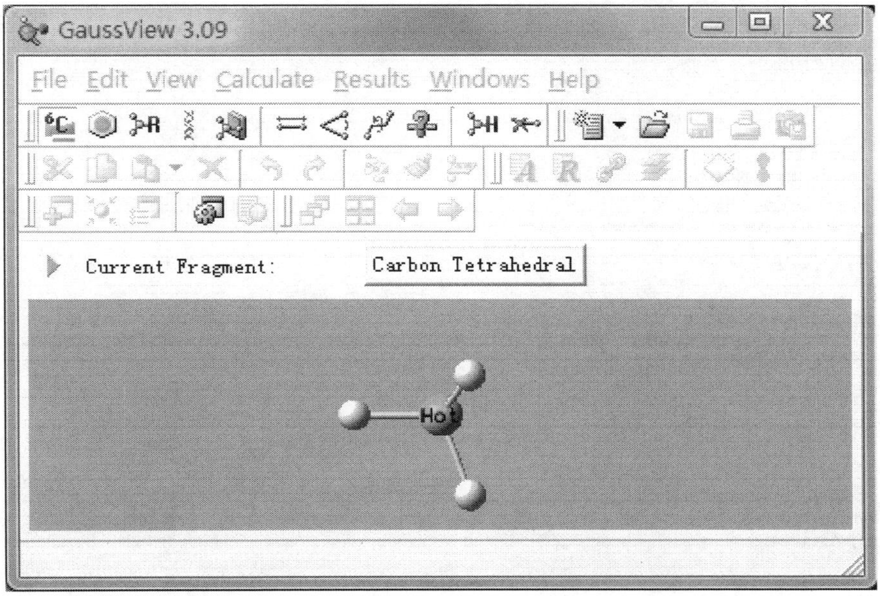

三、仪器

硬件：主频≥2.0 GHz、内存≥500 MB、硬盘≥20 GB 的 PC 或服务器计算机。

软件：Windows XP 或 Windows Vista 操作系统，Gaussian03W 与 GaussView(Windows 版)。

四、操作步骤

(一) 具体操作方法

1. 单点能计算。

通过如下的 Gaussian 输入文件计算甲醛的单点能量。

```
%Chk=CH2Os
#RHF/6-31G(d) Pop=Full Test

Formaldehyde Single Point

0 1
C    0.00   0.00  0.00
O    0.00   1.22  0.00
H    0.94  -0.54  0.00
H   -0.94  -0.54  0.00
```

通过 GaussView 打开 Gaussian03W 计算得到的输出文件。点击菜单“Results”，在弹出的下一级菜单中继续点击“Summary”，然后记录弹出窗口中字符串“E(RHF)”后的数值，此数据即为甲醛的单点能量，单位为 HF($1HF=2625.5\ kJ \cdot mol^{-1}$)。另外，此窗口中还包括有分子偶极矩、所属点群等信息。

2. 几何构型优化。

(1) 稳定构型优化。

采用 HF 方法，在 6-31G(d)基组水平上，对乙烯分子进行几何优化，并通过优化好的构型说明其点群对称性。

输入文件内容为

```
%Chk=C2H4
#T RHF/6-31G(d)Opt Test

Ethylene Geometry Optimization

  0 1
  C
  C 1 CC
  H 1 CH 2 HCC
  H 1 CH 2 HCC 3 180.
  H 2 CH 1 HCC 3 180.
  H 2 CH 1 HCC 4 180.
  Variables:
  CC=1.31
  CH=1.07
  HCC=121.5
```

通过 GaussView 打开 Gaussian03 计算得到的输出文件，弹出窗口中的分子几何构型即为分子稳定几何构型。

(2) 过渡态优化。

预测反应 H_3CO 到 H_2COH(一个简单的 1,2-氢转移反应)的过渡态结构，并找出此反应的活化点(活性基团或化学键)。

输入文件内容为

(a) 通过反应物预测的过渡态：

```
%Chk=CH3O_1
#T UHF/6-31G(d)TS

H3CO-->H2COH Reactants

0,2
C
O 1 1.48
H 1 R 2 A
H 1 1.08 2 110.3 120.
H 1 1.08 2 110.3-120.

R=1.08
A=110.
```

(b) 通过产物预测的过渡态：

```
%Chk=CH3O_2
#T UHF/6-31G(d)TS

H3CO--> H2COH Products

0,2
0,2
C
O 1 1.48
H 1 R 2 A
H 1 1.08 2 110.3 120.
H 1 1.08 2 110.3- 120.

R=1.9
A=30.
```

通过计算可知，过渡态构型中 H 原子与 C 和 O 同时连接并形成桥键，不过它们之间的相互作用很弱。

3. 频率分析。

通过下面的输入文件计算甲醛分子频率、正则振动模式、光谱及热力学数据。

```
%Chk=ch2o
# T RHF/6-31G(D)Freq Test

Formaldehyde Frequencies

0,1
C
```

```
O,1,AB
H,1,AH,2,HAB
H,1,AH,2,HAB,3,180.

AB=1.18429
AH=1.09169
HAB=122.13658
```

(1) 频率、正则振动模式及光谱。

通过上面的输入文件计算甲醛分子的振动频率。将计算得到的输出文件用 GaussView 打开,点击菜单“Results”,在弹出的下一级菜单中继续点击“Vibrations”。此时弹出如下的窗口。

其中包括六列数据。前四列分别对应正则振动模式标号、每种振动模式所对应的振动频率、红外光谱和拉曼光谱。选择一种振动模式,然后点击窗口上方的“Freq”按钮,接着点击下方的“Start”按钮,此时在具有分子几何构型的窗口中,将会看到此种振动模式的振动大小与方向。另外,也可点击窗口上方的“Infrared”或“Raman”按钮,接着点击下方的“Spectrum”按钮,此时将弹出分子的红外或拉曼光谱图。

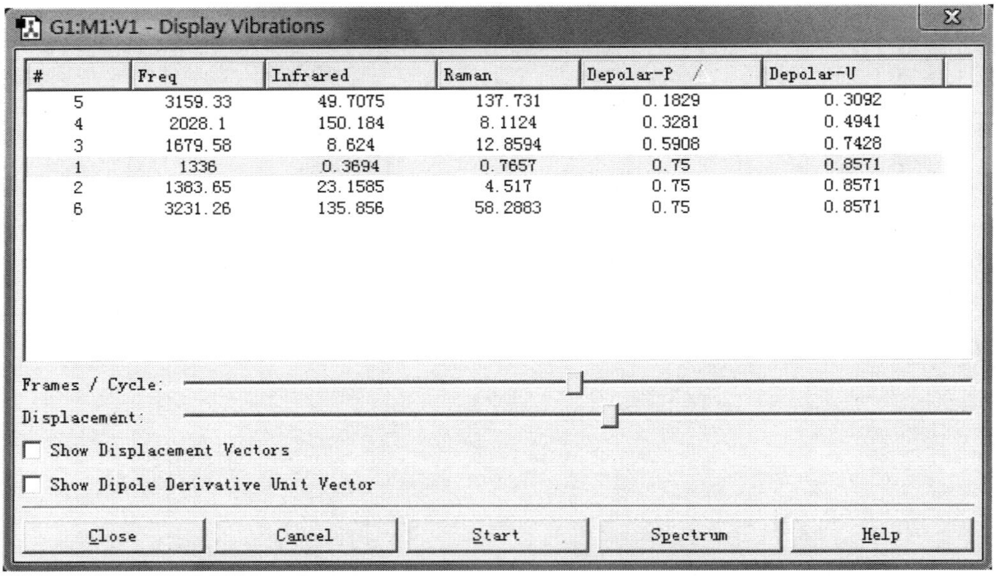

#	Freq	Infrared	Raman	Depolar-P	Depolar-U
5	3159.33	49.7075	137.731	0.1829	0.3092
4	2028.1	150.184	8.1124	0.3281	0.4941
3	1679.58	8.624	12.8594	0.5908	0.7428
1	1336	0.3694	0.7657	0.75	0.8571
2	1383.65	23.1585	4.517	0.75	0.8571
6	3231.26	135.856	58.2883	0.75	0.8571

(2) 热力学性质。

观察并记录计算得到的热力学数据,在输出文件中找到如下内容:

```
Temperature  298.150 Kelvin.Pressure  1.00000 Atm.
  Zero-point correction=                    0.029201(Hartree/Particle)
  Thermal correction to Energy=             0.032054
  Thermal correction to Enthalpy=           0.032999
  Thermal correction to Gibbs Free Energy=  0.008244
  Sum of electronic and zero-point Energies=      - 113.837130
  Sum of electronic and thermal Energies=         - 113.834277
  Sum of electronic and thermal Enthalpies=       - 113.833333
  Sum of electronic and thermal Free Energies=    - 113.858087
```

其中"Temperature"与"Pressure"后面的数据分别为计算中甲醛分子所处的温度与压强。最后四行的数值从上到下分别为体系经过零点能修正后的能量、热力学能、焓值与自由能值,单位为 HF。

（二）注意事项

实验过程请勿关闭程序,计算得到的结果随时保存,以免发生数据丢失。

五、实验总结

本实验主要是为了让学生掌握如何使用常用量子化学计算软件 Guassian 研究化学问题。其中关键是掌握如何添加输入文件的内容与分析输出文件的结果。另外,通过本实验了解量子化学的基本原理,并与所学其他理论相对比,找出其中的异同。

六、实验延伸

优化 CHFCl—CHFCl(1,2-dichloro-1,2-difluoroethane)的三种同分异构体(*RR*、*meso* 及 *SS*)的稳定几何构型,并比较它们的能量高低,从而找出其中最稳定的同分异构体。此三种同分异构体的分子构型示意图如图Ⅱ-29-1 所示。

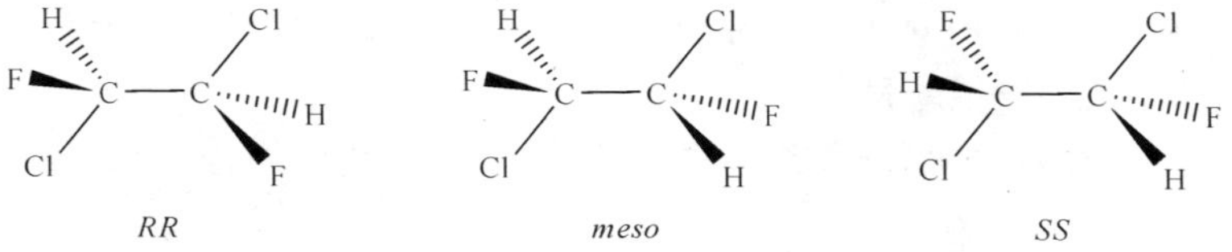

图Ⅱ-29-1　CHFCl—CHFCl 的三种同分异构体的分子构型示意图

七、思考题

1. Gaussian03W 程序可用于哪些化学问题的研究?
2. 如何指定简单分子的内坐标(Z 矩阵)?
3. 什么是过渡态? 对比过渡态构型与稳定构型的频率,找出两者的区别。

参考文献

陈六平,邹世春. 2007. 现代化学实验与技术. 北京:科学出版社

Foresman J B, Frisch Æ. 1996. Exploring chemistry with electronic structure methods. 2d ed. Pittsburgh: Gaussian Inc.

Frisch M J, Trucks G W, Schlegel H B, et al. 2003. Gaussian 03, Revision A. 1. Pittsburgh: Gaussian Inc.

实验三十　分子轨道理论在结构化学中的应用

一、实验目的

1. 了解目前比较常用的量子化学计算方法的基本原理;
2. 掌握针对不同尺度分子体系选择计算方法的原则;
3. 掌握通过分子轨道信息研究分子性质的方法。

二、基本原理

分子轨道理论是一种广泛应用的分子结构理论，而分子结构理论的主要任务是研究分子的化学组成、结构和性质等规律。在分子轨道理论中，分子轨道可采用在物理模型上主要基于三个基本近似（非相对论近似、波恩-奥本海默近似、轨道近似或单电子近似）的量子化学计算方法计算得到。这些基本近似中，非相对论近似忽略了电子高速运动所引起的质量变化的相对论效应；波恩-奥本海默近似基于电子与原子核运动速度的巨大差别，假定电子的运动可以与原子核的运动分别计算；轨道近似（单电子近似）将 N 个电子体系的总波函数写成 N 个单电子波函数的乘积

$$\Psi(x_1, x_2, \cdots, x_N) = \psi_1(x_1)\psi_2(x_2)\cdots\psi_N(x_N)$$

式中，每一个单电子波函数 $\psi_i(x_i)$ 只与一个电子的坐标 x_i 有关。

基于非相对论与波恩-奥本海默近似，可写出定态薛定谔方程如下：

$$H_e\Psi = E\Psi$$

基于此方程与轨道近似，采用平均场近似可得出著名的哈特里-福克（Hartree-Fock）方程，即

$$F_i\phi_i = \varepsilon_i\phi_i \qquad (\text{Ⅱ}-30-1)$$

求解此本征方程得到的本征函数 ϕ_i 为正则分子轨道（简称分子轨道），即满足正交归一性条件的单电子波函数。F_i 为 ϕ_i 所对应的福克（Fock）算符，此轨道所对应的能量为此方程的本征值 ε_i，可用于计算体系的电子能量。

为了容易地求解哈特里-福克方程，需要采用原子轨道线性组合（LCAO），选定一组 N 个原子轨道 χ_μ 来构造分子轨道，有

$$\phi_i = \sum_{\mu}^{N} c_{\mu i}\chi_\mu \qquad (\text{Ⅱ}-30-2)$$

式中，$c_{\mu i}$ 为分子轨道系数，用以描述分子轨道 ϕ_i 中原子轨道 χ_μ 所占的比例；χ_μ 为基组。由于 N 不可能取到无限大，因此所用基组的个数是有限的，这样在描述分子轨道必然引入近似，因此原则上对于同样水平的计算方法，基组数目越多，计算精度越高。由于此种近似来自基组的选取，因此称为基组近似。

基于此近似方法，哈特里-福克方程式（Ⅱ-30-1）可以改写为

$$F_i\sum_{\mu}^{N} c_{\mu i}\chi_\mu = \varepsilon_i\sum_{\mu}^{N} c_{\mu i}\chi_\mu \qquad (\text{Ⅱ}-30-3)$$

可选定任意原子轨道 χ_μ 作用在此方程等式两边并积分，可得到式（Ⅱ-30-1）的矩阵表示形式

$$\boldsymbol{FC} = \boldsymbol{SC}\varepsilon \qquad (\text{Ⅱ}-30-4)$$

此方程即为 Roothaan-Hall 方程。式中，$\boldsymbol{F}$ 为福克矩阵；$\boldsymbol{C}$ 为分子轨道系数矩阵；$\boldsymbol{S}$ 为重叠矩阵，ε 为表示分子轨道能量的对角矩阵。这些矩阵的矩阵元可以分别表示为

$$F_{\mu\nu} = \langle\chi_\mu \mid \boldsymbol{F} \mid \chi_\nu\rangle$$

$$S_{\mu\nu} = \langle\chi_\mu \mid \chi_\nu \mid$$

$$c_{\mu i} = \langle\sum_{\nu}^{N} c_{\nu i}\chi_\nu \mid \chi_\mu\rangle = \delta_{\mu\nu}c_{\nu i}$$

$$\varepsilon_{ij} = \delta_{ij}\varepsilon_i$$

其中在构建福克矩阵时需要计算体系的单电子约化密度矩阵 $\boldsymbol{D}$，其矩阵元可写为

$$D_{\mu\nu} = \sum_{k}^{occ} 2c_{\mu k}c_{\nu k} \quad (Ⅱ-30-5)$$

式中，occ 为所有占据分子轨道。由此可知，在计算福克矩阵元时，需要知道占据分子轨道的分子轨道系数，而这又是求解此方程的解。因此需要在计算开始时猜测分子轨道系数，基于此，可构建福克矩阵。接着采用对角化此矩阵的方法求解 Roothaan-Hall 方程以得到新的分子轨道系数。然后基于此分子轨道系数继续计算新的福克矩阵并对角化，如此循环下去，直至用于构造某一福克矩阵的分子轨道系数与对角化此矩阵得到的分子轨道系数相同，此时的分子轨道系数为 Roothaan-Hall 方程的解，可用于描述分子轨道。这样的循环计算过程是一个分子轨道迭代自洽的过程，而此方法又基于平均场近似，因此称为自洽场方法(self-consistent field，SCF)，又因为其中最重要的是哈特里-福克方程，因此又称为哈特里-福克方法(HF)。

由于 HF 方法中福克矩阵的构造过程计算量很大，因此量子化学计算中发展了许多近似计算福克矩阵元的方法。这些方法都只考虑价电子原子轨道并大体分为两类：一类为直接参数化福克矩阵的方法，包括 Hückel 分子轨道法(HMO)及其改进方法——扩展的 Hückel 分子轨道法(EHMO)。这两种方法都不用去猜测初始分子轨道系数，而直接将福克矩阵元参数化，并由对角化参数化的福克矩阵得到分子轨道系数，这样避免了分子轨道迭代自洽的过程，计算速度非常快，但计算精度却非常低。另一类方法是半经验方法，此方法近似认为计算所有原子轨道都满足原子轨道正交归一条件，并在此基础上，只对构造福克矩阵所需要的原子轨道积分进行近似处理，其他计算过程与 HF 方法类似。因此与 HMO 和 EHMO 相比，其计算速度较慢但精度却相对较高。半经验方法主要有三种：①全略微分重叠(CNDO)；②间略微分重叠(INDO)及其修正 MINDO；③忽略双原子微分重叠(NDDO)。其中 NDDO 是目前应用最广泛的积分近似方法。当今量子化学计算中，常用的半经验方法 MNDO、MINDO、AM1、PM3、MNDO/d、RM1、SAM1、SAM1D、PM5 和 PDDG 等都属于 NDDO 类型。由于 HMO 与 EHMO 计算效率高，因此其计算得到的分子轨道系数可用于半经验方法或精度更高的 HF 方法的初始猜测。

HF 方法并不是非常精确的方法，因为其中未考虑分子中的电子相关能。此相关能可以分为两个部分：一部分是电子的动态相关(dynamic correlation)，它主要来自于自旋反平行电子的 Coulomb 相互作用；另一部分是电子的非动态相关(non-dynamic correlation)，主要是由体系中所研究的态简并或准简并造成的，这种情况多出现在有关化学反应中旧键的断裂和新键的形成、分子和离子的电子激发态和自由基反应等的计算中。目前对 HF 方法进行相关能修正的方法统称为 Post HF 方法，其中能处理电子非动态相关能的方法中最有效的为多组态自洽场方法(MCSCF)，而能较好地处理动态相关的方法有组态相互作用(CI)及其近似方法、偶合簇(CC)理论和多体微扰理论(MBPT)等。

基于上述量子化学计算方法可以计算不同尺度的分子体系。对于体系较小的分子或离子(小于 6 个原子)可以用非常精确的 Post HF 方法进行计算，对于中等尺度的分子或离子，可以选用 HF 方法，而对于更大的分子体系可以采用半经验方法或 HMO 与 EHMO 方法。

本实验首先利用不同水平的量子化学方法计算丙烷分子。通过对比不同方法的计算速度与计算结果，了解各种方法的计算效率、精度与合理性。其次，通过甲醛分子了解如何通过计算结果研究分子的各种性质，其中主要包括通过分子轨道信息研究分子的稳定性及分子中各个原子的反应活性。

三、仪器

硬件:主频≥2.0 GHz、内存≥500 MB、硬盘≥20 GB 的 PC 或服务器计算机。

软件:Windows XP 或 Windows Vista 操作系统,Gaussian03W 与 GaussView(Windows 版)。

四、操作步骤

(一) 具体操作方法

1. 丙烷的 PM3 与 HF 方法计算。

本实验将分别采用半经验方法 PM3 与 HF 方法优化丙烷的稳定几何构型。在 HF 方法计算中,为了考察基组近似的影响,选取的基组分别为 STO-3G 与 3-21G。通过对比计算得到的稳定构型,了解 PM3 与 HF 方法在确定分子稳定构型计算中的异同,并通过对比两者的计算效率,了解大分子体系如何选择合适的计算方法。

(1) PM3 计算。

首先产生 Gaussian03W 程序运行所需输入文件,如 C3H8_PM3. gjf,输入文件内容为

```
%Chk=PM3
 #PM3 Opt

 C3H8 PM3 Optimization

0  1
C     0.0000   0.0000   0.0000
C     1.5228   0.0000   0.0000
C     2.0312   1.4356   0.0000
H     3.1441   1.4453   0.0000
H     1.6641   1.9694   0.9050
H     1.6641   1.9694  -0.9051
H    -0.3809  -1.0469   0.0000
H     1.8926  -0.5234  -0.9100
H    -0.3809   0.5241  -0.9051
H     1.8926  -0.5234   0.9100
H    -0.5940   0.8175   1.4116
```

运行 Gaussian03W 程序,产生输出文件 C3H8_PM3. out。运行 GaussView,打开此输出文件,这时会弹出一个显示丙烷的分子几何构型的窗口。点击 GaussView 主窗口中的"键长"图标,再将鼠标移动到弹出窗口中,并分别点击成键的两个 C 原子,这时会弹出一个小窗口,其中包括 C—C 键的键长(单位为 Å)。同样点击成键的 C 与 H 原子,得到 C—H 键的键长。

(2) HF 计算。

类似的产生丙烷的 HF 计算所需的输入文件,其中所选基组为 STO-3G,如 C3H8_HF_A. gjf,输入文件内容为

```
%Chk=STO
#RHF/STO-3G Opt

C3H8 STO-3G Optimization

0  1
C     0.0000   0.0000   0.0000
C     1.5228   0.0000   0.0000
C     2.0312   1.4356   0.0000
H     3.1441   1.4453   0.0000
H     1.6641   1.9694   0.9050
H     1.6641   1.9694  -0.9051
H    -0.3809  -1.0469   0.0000
H     1.8926  -0.5234  -0.9100
H    -0.3809   0.5241  -0.9051
H     1.8926  -0.5234   0.9100
H    -0.5940   0.8175   1.4116
```

运行 Gaussian03W 程序，产生输出文件 C3H8_HF_A. out。打开此输出文件，从其中查找含有字符串“HF=”所对应的数值，此数值为丙烷的稳定构型的能量(单位：HF)。运行 GaussView，观察得到的分子构型并读取 C—C 与 C—H 键的键长。

同样可将输入文件 C3H8_HF_A. gjf 中的第一行中的 STO-3G 改为 3-21G，另存为基组为 3-21G 的 HF 方法的输入文件 C3H8_HF_B. gjf。运行 Gaussian03W 程序，产生输出文件 C3H8_HF_B. out。打开此输出文件，从其中查找含有字符串“HF=”所对应的数值，并通过运行 GaussView 读取计算得到的 C—C 与 C—H 键的键长。

2. 甲醛的分子轨道及电荷布局分析。

为了分析甲醛的分子轨道信息，需要采用 HF 方法计算甲醛的分子轨道，因此这部分实验需要先构造 Gaussian03W 程序的输入文件 CH2O. gjf，其内容如下：

```
% chk=CH2O
#RHF/6-31G(d)Pop=Full Test

Formaldehyde Single Point

0 1
C  0.  0.  0.
O  0.  1.22  0.
H.  94  -.54  0.
H  -.94  -.54  0.
```

接着运行 Gaussian03W 程序，产生输出文件 CH2O. out 及临时文件 ch2o. chk，其中后者默认的路径为 C:\G03W\Scratch。将此临时文件用 GaussView 程序打开，此时会在弹出的新窗口中显示如图Ⅱ-30-1(a)所示的甲醛分子几何构型。

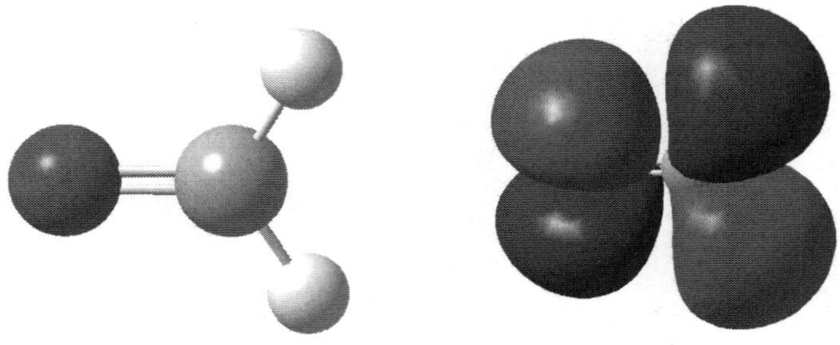

(a)　　(b)

图Ⅱ-30-1　甲醛分子的几何构型(a)与 HOMO 轨道(b)示意图

在 GaussView 主窗口的下拉菜单“Results”中点击其下一级菜单“Surface”，此时会出现如下的新窗口：

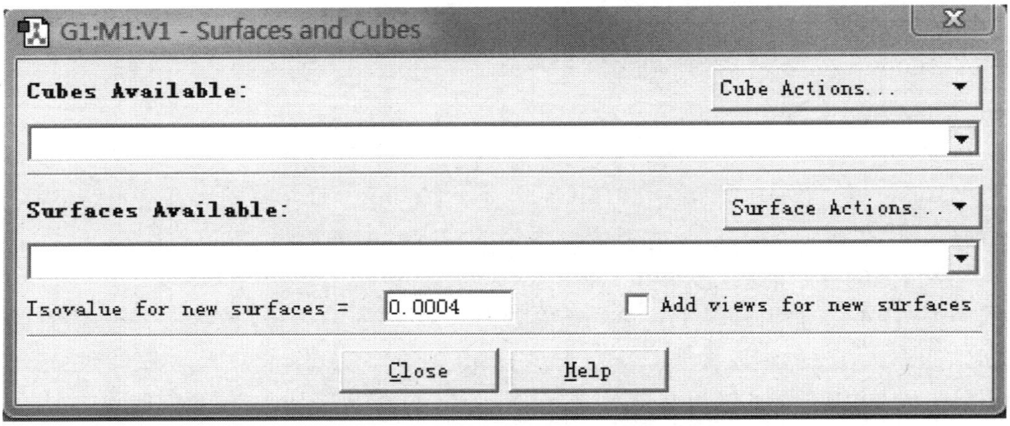

点击其中“Cube Actions”按钮，在弹出的下拉菜单中选择“New Cube”，此时会弹出如下新窗口：

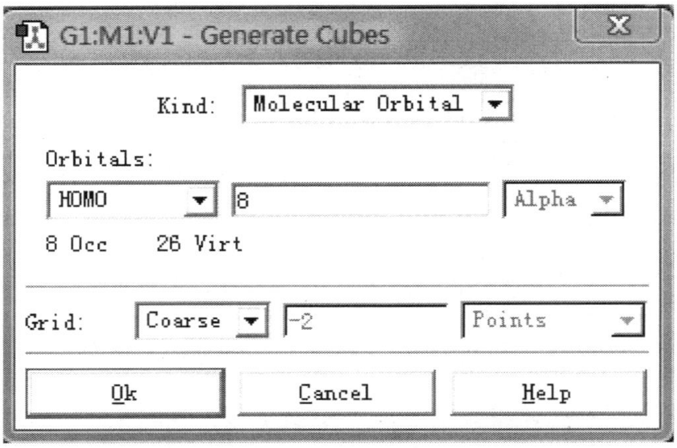

在其中“Orbitals”下拉菜单中选择“HOMO”，然后点击“Ok”。接着点击“Cube Actions”按钮下面的“Surface Actions”按钮，在弹出的下拉菜单中选择“New Surface”，此时在包含分子构型的窗口中出现如图Ⅱ-30-1(b)所示前线轨道(HOMO)的分子轨道图，其中包括电子云在各个原子上的分布大小。继续点击“Surface Actions”按钮，在弹出的下拉菜单中选择

“Remove Surface”，这时 HOMO 轨道图消失。为了得到其他分子轨道的图形，也可按照类似的流程进行操作。

分子轨道图形象地描述了各个前线分子轨道中电子云在每个原子中的分布情况。通过分析其中电子的分布情况，可以找到分子中的活性原子，从而帮助我们了解此分子参与反应的反应活性点以及可能的反应机理等情况。

在此基础上，GaussView 程序也可用于直观读取分子轨道的能量及电子占据情况。其具体流程如下：首先将输出文件打开，接着在 GaussView 主窗口中点击由红色与绿色组合的类似 p 轨道的图标，在弹出的新窗口中可以观察到各个分子轨道的能量及电子排布。通过对比其中 LUMO 与 HOMO 的能差可知分子的稳定性及反应活性。

（二）注意事项

实验过程请勿关闭程序，计算得到的结果随时保存，以免发生数据丢失。

五、实验总结

1. 通过对比甲醛的三种计算方法优化出的分子几何构型，了解半经验方法与 HF 方法在优化分子构型计算中的异同。

2. 通过读取输出文件中的计算时间，对比三种计算方法的计算效率。

3. 通过对比两种 HF 方法计算得到的能量大小，了解基组近似，即选取不同大小的基组，对计算结果的影响。

4. 通过以上分析，掌握针对不同分子体系选择计算方法的基本原则。

六、实验延伸

采用本实验所用三种计算方法优化如图Ⅱ-30-2(a)与(b)所示的 $C_{60}O$ 两种同分异构体——环氧化 $C_{60}O$ 与开环 $C_{60}O$ 的稳定几何构型，并计算其电子能量。由图Ⅱ-30-2(a)可知，环氧化 $C_{60}O$ 的 O 原子与两个成键 C 原子形成 COC 环，而图Ⅱ-30-2(b)中与 O 原子连接的两个 C 原子未能成键，因此它们之间形成的是 COC 桥键。通过对比不同计算方法得到的这两种同分异构体的几何构型及能量差，了解不同方法的计算精度与计算效率。图Ⅱ-30-2(a)与图Ⅱ-30-2(b)分别为这两种同分异构体构型示意图。

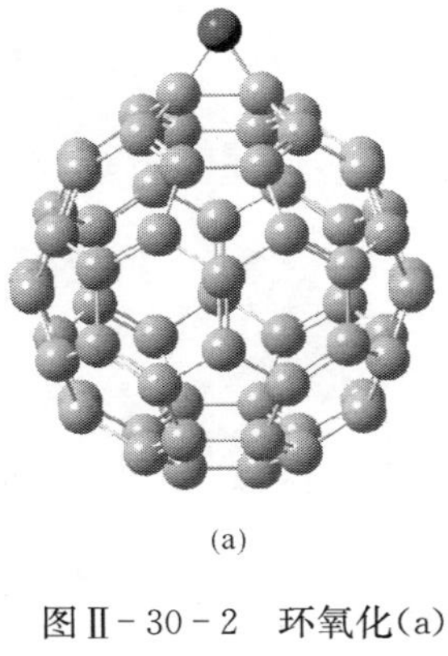

(a)

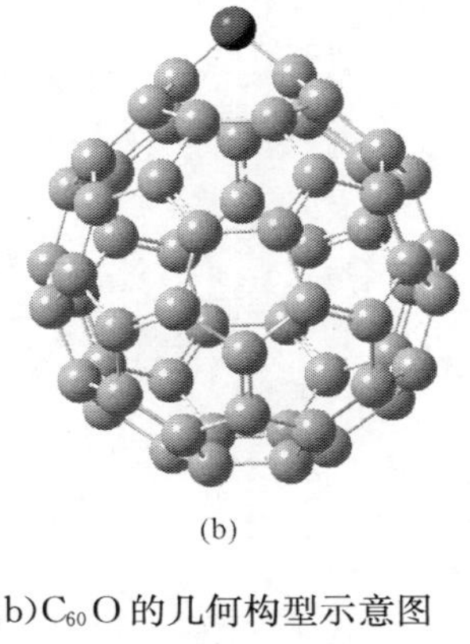

(b)

图Ⅱ-30-2 环氧化(a)与开环(b)$C_{60}O$ 的几何构型示意图

七、思考题

1. 分子轨道是否像能量、电子密度、优化分子构型一样为可观测物理量?
2. HF 方法与半经验方法及 Hückel 分子轨道法计算得到的能量是否具有可比性?
3. 半经验方法主要用于哪些方面的计算?

参考文献

陈六平,邹世春. 2007. 现代化学实验与技术. 北京:科学出版社

廖沐真,吴国是,刘洪霖. 1984. 量子化学从头计算方法. 北京:清华大学出版社

Foresman J B, Frisch Æ. 1996. Exploring chemistry with electronic structure methods. 2d ed. Pittsburgh: Gaussian Inc.

Frisch M J, Trucks G W, Schlegel H B, et al. 2003. Gaussian 03, Revision A. 1. Pittsburgh: Gaussian Inc.

Jensen F. 2007. Introduction to computational chemistry. 2d ed. Chichester: John Wiley Sons. Ltd.

Ⅲ. 综合开放性实验

实验三十一　转动弹燃烧热量实验

一、实验目的

1. 熟知燃烧热的定义，掌握恒容燃烧热和恒压燃烧热的差别及其换算关系，了解标准摩尔燃烧焓和标准摩尔生成焓之间的相互关系；

2. 了解转动弹热量计中主要部件的作用和原理，掌握转动弹热量技术；

3. 了解热量过程的三个阶段(初期、主期和末期)，测定对氯苯甲酸的燃烧热。

二、基本原理

(一) 转动弹热量计的特点

在物质的燃烧能测定过程中，通常采用两种方法：静止弹热量法和转动弹热量法。静止弹热量法只局限于测定含C、H、O和N的简单有机化合物，而当被测样品中含有S、F、Cl、Br、B、P或M(金属或金属离子)等元素时，静止弹热量计就不能给出高精度的测定结果，至于燃烧产物的化学性质、物理状态或浓度经常不能严格地确定。于是，终态不稳定使测量结果不可靠，精度和准确度普遍降低。其影响的大小因样品中所含元素的不同而异。例如，有机氯化合物，在静止弹热量计中燃烧，只要有一定的技巧，就可以得到较好的结果；对于有机硫化合物所得的热值结果是不可靠的，这是由 H_2SO_4 在氧弹内及弹壁的不同部位浓度分布不同造成的；对于一些金属有机化合物，静止弹所获得的结果不仅不可靠，还可能使人们得出错误的结论。有研究报道，分别用静止弹和转动弹热量计对造纸废液(经处理)的热值进行了对比实验，结果显示，静止弹测得的结果准确度较低，误差较大，而用转动弹的测定结果要准确得多。这主要是由于静止弹法使其副反应不能彻底进行，终态不稳定，造成燃烧不完全，而转动弹不仅克服了上述局限性，还有其独特的优越性：①弹体连续360°转动(其轨迹是球体)促使对弹液的搅拌和冲刷弹壁及其配件，使弹内快速达到均相和稳定态；②促进燃烧过程中某些副反应的进行，使弹内过程在极短的时间内达到化学和热化学平衡，反应完全、彻底，从而提高了燃烧能测定的精度；③在热量实验的中间开始转动氧弹一定的时间，由弹的转动产生的热修正，自然包含在对搅拌和热交换的常规校正中，并没有增加其他的修正；④转动弹热量计容易体现燃烧的终态产物的化学特征和热力学特征。

(二) 转动弹热量技术的关键

转动弹热量实验步骤大致分为以下几步：仪器能当量的标定→对照实验→样品的燃烧实验。这里只对实验过程中的两个关键技术——初态弹液的选择和对照实验的设计予以论述。

(1) 选择初态弹液应遵循的原则：①较好的初态弹液应该是中性或偏酸性，能使 CO_2 的溶解度降低到最低限度；②初态弹液不应与弹的内壁或其他配件发生化学反应，如王水或同时含有 Cl^- 和 NO_3^- 的酸性溶液，都不能用于铂衬里的氧弹；③溶液应该在适当的时间内溶解燃烧的固体产物，最好能在弹转动后的瞬间溶解；④设计的初态弹液，对所溶解的固体产物，必要时能够有所选择，以便研究其需要；⑤所设计的初态弹液，能使不稳定价态的离子变为最稳定的价态，以使燃烧反应能尽快达到热化学稳定态。

(2) 对照实验的设计：由于转动弹热量计测量的物质很多是含有 S、F、Cl、Br、B、P 或 M 等元素的复杂化合物，因此终态肯定很复杂，如果没有相应的预防措施，就会给热量实验结果带来误差。误差的来源是缺乏校正到标准状态的充分数据，所以只用苯甲酸作为燃烧实验的标定条件是不够准确的，必须设计一个对照实验。利用一个合理的对照实验，可以使系统误差减少到最低限度。对照实验实际上是一个辅助实验，其构思为：①反应物的所有热化学数据是可以直接获得的；②所产生的温升应尽可能与燃烧实验的温升相近；③所得的终态本质上会重复燃烧实验的终态。也就是说，确定一个对照实验，原则上是两个实验的终态相同，且在热化学计算中可以抵消。在经验的基础上，这种比较测量法可消去误差的十分之一。当需要一个高精确度的实验结果而又缺乏辅助数据时，对照实验无疑是一个值得考虑的好方法。

三、仪器与试剂

仪器：RBC-Ⅱ型精密转动弹热量计 1 套；氧气钢瓶 1 只；引燃专用铁丝。

试剂：苯甲酸(分析纯)；对氯苯甲酸(分析纯)。

四、实验步骤

1. 调节并控制外套温度[约为(25.000±0.001)℃]，调节内筒蒸馏水温度稍低于外套温度，使其温度差约等于热量计总温升的 1/2。

2. 准确称量热量筒中蒸馏水的质量。

3. 准确称量压成片的苯甲酸的质量，然后连同坩埚一起装上氧弹支架，系好量过长度的燃烧丝，弹内注入蒸馏水 10 mL(初态弹液)，密封后向弹内充入 2.5 MPa 的氧气，将氧弹装入热量筒，加入已准确称量的蒸馏水，连好牵引绳和电极，开动搅拌器，平衡温度。

4. 待热量筒内的温度变率恒定后，每隔 30 s 读一次数，记录 10 个数据作为实验初期，并于第 11 个读数时点火，然后每隔一分钟读一次数，作为实验主期，并在点火 3.5 min 后使转动弹转动 1.5 min，至温度变率恒定后每隔 30 s 读一次，再记录 10 个数据作为实验末期。

五、实验总结

(一) 数据处理

1. 用苯甲酸(热值基准为 26 434 $J \cdot g^{-1}$)标定转动弹热量计的能当量。

2. 测定对氯苯甲酸的燃烧热，并与最新的文献值对照。

3. 由实验结果计算对氯苯甲酸的标准摩尔生成焓。

(二) 实验讨论

热量实验不同于化学合成、含量分析、电位滴定等一般的化学实验，它的主要任务是测定一个物理过程(如比热、溶解热、相变热等)和化学过程(如反应热、燃烧热等)中有关热量的变化。无论是物理过程还是化学过程，热量变化的具体体现是体系温度的升高或降低，只要能控制好体系与环境的温度，准确测量体系在热量变化前后的温差，根据热量计的能当量就会计算出过程中热量变化的大小。这些说起来好像很简单，而实际上由于热量过程中热交换(如对流、辐射、传导)的复杂性和搅拌产生的热，热量实验技术难以掌握，正因为如此，也使得热量实验数据的处理复杂化。此处，本实验只讨论热量实验数据处理中温差($\Delta T'$)的校正和副反应的校正问题。

1. 温差($\Delta T'$)的校正。

只要熟练掌握了热交换的校正方法和技巧，热量实验的数据处理也就迎刃而解了。

本实验为环境等温热量法，是把环境预先设定在(25.000±0.001)℃的温度并保持恒定直到实验结束。热量筒内温度的设定原则是：在实验的前半期环境为体系提供能量，而后半期则是体系对环境释放同样的能量。显然，设想和实际之间总存在误差，因此环境等温实验需要进行热交换的校正。

对热量实验数据中温差 $\Delta T=\Delta T'+\Delta(\Delta T)$ 的校正有图解法和公式法(参看实验三的讨论部分)。

2. 副反应的校正。

在精确测量中燃烧丝的燃烧热以及其他副反应所产生的热效应都应从总热量中扣除。前者可将燃烧丝在实验前后称其质量或量其长度，以求出燃烧过程中损失的燃丝量(燃烧丝的热值为 1400 $J \cdot g^{-1}$ 或 0.9 $J \cdot cm^{-1}$)，进而可求得燃丝的热值；后者可用 0.1000 $mol \cdot L^{-1}$ NaOH 溶液滴定终态弹弹液(在燃烧前可先在氧弹中加入 10 mL 蒸馏水)。已知消耗 1 mL 0.1000 $mol \cdot L^{-1}$ NaOH 溶液相当于放出 5.97 J 的热量。

六、实验延伸

(一) 弹式热量计

准确、简便地测量过程的反应热、输运热是热量技术发展的核心要求。作为热量技术的载体之一，弹式热量计是通过测定物质在氧气中的恒容燃热能，并依据热化学原理计算标准燃烧焓和标准生成焓的热量手段之一。

弹式热量计分静止弹热量计和转动弹热量计。静止弹热量计适用于测量由碳、氢、氧、氮组成的有机化合物的燃烧热，而对于含有卤素、硫、磷、硼和金属元素的一些复杂体系，静止弹热量计则无能为力。转动弹的最大优点在于，氧弹能同时绕水平和垂直做 360°转动，使体系快速达到化学平衡和热力学平衡，反应完全、彻底。

(二) 弹式热量计的研发

进入 21 世纪以来，随着生命科学、新能源和新材料等研发工作的需求，新型弹式热量计的研发得到普遍重视。日本、法国、俄罗斯、瑞典、墨西哥、葡萄牙等国在该领域代表了先进水平。仪器向着试样微量化、智能型发展。大阪大学热力学研究中心已研制成功和应用了测试样为 1 mg 的微型静止弹热量计，这对于难得或特殊试样尤为重要；墨西哥、瑞典、法国等几个实验室报道了组装使用的测试样为 100 mg 以下的微型转动弹热量计。

我国热量技术研究工作起步较晚，1960 年，西北大学已故教授冯师颜先生在莫斯科大学学成之后，成立了最早的热化学研究室，建立了恒压热量计、弹式热量计和低温比热热量计，在国内外热化学界产生了深远的影响。在燃烧热量方面，一直以来都是使用静止弹式热量计，中国科学院化学研究所和西北大学拥有两台常量转动弹热量计，而实际处于工作状态的只有西北大学一台。但仪器设备老化，对于小样量样品更无能为力。不仅如此，它还影响到我国热力学数据库的建立。国外在先进材料、能源开发、生命科学等众多领域所用的热化学数据均列入绝密，就连开展普通研究所用的热化学数据也多见国外学者的贡献，开发自主知识产权及核心专利技术的转动弹热量计的研究迫在眉睫。

西北大学热化学研究室自建立常量转动弹热量计以来，与国内多所院校和研究所积极合作，承担了样品燃烧能测定任务，协助完成了多种燃料、能源、材料的研制，成功解决了常量弹式热量计弹体的万向转动技术与坩埚定向技术、点火断电技术、精密数字温差仪、水帽式环境恒温和反应终态产物系统分析方法等技术，稳定了 RBC-Ⅱ型精密转动弹热量计的精度。从 2006 年开始，西北大学热力学研究课题组与绵阳中物热分析仪器有限公司联合组建了“智能化微型转动弹式热量计的研制和开发”项目组，项目的研究目标是在常量转动弹燃烧热量计使用的基础上，从热力学平衡理论与系统装置等方面着手，着重解决弹体小型后的转动、恒温系统制造、燃烧热量所涉及的各种可能热量控制和校正，研制出适合燃烧热量法的数据信息自动化采集处理的微型精密转动弹热量计，样品达到 20～30 mg 测量水平，测量精度达 0.01%，测量不确定度为 0.05%，使弹体转动且微型化，样机达到该领域国际先进水平。

七、思考题

1. 静止弹热量法和转动弹热量法的区别是什么?
2. 为什么转动弹热量法要用初态弹液?
3. 表观温差和实际温差一样吗?
4. 化学分析实验数据和热量实验数据处理方法上有何区别?
5. 为什么要研制智能化微型转动弹热量计?

参考文献

杨新法，杨旭武，张正工，等．1986. 转动弹量热计的建立及对一氯苯甲酸热值测定．高等学校化学学报，4:363-365

杨旭武．2009. 实验误差原理与数据处理．北京:科学出版社

杨旭武，杨新法，张政工，等．1996. 转动弹量热技术．西北大学学报(自然科学版)，26:121-126

Yang X W, Chen S P, Gao S L, et al. 2002. Construction of a rotating-bomb combustion calorimeter and measurement of thermal effects. Instrument. Sci. Technol. ,30(3):311-313

实验三十二　化学反应热力学与动力学的计算机模拟

一、实验目的

1. 掌握如何通过量子化学方法预测和修正化合物的标准生成焓，了解实验数据的局限性;

2. 熟悉计算原子化能、电离能、电子亲和能、气相碱性(质子亲和能)等基本热力学数据的计算方法;

3. 熟悉计算过渡态、稳定中间体、活化能、反应速率等基本动力学数据的计算方法;

4. 掌握采用化学热力学与动力学相结合的方法，并通过计算机模拟研究化学反应进行的可行性及反应机理的流程。

二、基本原理

化学热力学与动力学在化学反应研究中具有同等重要的地位，化学热力学可以判断一个反应在一定条件下能否发生，而化学动力学则研究反应的速率与机理。化学热力学和化学动

力学是我们认识化学反应过程的两条不同的途径,二者是相辅相成的,将两者有机地结合可以更好地研究化学反应从发生到生成产物整个过程的变化。

化学热力学研究化学反应的一般方法是利用化学物质的标准摩尔生成焓、标准摩尔熵、标准吉布斯自由能等热力学数据并基于范特霍夫方程,计算一定温度、压力下的反应焓变、熵变、自由能变等,从而判断反应发生的可能性。这些方法的基本点是,需要知道所有参与反应的化合物的标准热力学数据。传统实验方法可以测定大量的实验热力学数据,但是部分物质(如自由基、处于电子激发态的分子、反应中间体、反应过渡态等)的热力学数据通过实验无法测定,因此有必要应用量子化学方法计算这些物质的标准热力学数据。这些理论计算结果具有一定的定量精度。

量子化学方法计算反应热力学数据的基本思路是,首先计算分子在绝对零度时不包括原子核等能量在内的热力学能 U_0,其中包括电子能量 E_{elec} 和零点振动能(ZPE,物质在绝对零度时还会保持零点振动,$ZPE=h\nu/2$)两部分,这些都可以通过量子化学方法计算;在得到绝对零度的 U_0 后,计算温度为 T 的理想气体的分子热力学能 U,其计算表达式为

$$U = U_0 + U_{trans} + U_{rot} + U_{vib}$$

式中,U_{trans}、U_{rot}、U_{vib} 分别为平动能、转动能及振动能。根据统计热力学可知,U_{trans} 与 U_{rot} 之和为 $fRT/2$,其中 f 为分子自由度(线形分子为 $3N_{atom}-5$,非线形分子为 $3N_{atom}-6$)。U_{vib} 为振动运动在一定温度下的热激发所吸收的能量,由于这种热激发满足一定的统计规律,因此 U_{vib} 可以表示为

$$U_{vib} = RT\sum_i \frac{hc\nu_i/(kT)}{e^{hc\nu_i/kT}-1}$$

式中,ν_i 为某一振动模式 i 的振动频率。对于 1 mol 理想气体,如果压力取标准压力,则基于 $H=U+pV=U+RT$,可以得到物质的标准摩尔生成焓为

$$H_m^{\ominus} = U_m^{\ominus} + RT$$

因此一定温度 T 下,化学反应的标准摩尔焓变 $\Delta H_m^{\ominus}$ 为

$$\Delta H_m^{\ominus} = \sum_{B}^{\text{产物}} \nu_B H_{m,B}^{\ominus} - \sum_{A}^{\text{反应物}} \nu_A H_{m,A}^{\ominus} \qquad (\text{Ⅲ}-32-1)$$

由统计热力学可知,一定温度 T 的理想气体的标准摩尔振动熵为

$$S_{m,vib}^{\ominus} = R\sum_i \left[\frac{hc\nu_i/kT}{e^{hc\nu_i/kT}-1} - \ln(1-e^{hc\nu_i/kT})\right]$$

由此可知,化学反应的标准摩尔熵变为

$$\Delta S_m^{\ominus} = \sum_{B}^{\text{产物}} \nu_B S_{m,B}^{\ominus} - \sum_{A}^{\text{反应物}} \nu_A S_{m,A}^{\ominus}$$

基于 $G_m^{\ominus}=H_m^{\ominus}-TS_m^{\ominus}$,标准摩尔吉布斯自由能变为

$$\Delta G_m^{\ominus} = \sum_{B}^{\text{产物}} \nu_B G_{m,B}^{\ominus} - \sum_{A}^{\text{反应物}} \nu_A G_{m,A}^{\ominus}$$

由以上计算过程可知,化学反应的热力学数据计算中,最主要的是通过量子化学计算得到的振动频率 ν_i。

本实验中将以 PH_2 的四个反应熟悉量子化学计算热力学数据的计算过程。

$$PH_2 = P + 2H \qquad (\text{Ⅲ}-32-2)$$

$$PH_2 + e^- = PH_2^- \qquad (\text{Ⅲ}-32-3)$$

$$PH_2 = PH_2^+ + e^- \qquad (Ⅲ-32-4)$$

$$PH_2 + H^+ = PH_3^+ \qquad (Ⅲ-32-5)$$

这些反应分别对应 PH_2 的原子化能、电子亲和能(电负性)、离子化能以及质子化能。我们可以在计算出所有参与反应的物质的标准摩尔生成焓后,采用式(Ⅲ-32-1)计算这些能量。

化学动力学研究化学反应的一般方法是,利用过渡态理论找到反应通道中的驻点(反应物、稳定中间体、过渡态、产物),从而弄清反应机理并计算反应速率常数。基于前面章节介绍的具体反应动力学计算过程,本实验将以如下 S_N2(亲核反应)反应为例,熟悉如何结合反应热力学与动力学研究化学反应。

$$F^- + CH_3Cl \longrightarrow Cl^- + CH_3F$$

三、仪器

硬件:主频≥2.0 GHz、内存≥500 MB、硬盘≥20 GB 的 PC 或服务器计算机。

软件:Windows XP 或 Windows Vista 操作系统,Gaussian03W 与 GaussView(Windows 版)。

四、操作步骤

(一) 具体操作方法

1. 预测 PH_2 上述四个反应的四个不同的热力学数据。

(1) 原子化能。

首先产生 Gaussian03W 程序运行所需输入文件,如 PH2_A. gjf,输入文件内容为

```
%Chk=atomic
#T Test UB3LYP/6-31+ G(d,p)SCF=Tight

Phosphorous atom

0 4
P

--Link1—
%Chk=atomic
#T Test UB3LYP/6-31+G(d,p)SCF=Tight

Hydrogen atom

0 2
H

--Link1--
%Chk=atomic
#T UB3LYP/6-31G(d)Opt Freq Test

PH2

0  2
P
H,1,R2
H,1,R2,2,A3
    Variables:
```

```
R2=1.43382202
A3=90.35361918

--Link1--
%Chk=atomic
%NoSave
#T UB3LYP/6-31+G(d,p)SCF=Tight Test Geom=AllCheck Guess=Read
```

运行 Gaussian03W 程序，产生输出文件 PH2_A. out，从其中查找并记录 H、P、PH2 的单点能，以及 PH2 的零点振动能。

(2) 电子亲和能。

首先产生 Gaussian03W 程序运行所需输入文件，如 PH2_B. gjf，输入文件内容为

```
%Chk=electron
#T B3LYP/6-31G(d)Opt Freq Test

PH2(-1)

-1  1
P
H,1,R2
H,1,R2,2,A3
    Variables:
R2=1.44164194
A3=90.87779967

--Link1--
%Chk=electron
%NoSave
#T B3LYP/6-31+G(d,p)SCF=Tight Test Geom=AllCheck Guess=Read
```

运行 Gaussian03W 程序，产生输出文件 PH2_B. out，从其中查找并记录 PH_2^- 的单点能与零点能。

(3) 离子化能。

首先产生 Gaussian03W 程序运行所需输入文件，如 PH2_C. gjf，输入文件内容为

```
%Chk=ionpot
#T B3LYP/6-31G(d)Test Opt Freq

PH2(+1)

1  1
P
H,1,R2
H,1,R2,2,A3
    Variables:
R2=1.44426244
A3=90.45083822

--Link1--
%Chk=ionpot
%NoSave
```

```
#T B3LYP/6-31+G(d,p)SCF=Tight Guess= Read Geom=AllCheck
```

运行 Gaussian03W 程序，产生输出文件 PH2_C. out，从其中查找并记录 $PH2^+$ 的单点能与零点能。

(4) 质子化能。

首先产生 Gaussian03W 程序运行所需输入文件，如 PH2_D. gjf，输入文件内容为

```
%Chk=proton
#T B3LYP/6-31G(d,p)Opt Freq Test

PH4(+1)

1  1
P
H,1,R2
H,1,R2,2,109.47122063
H,1,R2,2,109.47122063,3,D4,0
H,1,R2,2,109.47122063,3,-D4,0
Variables:
R2=1.41205824
D4=120.

--Link1--
%Chk=proton
#T B3LYP/6-31+G(d,p)Test SCF=Tight Guess=Read Geom=AllCheck

--Link1--
%Chk=proton
#T B3LYP/6-31G(d)Opt Freq Test

PH3

0  1
P
H,1,R2
H,1,R2,2,A3
H,1,R2,2,A3,3,D4,0
    Variables:
R2=1.42928344
A3=91.84753714
D4=-91.90910853

--Link1--
%Chk=proton
%NoSave
#T B3LYP/6-31+G(d,p)Test SCF=Tight Guess=Read Geom=AllCheck
```

运行 Gaussian03W 程序，产生输出文件 PH2_D. out，从其中查找并记录 PH3 和 $PH4^+$ 的单点能与零点能。

2. 预测 S_N2(亲核反应)的化学动力学。

(1) 首先产生 Gaussian03W 程序运行所需输入文件，如 SN2_A. gjf，输入文件内容为

```
%Chk=sn2_a
#T RHF/6-31+G(d)Opt=(CalcFC,TS)Freq Test

Cl...CH3...F TS Opt

-1  1
C
Cl,1,RCCl
H,1,RCH,2,A3
H,1,RCH,2,A3,3,120.
H,1,RCH,2,A3,3,-120.
X,1,1.,2,90.,3,180.
F,1,R6,6,90.,2,180.
Variables:
RCCl=2.133
RCH=1.062
R6=2.126
A3=97.3

--Link1--
%Chk=sn2
%NoSave
#T RHF/6-31+G(D)IRC(RCFC,StepSize=20)Geom=AllCheck Guess=Read Test
```

运行 Gaussian03W 程序，产生输出文件 SN2_A. out，从中查找并记录过渡态$[Cl\ldots CH_3\ldots F]^-$的经过零点能修正后的能量。运行 GaussView 打开 Gaussian03W 程序输出文件 SN2_A. out，这时会弹出一个窗口，用鼠标点击其中左上角绿色按钮并观察从$[Cl\ldots CH_3\ldots F]^-$到产物 CH_3F 与 Cl^- 的反应动力学过程。

(2) 首先产生 Gaussian03W 程序运行所需输入文件，如 SN2_B. gjf，输入文件内容为

```
%Chk=sn2_b
#T RHF/6-31+ G(D)Opt=CalcFC Freq Test

CH3F...Cl Minimum

- 1  1
C
F,1,R2
H,1,R3,2,A3
H,1,R3,2,A3,3,120.
H,1,R3,2,A3,3,-120.
X,1,1.,2,90.,3,180.
Cl,1,R4,6,90.,2,180.
   Variables:
R2=1.398
R3=1.077
R4=3.422
A3=108.4
```

```
--Link1--
#T RHF/6-31+G(D)Opt=CalcFC Freq Test

CH3Cl...F Minimum

- 1 1
C
Cl,1,RCCl
H,1,RCH,2,A3
H,1,RCH,2,A3,3,120.
H,1,RCH,2,A3,3,-120.
X,1,1.,2,90.,3,180.
F,1,R6,6,90.,2,180.
   Variables:
RCCl=1.863
RCH=1.07
R6=2.585
A3=107.0
```

运行 Gaussian03W 程序,产生输出文件 SN2_A.out,从其中查找并记录中间体[F^-...CH_3Cl]与[CH_3F...Cl]$^-$的经过零点能修正后的能量。

(二) 注意事项

实验过程请勿关闭程序,计算得到的结果需随时保存,以免发生数据丢失。

五、实验总结

1. 通过产物与反应物之间的能差计算 PH_2 的原子化能、电子亲和能(电负性)、离子化能以及质子化能并与实验值对比(实验值分别为:144.7 kcal · mol^{-1}、29.06 kcal · mol^{-1}、226.45 kcal · mol^{-1}、187.1 kcal · mol^{-1})。

2. 绘制上述 S_N2(亲核反应)反应的反应路径图。其中反应物经过零点能修正后的能量如表Ⅲ-32-1所示,其中数据的单位为 HF(1 HF=2625.5 kJ · mol^{-1})。

表Ⅲ-32-1　反应物经过零点能修正后的能量

分子或离子	经过零点能修正后的能量	*ZPE*
Cl^-	−459.539 66	0.0
F^-	−99.418 59	0.0
CH_3Cl	−499.094 16	0.040 65
CH_3F	−139.044 23	0.042 34

六、实验延伸

如何利用本实验所学知识,计算如下 B—H 体系的五个反应的化学热力学数据。

$$BH = B + H \qquad (Ⅲ-32-6)$$

$$BH + e^- = BH^- \qquad (Ⅲ-32-7)$$

$$BH = BH^+ + e^- \qquad (Ⅲ-32-8)$$

$$B + H^+ = BH^+ \qquad (Ⅲ-32-9)$$

$$H_2 + 2B \xlongequal{} 2BH \qquad (\text{Ⅲ}-32-10)$$

七、思考题

1. 为什么只用化学反应热力学与动力学其中之一无法得到化学反应性质与机理？
2. 化学反应热力学与动力学的本质区别是什么？

参考文献

苏克和，胡小玲. 2004. 物理化学. 西安：西北工业大学出版社

苏克和，李秀仪，吴雄，等. 1996. 化学反应焓变的量子化学理论计算. 化学通报，4：50-54

Foresman J B，Frisch Æ. 1996. Exploring chemistry with electronic structure methods. 2d ed. Pittsburgh：Gaussian Inc.

Frisch M J，Trucks G W，Schlegel H B，et al. 2003. Gaussian 03，Revision A. 1. Pittsburgh：Gaussian Inc.

实验三十三　激光粒度分析仪测定纳米颗粒的水合半径

一、实验目的

1. 学习并了解粒度测试的基本知识和基本方法；
2. 掌握激光粒度分析仪的构成与工作原理；
3. 学习和掌握激光粒度分析仪的基本使用方法；
4. 学习和掌握纳米颗粒水合半径的测定方法。

二、基本原理

对于单个颗粒而言，所谓粒径就是颗粒的直径、颗粒的大小或尺寸。但是由于颗粒形状的不规则性，难以用一个尺度（如粒径）来描述，因此在粒度测试中引入“等效圆球”的概念。一个颗粒的某一物理特性与同质球形颗粒相同或相近时，那么这个球形颗粒的直径就称为该颗粒的等效粒径。根据采用物理特性的不同，粒径测定有多种方法，常见的有等效散射光粒径（激光粒度仪所测的粒径）、等效电阻粒径（库尔特计数器所测的粒径）、Stokes 径（沉降法所测的粒径）、等效筛分径（筛分法所测的粒径）等。由于等效的方法不同，一个颗粒也可能有多个不同等效的粒径。

对于一种粉体或各类颗粒样品而言，整体材料中颗粒的大小往往并不完全相同，无法用单个颗粒的大小反映整体材料颗粒的状况，这时需要用粒度分布才能较全面地描述样品的颗粒大小。所谓粒度分布就是用一定方法反映出一系列不同粒径颗粒分别占粉体总量的百分比。粒度分布有区间分布和累计分布两种形式。区间分布又称为微分分布或频率分布，它表示一系列粒径区间中颗粒的质量分数。累计分布也称积分分布，它表示小于或大于某粒径颗粒的质量分数。一个样品的累计粒度分布百分数达到 50％时所对应的粒径为 D_{50}。它的物理意义是粒径大于该数值的颗粒占 50％，小于它的颗粒也占 50％，D_{50} 也称中位径或中值粒径。常用来表示粉体的平均粒度。

当平行光束照射到一定量的颗粒后，平行光将发生散射现象。一部分光将与光轴成一定角度向外传播，不同角度的散射光通过透镜后在焦平面上将形成一系列有不同半径的衍射光环，由这些光环组成的明暗交替的光斑称为 Airy 斑。该光斑衍射的角度与颗粒的粒径成反向

的变化关系,即大颗粒衍射光斑的角度小,小颗粒衍射光斑的角度大,不同大小的颗粒在通过激光光束时其衍射光会落在不同的位置,位置信息反映颗粒大小;如果同样大的颗粒通过激光光束时其衍射光会落在相同的位置,即在该位置上的衍射光的强度叠加后就比较高。所以衍射光强度的信息反映出样品中相同大小的颗粒所占的百分比多少。

动态光散射(dynamic light scattering,DLS)又称光子相关光谱(photon correlation spectroscopy,PCS)。如果粒子处于无规则的布朗运动中,从各个粒子发出的相干散射光能够相互叠加,从而使散射光强度在时间上表现为在平均光强附近的随机涨落。波动的频率与颗粒的大小有关,在一定角度下,颗粒越小,涨落越快。通过光子相关器将光强的波动变化速度转化为相关方程,从而得到粒子的扩散速度信息和粒子的粒径 d_h 以及尺寸的分布信息。在粒度测试中主要采用的光散射原理有 Fmunhofer 衍射、Rayleigh-Mie-Gans 散射以及 Doppler 光散射理论等。

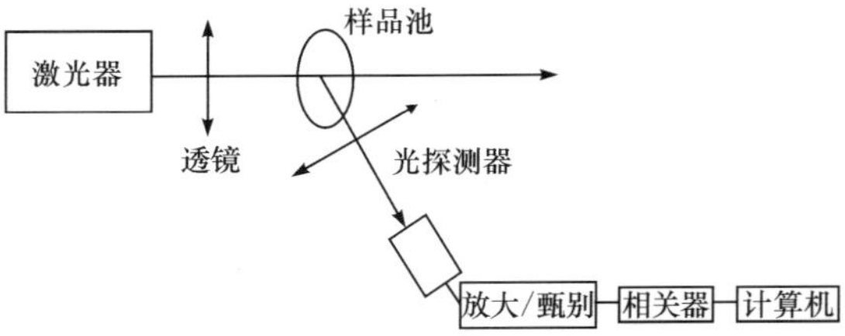

图Ⅲ-33-1　激光粒度仪原理示意图

激光粒度仪是基于动态光散射技术而设计的,其原理如图Ⅲ-33-1所示。激光器发射的激光经透镜聚焦后照射到颗粒样品上,在某一固定的散射角下,颗粒的散射光经透镜聚焦后进入光探测器(一般用光电倍增管)。光探测器输出的光子信号经放大和甄别后成为等幅的串行脉冲,经随后的数字相关器做相关运算,求出光强的自相关函数。根据自相关函数中所包含的颗粒粒度信息,由计算机计算出粒度分布。

三、仪器与试剂

仪器:Mastersizer 2000 激光粒度仪 1 套;500 mL 烧杯 2 个。

试剂:超纯水 2000 mL;Fe_3O_4 粉体(分析纯)。

四、操作步骤

(一) 具体操作方法

1. 开机预热 15～20 min。
2. 运行颗粒粒径测量分析系统。
3. 向样品池中倒入分散介质水,至液面刚好没过进水口上侧边缘,打开排水阀,当看到排水管有液体流出时关闭排水阀(排出循环系统的气泡),开启循环泵,使循环系统中充满液体。
4. 点击测试按钮,使测试软件进入基准测量状态,根据系统提示进行各个参数输入,系统自动记录 10 次基准的测量平均结果。
5. 关闭循环泵和搅拌,抬起搅拌面板,将适量样品放入样品池中,如有必要可加入相应的分散剂。
6. 启动超声波进行分散,选择适当的超声时间(一般为 1～10 min)。
7. 启动搅拌器,并调节至适当的搅拌速率。
8. 启动循环泵,测试软件窗口显示测试数据,当数据稳定时存储测试数据,存储完毕后点击结束按钮。
9. 打开排水阀,排放被测液,加入清水或其他液体循环冲洗。

（二）注意事项

1. 超声池中无分散液时不可开启超声系统。
2. 分散液温度不得超过 60 ℃，分散液不能有腐蚀性。
3. 实验结束后清洗时要开启循环泵，以保证循环系统得到充分清洗。

五、实验总结

（一）数据处理

分别从所测样品的体积分布和数量分布得到 D_{50}、D_{90}。

（二）实验讨论

激光粒度仪所测同一样品会由于采用计量方式的不同而得到不同大小的粒径，样品测定的体积分布和数量分布中，得到的 D_{50} 不同，数量分布往往较体积分布所得的粒径小。

六、实验延伸

（一）激光光散射法测定粒度方法的优点

1. 测量范围广。目前的激光光散射粒度测试仪测量范围为 0.05～3000 μm，基本满足了超细粉体技术的要求。
2. 测定速度快，自动化程度高，操作简单。由于应用了傅里叶变换，光散射原理很容易地通过计算机数值计算实现。利用高速计算机系统，从对光、校正背景光值、测量，到给出各种统计结果，激光粒度测试仪只需数分钟。
3. 测量准确，重现性好，方法精确度高。

（二）激光光散射法的主要误差来源

1. 样品分散性的好坏。如果超细粉颗粒之间形成硬团聚，高频超声都无法分散，则激光光散射法所测得的将是二次粒径。这一现象也是所有粒度分析方法的误差来源，只能从超细粉的制备、运输、储存方面解决。
2. 样品形状的影响。对于近似圆球形的颗粒，激光光散射测量很准确，但对于非球形，尤其是棒状、片晶状的样品则误差较大。
3. 光学参数的选择。由于激光光散射粒度测试仪大部分采用 Mie 理论，而 Mie 理论的应用需要已知介质和样品的折射率等光学参数。但很多样品的光学参数未知或很难获得，通过经验选择光学参数必然带来较大的误差。

七、思考题

1. 为什么从所测样品的体积分布和数量分布得到的 D_{50} 不同？
2. 测试前为何要进行超声分散？
3. 粒度分析还有哪些常用的方法？

参考文献

黄慧中. 2003. 纳米材料分析. 北京：化学工业出版社

许并社 . 2003. 纳米材料及应用技术 . 北京:化学工业出版社
袁玉燕,白华萍,李其生 . 2001. 激光光散射法在超细粉粒度测试中的应用 . 理化检验,37(2):57

实验三十四　5-氨基间苯二甲酸钠和5-羟基间苯二甲酸钠的溶解焓的测定

一、实验目的

1. 了解 RD496-2000 型微热量计的基本原理和使用方法;
2. 测定样品的标准摩尔溶解焓。

二、基本原理

在实际生产中,对于在溶液中进行的很多化学反应需要知道其反应焓。反应焓除可以直接测定外,还可以通过物质的标准生成焓计算,纯物质的生成焓可以从手册中查到,而其溶液的生成焓则不易查得。但在知道了反应物和生成物的溶解焓后,便能计算溶液中进行反应的反应焓。因此,溶解焓是重要的热化学数据之一。

间苯二甲酸及其衍生物具有一般二元酸的特征反应,可发生成盐、脱水、加氢、卤化等反应,在涂料、聚酯树脂、不饱和聚酯树脂、特种纤维、热熔黏合剂、印刷油墨、聚酯纤维染色改性以及树脂增塑等方面的开发利用前景广阔。近年来,基于芳香环的刚性结构及羧基丰富多样的配位模式,间苯二甲酸被大量应用于构筑多孔配位聚合物,这些功能配位聚合物在吸附、催化、光学、电学以及磁学等多方面拥有大的应用潜力。在功能配位聚合物的合成中常使用的是间苯二甲酸类化合物的钠盐,而其钠盐的标准摩尔溶解焓将为配合物的合成奠定热力学基础和提供必要的热力学数据。

(一) 溶解焓

各类物质的溶解过程包括晶体晶格的破坏(吸热)、分子电离(对电解质而言)和离子或分子的溶剂化(放热)等过程。这些过程热效应的代数和决定了溶解过程总的热效应。在不同浓度的溶液中,电离度、溶质的溶剂化程度以及质点间作用力不同,造成了稀释过程产生热效应。上述溶解和稀释过程的热效应与溶质、溶剂本性,温度及溶液的始末浓度有关。

我们测定的是两种间苯二甲酸钠盐在无限稀释情况下水中的溶解焓。样品(1)和(2)的溶解过程可表示为式(Ⅲ-34-1)和式(Ⅲ-34-2)。

$$C_8H_5O_4NNa_2 \cdot H_2O(s) \longrightarrow 2Na^+(aq) + C_8H_5O_4N^{2-}(aq) + H_2O(l) \quad (Ⅲ-34-1)$$

$$C_8H_4O_5Na_2 \cdot H_2O(s) \longrightarrow 2Na^+(aq) + C_8H_4O_5^{2-}(aq) + H_2O(l) \quad (Ⅲ-34-2)$$

(二) 仪器原理

RD496-2000 型微热量计是一种高灵敏度、高稳定性、计算机控制的自动精密示差热流量计。可用于测量各种有机物、无机物及配合物的熔化、相转化、溶解、升华、稀释、结晶、吸附、解析、玻璃化转变等物理过程中的热效应,还可以测量物质的比热、热导系数以及研究分解、水解、化合、催化、聚合等化学反应过程的热动力学和热化学。其原理框架图如图Ⅲ-34-1所示。

热效应的测量是通过 496 对热电偶将热信号转化成电信号，体系的温度是通过计算机和温度控制装置控制的。实验前，利用焦耳效应对仪器进行电学标定，并测定基准 KCl 在水中的溶解焓来确定仪器的灵敏度和精度。所有实验数据和热量曲线由计算机采集和绘制。化学标定是通过测定 298 K 下基准 KCl 在去离子水中的溶解焓进行的。热量实验采用试样分开填装在体积为15 mL 的不锈钢反应池中（液-液反应装置结构见图Ⅲ-34-2，固-液反应装置结构见图Ⅲ-34-3），分为样品池和参考池。达到热平衡后，推下试样管，使反应物混合，记录热量曲线。

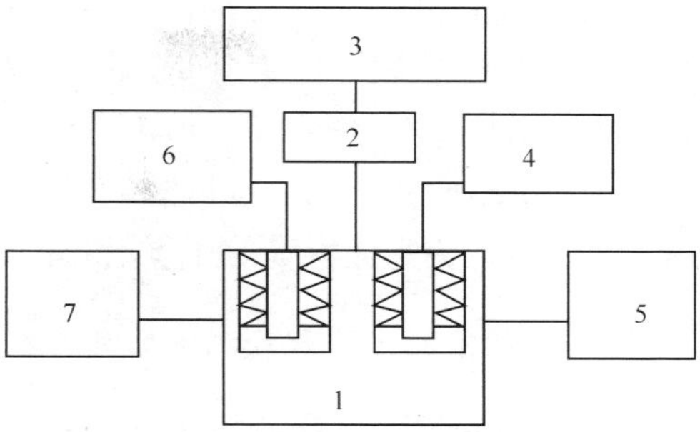

图Ⅲ-34-1 RD496-2000 型微热量计原理框架图

1. 主体；2. 毫微伏放大器；3. 计算机系统；4. 标定电源；5. 温度控制系统；6. 真空系统；7. 液氮系统

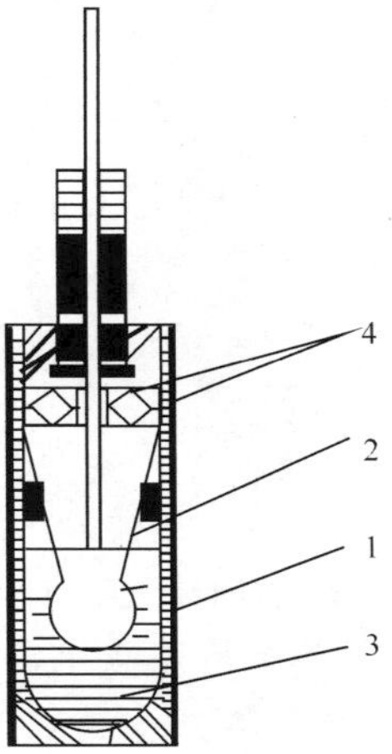

图Ⅲ-34-2 液-液反应装置

1. 热量反应池；2、3. 两种反应液；4. 硅橡皮垫圈

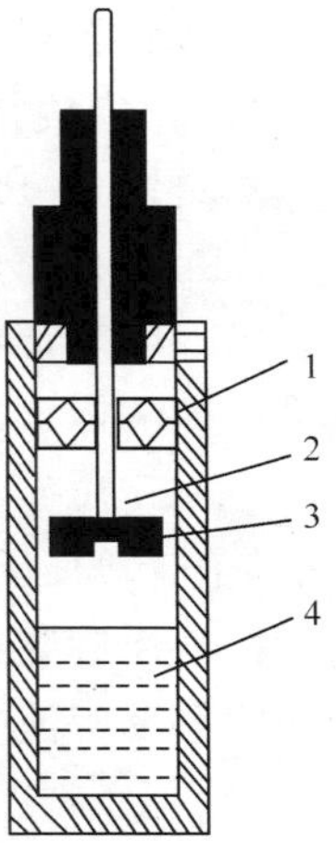

图Ⅲ-34-3 固-液反应装置

1. 热量反应池；2. 固态样品；3. 隔板；4. 溶液

三、仪器与试剂

仪器：RD496-2000 型微热量计；Elemental Vario EL-Ⅲ CHNOS 型元素分析仪；恒温设备 1 套；磨口三角瓶(50 mL)4 个；分析天平 1 台。

试剂：5-氨基间苯二甲酸和 5-羟基间苯二甲酸（优级级，纯度大于 99%）；基准 KCl；NaOH（分析纯）；95%的乙醇（分析纯）；甲醇（分析纯）；磷酸二氢钾（分析纯）；纯水。

四、实验步骤

（一）样品的制备

将 5-氨基间苯二甲酸和 5-羟基间苯二甲酸分别与 NaOH 按 1∶2 的物质的量比在去离子水中反应，过滤得到澄清溶液，在 40 ℃下恒温搅拌蒸发至有晶膜出现后冷却至室温，加入大量甲醇后有沉淀出现。抽滤得到的沉淀用甲醇洗涤三次后真空干燥至恒量，其中 5-氨基间苯二甲酸钠为暗红色粉末，5-羟基间苯二甲酸钠为白色粉末，两种样品均易溶于水而微溶于甲醇、丙酮等有机溶剂。

对合格样品进行元素分析,确定其组成。使用 HPLC 进行色谱分析[参考条件:色谱柱 C_{18} 150×4.6 mm,粒径为 5 μm,流动相为甲醇:20 mmol 磷酸二氢钾缓冲液(pH≈2)=60:40(体积比),流速为 1 mL·min^{-1},检测器及波长 UV 254 nm],依据主峰面积归一化确定其纯度。显示两种样品为高纯物质,符合热化学测定要求。

(二) 标准摩尔溶解焓测定的具体步骤

实验前用焦耳效应确定 RD496-2000 型微热量计在 298 K 下的热量常数为(63.901±0.030)μV·mW^{-1}。热量实验采用固-液试样分开填装在体积为 15 mL 的不锈钢试样池中,热平衡后推下试管,使反应物混合,记录热量曲线。

1. 仪器灵敏度标定。

(1) 实验温度恒定后,通过点标定测定仪器的灵敏度。

(2) 测量和参考端均置 1000 Ω 焦耳池。

(3) 选择电标定模块,设置通电功率(40 mW)、通电时间(800 s)、结束阈值(8 μV)。

(4) 等仪器基线(P1-P2)稳定后,点击"开始标定"。

(5) 实验完成后,仪器自动计算出灵敏度。

(6) 平行 6 次实验,取灵敏度的平均值待用。

2. 仪器准确度的标定(化学标定)。

利用基准纯 KCl 在去离子水中的溶解度大小,标定仪器的准确度。

(1) 按文献值计算所需基准 KCl 及去离子水的用量。

(2) 通过固-液反应装置进行 KCl 溶解度的测定:KCl 装在样品皿中,去离子水装在容积为 15 mL 的不锈钢反应池中,该套反应装置置于测量端,同样的另一套不含 KCl 的装置置于参考端。

(3) 待基线稳定后,同时推下快门线使固液混合,进行溶解实验。

(4) 待基线再次回到起点时,反应结束,拆除反应装置。利用程序软件进行溶解热的计算。

(5) 平行 6 次实验,取平均值与参考值(17.241±0.018 kJ·mol^{-1})比较,并计算仪器的准确度和精密度。

3. 类似于 KCl 溶解热的测定过程,进行其他实验。

(三) 注意事项

1. 热量实验是非常精密的,对于样品的纯度要求特别高,否则所得数据没有意义。因此,对于所测样品必须进行纯度测定。

2. 热量计的热量常数非常重要,因为它决定着实验数据的处理。本实验的热量常数由实验员在实验前由焦耳效应测定。

(四) 提问

1. 温度和溶液浓度对溶解焓有无影响?

2. 通常盐的浓度在什么范围可看成是无限稀释?

五、实验总结

（一）数据处理

1. 将实验条件和原始数据记录于表Ⅲ-34-1中。
2. 计算各平行样品的标准溶解焓。

表Ⅲ-34-1　298 K 样品(1)和(2)在水中的溶解焓

化合物	序号	Q/mJ	$\Delta_{sol}H_m^\ominus$/(kJ · mol^{-1})	$W(H_2O)$/g	W/g
a	1				
	2				
	3				
	4				
	5				
	6				
平均值					
b	1				
	2				
	3				
	4				
	5				
	6				
平均值					

（二）实验讨论

1. 绵阳中物热分析仪器有限公司研制生产的最新产品 RD496-2000 型微热量计是一种高灵敏度、高稳定性精密示差热量计。广泛用于生物、化学、化工、冶金、地质和国防等科研部门以及高等院校。实验温度范围为−196～200 ℃，实验温度测量分辨率优于 0.01 ℃，是热量学中不可缺少的精密测量仪器。

2. 物质的摩尔溶解焓与浓度有关。本实验测定的是在无限稀释情况下水中的溶解焓，水和溶质的物质的量比大于 4000，就可以看成是无限稀释。

3. 压力是当地大气压，与 $p^\ominus$ 稍有差别，但压力对溶解焓的影响很小，可以忽略。

六、实验延伸

（一）计算阴离子标准摩尔生成焓

如果结合标准摩尔生成焓，还可以计算样品(1)和(2)阴离子的标准摩尔生成焓。

样品(1)和(2)的溶解方程分别为式(Ⅲ-34-3)和式(Ⅲ-34-4)

$$C_8H_5O_4NNa_2 \cdot H_2O(s) \longrightarrow 2Na^+(aq) + C_8H_5O_4N^{2-}(aq) + H_2O(l) \qquad (Ⅲ-34-3)$$

$$C_8H_4O_5Na_2 \cdot H_2O(s) \longrightarrow 2Na^+(aq) + C_8H_4O_5^{2-}(aq) + H_2O(l) \qquad (Ⅲ-34-4)$$

根据赫斯(Hess)定理，以式(Ⅲ-34-5)和式(Ⅲ-34-6)可分别计算出样品(1)和(2)水和阴离子的标准摩尔生成焓

$$\Delta_f H_m^\ominus(C_8H_5O_4N^{2-}, aq) = \Delta_{sol}H_m^\ominus + \Delta_f H_m^\ominus(C_8H_5O_4NNa_2 \cdot H_2O, s) - 2\Delta_f H_m^\ominus(Na^+, aq) - \Delta_f H_m^\ominus(H_2O, l) \qquad (Ⅲ-34-5)$$

$$\Delta_f H_m^{\ominus}(C_8H_4O_5^{2-},aq)=\Delta_{sol}H_m^{\ominus}+\Delta_f H_m^{\ominus}(C_8H_4O_5Na_2\cdot H_2O,s)$$
$$-2\Delta_f H_m^{\ominus}(Na^+,aq)-\Delta_f H_m^{\ominus}(H_2O,l) \qquad (Ⅲ-34-6)$$

式(Ⅲ-34-5)、式(Ⅲ-34-6)中,查文献可获得 $\Delta_f H_m^{\ominus}(Na^+,aq)=(-240.300\pm0.065)$ $kJ\cdot mol^{-1}$,样品(1)和(2)的标准摩尔生成焓 $\Delta_f H_m^{\ominus}(C_8H_5O_4NNa_2\cdot H_2O,s)$ 和 $\Delta_f H_m^{\ominus}(C_8H_4O_5Na_2\cdot H_2O,s)$可通过测定其恒容燃烧能获得(实验三十一)。

(二) 配位聚合物的反应焓

2007年,任宜霞等首次报道了镨和钬的5-硝基间苯二甲酸与邻菲罗啉生成的配位聚合物的反应焓变。2010年,陈三平等对钕、镝、钬的5-硝基间苯二甲酸孔洞配位聚合物的主体框架与客体分子的相互作用的焓变进行了报道。显然,上述热力学工作对功能配位聚合物的深入研究和应用起到了支撑作用。

(三) 选做实验

测定无水硫酸铜和五水硫酸铜的熔解焓,并由此计算五水硫酸铜的水合焓。

七、思考题

1. 若已知反应物和生成物纯物质的生成热,而需要计算溶液中进行反应的反应焓,这时溶解焓数据有何用途?
2. 影响本实验结果的因素有哪些?
3. 推测与5-氨基间苯二甲酸钠相比,5-甲基间苯二甲酸钠和5-硝基间苯二甲酸钠的熔解焓的相对大小。

参考文献

刘澄蕃,滕弘霓,王世权. 2002. 物理化学实验. 北京:化学工业出版社
罗澄源,向明礼. 2004. 物理化学实验. 3版. 北京:高等教育出版社
王竹君,陈三平,杨奇,等. 2010. 5-氨基间苯二甲酸钠和5-羟基间苯二甲酸的热力学性质. 中国科学(化学),40(9):1378-1386
Chen S P,Ren Y X,Wang W T,et al. 2010. Nanoporous lanthanide-carboxylate frameworks based on 5-nitroisophthalic acid. Dalton Trans,39:1552-1557
Cox J D. 1977. Codata recommended key values for thermodynamics. J. Chem Thermodyn,10:903-906
Marehada V K. 1980. The enthalpy of solution of SRM 1655(KCl). J. Res. Natl. Bur. Stand,85(6):467-471
Ren Y X,Chen S P,Gao S L,et al. 2006. Syntheses,characterization and the liquid-phase formation enthalpy changes of two new one-dimensional ribbon-like lanthanide supermolecular polymers. Inorganic Chemistry Communications,9:649-653

实验三十五 纳米二氧化钛对甲基橙的光催化降解

一、实验目的

1. 掌握用溶胶-凝胶法制备二氧化钛光催化剂的方法和原理;
2. 学习光催化反应的实验技术和分析方法。

二、基本原理

二氧化钛的光催化能带理论认为，半导体的基本能带结构是：存在一系列的满带，最上面的满带称为价带(VB)；存在一系列的空带，最下面的空带称为导带(CB)；价带和导带之间为禁带。当用能量大于或等于其禁带宽度的光照射时，半导体价带上的电子可以被激发跃迁到导带，同时在价带上产生相应的空穴，这样就在半导体内部生成了电子和空穴对。由于半导体能带的不连续性，电子和空穴的寿命较长。一部分电子和空穴在半导体内和表面发生复合，而另一部分则在势场作用下分离并迁移到半导体表面。半导体表面的电子和空穴与吸附的有机或无机物可发生氧化还原反应。一般认为，空穴同吸附在催化剂粒子表面的氢氧根或水发生作用生成氢氧自由基，羟基自由基是光催化反应体系的主要活性氧化物种。羟基自由基氧化性很强，能够无选择地氧化多种有机物并使之矿化。光生电子也能够与氧气发生作用生成 $\cdot O_2^-$ 等活性氧类，这些活性自由基也能够参与氧化还原反应。光激发二氧化钛颗粒，催化产生活性氧的过程如图Ⅲ-35-1所示。

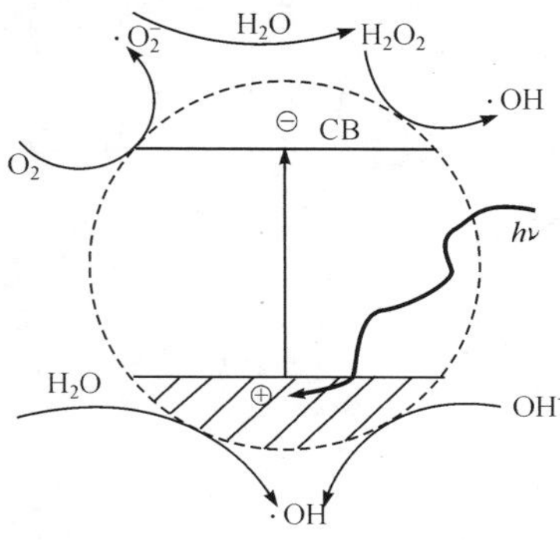

图Ⅲ-35-1 光激活半导体表面产生活性氧示意图

三、仪器与试剂

仪器：自制光化学反应仪；电热恒温鼓风干燥箱；离心机；马弗炉；磁力搅拌器；紫外-可见分光光度计；红外光谱仪 X 射线衍射仪；移液管；烧杯(100 mL、500 mL)。

试剂：钛酸丁酯；无水乙醇；冰醋酸(分析纯)；甲基橙(化学纯)。

四、实验步骤

(一) 具体操作方法

1. 纳米二氧化钛的制备。

溶胶-凝胶法制备纳米二氧化钛。取 17 mL 钛酸丁酯与 40 mL 无水乙醇于 100 mL 烧杯中配成溶液 A，再依次量取 40 mL 无水乙醇、3 mL 蒸馏水、10 mL 冰醋酸于 500 mL 的烧杯中配成溶液 B，在搅拌下将 A 逐滴加入 B 中，滴加完毕后持续搅拌 30 min，即可制得二氧化钛凝胶。把凝胶置于 120 ℃的烘箱中干燥 1 d 后取出，用研钵研细。然后将其盛于瓷坩埚内并放到马弗炉中，在 400 ℃下煅烧 2 h。煅烧后取出，研磨成微细粉末。用 X 射线衍射仪与紫外-可见分光光度计对二氧化钛光催化剂进行表征。

2. 甲基橙的光催化降解。

(1) 甲基橙标准曲线的绘制。配制 100 $mg \cdot L^{-1}$的甲基橙溶液，然后逐级稀释至浓度分别为 20 $mg \cdot L^{-1}$、15 $mg \cdot L^{-1}$、10 $mg \cdot L^{-1}$、5 $mg \cdot L^{-1}$、0.3 $mg \cdot L^{-1}$。用紫外-可见光分光光度计测定甲基橙在 464 nm 处的吸光度，绘制浓度-吸光度关系图。

(2) 光催化反应实验装置如图Ⅲ-35-2所示。将 0.25 g 二氧化钛粉末加入到装有浓度为 20 $mg \cdot L^{-1}$的 500 mL 甲基橙溶液的反应器中，搅拌至染料在二氧化钛上达到吸附平衡。开启高压汞灯，光源稳定后插入染料溶液中，并在反应时间分别为 10 min、20 min、30 min、

40 min、50 min 时取样 10 mL，离心(3000 $r \cdot min^{-1}$)分离 20 min，测定溶液中甲基橙溶液的浓度。

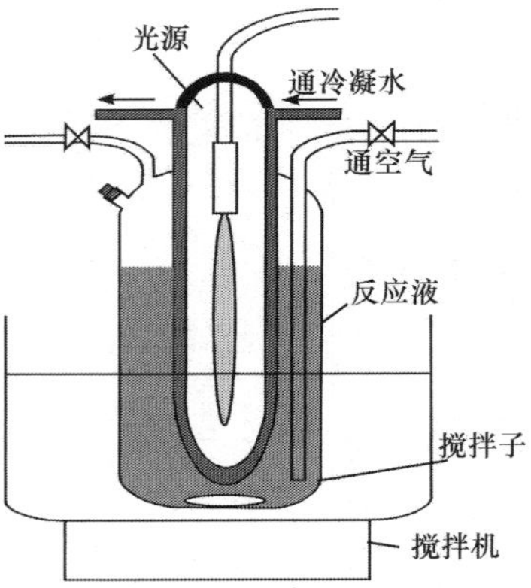

图Ⅲ-35-2　光催化反应实验装置

(二) 注意事项

1. 用 X 射线衍射仪与紫外-可见分光光度计对二氧化钛光催化剂进行表征时注意选择合适的颗粒。

2. 测定溶液吸光度时，必须用滤纸轻轻擦干比色皿外部，以保持比色皿暗箱内的干燥。

3. 测定原始溶液和平衡溶液的吸光度时，应把稀释后的溶液摇匀再测。

(三) 提问

如何判断染料在二氧化钛上的吸附达到了平衡？

五、实验总结

(一) 数据处理

1. 计算制备的 TiO_2 产率。

2. 确定制备的 TiO_2 晶形，计算其晶粒大小。

根据 XRD 衍射谱峰，通过对比标准图谱，可得知样品的晶形。当晶粒小于 200 nm 时，使用半峰宽和积分宽处理 X 射线峰形，可获得样品的相关晶面尺寸。利用仪器自带软件计算的半峰宽以及 Scherrer 公式计算纳米晶粒的平均粒径，有

$$D[hkl] = \frac{K\lambda}{\beta\cos\theta} \qquad (Ⅲ-35-1)$$

式中，D 为平均晶粒尺寸，nm；K 为晶粒的形状因子，一般可取 0.89；λ 为 X 射线波长；β 为垂直于[hkl]晶面族方向的衍射峰的半高宽；θ 为衍射角。

利用 XRD 谱图上锐钛矿(101)晶面特征峰和金红石(110)晶面特征峰的峰强度 I_A 和 I_R 面积，按照式(Ⅲ-35-2)至式(Ⅲ-35-4)计算样品中金红石(R)、板钛矿(B)和锐钛矿(A)的相对含量。

$$R = \frac{I_R}{k_A I_A + I_R + k_B I_B} \times 100\% \qquad (Ⅲ-35-2)$$

$$B = \frac{k_B I_B}{k_A I_A + I_R + k_B I_B} \times 100\% \qquad (Ⅲ-35-3)$$

$$A = 1 - R - B \qquad (Ⅲ-35-4)$$

式中，I_A、I_A 和 I_B 分别为金红石(110)、锐钛矿(101)和板钛矿(121)晶面的衍射峰积分强度；常数 $k_A=0.884$，$k_B=2.721$。

3. 染料降解动力学分析。

通常二氧化钛光催化过程符合 Langrmuir-Hinshelwood 动力学方程

$$-\frac{dc}{dt} = \frac{kK_R c}{1 + K_i c_i + K_R c} \qquad (Ⅲ-35-5)$$

式中，c 为反应物浓度；c_i 为中间产物浓度；K_i 为中间产物的平衡吸附常数；K_R 为反应物的平

衡吸附常数；k 为光催化表面反应的速率常数。

当 $K_i c_i + K_R c \leqslant 1$ 时，有机物的光催化降解过程符合准一级动力学规律，即

$$\ln \frac{c}{c_0} = -kt \tag{Ⅲ-35-6}$$

在本实验中，分析不同反应时间时的甲基橙浓度，并进行数据处理就能得到甲基橙的光催化降解动力学规律。

（二）实验讨论

当 TiO_2 的粒径达到纳米级时，会产生不同于体相的表面效应、隧道效应、电荷转移加速效应和尺寸量子效应等微观效应，从而对 TiO_2 的光催化性能产生极大的影响，使光催化效率得到大幅提高。

目前制备超细 TiO_2 粉体材料的主要方法有：①气相法。气相法是将原料在气化室中高温(100～130 ℃)气化后通入反应器，在反应器中进行高温(1000 ℃以上)水解或气相氧化反应等来制备 R 型 TiO_2。由气相法制备的 TiO_2 具有晶粒度小、均匀度好等特点。②溶胶-凝胶法。一般以钛醇盐为原料通过水解、聚合、干燥等过程得到纳米 TiO_2 前驱体，再经过不同温度的热处理得到纳米 TiO_2 初晶。③胶溶法。钛盐或者钛醇盐的水解和缩合反应很快，而且容易产生团聚。为了消除水解过程中产生的团聚现象，人们很自然会想到重新溶解再处理，即将水解后的沉淀加入到适当的胶溶剂中分散成胶体粒子，然后用凝胶晶化或者萃取的方法得到纳米粒子，这就是胶溶法。胶溶的过程不仅把沉淀分散为胶体粒子使它们获得了电学的稳定性，还为低温下晶形转变过程中产生所需的金红石的晶核创造了成核条件。④水热法。在特殊密闭反应容器(衬有聚四氟乙烯或防腐涂层的高压釜)内采用水溶液作反应介质，通过对反应容器加热创造一个高温(120～300 ℃)、高压(1500～4000 kPa)的反应环境，使常温、常压下难溶的钛的氢氧化物沉淀在这一环境下转化结晶。⑤强迫水解法。直接强迫水解钛盐溶液是制备超细 TiO_2 最简单的方法。该法具有工艺简单、产品粒度均匀、分散性好，反应温度低、时间短、颗粒尺寸可人为控制、易工业化等特点。⑥醇盐水解法。它是利用钛醇盐能溶于有机溶剂并可能发生水解，生成氢氧化物或氧化物沉降的特点来制备超细 TiO_2。该法的最大特点是从溶液中直接分离合成所需的高纯度超细粉末。获得的颗粒分布均匀、性能优异、纯度高、形状易控制。不足是原料成本昂贵，金属有机物制备困难，合成周期长。⑦均匀沉淀法。它是利用某一化学反应使溶液中的构晶离子从溶液中缓慢地释放出来，加入溶液中的沉淀剂不立刻与沉淀组分发生反应，而是通过化学反应使沉淀剂在整个溶液中缓慢生成。⑧微乳法。微乳法是近几十年发展起来的新方法，它在制备超细颗粒方面的特点在于：粒子表面包裹了一层表面活性剂，使粒子间不易团聚；通过选择不同的表面活性剂可以对粒子表面进行修饰，并控制微粒大小。该方法实验装置简单，操作容易，并有可能人为地控制颗粒粒度。

六、实验延伸

采用其他合成方法制备并表征二氧化钛，研究其催化性能；比较分析不同制备方法得到的二氧化钛催化性能。写出实验方案。

七、思考题

1. 纳米二氧化钛和普通二氧化钛在催化作用方面有什么不同?

2. 光催化的原理是什么?

3. 溶胶-凝胶法的优点是什么?二氧化钛的结构有什么特点?为什么它能成为催化剂?

4. 甲基橙浓度的选择有什么要求?在实验操作方面有什么要求?

5. 催化作用与哪些因素有关?

6. 对超细粉体材料的化学组成、颗粒分布、表面活性和表征有关光谱性能的常用手段有哪些?

参考文献

刘守新,刘鸿 . 2006. 光催化及光电催化基础与应用 . 北京:化学工业出版社

刘寿长,张建民,徐顺 . 2004. 物理化学实验与技术 . 郑州:郑州大学出版社

柳松,廖世军 . 2007. 纳米二氧化钛光催化剂的综合性实验设计 . 实验室研究与探索,26:15-17

唐浩东,吕德义,周向东 . 2008. 新编基础化学实验(Ⅲ)——物理化学实验 . 北京:化学工业出版社

王晖,吕德义,郇昌永,等 . 2004. 金红石型纳米 TiO_2 的制备 . 化学通报(网络版),67:W036

实验三十六　紫外线光源的光强度测定

一、实验目的

1. 了解化学露光计法测定光强度的原理;

2. 掌握乙二酸铁钾露光计测定光强度的方法。

二、基本原理

光化学反应速率与反应物吸收的光强度密切相关,因此,在光化学研究中,测定入射光强度、反应吸光强度和反应池的透射光强度是十分必要的。光化学中测定光强度的方法主要有:化学露光计法、光电倍增管法和热电堆法。其中,化学露光计法是光化学中经常采用的方法,它具有简便、灵敏、可靠等特点。

化学露光计测量光强的基本原理大体如下:

$$A + h\nu \longrightarrow B$$

若露光计组成中的组分 A 吸收单色光,通过光化学反应生成产物 B,其量子产率是精确已知的,则把露光计 A 放入反应池,并把温度和 A 的浓度或压力调整到所要求的数值,然后用光源辐照。由于反应物 A 吸收入射光的分数可用分光光度计测量或用组分 A 的摩尔吸收系数 ε、浓度及光程长度计算,即

$$I_A = (1 - T_0)I_0 = (1 - 10^{-\varepsilon_A c_A l})I_0 \qquad (Ⅲ-36-1)$$

式中,I_A 为 A 的吸光强度;I_0 为入射光强度;T_0 为入射光穿过露光计介质的透光率;ε_A、c_A 分别为 A 的摩尔吸光系数和浓度;l 为化学露光计介质的厚度(光程长度)。

当用光源辐照时间 t,用化学方法和物理方法精确地测量出生成产物 B 的分子数,有了这些数据就可由式(Ⅲ-36-2)计算入射到反应池前窗的入射光强度:

$$I_0 = \frac{n_B}{\Phi_B t(1 - 10^{-\varepsilon_A c_A l})} \qquad (Ⅲ-36-2)$$

式中,I_0 为入射到反应池前窗内壁的光强度;n_B 为生成产物 B 的分子数;Φ_B 为生成产物 B 的量子产率;t 为光辐照时间。

可见，用光露计法测量入射到反应池前壁的光强度是十分简便的，而且测量结果的重现性也较好。

乙二酸铁钾露光计是广泛使用的一种化学光露计，具有适用波长范围宽、操作简便、方法可靠等特点。当用 250～577 nm 光源辐射 $K_3Fe(C_2O_4)_3$ 的硫酸水溶液时，Fe^{3+} 通过下列反应被还原为 Fe^{2+}：

$$[Fe^{3+}(C_2O_4)_3]^{3-} \xrightarrow{h\nu} [Fe^{2+}(C_2O_4)_2]^{2-} + C_2O_4^- \quad (Ⅲ-36-3)$$

$$[Fe^{3+}(C_2O_4)_3]^{3-} + C_2O_4^- \longrightarrow [Fe^{3+}(C_2O_4)_3]^{2-} + (C_2O_4)^{2-} \quad (Ⅲ-36-4)$$

$$[Fe^{3+}(C_2O_4)_3]^{2-} \longrightarrow [Fe^{2+}(C_2O_4)_3]^{2-} + CO_2 \quad (Ⅲ-36-5)$$

在上述反应中，同时发生了 Fe^{3+} 还原为 Fe^{2+} 以及 $C_2O_4^{2-}$ 被氧化为 $C_2O_4^-$ 和 CO_2。由于一定波长下 $K_3Fe(C_2O_4)_3$ 光解生成 Fe^{2+} 的量子产量已知，通过测定一定时间内 Fe^{2+} 的生成量，即可计算得到入射光的强度。

三、仪器与试剂

仪器：光化学反应器(300 W 中压汞灯；紫外-可见分光光度计)。

试剂：1,10-菲绕啉(分析纯)；$FeSO_4$；H_2SO_4；$K_2C_2O_4$；$FeCl_3$；$NiSO_4$；$CaSO_4$。

四、实验步骤

(一) 具体操作方法

1. 标准曲线绘制。

分析 Fe^{2+} 的生成量，必须绘制标准曲线。为此，首先需要配制三种溶液：

(1) Fe^{2+} 标准溶液的配制。先配制 0.1 mol · L^{-1} 的 $FeSO_4$ 溶液和 0.05 mol · L^{-1} 的 H_2SO_4。在使用时进行标定，然后用 0.05 mol · L^{-1} 的 H_2SO_4 溶液稀释 $FeSO_4$ 溶液到 Fe^{2+} 的浓度约为 10^{-4} mol · L^{-1}。

(2) 缓冲溶液的配制：将 600 mL、1 mol · L^{-1} 的乙酸钠溶液和 360 mL、0.5 mol · L^{-1} 的 H_2SO_4 混合，用蒸馏水稀释至 1 L。

(3) 质量分数为 0.1%的 1,10-菲绕啉溶液的配制。称量一定质量的 1,10-菲绕啉，用蒸馏水稀释，使溶液中菲绕啉的质量分数为 0.1%。

标准曲线的绘制：取 0.5 mL、1.0 mL、1.0 mL、5.0 mL 的 Fe^{2+} 标准溶液分别置于 25 mL 的容量瓶中并向每只容量瓶中加入 0.05 mol · L^{-1} 的 H_2SO_4，使容量瓶中的液体总体积至 10 mL，再向每只容量瓶中加入 2.0 mL，质量分数为 0.1%的 1,10-菲绕啉溶液和 5 mL 的乙酸钠缓冲溶液，用蒸馏水稀释至刻度，充分混合后，静止 1 h。

用 1 cm 厚的比色池在 510 nm 处测定透光率。以 $\lg T$ 对 Fe^{2+} 浓度作图，得到一直线。该直线的斜率为 Fe^{2+} 与菲绕啉的配合物的摩尔吸收系数 ε，其数值约为 1.11×10^4 dm^3 · mol^{-1} · cm^{-1}。

2. 露光计的制备。

(1) 制备乙二酸铁钾：将 1.5 mol · L^{-1} 的 $K_2C_2O_4$ 溶液和 1.5 mol · L^{-1} 的 $FeCl_3$ 溶液以体积比 3∶1 混合，制备 $K_3Fe(C_2O_4)_3$。将 $K_3Fe(C_2O_4)_3$ 重结晶两次，在 45 ℃下干燥 8 h，得到的 $K_3Fe(C_2O_4)_3 \cdot 3H_2O$ 晶体可以在避光干燥处长期保存，但在光线照射下将迅速地由绿色变为黄褐色。

(2) 0.006 mol·L^{-1} $K_3Fe(C_2O_4)_3$ 溶液的配制：称取 2.947 g $K_3Fe(C_2O_4)_3 \cdot 3H_2O$ 晶体，溶解在 800 mL 的蒸馏水中，加入 100 mL、0.5 mol·L^{-1}的 H_2SO_4，用蒸馏水稀释至 1 L，混合均匀备用。其他浓度配制方法除要求称取不同质量的 $K_3Fe(C_2O_4)_3 \cdot 3H_2O$ 晶体之外，其余步骤相同。

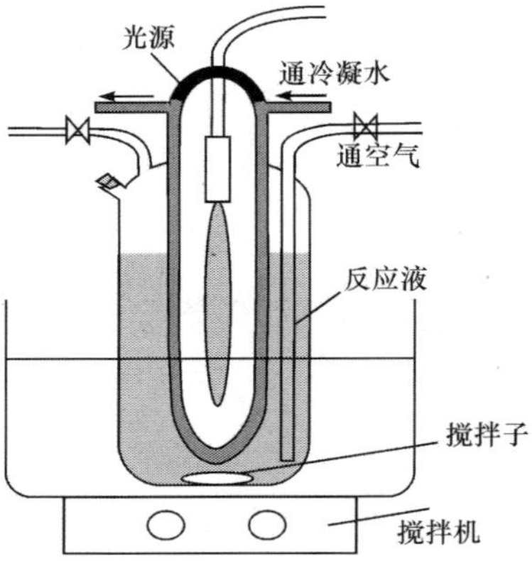

图Ⅲ-36-1　光反应器

当用光程长度为 1 cm 的反应池时，0.006 mol·L^{-1}的 $K_3Fe(C_2O_4)_3$ 溶液适用于 254～430 nm 波长；0.15 mol·L^{-1}的 $K_3Fe(C_2O_4)_3$ 溶液适用于 430～577 nm 波长。注意，这里提出的光程长度与溶液浓度的数值要求，目的是使其吸光率>99%。按这一原则，可以有不同的反应池光程长度，计算应配制的露光计溶液浓度。

(3) 光强度测量：把准确量取的总体积为 V_1 的乙二酸铁钾露光计溶液加入石英反应池中，在氮气鼓泡搅拌溶液的条件下，用光源进行辐照(图Ⅲ-36-1)。经一定辐照时间后，取体积为 V_2 的样品放入体积为 V_3 的容量瓶中，并向容量瓶中加2 mL、质量分数为 0.1%的 1,10-菲绕啉溶液和体积近似为 $V_2/2$ 的缓冲溶液，用蒸馏水稀释到容量瓶的刻度线，混合均匀。静止 1 h 后，用 1 cm 厚的比色池分光光度测定透光率。

光化学反应生成的 Fe^{2+} 的数量($n_{Fe^{2+}}$)可用式(Ⅲ-36-6)计算

$$n_{Fe^{2+}} = \frac{6.023 \times 10^{20} V_1 V_3 \lg(I_0/I)}{V_2 l \varepsilon} \qquad (Ⅲ-36-6)$$

式中，V_1、V_2、V_3 分别为辐射的光露计溶液体积、分析时的取样体积以及样品稀释后的体积，mL；$\lg(I_0/I)$为 510 nm 下测得的光密度；l 为比色池光程长度，cm；ε 为由标准曲线确定的 Fe^{2+} 配合物的摩尔吸收系数，约为 1.11×10^4 $dm^3 \cdot mol^{-1} \cdot cm^{-1}$。

由式(Ⅲ-36-6)计算出 $n_{Fe^{2+}}$，从表Ⅲ-36-1 查出相应条件下的量子产率 $\Phi_{Fe^{2+}}$。当吸收率不接近 1 时，由实验测量或计算出吸光率。有了这些数据，则波长为 λ_i 的入射光照射到反应池前窗内侧的光强度为

$$I_0^i = \frac{n_{Fe^{2+}}^i}{\Phi_{Fe^{2+}}^i t(1 - 10^{-\varepsilon cl})} \qquad (Ⅲ-36-7)$$

由式(Ⅲ-36-6)得到的 $n_{Fe^{2+}}$ 是光源中不同波长光能共同作用的产物，即

$$n_{Fe^{2+}} = \sum_{i=1}^{n} n_{Fe^{2+}}^i \qquad (Ⅲ-36-8)$$

设光源在波长为 λ_i 处输出的光能为 I_0^i，254 nm 处输出的光能为 I_0，则有

$$\frac{I_0^i}{I_0} = \eta_i \frac{\lambda_i}{254} \qquad (Ⅲ-36-9)$$

式中，η_i 为不同波长处的相对能量。

由式(Ⅲ-36-7)至式(Ⅲ-36-9)得

$$I_0 = 254 \cdot n_{Fe^{2+}} \Big/ \Big\{ t \cdot \sum_i \big[(\eta_i \Phi_{Fe^{2+}}^i \lambda_i (1 - 10^{-\varepsilon_i cl}) \big] \Big\} \qquad (Ⅲ-36-10)$$

当光源通过滤光液(1 mol·L^{-1}的 $NiSO_4$ 溶液，1 mol·L^{-1}的 $CaSO_4$ 溶液，体积分数为 5%的 H_2SO_4)滤去波长大于 360 nm 的光波，并且反应器光程大于 15 mm 时，式(Ⅲ-36-10)

可进一步简化为

$$n_{Fe^{2+}} = I_0 \cdot t \cdot \sum_i (\eta_i \lambda_i \Phi^i_{Fe^{2+}}/254) \qquad (Ⅲ-36-11)$$

因此，$n_{Fe^{2+}}$ 对 t 作图，由直线斜率可计算光源在 254 nm 处的光强 I_0。

表Ⅲ-36-1　20 ℃下 $K_3Fe(C_2O_4)_3$ 露光计 Fe(Ⅱ)的量子产率

波长/nm	$[K_3Fe(C_2O_4)_3]/(mol \cdot L^{-1})$	吸收分数(l=15 mm)	$\Phi_{Fe^{2+}}$
570	0.15	0.188	0.013
577	0.15	0.188	0.013
546	0.15	0.061	0.15
509	0.15	0.132	0.86
480	0.15	0.578	0.94
468	0.15	0.85	0.93
436	0.15	0.997	1.01
	0.006	0.615	1.11
405	0.006	0.962	1.14
366	0.006	1	1.21
	0.15	1	1.15
334	0.006	1	1.23
313	0.006	1	1.24
297 302	0.006	1	1.24
253.7	0.006	1	1.25

(二) 注意事项

1. 用分光光度计测量 Fe^{2+} 是很灵敏的，因而使其有可能使用弱光源或持续较短的辐照时间。

2. 在配制溶液时，为防止室内光线的影响，应在暗室中操作，使用晒图用红色感光灯照明。

(三) 提问

配制 $K_3Fe(C_2O_4)_3 \cdot 3H_2O$ 溶液时应注意哪些问题?

五、实验总结

1. 绘制 Fe^{2+} 浓度测定的标准曲线。
2. 计算光化学反应生成 Fe^{2+} 的数量。

3. 计算入射到反应池前窗内侧的光强度。

六、实验延伸

比较光电倍增管法、热电堆法和本实验的优缺点,查资料写出其他两种方法测定光强度的实验方案、所用仪器。

七、思考题

1. 化学露光计应具备哪些条件?
2. $K_3Fe(C_2O_4)_3$ 溶液的浓度与要求的光程长度有何关系?

参考文献

顾平,颜育平. 1993. 紫外线光源的光强度测定方法. 中国给水排水,9(4):39-42
康熙惠,刘梅清. 1995. 光化学原理与应用. 天津:天津大学出版社

实验三十七　铁氧化物的循环储氢性能

一、实验目的

1. 了解铁氧化物的储-放氢原理;
2. 利用固定床-流动气相反应系统装置评价铁氧化物的循环储氢性能。

二、基本原理

氢能作为一种储量丰富、来源广泛、能量密度高的绿色能源载体,正引起人们的广泛关注。作为能源,氢有以下特点:

(1) 氢是自然界存在的最普遍的元素,据估计它构成了宇宙质量的75%,除空气中含有氢气外,它主要以化合物的形态储存于水中。据推算,如果把海水中的氢全部提取出来,它所产生的总热量是地球上所有化石燃料放出热量的9000倍。

(2) 除核燃料外,氢的发热值比所有化石燃料、化工燃料和生物燃料都高,为142 351 $kJ \cdot kg^{-1}$,是汽油发热值的3倍。

(3) 氢燃烧性能好,点燃快,与空气混合时有广泛的可燃范围,而且燃点高,燃烧速度快。

(4) 氢燃烧时最清洁,除生成水和少量氮化氢外不会产生如一氧化碳、二氧化碳、碳氢化合物、铅化物和粉尘颗粒等对环境有害的污染物质,少量的氮化氢经过适当的处理也不会污染环境,而且燃烧生成的水还可继续制氢,循环使用。

(5) 氢能利用形式多,既可以通过燃烧产生热能,在热力发动机中产生机械功,又可以作为能源材料用于燃料电池,或转换成固态氢用作结构材料。由以上特点可以看出,氢能源是21世纪最具发展潜力的替代能源。

氢能利用需要解决以下3个问题:氢的制取、储运和应用,而氢的储运则是氢能应用的关键。

理想的固体储氢材料必须具有以下特点：①储氢量要大：据美国能源委员会报道，一种储氢材料要能达到应用程度，其氢气的存储容量必须达到 6.5%(质量分数)或 62 kg/m^3(美国能源部氢计划标准简称为 DOE 标准)以上；②释氢温度低；③吸氢和释氢过程可逆；④要有良好的可逆循环性；⑤容易活化且滞后效应小；⑥具有良好的抗中毒能力；⑦成本低；⑧材料稳定安全。

根据氢的气体特性，目前的储氢方法主要有：①高压压缩储氢；②低温液态储氢；③金属氢化物储氢(储氢合金)；④配位氢化物储氢；⑤碳纳米管储氢；⑥新型铁氧化物储氢。目前，国内外在合金储氢材料、碳质储氢材料和硼氢化物储氢材料领域，仍处于试图接近理想的固体储氢材料标准的研究阶段。即使通过研究，使上述储氢材料达到了理想固体储氢材料的储氢标准，但材料的制备及使用成本依然很高且难以采用。

铁氧化物的储-放氢原理如式(Ⅲ-37-1)和式(Ⅲ-37-2)所示：

第一步　氢的储存(还原)：$Fe_3O_4 + 4H_2 \longrightarrow 3Fe + 4H_2O$　　(Ⅲ-37-1)

(初始态反应为：$Fe_2O_3 + 3H_2 \longrightarrow 2Fe + 3H_2O$)

第二步　氢的释出(氧化)：$3Fe + 4H_2O \longrightarrow Fe_3O_4 + 4H_2$　　(Ⅲ-37-2)

首先，铁氧化物被 H_2 还原为 Fe，这一步相当于氢的储存；然后，“储存了氢的”活性使 Fe 与 H_2O 反应放出 H_2(同时生成 Fe_3O_4)，氢气直接供给燃料电池，这一步相当于氢的放出。该储-放氢过程可循环。

根据式(Ⅲ-37-2)，1 mol 活性 Fe 可生成 1.33 mol H_2，以 Fe 为基准，该材料的理论储氢量可达 4.8%(质量分数)，远高于目前最好的储氢合金 Mg-Ni 3.6%(质量分数)的储氢量，而且铁和铁氧化物作为储氢材料具有成本廉价、无毒、无污染、高温下稳定性好、车载过程安全性高的优点。因此，该材料及其储氢技术有着很强的实用性和潜在的应用前景。

三、仪器和试剂

仪器：自行设计的 WFSM-3012 储氢性能评价装置；SP-6890 气相色谱仪。

试剂：Fe_2O_3 粉(分析纯)。

四、实验步骤

1. 铁氧化物的储氢性能评价装置。

铁氧化物的储氢性能评价是通过自行设计的 WFSM-3012 储氢性能评价装置进行的。该催化剂评价装置的主要部分为固定床-流动气相反应系统，可用于评价储氢材料的循环储-放氢性能，主要考察的储氢参数为：①循环储-放氢温度(放氢速率为 250 μmol · min^{-1} · Fe · g^{-1}时的放氢温度)；②储-放氢循环次数；③储氢总量；④放氢反应的反应速率。

图Ⅲ-37-1 是自行设计的 WFSM-3012 储氢性能评价装置示意图。将样品(已研磨细)填充于固定床上的石英管(内径 8 mm)反应器的中间，进行氧化还原反应，样品质量为 0.2000～0.3000 g。

样品的还原和氧化的升温程序分别如图Ⅲ-37-2(a)和图Ⅲ-37-2(b)所示。

2. 实验过程及条件。

步骤 1　氢的储存(还原过程)：反应器中的样品(铁的氧化物)在 H_2 和 Ar 的混合气氛中进行，按照图Ⅲ-37-2(a)的还原程序可知，还原程序段的第一段以 10 ℃ · min^{-1}的速率从室温线性升温到 200 ℃，然后进行还原程序段的第二段，以 4 ℃ · min^{-1}的速率从 200 ℃线性升温至 500 ℃，并保持该温度直至 H_2 的消耗量为零时止，此时还原反应结束。该过程可将

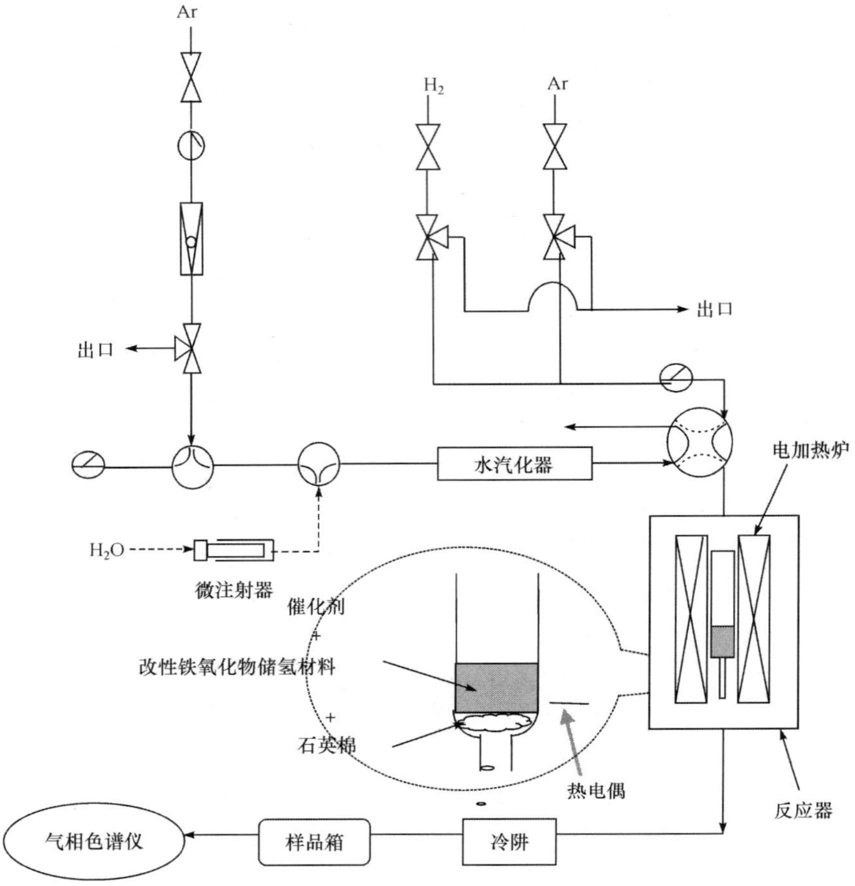

图Ⅲ-37-1　储氢性能评价反应系统装置

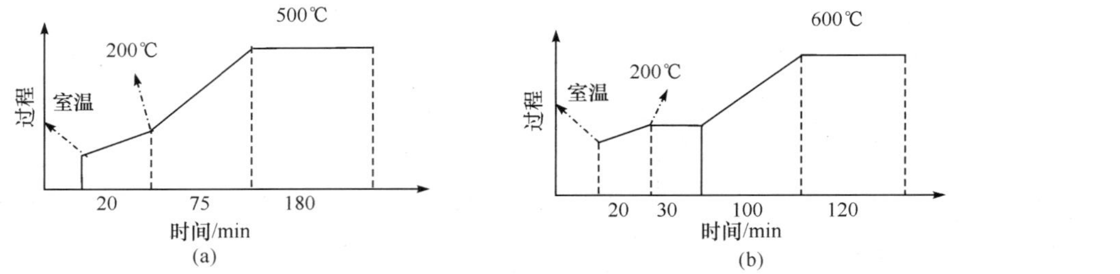

图Ⅲ-37-2　还原(a)氧化(b)程序升温图

Fe_3O_4(初始态为 Fe_2O_3)还原成活性 Fe。在还原过程中,H_2 和 Ar 的混合体积比为 1∶1,混合气的总流速为 40 mL·min^{-1},H_2 为还原剂(分压 50 kPa),Ar 为载气(各自分压为 50 kPa)。然后,关闭 H_2,用流速为 40 mL·min^{-1}的纯 Ar 吹扫吸附在样品表面的 H_2 及气路中残余的 H_2,直至检测不到 H_2 为止,并将样品自然冷却至室温。然后开始氧化过程。

步骤 2　氢的放出(氧化过程):其氧化程序如图Ⅲ-37-2(b)所示,在 Ar 气体流量为 40 mL·min^{-1}的气氛中从室温线性升温到 200 ℃(10 ℃·min^{-1}),此时旋转四通阀,以 0.007 mL·min^{-1}的流量将水(煮沸除去 CO_2、O_2 后的蒸馏水)注入并经气化器气化后和流量为 40 mL·min^{-1}的另一路 Ar 一起进入反应器,保持 200 ℃的温度 30 min,接着再线性升温到 600 ℃(4 ℃ · min^{-1}),并保持此温度直到气相色谱仪(GC)检测不到 H_2 生成为止,氧化过程结束。该过程可将 Fe 氧化成 Fe_3O_4。

氧化还原过程中 H_2 的含量用气相色谱(GC)热导检测(TCD)。上述步骤 1 和步骤 2 的实验过程称为标准实验条件,以后在不做特殊说明的情况下,样品储氢性能评价均按标准实验条件进行。

3. Fe_2O_3 的产氢速率随温度和时间变化的动力学曲线绘制。

材料性能的实验数据纪录模式如图Ⅲ-37-3 和图Ⅲ-37-4 所示(是以三氧化二铁为原料未加催化剂的 4 次循环储氢性能参数的纪录模式)。

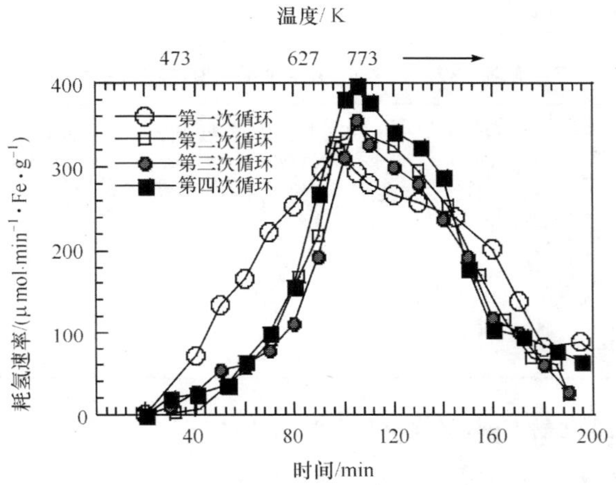

图Ⅲ-37-3 氢气在 Fe_2O_3 粉上的储存
(4 次循环)

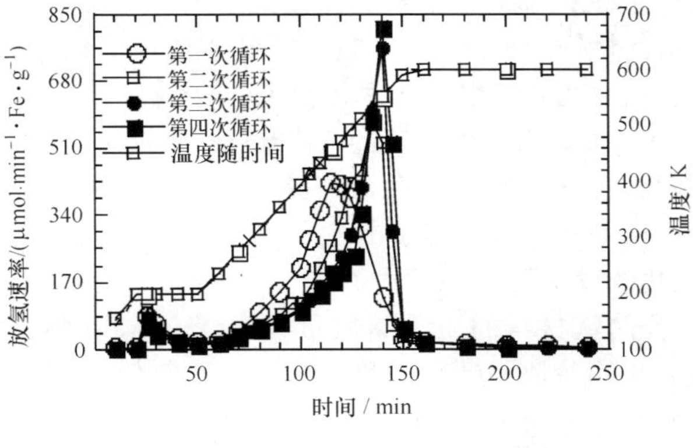

图Ⅲ-37-4 氢气在 Fe_2O_3 粉上的放出
(4 次循环)

图Ⅲ-37-3 是 H_2 的消耗速率随时间和温度变化的动力学曲线,该曲线对应于第一步氢气的储存(还原)过程:$Fe_3O_4 + 4H_2 \longrightarrow 3Fe + 4H_2O$(初始态反应为:$Fe_2O_3 + 3H_2 \longrightarrow 2Fe + 3H_2O$)。

从该动力学曲线可获得 4 次循环中不同时间、不同温度下消耗氢的最大速率,消耗氢的总量(曲线面积积分),从而可以确定 FeO_x 被完全还原(氢气储存)的升温程序。

图Ⅲ-37-4 是 H_2 的生成速率随时间和温度变化的动力学曲线,该曲线对应于第二步氢的释出(氧化)过程:$3Fe+4H_2O \longrightarrow Fe_3O_4+4H_2$。从该动力学曲线可获得 4 次循环中不同时间、不同温度下的放氢速率、放氢温度以及放氢总量(曲线面积积分)。

氢气生成速率的计算公式如下:

$$u=(\nu \times A \times d)/(V \times m_{Fe})$$

式中,u 为放氢速率,$\mu mol \cdot min^{-1} \cdot Fe \cdot g^{-1}$;$\nu$ 为气体流量,$mL \cdot min^{-1}$;A 为峰面积,a;d 为校正系数,$mol \cdot a^{-1}$;V 为定量管体积,mL;m_{Fe}为铁元素质量,g。

五、实验总结

1. Fe_2O_3 4 个循环的放氢性质。

表Ⅲ-37-1 Fe_2O_3 4 个循环的放氢性质

样品	循环	峰温/℃	放氢速率为 250 $\mu mol \cdot min^{-1} \cdot Fe \cdot g^{-1}$时的放氢温度/℃	放氢速率/($\mu mol \cdot min^{-1} \cdot Fe \cdot g^{-1}$)			质量储氢量/%
				在峰温时	在 300 ℃时	在 350 ℃时	
Fe_2O_3 粉	第一次						
	第二次						
	第三次						
	第四次						
	平均值						

2. Fe_2O_3 的产氢速率随温度变化的动力学曲线绘制。

3. Fe_2O_3 的产氢速率随时间变化的动力学曲线绘制。

六、思考题

1. 总结目前储氢方法的优缺点?

2. 铁氧化物储氢材料,改性前储存了氢的活性铁与水反应的温度大于 500 ℃,如果进行掺杂改性,则储存了氢的活性铁与水的反应温度可降到 300 ℃以下,因而具有了实用价值。可对该技术作以下实用化设想:在氢气生产厂家将铁氧化物(初始态为 Fe_2O_3)还原成活性 Fe,Fe 被镶嵌在特制的盒子中(可称它为“氢气发生器”)运往“加油站”,“加油站”将盒子提供给燃料电池汽车;当水注入盒子时,将有纯氢气生成并提供给燃料电池以驱动汽车。使用过的盒子在“加油站”重新更换,更换下来装有 Fe_3O_4 的盒子再运往氢气生产厂家被还原,盒子可循环使用。你还有其他实用化的设想吗?

3. 已有研究表明,若储氢材料的质量储氢量大于 4.0%(质量分数),体积储氢量接近 $50\ kg \cdot m^{-3}$,就具有商业使用价值。已知车载燃料电池行驶 500 km,需要 5 kg H_2。若速率按 $180\ km \cdot h^{-1}$计算,消耗完 5 kg H_2 需要 167 min,而需要“储存了氢”的 Fe 材料多少千克?

参考文献

毛宗强. 2005. 氢能——21 世纪的绿色能源. 北京:化学工业出版社

王小芳,王惠,田勇,等. 2007. 一种新型储氢材料——改性四氧化三铁的储氢性能研究. 化学学报,65(7):601-606

Cannon J S. 1994. Hydrogen vehicle programs in the U S A. Int. J. Hydrogen Energy,19(11):905-909

Otsuka K, Kaburagi T, Yamada C, et al. 2003. Chemical storage of hydrogen by modified iron oxide. J. Power Sources,122:111-121

Otsuka K, Takenaka S. 2004. Storage and supply of pure hydrogen mediated by the redox of iron oxides. Japan Petroleum Institute, 47(6): 377-386

Otsuka K, Yamada C, Kaburagi T, et al. 2003. Hydrogen storage and production by redox for polymer electrolyte fuel cell vehicles. Int. J. Hydrogen Energy, 28: 335-342

Wang H, Takenaka S, Otsuka K. 2006. Hydrogen storage properties of modified fumed-Fe-dust generated from a revolving furnace at a steel industy. Int. J. Hydrogen Energy, 31: 1732-1746

Wang H, Wang X S, Wang X F, et al. 2007. Studies on a new material for hydrogen storage and supply by modified Fe and Fe_2O_3 powder. Chinese Journal of Chemistry, 25(7): 883-887

实验三十八 X 射线粉末衍射法测定晶格常数

一、实验目的

1. 学习并了解 X 射线衍射仪的构成与工作原理；
2. 掌握 X 射线衍射仪的基本使用方法与粉末样品的制备方法；
3. 学习和掌握用 X 射线衍射谱计算多晶体的晶格常数。

二、基本原理

晶体是由其结构基元在三维空间内按长程有序排列而成的固体物质，组成晶体的质点在空间按一定方式有规律地周期排列，成为空间点阵(图Ⅲ-38-1)。点阵中由质点组成的平面称为晶面，为了描述这样一组平行等距的面网，Miller 提出了利用晶面在晶胞坐标轴 x、y、z 上的相应截距 p、q、r(图Ⅲ-38-2)。然后取截距的倒数取其最简单的整数比(hkl)称为晶面指数。而两相邻平行晶面间的垂直距离——晶面间距，是从原点作某晶面(hkl)的法线，则法线被邻近的两个晶面(hkl)所交截的线段的距离，用 d_{hkl} 表示。不同晶系的晶面间距可由晶胞参数和晶面指数求得。

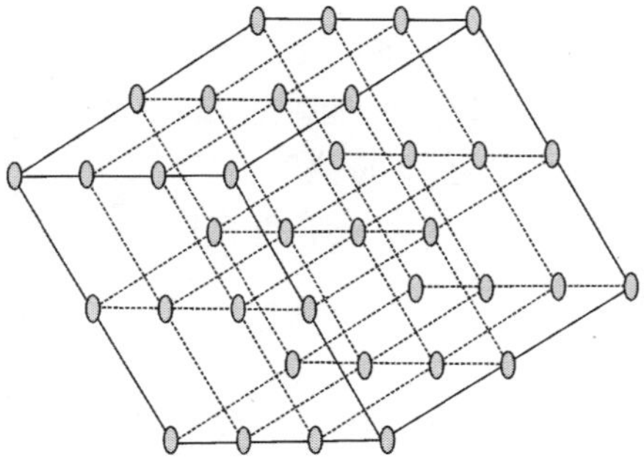

图Ⅲ-38-1 空间点阵示意图

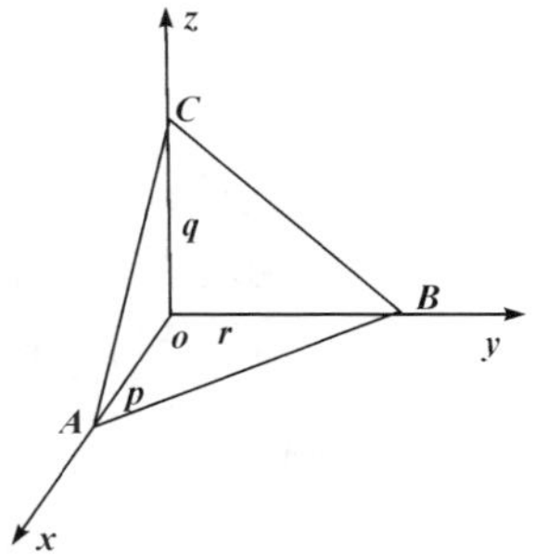

图Ⅲ-38-2 晶面指数示意图

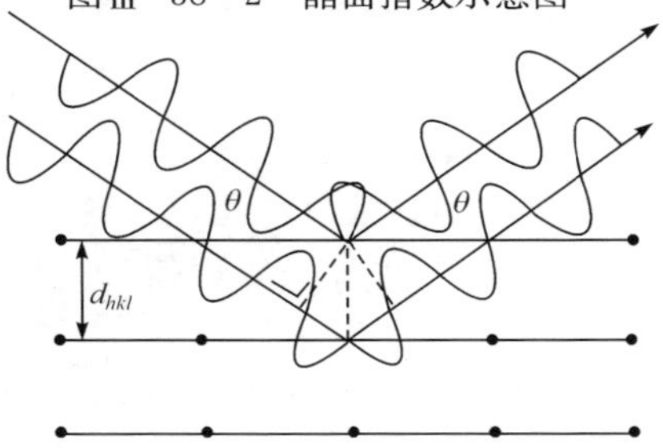

图Ⅲ-38-3 Bragg 的衍射条件示意图

X 射线是一种电磁波，当波长与晶面间距相近的 X 射线入射晶体时，由于每一种结晶物质都有各自独特的化学组成和晶体结构，因此没有任何两种物质的晶胞大小、质点种类及其在晶胞中的排列方式是完全一致的。晶体中产生周期变化的电磁场。原子中的电子和原子核受迫振动，原子核的振动因其质量很大而忽略不计。振动着的电子成为次生 X 射线的波源，其波长、周相与入射光相同。基于晶体结构的周期性，晶体中各个电子的散射波可相互干涉相互叠加，称之为衍射(图Ⅲ-38-3)。散射波周相一

致相互加强的方向称衍射方向,产生衍射线,它们之间的关系服从 Bragg 方程:

$$2d\sin\theta = n\lambda \qquad (\text{Ⅲ}-38-1)$$

式中,d 为晶面间距;θ 为衍射角;n 为衍射级数;λ 为入射光特征波长。

在实际衍射测试过程中,若晶体结构完整,则衍射线的宽度仅是由晶块尺寸造成的,即仅有晶块尺寸大小、不均匀应变和堆积层错的影响,而且晶块尺寸是均匀的,则可利用谢乐(Scherrer)方程计算颗粒的大小:

$$D = K\lambda/\beta\cos\theta \qquad (\text{Ⅲ}-38-2)$$

式中,K 为谢乐常数,其值为 0.89;D 为晶粒尺寸,nm;β 为积分半高宽度,在计算的过程中,需转化为弧度,rad;θ 为衍射角;λ 为 X 射线波长,为 0.154 056 nm,计算晶块尺寸时,一般采用低角度的衍射线,若晶块尺寸较大,可用较高衍射角的衍射线来代替。此式适用为1～100 nm。

X 射线衍射仪是一种采用衍射光子探测器和测角仪来记录衍射线位置及强度的大型精密仪器,主要由 X 射线发生系统、测角控制系统、探测及记数据处理系统三大部分组成,参见第Ⅳ部分"十七"。实验过程中,X 射线管经发散狭缝发出特征 X 射线照射到样品上,衍射信息经防散射狭缝、接收狭缝而进入检测器上,经过数据采集、处理系统即可得到物质的 X 射线衍射信息。

三、仪器与试剂

仪器:X 射线衍射仪。

试剂:NaCl 多晶粉末(分析纯)。

四、操作步骤

(一) 样品的制备

X 射线衍射分析的粉末试样必须满足这样两个条件:晶粒要细小,试样无择优取向(取向排列混乱)。所以,通常将试样研细后使用,可用玛瑙研钵研细。定性分析时粒度应小于 44 μm(350 目),定量分析时应将试样研细至 10 μm 左右。较方便地确定 10 μm 粒度的方法是,用拇指和中指捏住少量粉末,并碾动,两手指间没有颗粒感觉的粒度大致为 10 μm。把样品粉末尽可能均匀地洒入样品架中,使样品在窗孔内摊匀堆好,用玻璃垂直压片来制作试片。所制备样品试片表面平整,不能高出也不能低于样品架的基准面。

(二) 样品测试

1. 开机前的准备和检查。

将制备好的试样放入衍射仪样品台,盖上顶盖关闭防护罩;开启水龙头,使冷却水流通;X 光管窗口应关闭,管电流、管电压表指示应在最小位置;接通总电源。

2. 开机操作。

开启衍射仪总电源,启动循环水泵;待数分钟后,打开计算机 X 射线衍射仪应用软件,设置管电压、管电流至需要值,设置合适的衍射条件及参数,开始样品测试。

3. 停机操作。

测量完毕,关闭 X 射线衍射仪应用软件;取出试样;15 min 后关闭循环水泵,关闭水源;关闭衍射仪总电源及线路总电源。

（三）注意事项

1. 由于 X 射线对人体有辐射危险，未经老师的同意请不要随便动用仪器。
2. 严格遵守实验步骤，以免仪器出错，耽误实验进程。
3. 在实验完毕后，先关闭 X 射线衍射仪，15 min 后关冷却水，确保水电关好后再离开。

五、实验总结

（一）数据处理

1. 原始数据用 Origin 等将实验结果进行作图，转贴到 Word 文档上，根据样品衍射谱图求取所做样品的特征峰分布。
2. 列出待分析试样衍射曲线 2θ、强度、衍射峰宽等数据，进行晶体的物相定性分析。
3. 计算出相应的晶面间距 d 值。

样品名称	分析条件	2θ	I	$(I/I_{max})/\%$	d 值

（二）实验讨论

不同样品及不同实验分析条件下衍射谱图的变化都有一定的规律，请根据所使用样品选择合适的实验条件，当选用 Cu 靶进行无机化合物的相分析时，扫描范围一般为 90°～2°（2θ）；对于高分子、有机化合物的相分析，其扫描一般为 60°～2°，扫描步长一般为 0.02°，扫描速度一般为 2°/min，电压一般为 30～40 kV，电流一般为 30～40 mA。接收狭缝宽度一般为 0.15 nm。

六、实验延伸

（一）其他方法

研究粉末样品的 X 射线衍射最常用的实验方法目前除粉末衍射仪法外，还有粉末照相法和 Guinier 照相法，用粉末衍射仪法获得的衍射强度数据的准确度远高于照相方法，但照相法中设备的使用、调整等也较简单，设备费用较低。衍射仪法的设备复杂，费用昂贵，但技术先进，容易自动化、智能化。

（二）X 射线物相的定量分析与应用

1. 物相分析：特征 X 射线衍射图谱不会因为其他物质混聚在一起而产生变化，这就是 X 射线衍射物相分析方法的依据。制备各种标准单相物质的衍射花样并使之规范化，将待分析物质的衍射花样与之对照，从而确定物质的组成相，就成为物相定性分析的基本方法。鉴定出各个相后，根据各相花样的强度正比于改组分存在的量（需要做吸收校正者除外），就可对各种组分进行定量分析。目前，常用衍射仪法得到衍射图谱，用“粉末衍射标准联合会”（JCPDS）编写“粉末衍射卡片”（PDF 卡片）进行物相分析。

2. 点阵常数的精确测定：通过测定 X 射线衍射线衍射花样中每一条衍射线的位置均可得出每根反射线的密勒指数，随后就可根据不同的晶系用相应的公式计算点阵常数。晶面间距测量的精度随 θ 角的增加而增加，θ 越大得到的点阵常数值越精确，因而点阵常数测定时应选用高角度衍射线。误差一般采用图解外推法和最小二乘法来消除。

3. 应力的测定：X 射线测定应力以衍射花样特征的变化作为应变的量度。应力导致某些区域晶面间距增加或减少，结果使衍射线向不同方向位移，使其衍射线漫散宽化，因此可通过 X 射线强度的变化测定超微观应力。X 射线测定应力具有非破坏性、可测小范围局部应力、可测表层应力、可区别应力类型、测量时无需使材料处于无应力状态等优点。

4. 单晶取向测定：单晶取向的测定就是找出晶体样品中晶体学取向与样品外坐标系的位向关系，X 衍射法不仅可以精确地单晶定向，同时还能得到晶体内部微观结构的信息。

七、思考题

1. X 射线谱图分析鉴定应注意什么问题?
2. 如何进行样品的物相分析?

参考文献

黄慧中. 2003. 纳米材料分析. 北京:化学工业出版社
刘粤惠. 2003. X 射线衍射分析原理与应用. 北京:化学工业出版社
许并社. 2003. 纳米材料及应用技术. 北京:化学工业出版社

Ⅳ. 物理化学实验常用仪器及技术

一、温 度 计

温度是表示系统热平衡状态的热力学性质，也是表示系统状态的一个基本参量。温度反映系统内部质点平均动能的大小。不同温度的物体相接触，必然有热量从高温物体传至低温物体，或者说两个物体处于热平衡时温度相同，这就是温度测量的基础——热平衡定律或热力学第零定律。

温度的量值与温标的选定有关。

（一）温 标

温标是对温度量值的表示方法。确立一种温标应包括：选择测量仪器、确定固定点以及对分度方法加以规定。下面介绍三种最常用的温标。

1. 热力学温标

热力学温标也称开尔文(Kelvin)温标。它建立在卡诺(Carnot)循环的基础上，是与工作介质无关的一种理想的科学温标。由于它建立在纯理论的基础上，因此，需要寻找一个可以使用的温度计来实现。理想气体在定容下的压力或定压下的体积与热力学温度成严格的线性函数关系，因此选定气体温度计来实现热力学温标。氦、氢、氮等气体，在温度较高、压强不太大的条件下，其行为接近于理想气体。所以，这种气体温度计的读数可以校正成热力学温标。原则上说，其他温度计都可以用气体温度计来标定，使温度计的校正读数与热力学温标相一致。

热力学温标用单一固定点定义。1948 年第九次国际计量大会决定，定义水的三相点的热力学温度为 273.16 度，水的三相点到绝对零度之间的 1/273.16 为热力学温标的 1 度。热力学温标的符号为 T，单位符号 K。水的三相点即以 273.16 K 表示。

2. 摄氏温标

摄氏温标使用较早，应用方便。它以水银-玻璃温度计来测定水的相变点，规定在标准压力 $p^{\ominus}$下，水的凝固点为 0 ℃，沸点为 100 ℃，在这两点之间划分为 100 等分。每等分代表 1 ℃，以℃表示。摄氏温标的符号为 t。

在定义热力学温标时，水三相点的热力学温度本来是可以任意选取的，但为了和人们过去的习惯相符合，规定水三相点的热力学温度为 273.16 K，使得水的沸点和凝固点之间仍保持 100 ℃。这就是热力学温标与摄氏温标之间只相差一个常数。

因此，以热力学温标对摄氏温标重新定义，即

$$t = T - 273.15 \qquad (\text{Ⅳ}-1-1)$$

根据这个定义，273.15 为摄氏温标 0 ℃的热力学温度值，它与水的凝固点不再有直接联系。不过，其优越性是明显的，开尔文温度与摄氏温度的分度值相同，因此温度差可用 K 表示也可用℃表示。

3. 国际实用温标

由于气体温度计的装置非常复杂,使用不便。为了更好地统一国际间的温度量值,现在采用《1965年国际实用温标IPTS-68(75年修订版)》。1976年又将测温范围扩展到0.519 K,用EPT-76表示。

国际实用温标是以一些可复现的平衡态(定义固定点)的指定值以及在这些温度点上分度的标准仪器作为基础的。

1) 固定点

温度计只能通过测温物质的某些物理特性来显示温度的相对变化,其绝对值还要用其他方法予以标定。通常以一定条件下某些高纯物质的相变温度作为温标的定义固定点。此外,还规定了一些参考点,通常称为第二参考点。

2) 温度计

国际实用温标规定,从低温到高温划分为四个温区,在各个温区分别选用一个高度稳定的标准温度计来度量各固定点之间的温度值。这四个温度区及相应的标准温度计如表Ⅳ-1-1所示。

表Ⅳ-1-1　各个温度区及相应的标准温度计

温度范围		标准温度计
T/K	t/℃	
13.81～273.15	−259.34～0	
273.15～903.89	0～630.74	铂电阻温度计
903.89～1337.58	630.74～1064.43	铂-铑(10%)-铂热电偶
>1377.58	>1064.43	光学高温计

3) 分度法

由于标准温度计的特性变化与温度的变化并非呈简单的线性关系,因此在固定点之间的温度值,采用一些比较严格的内插公式求得,力求与热力学温标相一致。

(二) 温　度　计

用来测量温度的物质都具有某些与温度密切相关,而且又能严格复现的物理性质,如体积、长度、压力、电阻、温差电势、频率以及辐射波等。利用这些特性可以设计并制成各类测温仪,即温度计。

1. 分类

温度计的种类很多,通常可分为接触式和非接触式两大类。如果按用途分,则有温度测量和温差测量两类。

接触式温度计是基于热平衡原理设计的。利用物质的体积、电阻、热电势等物理性质与温度之间的函数关系制成的温度计,都属于这一类。测温时需将温度计触及被测系统,使其与系统处于热平衡,二者温度相等。这样由测温物质的特定物理参数就可换算出系统的温度值,也可将物理参数值直接转换成温度值显示出来。常用的水银温度计就是根据水银的体积,直接在玻璃管壁上刻以温度值的。铂电阻温度计和常见的热电偶温度计则分别利用其电阻和温差电势来指示温度。

利用电磁辐射的波长分布或强度变化与温度间的函数关系制成的高温计系非接触型的全辐射光学高温计、灯丝高温计和红外光电温度计都属于这一类。

在精密热效应测量中，都使用精密度较高的接触式温度计。表Ⅳ-1-2 按设计原理及制作材料的不同，分别介绍了一些常用的温度计。下面将对其中部分温度计作详细讨论。

表Ⅳ-1-2　常用温度计

类别	使用范围/℃	分辨率/℃	使用要求	特点
液体-玻璃温度计			恒温、恒压	简单、价廉、响应慢，误差来源较多，易损坏
(1) 水银	−30～+360	$\geq 10^{-2}$		
(2) 水银(充气)	−30～+600	$\geq 10^{-1}$		准确度稍差
(3) 乙醇	−110～+50	10^{-1}		线性较差
(4) 戊烷	−190～+20	10^{-1}		
(5) 贝克曼	(量程 5)	10^{-3}		专作温差测量用
热电偶温度计		$\geq 10^{-3}$	毫伏计或电桥，冷端温度	体积小，操作简单。测量误差较小；制作再现性较差，接点及材料的非均一性可引起额外电位
(1) 铜-考铜	−250～+300			热电势较大；材质易氧化，需常标定
(2) 镍铬-镍硅	−200～+1100			可在 1300 ℃短时间使用
(3) 铂铑-铂	−100～+1500	10^{-2}		价格高，热电势较小，不能在还原性气氛中使用
(4) 半导体	−200～+500	10^{-4}		可在 1700 ℃短时间使用
电阻温度计			稳定电源电势测量	响应快
(1) 铂	−260～+1100	10^{-4}		灵敏，准确；成本高
(2) 半导体	−273～+300	10^{-4}		小，轻，响应值大；非线性，稳定性差，需常标定，适于温差测量
石英频率温度计	−78～+240	10^{-2}		两个探头，可作温差测量用，温差分辨率可达 10^{-4}K
气体温度计		10^{-2}	恒容或恒压，气压计可膨胀仪	线性好；体积大，响应慢，使用不方便，通过精确计算，可作为重现热力学温标的基准温度计
(1) He	−269～0			
(2) H_2	0～+110			
(3) N_2	+110～+1550			
蒸气压温度计	−272～−173	10^{-2}	气压计	灵敏，简便，量程很小
辐射高温计				非接触，不干扰被测系统；与被测物体表面辐射情况有关，需标定
(1) 灯丝式	700～2000	10^{0}		
(2) 全辐射式	700～2000	10^{0}		
(3) 光电式	150～1600	10^{-2}		对被测对象的辐射系数要校正

2. 液体-玻璃温度计

1) 液体温度计

通常所说的液体温度计，应称为液体-玻璃温度计较为合理。以液体作为测温物质，由于玻璃的膨胀系数很小，而毛细管又是均匀的，因此测温液体的体积变化可用长度改变量来表示，在毛细管上直接标出温度值来。液体温度计要达到热平衡需较长时间。特别是在体系降温的测量中常会发生滞后现象，但其构造简单，读数方便，价格较低，所以，迄今仍是使用最为普遍的一个大类，如酒精温度计。

实验时使用较多的温度计是“全浸式”水银温度计，另外有一种“局部浸入式”温度计，其浸入深度规定为 75 mm。若环境温度不为 20 ℃，则应按一定标准加以修正。

2) 水银温度计

水银-玻璃温度计是摄氏温标的基础。水银的体积膨胀系数，在相当大的温度范围内变化很小。因此，在众多液体温度计中，以水银温度计的使用最为广泛。如按其刻度和量程的不同，还可将水银温度计分为：

(1) 刻度间隔为 1 ℃，量程有 0～100 ℃、0～250 ℃、0～360 ℃等。

(2) 刻度间隔为 0.1 ℃，每一支量程为 50 ℃或更小一些，多支交叉组合量程可达－10～＋200 ℃或＋400 ℃等。

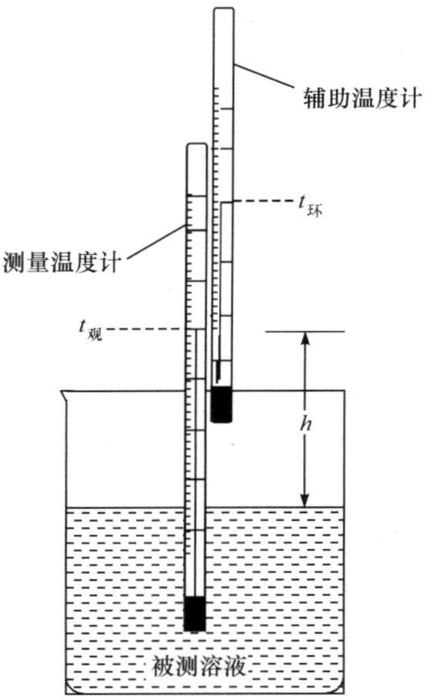

图Ⅳ-1-1 温度计露茎校正示意图

(3) 刻度间隔 0.01 ℃或 0.02 ℃的精密温度计。其量程只有 10 ℃或 15 ℃，只适于室温使用。可作为热量计或精密控温设备的测量附件。

(4) 高温水银温度计，用特硬玻璃做管壁，其中充以氮或氩，最高可测至 600 ℃。若以石英制成，则可测至 750 ℃。

3) 水银温度计的校正

大部分水银温度计为“全浸式”的，使用时应将其完全置于被测系统中，使二者完全达到热平衡。但实际使用中往往做不到这一点，所以，在较精密的测量中需作校正。此外，还有其他因素也会影响到测量的可靠性，同样也需校正。通常，引起误差的原因和校正方法有：

(1) 零点校正。由于水银温度计下端玻璃球的体积可能会有所改变，导致温度读数与真实值不符，因此必须校正零点。对此，可以把温度计与标准温度计进行比较，也可以用纯物质的相变点标定校正。冰水系统是最常使用的一种。

(2) 露茎校正。全浸式水银温度计如有部分露在被测系统之外，则因温度差异必然引起误差。这就必须作露茎校正。其方法如图Ⅳ-1-1 所示。校正值按式(Ⅳ-1-2)计算：

$$\Delta t_{露} = 1.6 \times 10^{-1} h(t_{观} - t_{环}) \qquad (Ⅳ-1-2)$$

式中，系数 1.6×10^{-1} 为水银对玻璃的相对膨胀系数，$℃^{-1}$；h 为露出于被测系统之外的水银柱长度，称为露茎高度，以温度差值(℃)表示；$t_{观}$ 为测量温度计上的读数；$t_{环}$ 为环境温度，可用一只辅助温度计读出，其水银球应置于测量温度计露茎高度的中部。

(3) 其他因素的校正。使用精密温度计时，读数前首先须轻轻敲击水银面附近的玻璃壁以防止水银的黏附。其次，应等温度计和被测系统真正建立热平衡，水银柱面不再变动时方能读数。至于变温系统的温度测量往往会造成滞后误差，也应予以校正。此外，还应避免太阳光线、热源和高频场等辐射能的干扰。

3. 热电偶温度计

1）原理

将两种金属导线构成一闭合回路，如果两个节点的温度不同，就会产生一个电势差，称为温差电势。例如，在回路中串接一个毫伏表，则可粗略显示该温差电势的量值（图Ⅳ-1-2）。这一对金属导线的组合就称为热电偶温度计，简称热电偶。

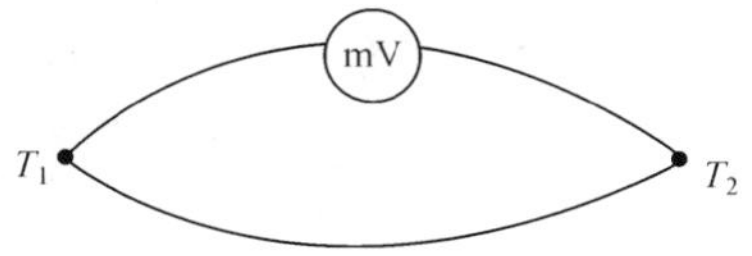

图Ⅳ-1-2　热电偶测温示意图

实验表明，温差电势 E 与两个结点的温度差 ΔT 之间存在着函数关系。若其中一个接点的温度恒定不变，则温差电势只与另一接点的温度有关：$E=f(T)$。通常将其一端置于标准压力 $p^\ominus$ 下的冰水共存系统，那么，由温差电势就可直接测出另一端的摄氏温度值。在要求不高的测量中，可用锰铜丝制成冷端补偿电阻。

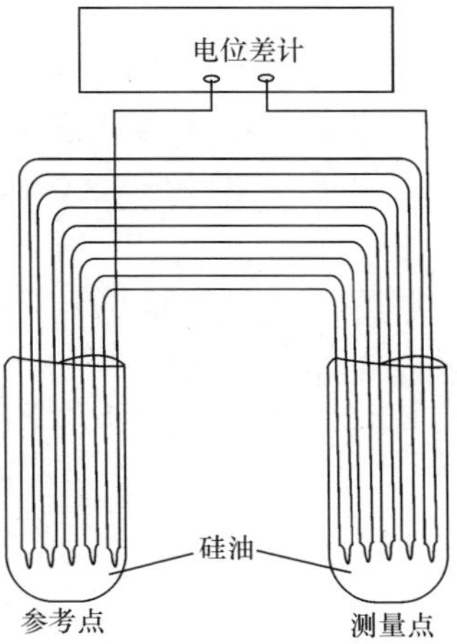

图Ⅳ-1-3　热电堆示意图

2）特点

（1）灵敏度高。如常用的镍铬-镍硅热电偶的热电系数达 40 $\mu V \cdot ℃^{-1}$，镍铬-考铜的热电系数更高，达 70 $\mu V \cdot ℃^{-1}$。用精密的电位差计测量，通常均可达到 0.01 ℃的精度。若将热电偶串联组成热电堆（图Ⅳ-1-3），则其温差电势是单对热电偶电势的加和，灵敏度可达 10^{-4}℃。

（2）重现性好。热电偶制作条件的不同会引起温差电势的差异。但一只热电偶制作后，经过精密的热处理，其温差电势-温度函数关系的重现性极好。由固定点标定后，可在较长时间内使用。热电偶常被用作温度标准传递过程中的标准量具。

（3）量程宽。热电偶的量程仅受其材料适用范围的限制。

（4）非电量变换。温度的自动记录、处理和控制在现代科学实验和工业生产中是非常重要的。这首先要将温度这个非电参量变换为电参量，热电偶就是一种比较理想的温度-电量变换器。

3）种类

热电偶的种类繁多，各有其优缺点。表Ⅳ-1-3 列出几种国产热电偶的主要技术指标。

表Ⅳ-1-3　几种国产热电偶的主要技术指标

类别	型号	分度号	使用温度/℃		热电势允许偏差*		偶丝直径/mm
			长期	短期			
铂铑 10-铂铑	WRLB	LB-3	1300	1600	0～600 ℃ ±2.4 ℃	>600 ℃ ±0.4%t	Φ 0.4～0.5
铂铑 30-铂铑	WRLL	LL-2	1600	1800	0～600 ℃ ±3 ℃	>600 ℃ ±0.5%t	Φ 0.5
镍铬-镍硅	WREU	EU-2	1000	1300	0～400 ℃ ±4 ℃	>600 ℃ ±0.75%t	Φ 0.5～2.5
镍铬-考铜	WREA	EA-2	600	800	0～400 ℃ ±4 ℃	>600 ℃ ±1%t	Φ 0.5～2

* t 为实测温度值，单位：℃。

此外,套有柔性不锈钢管的各种铠装热电偶也已普及。管内装有 $\Phi \leqslant 0.05$ mm 的热电偶丝,用熔融氧化镁绝缘。外径达 $\Phi=1$ mm。长度可按需要自行截取,剥去铠装使热偶丝露出,绞合后焊接即可。

4) 测量

热电偶的测量精度受测量温差电势的仪表制约。直流毫伏表是一种最简便的测温二次仪表,可将表盘刻度直接标成温度读数。该方法精度较差,通常为±2 ℃。使用时,整个测量回路中总电阻值应保持不变。最好是对每支热电偶及其所匹配的毫伏表作校正。

数字电压表量程选择可达 3～6 个数量级。它可以自动采样,并能将电压数据的模量值变换为二进位值输出。数据可输入计算机,便于与其他测试数据综合处理,或反馈以控制操作系统。数字电压的测试精度虽然很高,但它的绝对测量值需作标定。

温差电势的经典测量方式,是用电位差计以补偿法测量其绝对值。

5) 标定和校正

热电偶的温差电势 E 与温度 T 之间关系的标定,一般不是按内插公式进行计算,而是采用实验方法以列表或工作曲线的形式表示。标定时,通常以水的冰点作为参考温度,再根据所需工作范围选择某些固定点进行标定。测量时,应确保热电偶两端处于各自的热平衡状态。标定后的热电偶通称标准热电偶。

工作热电偶常以标准热电偶校正。通常是将它和标准热电偶一起放在某一恒温介质中,逐步改变恒温介质的温度,在热平衡状态下,测量一系列温度下的温差电势,作成工作曲线。

商品型热电偶,在精度要求不是很高的情况下,可由相关温差电势-温度换算表查出。有些较好的热电偶还附有其校正数据。

4. 其他测温温度计

1) 金属电阻温度计

利用测温材料的电阻随温度变化的特性制成的温度计称为电阻温度计。它们与热电偶一样可用于温度的电量转换。在各种纯金属中,铂、铜和镍是制造电阻温度计最合适的材料。其中,铂的熔点高、易于提纯、在氧化性介质中很稳定。它的热容极小,对温度变化响应极快,而且有良好的重现性。所以,规定将铂电阻温度计定为 13.81～903.89 K(−259.34～630.74 ℃)温度范围内,体现国际实用温标的标准温度计。

电阻温度计在低温和中温区的测温性能优于热电偶。实用的铂电阻温度计通常有两种规格,其主要技术指标如表Ⅳ-1-4 所示。表中还有商品型的铜电阻温度计的规格、型号。

表Ⅳ-1-4　电阻温度计的主要技术数据

<table>
<tr><th>热电偶种类</th><th>型号</th><th>分度号</th><th>0 ℃时电阻值 R_0/Ω 及其允差</th><th>100 ℃时的电阻与 0 ℃时电阻之比 R_{100}/R 及其允差</th><th>长期使用温度/℃</th><th colspan="2">分度表的允差 Δt/℃</th></tr>
<tr><td rowspan="2">铂热电阻</td><td rowspan="2">WZB</td><td>BA_1 (Pt-46)</td><td>46±0.046</td><td rowspan="2">1.391±0.001</td><td rowspan="2">−200～500</td><td>−200～0</td><td>0～500</td></tr>
<tr><td>BA_2 (Pt-46)</td><td>100±0.1</td><td>$\pm(0.3+6\times10^{-3}|t|^{*})$</td><td>$\pm(0.3+4.5\times10^{-3}|t|^{*})$</td></tr>
<tr><td>铜热电阻</td><td>WZG</td><td>G</td><td>53±0.053</td><td>1.425±0.002</td><td>−50～150</td><td colspan="2">$\pm(0.3+6\times10^{-3}|t|^{*})$</td></tr>
</table>

* $|t|$ 为测得的摄氏温度绝对值。

铂电阻的阻值变化每度大约只有 0.4%,因此,应使用高精密度的测量仪表。测量回路内电阻、接点的寄生温差电动势以及测量电流引起铂电阻的焦耳热等问题都应尽可能消除。电阻温度计的标定方法与热电偶相同。

2) 石英频率温度计

利用石英晶体的共振频率作为频率标准时,通常要选择其温度系数最小的切割晶面。而石英温度计是利用共振频率与温度关系最大的晶面制成测温元件的,以振荡器测量晶体的共振频率。这种晶体振动频率与温度近似于线性函数关系,可用于测定−80～+250 ℃的温度,其测量精度可达 0.05 ℃。有的产品可在−20～+120 ℃调节,测温量程为 10 ℃,这时测量准确度可达 0.001 ℃。

3) 蒸气压低温温度计

液体的蒸气压是温度的函数。如以蒸气压测量来计算温度值,其精度很高。由此原理设计的氧压温度计,常用于测定液氮的温度,因此可算出液氮的饱和蒸气压。

蒸气压低温温度计体积较大,达到热平衡需时较长。其主要缺点是每种工作物质,只能测定略低于其正常沸点的一个较小量程。

4) 光学高温计(或称辐射式温度计)

对较高温度下的被测物体,可利用光辐射进行测量。测温上限可达 2000 ℃以上。尽管在 2000 K 以至更高温度下,光学高温计是唯一可行的测温方法,但其误差一般较大。在热化学测量中使用不多。

5. 温差测量温度计

对于热效应系统,温度差的精确测量往往更为重要。这里介绍几种常用的温差测量温度计。

1) 贝克曼(Beckmann)温度计

刻度为 0.01 ℃,量程仅为 5～6 ℃,但其使用温度可根据需要在−5～+120 ℃调节。在早期的实验中应用较多,但现在已逐步被数字式温差测量仪所替代。

2) 石英频率温差计

石英频率温度计用两个探头就可测量温差。在外界温度变化不大时,以精度较高的振荡器作为标准,其分辨率可达 10^{-4}℃。

3) 半导体热敏电阻温度计

半导体材料的电阻具有很大的温度系数。其电阻值随温度的上升而呈指数下降。常用的有金属氧化物、锗、碳等材料。一块重 0.2 mg、体积不过 0.03 mm^3 的半导体就可以构成一个热敏元件,而且其温度响应时间可以快到 0.1 s。这些特性对小型监测仪器来说是很有意义的。

半导体热敏电阻的最大缺点是产品技术数据难以控制,而且每个电阻的阻值因老化还会逐渐有所改变,需要经常标定。此外,热敏电阻大多都不适于在较高的温度下使用。在实际测量中,与金属电阻温度计一样可用于温度的电量转换,有着同样的误差来源。

在使用精密电位差计或电桥进行测量时,分辨率可达 10^{-4}～10^{-5}℃。经标定后,可适用于温差测量。

(三) 贝克曼温度计

1. 结构特点

贝克曼温度计是用来精密测量温度差值的水银温度计,如图Ⅳ-1-4所示。其主要特点如下:

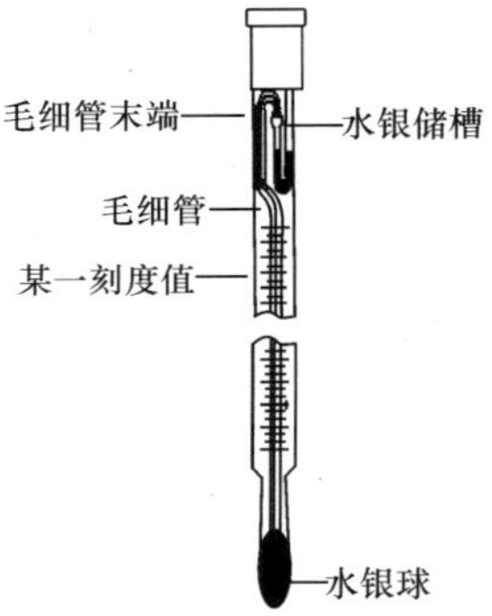

图Ⅳ-1-4 贝克曼温度计

(1) 刻度精细,最小刻线间隔为0.01 ℃,用放大镜可以估读至0.002 ℃或0.001 ℃,测量精密度高。

(2) 量程较短,一般只有5~6 ℃的刻度。

(3) 使用范围较大,可在−20~120 ℃使用。因为在毛细管上端装了一个水银储槽,可用来调节水银球中的水银量,因此可以在不同的温度范围内使用。例如,可用于冰点降低、沸点升高以及燃烧热等热量测量中。

(4) 温差测量,由于水银球中的水银量是可变的,因此水银柱的刻度值就不是温度的绝对读数,只能在其量程范围内读出温度差值。

2. 使用方法

一支调节好的贝克曼温度计,是指在测量的起始温度,毛细管中的水银面应位于刻度尺的合适位置。例如,在测量温度上升时,起始温度 t 应位于贝克曼温度计的1 ℃附近。在温度下降时,温度 t 应位于贝克曼温度计的4 ℃左右。在温度上下波动时,则温度 t 应在中部位置。

方法1:恒温浴调节法

(1) 确定所使用的温度范围。例如,测量水溶液凝固点的降低,需要能读出1~−5 ℃的温度读数;测量水溶液沸点的升高,则希望能读出99~105 ℃的温度读数;至于燃烧热的测定,则室温时水银柱示值在2~3 ℃最为适宜。

(2) 根据使用范围,估计水银柱升至毛细管末端弯头处的温度值。一般的贝克曼温度计,水银柱由刻度最高处上升至毛细管末端,还需要升高2 ℃左右。根据这个估计值来调节水银球中的水银量。例如,测定水的凝固点降低时,最高刻度值拟调节至1 ℃,那么,毛细管末端弯头处的温度应相当于3 ℃。

(3) 连接储槽水银和毛细管水银。若水银球水银量较多,在室温下毛细管水银就已达到末端弯头,此时,只要将温度计慢慢倒转,轻敲水银储槽,使其两水银柱相连接,然后再将温度计慢慢倒转过来即可。

若水银球水银量较少,室温下毛细管水银不到末端弯头,此时,则可用手温或热水浴热水银球,使毛细管水银上升到弯头,并形成小球,取出温度计并倒置,使之与储槽水银相连接,再慢慢将温度计倒转过来。

(4) 调节水银球中的水银量。将一恒温浴调至毛细管末端弯头所应达到的温度,把贝克曼温度计置于该恒温浴中,恒温5 min,待达到热平衡后取出,用右手紧握其中部,使其近乎垂直,立即用左手轻击右手手腕,依靠振动的力量,使毛细管水银即可在弯头处断开。温度计从恒温浴中取出后,由于温度差异较大,水银体积会迅速变化,因此,该步骤要求迅速、轻快,但不必慌乱,以免造成失误。

（5）检验调节是否合格。将调节好的温度计置于预测温度的恒温浴中，观察其读数值，并估计量程是否符合要求。例如，凝固点降低法测摩尔质量中，可用 0 ℃的冰水浴予以检验，如果温度值落在 3～5 ℃处，意味着量程合适。若偏差过大，则应按上述步骤重新调节。

方法 2：标尺读数法

对操作比较熟练的人可采用此法。该法是直接利用贝克曼温度计上部的温度标尺，而不必另外用恒温浴来调节，其操作步骤如下：

（1）首先估计最高使用温度值。

（2）将温度计倒置，使水银球和毛细管中的水银缓缓注入毛细管末端的球部，再把温度计慢慢倾斜，使储槽中的水银与之相连接。

（3）若估计值高于室温，可用温水或倒置温度计利用重力作用，让水银流入水银储槽，当温度标尺处的水银面到达所需温度时，轻轻敲击，使水银柱在弯头处断开；若估计值低于室温，可将温度计浸入较低的恒温浴中，让水银面下降至温度标尺上的读数正好到达所需温度的估计值，采用同样的方法使水银柱断开。

（4）检验调节的水银量是否合适。

3. 注意事项

（1）贝克曼温度计由薄玻璃制成，比一般水银温度计长得多，易受损坏。通常，应放置在专用盒中，或安装在使用仪器架上，或者握在手中。不应任意放置。

（2）调节时，注意勿让其受剧热或骤冷，还应避免重击。

（3）调节好的温度计，注意勿使毛细管中的水银柱再与储槽里的水银相连。

二、数字式精密温度温差测量仪

传统的贝克曼温度计是玻璃式液体温度计，这种温度计操作复杂，读数误差较大，易损怕震。针对这种情况，近年来随着数字电子技术的发展，出现了数字式精密温差测量仪。该仪器具有与贝克曼温度计相同的功能，主要用于精密的温差测量。由于其灵敏度高、操作方便、数据直观和无汞污染等特点，正在逐渐替代传统的贝克曼温度计。数字式精密温差测量仪有多种型号，以南京大学应用物理研究所生产的 JDT-2A 型精密温度温差测定仪为例简要说明其原理和功能，该仪器同时还可用作温度测量。

（一）原理与性能

仪器的硬件框图如图Ⅳ-2-1 所示。温度传感器将温度信号转换成电压信号，经过多级放大器组成的测量放大电路放大后转变成相应的模拟电压量，再由数模（A/D）转换器将模拟信号转换成数字信号，然后由单片机连续采集该数字信号并经过滤波和线性校正，最后的测量结果由四位半的数码管显示，或通过 RS232 通信口输出。

由于仪器采用了全集成电路设计，具有质量轻、体积小和高稳定性等特点。主要技术指标如下：

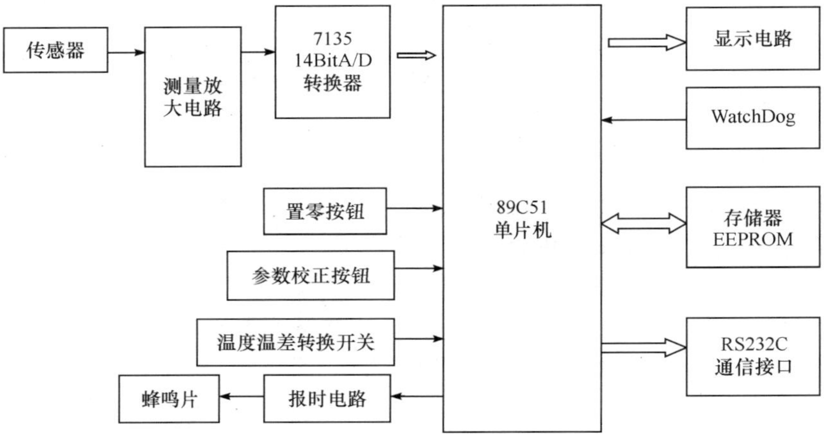

图Ⅳ-2-1　精密温差测量仪硬件框图

电源电压:190～240 V/50 Hz　　环境温度:−10～40 ℃
温度测量:−20～100 ℃　　测量温差的温度:−20～100 ℃
温度测量分辨率:0.11 ℃　　温差测量分辨率:±0.001 ℃

(二) 使 用 方 法

(1) 将探头插入恒温槽中。

(2) 开启电源开关,数码显示管即显示一任意值,预热 5 min。

(3) 待显示数值稳定后,按下“置零”键并保持 2 s,此时显示值为 0.000,此值即为参考值 T_0。

(4) 实验开始后,被测量的体系温度发生变化,数码显示管将不断地显示体系的温差变化值。当需要测量体系的温差时,只需按一下“保持”键,此时显示稳定的温差值 T_1(ΔT,因为 $T_0=0$)。记录完数据后,再按一下“保持”键,则数码显示管又开始不断显示体系当时的温差值。如需再一次记录数据,则可再按一下“保持”键。

参考文献

复旦大学,武汉大学,中国科学技术大学,等. 2004. 物理化学实验. 3 版. 北京:高等教育出版社
王丽芳,康艳珍. 2007. 物理化学实验. 北京:化学工业出版社

三、气体钢瓶、减压阀

在物理化学实验中,经常要用到氧气、氮气、氢气和氩气等气体。这些气体一般储存在专用高压气体钢瓶中,使用时通过减压阀使气体压力降至实验所需范围,再经过其他可控制阀门细调,输入使用系统。

(一) 氧气减压阀的工作原理

最常用的减压阀为氧气减压阀,简称减压表。氧气减压阀的外观及工作原理如图

Ⅳ-3-1 和图Ⅳ-3-2 所示。氧气减压阀的高压腔与钢瓶连接，低压腔为气体出口通往使用系统。高压表的示值为钢瓶内储存气体的压力。低压表的出口压力可由调节螺杆控制。

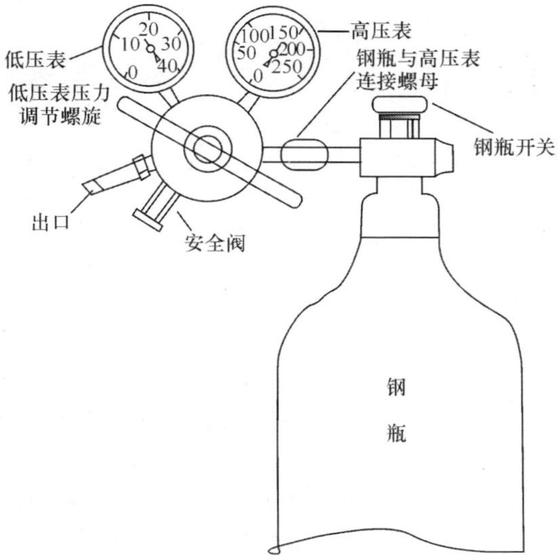

图Ⅳ-3-1 安装在气体钢瓶上的氧气减压阀示意图

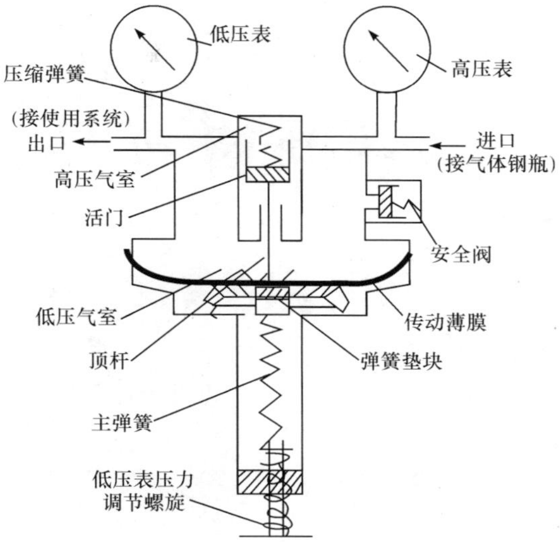

图Ⅳ-3-2 氧气减压阀工作原理示意图

使用时先打开钢瓶总开关，然后顺时针转动低压表压力调节螺杆，使其压缩主弹簧并传动薄膜、弹簧垫块和顶杆而将活门打开。这样进口的高压气体由高压室经节流减压后进入低压室，并经出口通往工作系统。转动调节螺杆，改变活门开启的高度，从而调节高压气体的通过量并达到所需的减压压力。

减压阀都装有安全阀，它是保护减压阀安全使用的装置，也是减压阀出现故障的信号装置。如果由于活门垫、活门损坏或由于其他原因，导致出口压力自行上升并超过一定许可值时，安全阀会自动打开排气。

（二）氧气减压阀的使用方法

按照使用要求的不同，氧气减压阀有多种规格。最高进口压力大多为 150 $kg \cdot cm^{-2}$（约 150×10^5 Pa），最低进口压力不小于出口压力的 2.5 倍。出口压力规格较多，一般为0～1 $kg \cdot cm^{-2}$（约 1×10^5 Pa），最高出口压力为 40 $kg \cdot cm^{-2}$（约 40×10^5 Pa）。

安装减压阀时应确定其连接规格是否与钢瓶和使用系统的接头相一致。减压阀与钢瓶采用半球面连接，靠旋紧螺母使其完全吻合。因此，在使用时应保持两个半球面的光洁，以确保良好的气密效果。安装前可用高压气体吹除灰尘。必要时也可用聚四氟乙烯等材料作垫圈。

氧气减压阀应严禁接触油脂，以免发生火警事故。

停止工作时，应先将钢瓶总开关关紧，然后将减压阀中的余气放净，最后拧松调节螺杆以免弹性元件长久受压变形。

减压阀应避免撞击振动，不可与腐蚀性物质相接触。

参考文献

董追传,郑新生,王岩,等.1997. 物理化学实验指导. 开封:河南大学出版社
复旦大学,武汉大学,中国科学技术大学,等.2004. 物理化学实验.3版. 北京:高等教育出版社

四、气　压　计

测定大气压力的仪器称为气压计。气压计的种类很多,实验室常用的有福廷式气压计、数字式气压计等。

(一) 福廷式气压计

1. 结构原理

福廷式气压计是一种单管真空汞压力计,以汞柱来平衡大气压力,其结构原理如图Ⅳ-4-1所示。

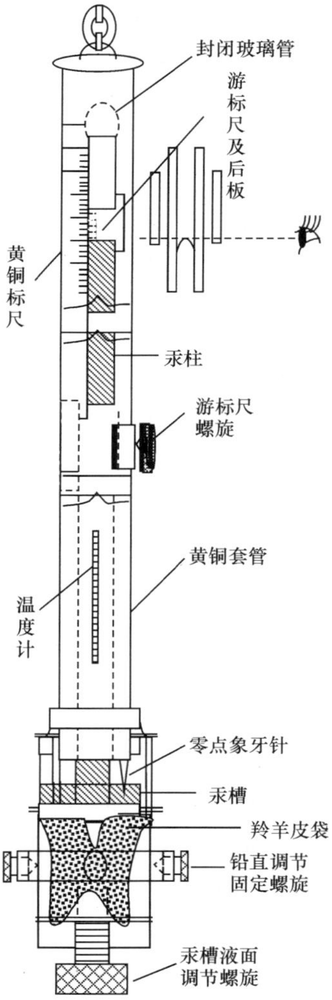

图Ⅳ-4-1　福廷式气压计的结构示意图

福廷式气压计的主要结构为一根长 90 cm、上端封闭的玻璃管,管中盛有汞,倒插入下部的汞槽内。玻璃管中汞柱上面是真空,汞槽下部是用羚羊皮袋作为汞储槽,它既与大气相通但汞又不会漏出。在底部有一调节螺旋,可用来调节汞面高度。象牙针的尖端是黄铜标尺刻度的零点,利用黄铜标尺刻度上的游标尺,读数的精度可达 0.1 mm 或 0.05 mm。

由此可以看出,当大气压力与汞槽内的汞面作用达到平衡时,汞就会在玻璃管内上升到一定高度,通过测量汞柱的高度,就可确定大气压力的数值。

2. 气压计的使用方法

1) 铅直调节

福廷式气压计必须垂直放置。在常压下,若与铅直方向相差 1 ℃,则汞柱高度的读数误差大约为 0.015%。为此,在气压计下端,设计一固定环。在调节时,先拧松气压计底部圆环上的三个螺旋,令气压计铅直悬挂,再旋紧这三个螺旋,使其固定。

2) 调节汞槽内的汞面高度

慢慢旋转底部的汞面调节螺旋,使汞槽内的汞面升高,利用汞槽后面白瓷板的反光,注视汞面与象牙针间的空隙,直至汞面恰好与象牙针相接触,然后轻轻扣动铜管使玻璃管上部汞的弯曲处于正常状态,这时象牙针与汞面的接触应没有变动。

3) 调节游标尺

转动游标尺调节螺旋,使游标尺的下沿边与管中汞柱的凸面相切,这时观察者的眼睛和游标尺前后的两个下沿边应在同一个水平面上,如图Ⅳ-4-2 所示。

4）读数

游标尺的零线在标尺上所指的刻度为大气压力的整数部分（mm 或 kPa），再从游标尺上找出一根恰与标尺某一刻度相吻合的刻度线，此游标尺刻度线上的数值为大气压力的小数部分。

5）整理

向下转动汞槽液面调节螺旋，使汞面离开象牙针，记下气压计上附属温度计的温度读数，并从所附的仪器校正卡片上读取该气压计的仪器误差。

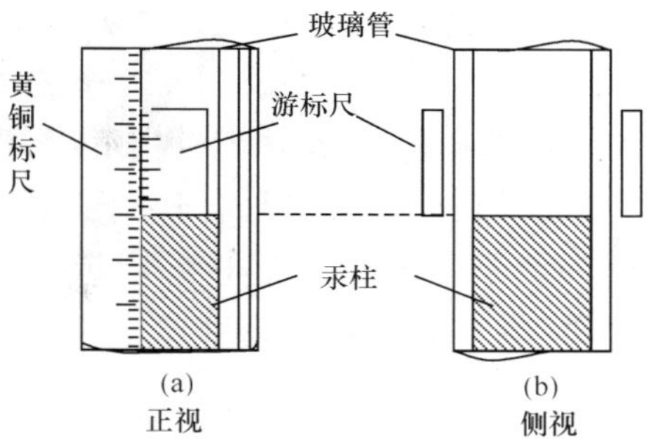

图Ⅳ-4-2　游标尺位置的调节示意图

3. 气压计读数的校正

当气压计的汞柱与大气压力相平衡时，则 $p_{大气}=g\times\rho\times h$，但汞的密度 ρ 与温度有关，重力加速度 g 随测量地点的不同而异。因此，规定以温度为 0 ℃，重力加速度 $g=9.80665\ \mathrm{m\cdot s^{-2}}$ 条件下的汞柱为标准来度量大气压力，此时汞的密度 $\rho=13.5951\ \mathrm{g\cdot cm^{-3}}$。凡是不符合上述规定所读得的大气压力值，除仪器误差校正外，在精密的测量工作中还必须进行温度、纬度和海拔高度的校正。

1）仪器误差校正

由汞的表面张力引起的误差，汞柱上方残余气体的影响以及压力计制作时的误差，在出厂时都已作了校正。在使用时，由气压计上读取的示值，首先应按制造厂所附的仪器误差校正卡上的校正值 ΔK 进行校正。

2）温度校正

在对气压计进行温度校正时，除了考虑汞的密度随温度的变化外，还要考虑标尺随温度的线性膨胀。设 α 为汞的膨胀系数，β 为刻度标尺的线膨胀系数，p_0 为 0 ℃时的大气压力。那么，经温度校正后的校正值可由式（Ⅳ-4-1）计算

$$\Delta t = p_t - p_0 = -(\alpha-\beta)tp_t/(1+\alpha_t) \qquad (Ⅳ-4-1)$$

已知汞的 $\alpha=[181\ 792+0.175t/℃+0.035\ 116(t/℃)^2]\times10^{-9}℃^{-1}$，黄铜的 $\beta=18.4\times10^{-6}℃^{-1}$。将 α，β 值和室温 t 代入式（Ⅳ-4-1），即可求得温度校正值 Δt。在测量精确度要求不高的情况下，式（Ⅳ-4-1）也可简化为

$$\Delta t = -1.63\times10^{-4}tp_t \qquad (Ⅳ-4-2)$$

在实际应用中，可查阅有关资料。不同压力下的温度校正值，只要将压力计上读得的示值减去该压力、温度下的校正值即为 p_0。

3）纬度和海拔高度的校正

由于国际上用水银压力计测定大气压力时，是以纬度为 45°的海平面上的重力加速度 $9.80665\ \mathrm{m\cdot s^{-2}}$ 为准的。而实验中各地区纬度和海拔高度不同，重力加速度值也就不同，所以要作纬度和海拔高度的校正。设测量地点的纬度值为 L，海拔高度为 H，则校正值分别为

纬度校正值　$$\Delta L=-2.66\times10^{-3}p_t\cos2L \qquad (Ⅳ-4-3)$$

海拔高度校正值　$$\Delta H=-3.14\times10^{-7}Hp_t \qquad (Ⅳ-4-4)$$

在实际应用中，可查阅有关数值。

经上述各项校正之后，真实大气压力数值应为

$$p = p_t + \Delta K + \Delta t + \Delta L + \Delta H \qquad (Ⅳ-4-5)$$

必须指出，在使用式(Ⅳ-4-5)时，特别是利用有关各个数值时，均须注意各校正项的正负。ΔK 的正负由说明书中给定；若实验时室温大于 0 ℃，Δt 值为负，若室温小于 0 ℃，则 Δt 值为正；实验地点纬度小于 45°时，ΔL 为负，大于 45°时，ΔL 为正；一般实验地点均在海拔高度之上，所以 ΔH 为负。

(二) 数字式气压计

数字式气压计是近年来随着电子技术和压力传感器的发展而产生的新型气压计。由于其质量轻、体积小、使用方便和数据直观，更因无汞污染而逐渐代替传统的气压计。

数字式气压计的工作原理是利用精密压力传感器，将压力信号转换成电信号，由于该电信号较微弱，还需经过低漂移、高精度的集成运算放大器放大后，再由 A/D 转换器转换成数字信号，最后由数字显示器输出。其分辨率可达到 0.01 kPa，甚至更高。

数字式气压计使用极其方便，只需打开电源预热 15 min 即可读数。但须注意，应将仪器放置在空气流动较小，不受强磁场干扰的地方。

五、酸　度　计

(一) 酸度计的工作原理

酸度计是对溶液中氢离子活度产生选择性响应的一种电化学传感器。pH 测量的实质就是测量以指示电极、参比电极和溶液组成的电池的电动势。通过比较已知 pH 的标准缓冲溶液所组成的电池电动势和待测溶液所组成的电池电动势，可以得出待测溶液的 pH。

酸度计由电极部分和电动势测量部分组成。通常以玻璃电极作为指示电极，甘汞电极作为参比电极，现在使用的 pH 电极通常是由玻璃电极和甘汞电极组合为一体后的复合电极，结构更紧凑，使用更方便。玻璃电极头部由特殊的敏感薄膜制成，它对氢离子有特殊的选择性响应，将它插入被测溶液内，其电势会随被测液中氢离子的浓度和温度而改变。

酸度计要用 pH 标准缓冲溶液进行校正，目前常用的 3 种标准缓冲溶液在不同温度下的 pH 如表Ⅳ-5-1 所示。

常用的三种标准缓冲溶液的配制方法如下：

(1) pH 4.00 的标准缓冲溶液：用基准试剂邻苯二甲酸氢钾 10.2112 g，溶解于 1000 mL 的蒸馏水中。

(2) pH 6.86 的标准缓冲溶液：用基准试剂磷酸二氢钾 3.4021 g、磷酸氢二钠 3.5490 g，溶解于 1000 mL 的蒸馏水中。

(3) pH 9.18 的标准缓冲溶液：用基准试剂硼砂 3.8137 g，溶解于 1000 mL 的蒸馏水中。

配制上述溶液所用的蒸馏水，应预先煮沸 15～30 min，除去溶解的二氧化碳。在冷却过程中应避免与空气接触，以防止二氧化碳的污染。

表Ⅳ-5-1 不同温度下标准缓冲溶液的 pH

温度/℃	溶液名称		
	$0.05\ mol\cdot L^{-1}$ 邻苯二甲酸氢钾	$0.025\ mol\cdot L^{-1}$ 磷酸二氢钾和磷酸氢二钠	$0.01\ mol\cdot L^{-1}$ 硼砂
5	4.00	6.95	9.39
10	4.00	6.92	9.33
15	4.00	6.90	9.28
20	4.00	6.88	9.23
25	4.00	6.86	9.18
30	4.01	6.85	9.14
35	4.02	6.84	9.11
40	4.03	6.84	9.07
45	4.04	6.84	9.04
50	4.06	6.83	9.03
55	4.07	6.83	8.99
60	4.09	6.84	8.97

配好的标准缓冲溶液应在冰箱中低温(5～10 ℃)保存，一般可保存 2～3 个月。如果发现有浑浊、发霉、或沉淀等现象时，不能继续使用。勿将使用过的标准缓冲溶液倒回标准溶液储藏瓶中。

(二) pHS-3C 型酸度计

酸度计的种类很多，现以 pHS-3C 型酸度计为例说明它的使用方法。此酸度计是一种精密数字显示 pH 计，可以测量 pH 和电动势。其使用方便、测量迅速、重复性误差小。仪器的面板结构如图Ⅳ-5-1 所示，仪器的键盘功能说明如表Ⅳ-5-2 所示。

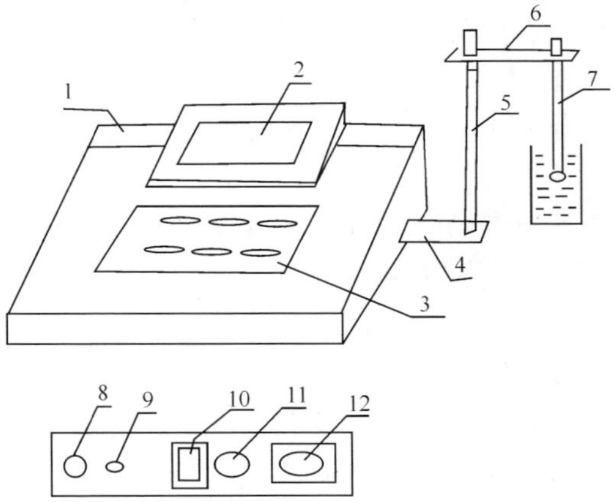

图Ⅳ-5-1 pHS-3C 型酸度计仪器结构示意图

(上图为仪器正面图，下图为仪器后面板)

1. 机壳；2. 显示屏；3. 键盘；4. 电极梗座；5. 电极梗；6. 电极夹；7. pH 复合电极；8. 测量电极插座；9. 温度电极插座；10. 电源开关；11. 保险丝座；12. 电源插座

表Ⅳ-5-2　pHS-3C 型酸度计仪器键盘功能的说明

按键	功　能
pH/mV	"pH/mV"转换键,pH、mV 测量模式转换
温度	"温度"键,对温度进行手动设置
定位	"定位"键,对 pH 进行二点标定工作
斜率	"斜率",对 pH 进行二点标定工作
△	"△"键,此键为数值上升键,按此键"△"为调节数值上升
▽	"▽"键,此键为数值下降键,按此键"▽"为调节数值下降
确认	"确认"键,按此键为确认上一步操作

测量溶液 pH 时,按下述操作步骤进行:

1) 电极的安装

把电极安装在电极架上,取下仪器电极插口上的短路插头,插上电极。注意电极插头在使用前应保持清洁干燥,切忌被污染。

2) 开机

按下电源开关键,接通电源,按"pH/mV"键,使仪器由 mV 测量模式转换为 pH 测量模式,预热 30 min 左右。

3) 仪器的标定

(1) 按"温度"键,使仪器进入溶液温度调节状态,按"△"键或"▽"键,使温度显示值和待测溶液温度测定值一致,然后按"确认"键,仪器回到 pH 测量状态。

(2) 按"定位"键,使仪器进入定位调节状态,把用蒸馏水清洗过的电极插入 pH=6.86 的标准缓冲溶液中,沿实验台面轻轻摇动盛液器皿,使溶液均匀,仪器显示实测的 pH,按"△"键或"▽"键,使仪器显示的读数与该缓冲溶液的 pH 一致,然后按"确认"键,仪器回到 pH 测量状态。

(3) 按"斜率"键,使仪器进入斜率调节状态,把用蒸馏水清洗过的电极插入 pH=4.00 或 9.18 的标准缓冲液中(此缓冲液的选择,以其 pH 接近待测溶液的 pH 为宜)。沿实验台面轻轻摇动盛液器皿,使溶液均匀,仪器显示实测的 pH,按"△"键或"▽"键,使仪器显示的读数与该缓冲溶液的 pH 一致,然后按"确认"键,仪器回到 pH 测量状态。

重复(2)、(3)操作,直至不用再调节"定位"或"斜率"为止,至此,完成仪器的标定。

注意:一般情况下,经过标定的仪器,在 24 h 内不需再标定。

4) 测量溶液的 pH

(1) 待测溶液与标定溶液温度相同时,测量步骤如下:

用蒸馏水清洗电极头部,再用待测溶液清洗一次,把电极浸入待测溶液中,沿实验台面轻轻摇动盛液器皿,使溶液均匀,在显示屏上读出溶液的 pH。

(2) 待测溶液和标定溶液温度不同时,测量步骤如下:

用温度计测出待测溶液的温度值,按"温度"键,使仪器进入溶液温度设置状态,按"△"键或"▽"键,使温度显示值和待测溶液温度值一致,然后按"确认"键,仪器回到 pH 测量状态。用蒸馏水清洗电极头部,再用待测溶液清洗一次,然后再把电极插入待测溶液中,沿实验台面轻轻摇动盛液器皿,使溶液均匀,在显示屏上读出溶液的 pH。

5) 仪器的使用注意事项

(1) 测定样品时的注意事项。

仪器的电极插头和插口必须保持清洁干燥，不使用时应将短路插头或电极插头插上，以防止灰尘及湿气进入而降低仪器的输入阻抗，影响测定的准确性。

在样品测量时，电极的引入导线须保持静止，不要用手触摸。否则将会引起测量值的不稳定。

标定时，尽可能用接近待测溶液 pH 的标准缓冲溶液，且标定溶液的温度尽可能与待测溶液的温度一致。

(2) 电极使用时的注意事项。

对于第一次使用的 pH 电极或长期停用的 pH 电极，在使用前必须在 3 mol·L^{-1} 的 KCl 溶液中浸泡 24 h。

复合电极不用时，应将电极插入装有电极保护液的瓶内，以使电极球泡保持活性状态。不应长期浸泡在蒸馏水中。

取下电极保护套后，应避免电极头部被碰撞，以免电极的玻璃球泡破裂，使电极失效。

使用加液型电极时，应注意电极内参比液是否减少，若少于容积的 1/2，可用滴管从上端小孔加入 3 mol·L^{-1} 的 KCl 溶液。测量时应将封孔橡皮套向下移，以便露出小孔。复合电极不使用时，应用橡皮套封住小孔，防止补充液干涸。

在将电极从一种溶液移入另一种溶液之前，应用蒸馏水清洗电极。不要刻意擦拭电极的玻璃球泡，否则可能导致电极响应迟缓。最好的方法是使用待测液冲洗电极。

pH 电极的使用寿命通常为一年，在使用过程中由于玻璃球泡被污染或液接界被堵塞，会出现电极钝化、响应时间延长、显示读数不准等现象，此时应进行更换。

六、电 位 差 计

（一）直接电位差计

1. 工作原理

电位差计是根据补偿法（或称对消法）的原理设计的一种平衡式电压测量仪器。可分为高阻型和低阻型两类。其工作原理如图Ⅳ-6-1 所示。图中 E_n 是标准电池，其电动势已经准确测定。E_x 是被测电池。G 为高灵敏度检流计，用作示零指示。R_n 为标准电池的补偿电阻，其值大小是根据工作电流来选择的。R 是被测电池的补偿电阻，由已知电阻的各进位盘组成，通过调节 R 不同的电阻值，使其电位降与 E_x 相抵消。r 是调节工作电流的变阻器，E 为工作电源，K 为换向开关。

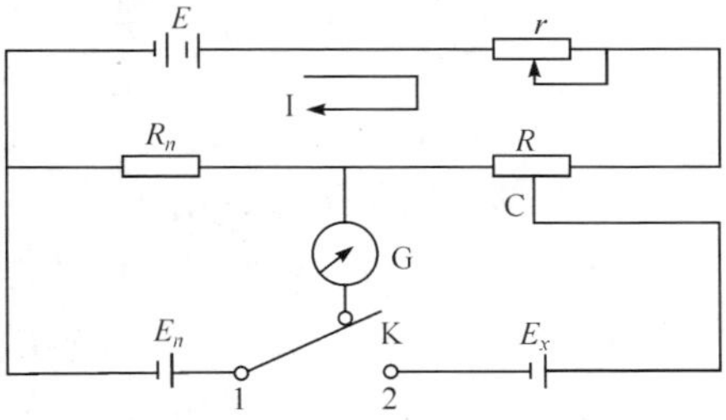

图Ⅳ-6-1 电位差计工作原理示意图

测量时先将开关 K 置于 1 的位置，然后调节 r，使 G 指示为零点，这时有以下关系：

$$E_n = IR_n \qquad (\text{Ⅳ}-6-1)$$

式中，E_n 为标准电池的电动势；I 为流过 R_n 和 R 的电流，称为电位差计的工作电流，即

$$I = E_n/R_n \qquad (\text{Ⅳ}-6-2)$$

工作电流调节好后，将 K 置于 2 的位置，同时旋转各进位盘的触头 C，再次使 G 指示零位。设 C 处的电阻值为 R_c，则有

$$E_x = IR_c \qquad (\text{Ⅳ}-6-3)$$

并考虑式(Ⅳ-6-2),则有

$$E_x = E_n \frac{R_c}{R_n} \qquad (Ⅳ-6-4)$$

由此可知,用补偿法测量电池电动势的特点是:在完全补偿(G 在零位)时,工作回路与被测回路之间并无电流通过,不需要测出工作回路中的电流 I,只要测得 R 与 R_n 的比值即可。由于两个补偿电阻的精密度很高,且 E_n 也经过精确测定,因此只要用高灵敏度检流计示零,就能准确测出被测电池的电动势。

2. UJ-25 型电位差计

UJ-25 型电位差计是一种实验室常用的精密高阻型电位差计。其内部电路如图Ⅳ-6-2 所示。图中 E 为工作电池,E_n 为标准电池,E_x 为被测电池。电路图中的工作回路由下列各部分组成。

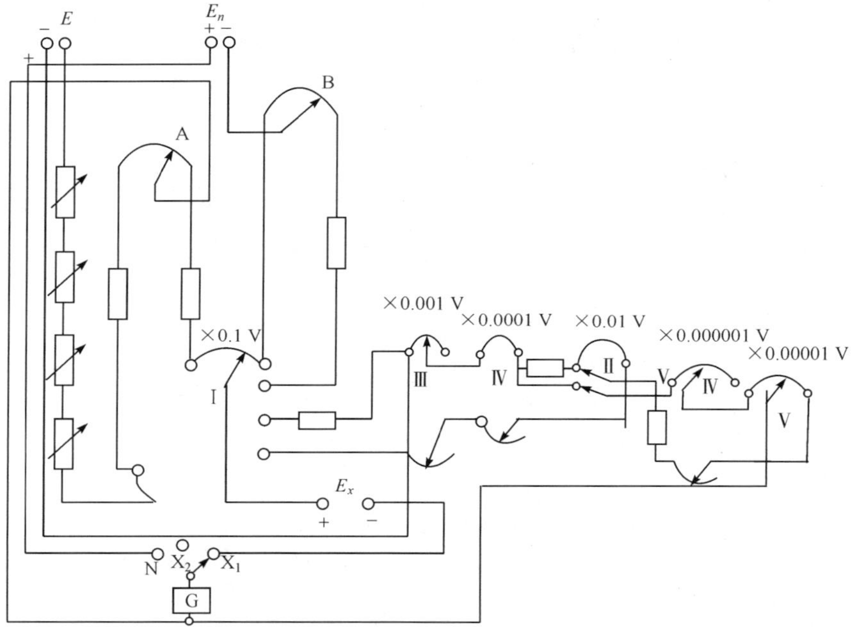

图Ⅳ-6-2 UJ-25 型电位差计电路简图

(1) 第Ⅰ测量十进盘由 18 个 100 Ω 的电阻组成,其中第 5 个电阻是由一个 999 Ω 和温度补偿 B 的十进盘的 10 个 0.1 Ω 的电阻串联组成,第十六个电阻由 1 个 180 Ω、1 个 810 Ω 及温度补偿 A 的十进盘的 10 个 1 Ω 的电阻串联而成。

(2) 第Ⅱ测量十进盘由 11 个 100 Ω 的电阻组成。

(3) 第Ⅲ测量十进盘由 10 个 10 Ω 的电阻组成,另外有 10 个 1 Ω 的电阻为其替代盘。

(4) 第Ⅳ测量十进盘是由 10 个 1 Ω 的电阻组成,另外有 10 个 1 Ω 的电阻为其替代盘。

(5) 第Ⅴ、Ⅵ测量十进盘为分路十进盘,分别由 10 个 1 Ω 及 10 个 0.1 Ω 的电阻(有 10 个 0.1 Ω 的电阻为替代盘)组成。它与 1 个 889 Ω 的电阻串联后,并联在第Ⅰ测量十进盘的 1 个 100 Ω 的电阻上。

以上五个部分,Ⅰ~Ⅵ测量盘的电阻共计 19 200 Ω。

(6) 工作回路中的电流由调节电阻(分粗、中、细、微四档)调节,使其电流可达 0.0001 A。

调节电阻是由 3 个 17 挡进位盘(粗:17×240 Ω,中:17×14.5 Ω,细:17×1 Ω)和 1 个 21 挡进位盘(微:21×0.05 Ω)组成。相当于图Ⅳ-6-1 中的 r。

若工作电池的电动势为 2 V,要使电流为 0.0001 A,则必须使回路电阻值为 20 000 Ω。通过依次调节粗、中、细和微电阻达到 800 Ω,加上 6 个测量十进盘的阻值 19 200 Ω,共20 000 Ω,这样电流就达到了 0.0001 A。

其标准电池回路中标准电池电动势的补偿电阻包括下列电阻:

(1) 第Ⅰ测量十进盘从 5～15 的 10 个 1000 Ω 的电阻和 1 个 180 Ω 的电阻,共10 180 Ω。

(2) 温度补偿十进盘 A、B 分别由 10 个 1 Ω 和 10 个 0.1 Ω 的电阻组成。

当标准电池的电动势在一定室温下为 1.018 63 V 时,要使检流计中没有电流通过,必须使标准电池回路与工作电池回路的电流相等(方向相反),即检流计两端电压相等。这可通过调节使回路中电阻值为 10 186.3 Ω(电流为 0.0001 A),即把 A 盘放在"6",B 盘放在"3"的位置上(此时总电阻为 100 00+180+6+0.3=10 186.3 Ω),这样就达了到对消的目的。

在测量未知电池电动势时,把测量开关由标准拨向未知挡,由于工作电流固定为0.0001 A,放在未知回路中的每只电阻上的电压降为:第Ⅰ测量十进盘为 1000 Ω×0.0001 A=0.1 V;同理,第Ⅱ测盘为 0.01 V;第Ⅲ测量盘为 0.001 V;第Ⅳ盘为 0.0001 V。第Ⅴ、Ⅵ盘为第Ⅱ盘的分路,电流为其 1/10(0.000 01 A),所以第Ⅴ测量盘上每只电阻的电压降为 1×10^{-5} V,第Ⅵ测量盘即为 1×10^{-6} V。

3. UJ-25 型电位差计的使用

(1) UJ-25 型电位差计的面板布局如图Ⅳ-6-3 所示。使用时,先将有关的外部线路如工作电池、检流计、标准电池和待测电池等接好。注意,切记不可将标准电池倒置或摇动。

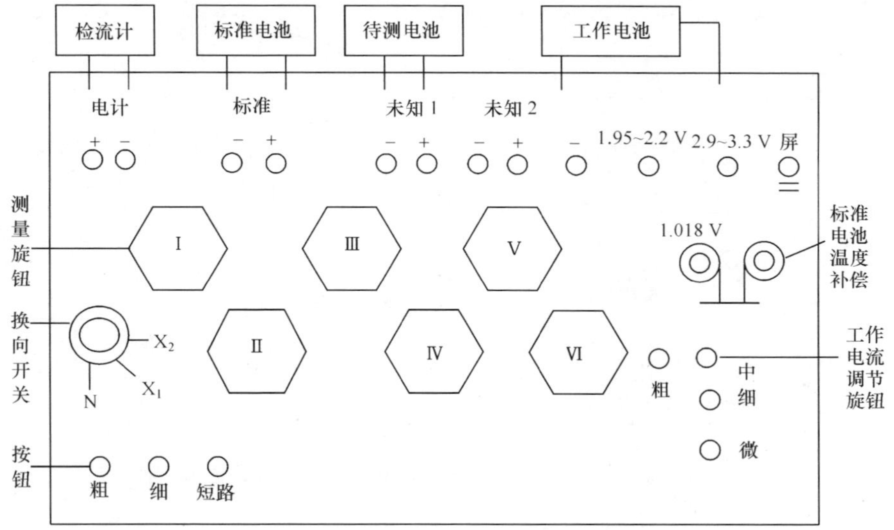

图Ⅳ-6-3 UJ-25 型电位差计面板示意图

(2) 接通电源,调节好检流计光点的零位。

(3) 将选择开关板向 N("校正"),将温度补偿旋钮扭至相应的标准电池电动势的数值位置上(注意:应加上温度校正值)。然后按下粗测键(当按下粗测键时,检流计光点在一小格范围内摆动才能按细测键),视检流计光点的偏转情况,调节可变电阻(粗、中、细、微)使检流计光点指示零位。

(4) 电位差计标定完毕后,将选择开关拨向 X_1 或 X_2。根据理论计算出待测电池的电动势,将各挡测量旋钮预置在合适的位置。

(5) 然后分别按下粗测和细测键,同时旋转各测量挡旋钮,至检流计光点指示零位,此时,电位差计各测量挡所示电压值的总和,即为被测电池的电动势。注意,每次测量前都要用标准电池对电位差计进行标定,否则,由于工作电压不稳或温度的变化会导致测量结果不准确。

(二) 数字式电子电位差计

数字式电子电位差计是近年来数字电子技术发展的产物。由于其具有测量精密度高、装置简单和读数直观等特点,将逐渐替代传统的电位差计。

1. EM-2A 型数字式电子电位差计简介

EM-2A 型数字式电子电位差计,采用了内置的可替代标准电池,且精度较高的参考电压集成块作为比较电压,因此保留了传统的平衡法测量电动势仪器的基本原理。该仪器的线路采用全集成器件,被测电池的电动势与参考电压经过高精度的放大器比较输出,通过调节达到平衡时,就可得到被测电池的电动势。采集、显示采用高精度的 A/D(24 bit)模数转换芯片和 6 位数字显示器,使仪器的分辨率可达 0.01 mV,测量量程为 0～1.5 V。

仪器前面板示意图如图Ⅳ-6-4 所示,面板左上方为 6 位数码管显示"电动势指示"窗口;右上方为 4 位数码管显示"平衡指示"窗口;左边的开关可置"调零"或"测量"挡;右下角有 3 个电位器,分别进行"平衡调节"和"零位指示"。其中,"平衡调节"包括"粗"和"细"两个电位器;"电位选择"拨挡开关可根据测量需要选挡;标记为"+"和"−"的接线柱是分别连接被测电池的正、负极。

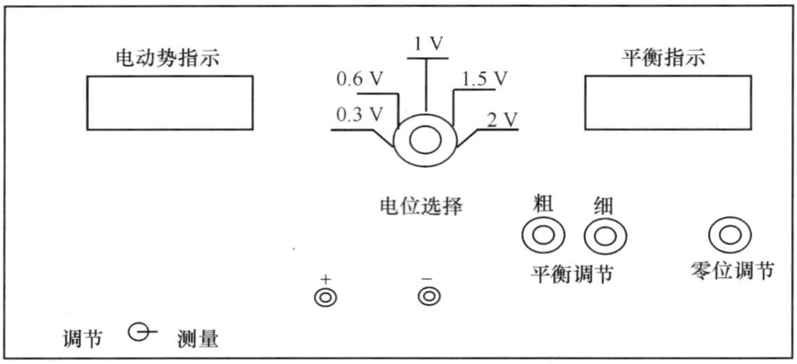

图Ⅳ-6-4　EM-2A 型数字式电位差计面板示意图

2. 使用方法

(1) 接通电源,预热 5 min,将被测电池按正负极性接在仪器的接线柱上。

(2) 将开关置于"调零"挡,调节"零位调节"旋钮,使"平衡指示"窗口显示为正零。

(3) 根据理论估算被测电池的电动势,将"电位选择"开关置于相应的位置。

(4) 将开关置于"测量"挡,调节"平衡调节"的"粗调"旋钮,使"电动势指示"窗口的数值接近估算值，然后再调节“细调”旋钮，使“平衡指示”窗口显示为零，此时“电动势指示”窗口显示的数值即为被测电池的电动势。

3. 注意事项

（1）当“电动势指示”窗口的数值接近实际值的±10 mV时，“平衡指示”窗口才显示数值，否则显示“999”或“－999”。

（2）由于仪器的精密度较高，每次调节“平衡调节”旋钮后，“电动势指示”窗口的显示数值需经过一定的时间才能稳定。

（3）测量时仪器必须单独放置，不要用手摸仪器外壳。

（4）测量完毕后，须将开关置于“调零”挡，并将被测电池及时取下。

七、阿贝折光仪

（一）特点与用途

阿贝折光仪是能测定透明、半透明液体或固体的折射率 n_D 和平均色散 $n_F - n_C$ 的仪器（其中以测透明液体为主），可直接用来测定液体的折光率，定量地分析溶液的组成，鉴定液体的纯度。同时，物质的摩尔折射度、摩尔质量、密度、极性分子的偶极矩等也都可与折光率相关联，因此它也是物质结构研究工作的重要工具。折光率的测量，所需样品量少，测量精密度高（折光率可精确到0.0001），重现性好，所以阿贝折光仪是石油工业、油脂工业、制药工业、制漆工业、日用化学工业、制糖工业和地质勘察等工厂与学校及科研单位常见的光学仪器。

（二）仪 器 规 格

测量范围：1.3000～1.7000；测量精度：0.0001；望远镜放大倍数：2倍；读数镜放大倍数：22倍。

（三）基 本 原 理

1. 折射现象和折光率

光在不同介质中的传播速率是不同的。当光线从一种均匀介质进入另一种均匀介质时，在分界面处的传播速率和方向发生改变，这种现象称为光的折射。物质对光的折射用折光率 n 来表示。单色光在一定温度和压力下在两种介质的界面上发生折射时（图Ⅳ-7-1），符合Snell定律：

$$n = \frac{n_M}{n_m} = \frac{\sin\alpha_m}{\sin\beta_M} = \frac{v_m}{v_M}$$

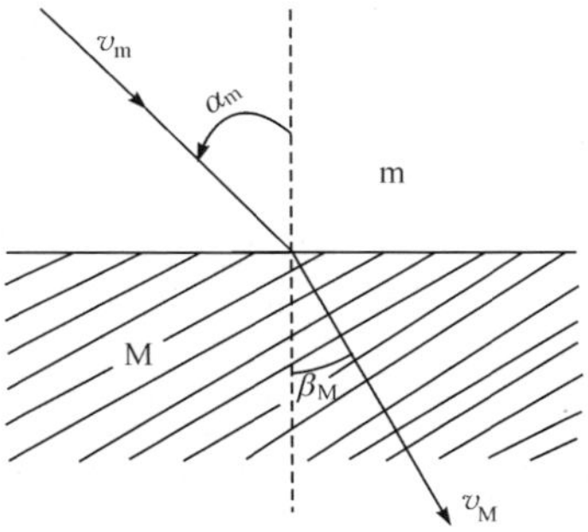

图Ⅳ-7-1 光的折射

式中，α_m 为入射光（介质 m 中）与界面垂直线之间的夹角；β_M 为折射光（介质 M 中）与界面垂直线之间的夹角；v_m 为光在介质 m 中的传播速度；v_M 为光在介质 M 中的传播速度；n 为介质 m 对介质 M 的相对折光率。

如果介质 m 为真空,则 $n_m=1$,n 为介质 M 的绝对折光率,有

$$n=\frac{\sin\alpha_{真空}}{\sin\beta_M}$$

如果介质 m 为空气,则为 n'(空气的绝对折光率为 1.000 27),称为介质 M 对空气的相对折光率。因 n 与 n' 相差很小,所以通常以 n' 值作为介质的绝对折光率,但在精密测定时,必须进行校正。

由于折光率是与波长、温度有关的物理量,因此在其右下角注以字母表示测定时所用单色光的波长,D、F、G、C 等分别表示钠的 D(黄)线、氢的 F(蓝)线、G(紫)线、C(红)线等,在 n 的右上角注以测定时的介质温度(摄氏温标)。例如,最常用的 n_D^{20} 表示在 20 ℃时某介质对钠光 D 线的折光率。

2. 阿贝折光仪测定液体介质折光率的原理

阿贝折光仪是根据临界折射现象设计的,所谓临界折射现象是指当光束从光疏介质(如 m 为空气)进入光密介质(如 M 为玻璃)时,入射角 α 大于折射角 β,入射角 α 增大时折射角 β 也增大,但入射角 α 增加到 $\alpha_m=90°$时,折射角 β 成为临界角 β_c,在光密介质中小于临界角 β_c 的区域有折射光,形成亮区,而大于临界角 β_c 的区域没有折射光,形成暗区。阿贝折光仪中当所测试样 m 的折光率 n 小于仪器中所用棱镜的 n_p 时,有

$$n=n_p\frac{\sin\beta_c}{\sin 90°}$$

由于所用棱镜的 n_p 已知,在一定的实验条件下,就可以由 β_c 得到所测试样 m 的折光率 n。

(四) 仪器结构

阿贝折射仪的光学示意图如图Ⅳ-7-2 所示,它的主要部分是由两个高折射率的玻璃直角棱镜构成,上部为测量棱镜,是光学平面镜,下部为辅助棱镜。其斜面是粗糙的毛玻璃,二者之间有 0.1～0.15 mm 的厚度空隙,用于盛装待测液体,并使液体展开成一薄层。当从反射镜

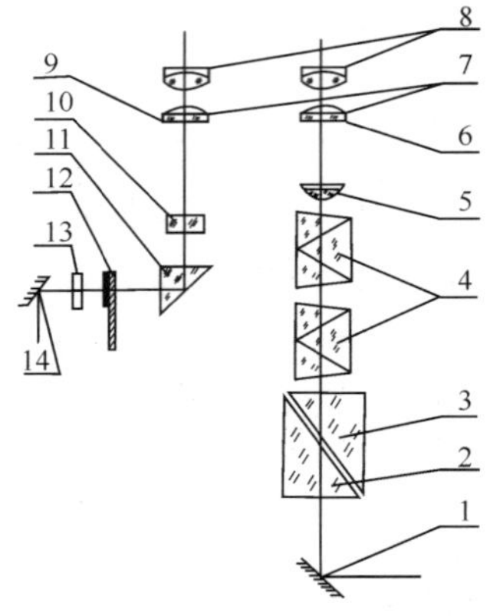

图Ⅳ-7-2　阿贝折射仪的光学示意图

1. 反射镜;2. 辅助棱镜;3. 测量棱镜;4. 消色散棱镜;5. 物镜;6. 分划板;7,8. 目镜;9. 分划板;10. 物镜;11. 转向棱镜;12. 照明度盘;13. 毛玻璃;14. 小反光镜

反射来的入射光进入辅助棱镜至粗糙表面时，产生漫散射，以各种角度透过待测液体，而从各个方向进入测量棱镜而发生折射。其折射角都落在临界角 β_c 之内，因为棱镜的折射率大于待测液体的折射率，因此入射角从 0°～90°的光线都通过测量棱镜发生折射。

（五）仪器的读数

具有临界角 β_0 的光线从测量棱镜出来反射到目镜上，此时若将目镜十字线调节到适当的位置，则会看到目镜上呈半明半暗状态。折射光都应落在临界角 β_0 内，成为亮区，其他部分为暗区，构成了明暗分界线。光线透过镜之间的测定液层，再射到折射棱镜的光滑表面上。因为它的折光率很大，一部分光线可以再经过折射进入空气而达到测量望远镜；另一部分光线则发生全反射，从而形成测量望远镜中明暗两部分视场，如图Ⅳ-7-3 所示。调节旋钮，使明暗两区的分界线清晰。若出现彩色光带，如图Ⅳ-7-3(a)所示，则调节消色散棱镜手轮至明暗分界线清晰。再转动刻度盘，使分界线与“十”字交叉线的交点重合，如图Ⅳ-7-3(c)所示。

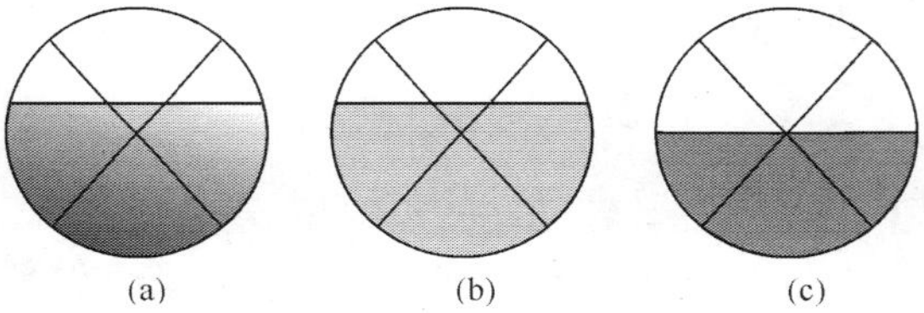

图Ⅳ-7-3　阿贝折射仪目镜视图

由于刻度盘与棱镜组的转轴是同轴的，因此与试样折光率相对应的临界角位置能通过刻度盘反映出来。刻度盘上的示值有两行，下一行是在以日光为光源的条件下直接换算成相当于钠光 D 线的折光率(1.3000～1.7000)。

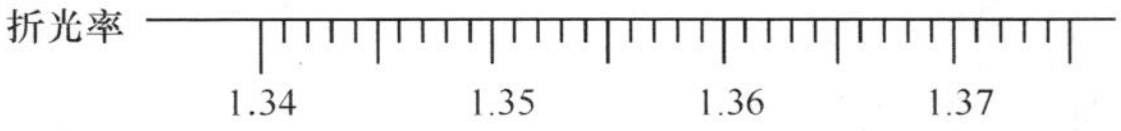

图Ⅳ-7-4　阿贝折射仪读数

为了保证使用仪器的方便，阿贝折光仪光源采用日光而不用单色光。日光通过棱镜时由于其不同波长的光的折射率不同，因而产生色散，使临界线模糊。为此在测量望远镜的镜筒下面设计了一套消色散棱镜(Amici 棱镜)，旋转消色散手柄就可以使色散现象消除。

（六）仪器的使用

1. 阿贝折光仪的校正

阿贝折光仪的校正有两种方法。第一种方法是利用阿贝折光仪附件内的标准玻璃块，上面刻有固定的折光率。先将右面镜筒下面的直角棱镜完全打开成水平，将少许溴代萘(n=1.66)置于棱镜的光滑面上，玻璃块就粘在上面，转动刻度盘，使所示刻度和玻璃块上的数值完全相同，然后调节到有清晰的分界线上，分界线的两边并不像正式测定时所呈现的一明一暗的现象，而是呈现透明的玻璃状，分界线仍清晰可见，再用小起子调节右面镜筒下方的方形螺丝，使分界线对准叉线中心即可。第二种方法是用蒸馏水作标准样品，分别在 10 ℃、20 ℃、30 ℃和 40 ℃时测定其折光率，再与纯水的标准值比较，即可得到该折光仪的校正值。校正值一般很小，若数值较大时，整个仪器必须重新校正(标准值见附表)。

2. 测定液体折光率的操作

阿贝折光仪的量程从 1.3000～1.7000，精密度为±0.0001，温度应控制在±0.1 ℃。

1) 恒温

将折光仪与恒温水浴连接，调节所需要的温度，通常为 20 ℃，同时检查保温套的温度计是否准确。打开右面镜筒下面的直角棱镜，用丝绢或擦镜纸沾少量的无水乙醇或丙酮轻轻地顺一个方向把两镜面分别擦净，晾干。

2) 加样

松开锁钮，开启辅助棱镜，使其磨砂的斜面处于水平位置，用滴定管加少量丙酮清洗镜面，促使难挥发的玷污物逸走，使用滴定管时注意勿使管尖碰撞镜面。必要时可用擦镜纸轻轻吸干镜面，但切勿用滤纸。待镜面干燥后，滴加数滴试样于辅助棱镜的毛镜面上，闭合辅助棱镜，旋紧锁钮。若试样易挥发，则可在两棱镜接近闭合时从加液小槽中加入，然后闭合两棱镜，锁紧锁钮。

3) 测量和读数

调节反光镜，使目镜内视场明亮。转动左右刻度盘，直到从右面目镜中观察到有明暗分界线或彩色光带。若出现彩色带，则转动右面镜筒旁的消色散镜调节器，使明暗界线清晰。再转动左面刻度盘使分界线对准交叉线的中心(恰好通过"十"字的交点)，记录温度与读数。重复 1～2次。测量完毕后，应立即用擦镜纸擦干试液，再用无水乙醇或丙酮擦洗棱镜的上下镜面，晾干后再关闭。

(七) 注 意 事 项

(1) 在测定样品之前，应对折光仪进行校正。

(2) 在测量液体时样品放得过少或分布不均时，会看不清楚，此时可多加一点液体，对于易挥发的液体应熟练而敏捷地测量。

(3) 不能测定强酸、强碱及有腐蚀性的液体，也不能测定对棱镜、保温套之间的胶黏剂有溶解性的液体。

(4) 要保护棱镜，不能在镜面上造成刻痕，所以在滴加液体时滴管的末端切不可触及棱镜面。

(5) 仪器在使用或储藏时均应避免日光，不用时应置于木箱内于干燥处储藏。

八、旋 光 仪

旋光仪是当平面偏振光通过具有旋光性的物质时，测定物质旋光度的方向和大小的仪器。所谓旋光性就是指某一物质在一束平面偏振光通过时能使其偏振方向转过一个角度的性质。偏振光偏转的角度被称为旋光度，其方向和大小与该分子的立体结构有关。对于溶液来说，旋光度还与其浓度有关。

(一) 基本原理

1. 平面偏振光的产生

一般光源辐射的光,其光波在垂直于传播方向的一切方向上振动(圆偏振),这种光称为自然光。当一束自然光通过双折射的晶体(如方解石)时,就分解为两束互相垂直的平面偏振光,如图Ⅳ-8-1所示。

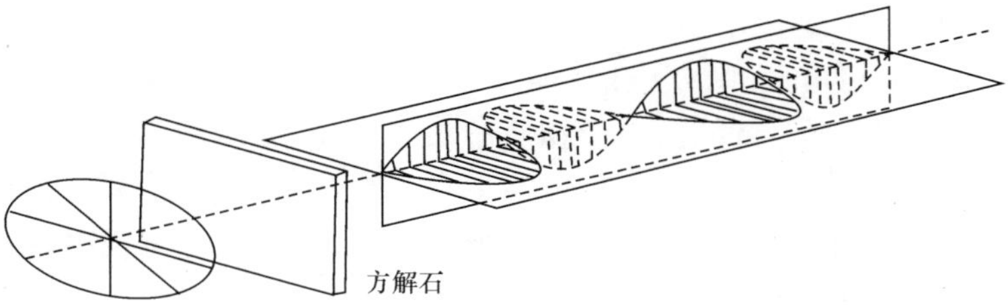

图Ⅳ-8-1 平面偏振光的产生

这两束平面偏振光在晶体中的折光率不同,因而其临界折射角也不同,利用这个差别可以将两束光分开,从而获得单一的平面偏振光。尼科尔(Nicol)棱镜就是根据这一原理设计的。它是将方解石晶体沿一定对角面剖开再用加拿大树胶黏合而成,如图Ⅳ-8-2所示。当自然光进入尼科尔棱镜时,就分成两束互相垂直的平面偏振光,由于折光率不同,当这两束光到达方解石与加拿大树胶的界面上时,其中折光率较大的一束被全反射,而另一束光则可自由通过。

全反射的光被直角面上的黑色涂层吸收,从而在尼科尔棱镜的出射方向上,获得一束单一的平面偏振光。在这里,尼科尔棱镜称为起偏镜,用它来产生偏振光。

2. 平面偏振光角度的测量

偏振光振动平面在空间轴向角度位置的测量,也是借助于一块尼科尔棱镜,此处称为检偏镜。它与刻度盘等机械零件组成一个可同轴转动的系统,如图Ⅳ-8-3所示。由于尼科尔棱镜只允许按某一方向振动的平面偏振光通过,因此,如果检偏镜光轴的轴向角度,与入射平面偏振光的轴向角度不一致,则透过检偏镜的偏振光将发生衰减甚至不透过。当一束光经过起偏镜(它是固定不动的)时,平面偏振光沿 OA 方向振动,如图Ⅳ-8-4所示。设 OB 为检偏镜允许偏振光透过的偏振方向,OA 与 OB 的夹角为 θ,则振幅为 E 的 OA 方向的平面偏振光可分解为两束互相垂直的平面偏振光分量,其振幅分别为 $E\cos\theta$ 和 $E\sin\theta$,其中只有与 OB 相重的分量 $E\cos\theta$ 可以透过检偏镜,而与 OB 垂直的分量 $E\sin\theta$ 则不能通过。显然,当 $\Phi=0°$ 时,$E\cos\theta=E$,此时透过检偏镜的光最强,此即检偏镜光轴的轴向角度转到与入射角的平面偏振

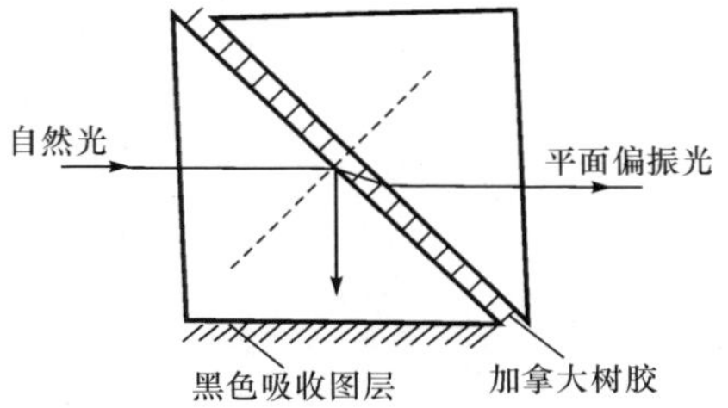

图Ⅳ-8-2 尼科尔棱镜起偏振原理图

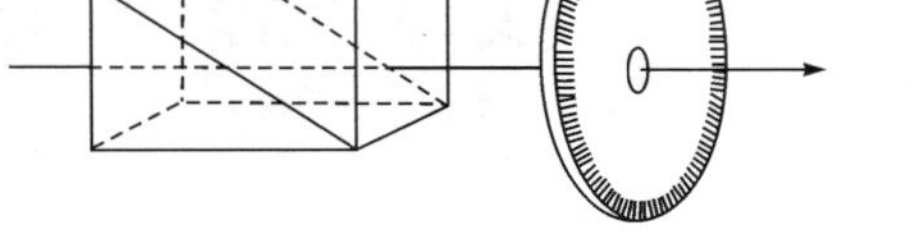

图Ⅳ-8-3 尼科尔检偏镜与刻盘的相对关系

光的轴向角度相重合的情况。当两者互相垂直时，$\theta=\frac{\pi}{2}$，$E\cos\theta=0$，此时就没有光透过检偏镜。由于刻度盘随检偏镜一起同轴转动，因此就可以直接从刻度盘上读出被测平面偏振光的轴向角度(游标尺是固定不变的)。

(二) 旋光仪与旋光度的测定

旋光仪就是利用检片镜来测定旋光度的仪器。例如，调节检偏镜使其透光轴向角度，与起偏镜的透光轴向角度互相垂直，则在检偏镜前观察到的视场呈黑暗，再在起偏镜与检偏镜之间，放入一个盛满旋光物质的样品管，由于物质的旋光作用，原来由起偏镜出来的在 OA 方向振动的偏振光转过一个角度 α，这样在 OB 方向上有一个分量，因此视野不再黑暗。若将检偏镜也相应地转过一个 α 角度，这样，视野才重新恢复黑暗。因此，检偏镜由第一次黑暗到第二次黑暗的角度差，即为被测物质的旋光度(图Ⅳ-8-5)。

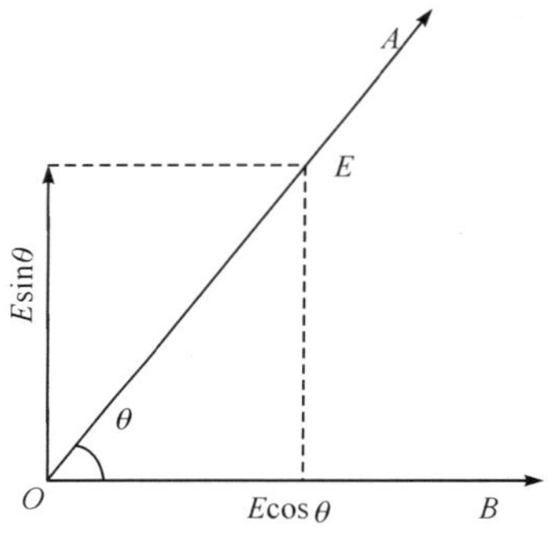

图Ⅳ-8-4　检偏原理示意图

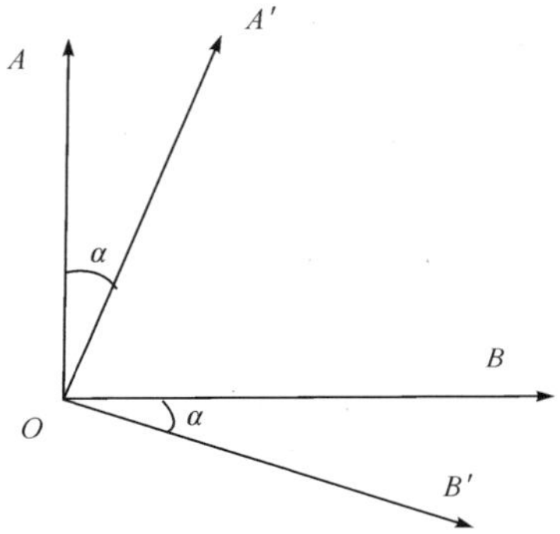

图Ⅳ-8-5　物质的旋光作用

如果没有比较，要判断视场的黑暗程度是很困难的，因此，设计了一种三分视界(也可设计成二分视界)，以提高测量的准确度。三分视野的装置和原理(图Ⅳ-8-6)如下：在其偏镜后

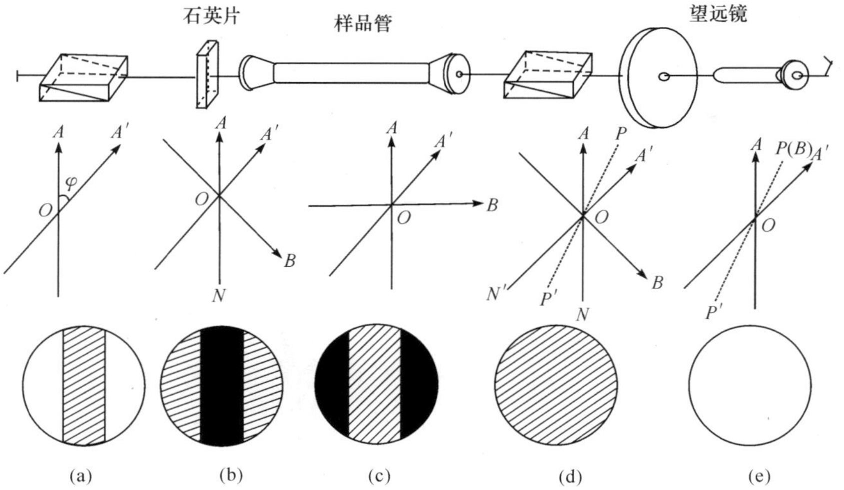

图Ⅳ-8-6　旋光仪的构造及其测量原理

的中部装有一狭长的石英片，其宽度约为视野的 1/3，由于石英片具有旋光性，从石英片中透过的那一部分偏振光被旋转了一个角度 φ，如图Ⅳ-8-6(a)所示，此时，从望远镜视野看起来透过石英片的那部分光稍暗，两旁的光很强。

由于此时检偏镜的透光轴向角度处于与起偏镜重合的位置，OA 是透过起偏镜后的偏振光轴向角度，OA'是透过石英片后的轴向角度，OA 与 OA'的夹角 φ 称为"半暗角"。旋转检偏镜使 OB 与 OA'垂直，则沿 OA'方向振动的偏振光不能通过检偏镜，如图Ⅳ-8-6(b)所示，视野中间一条是黑暗的，而石英片两边的偏振光 OA 由于在 OB 方向上有一个分量 ON，因而视野的两边较亮。若同理调节 OB 与 OA 垂直，则视野两边黑暗中间较亮，如图Ⅳ-6-6(c)所示。如果 OB 与半暗角中的等分角线 PP'垂直时，则 OA、OA'在 OB 方向上的分量 ON 和 ON'相等，如图Ⅳ-8-6(d)所示，视野中三个区内的明暗相等，此时，三分视野消失，因此，用这样的鉴别方法测量半暗角是最灵敏的。具体办法是：在样品管中充满无旋光性的蒸馏水。注意，应无气泡。调节检偏镜的角度使三分视界消失，将此时的角度读数作为零点，再在样品管中换以被测试样，由于 OA 与 OA'方向振动的偏振光都被转过了一个 α 角度，因此必须将检偏镜相应也转过一个 α 角度，才能使 OB 与 PP'重新垂直，三分视野再次消失，这个 α 角度即为被测试样的旋光度。

从图Ⅳ-8-6(e)可以看出，如果将 OB 再沿顺时针方向转过 90°，使 OB 与 PP'重合，则 OA 与 OA'在 OB 方向上的分量仍然相等，但该分量太强，整个视野显得特别亮，反而不利于判断三分视界是否消失，因此，不能以这样的角度作为标准来测量旋光度。

在现代一些新型的旋光仪中，三分视野的检测以及检偏镜角度的调整，都是通过光-电检测、电子放大及机械反馈系统自动进行的，最后用数字显示或自动记录等二次仪表显示旋光物质的浓度及其变化。因此，也可用于常规浓度的测定、反应动力学研究以及工业过程的自动检验控制。现以 WZZ-2 型自动旋光仪说明其工作原理(图Ⅳ-8-7)。

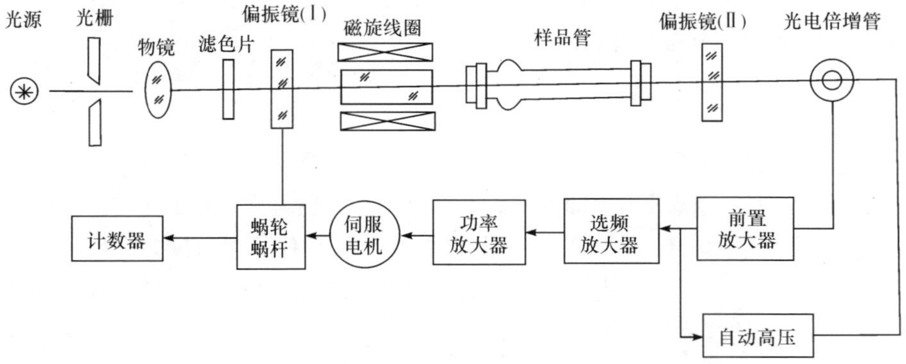

图Ⅳ-8-7　自动旋光仪工作原理示意图

该仪器采用 20 W 钠光灯作光源，由小孔光阑和物镜组成一简单点光源平行光管，平行光经偏振镜(Ⅰ)变为平面偏振光，又经过法拉第效应的磁旋线圈，使其振动平面产生一定角度往复摆动。通过样品后的偏振光振动面旋转某一角度，再经过偏振镜(Ⅱ)投射到光电倍增管上，产生交变的电信号，经过放大后在数码管上显示读数。

(三) 影响旋光度的各种因素和比旋光度

旋光度除了取决于被测定分子的立体结构特征外,还受多种实验条件的影响,如浓度、样品管长度、温度和光源波长等。

1. 比旋光度

"旋光度"这一物理量只有相对含义,它可以因实验条件的不同而有很大差异。因此,又提出了"比旋光度"的概念,规定以钠光灯 D 线作为光源,温度为 20 ℃时,一根 10 cm 长的样品管中,每立方厘米溶液中含有 1 g 旋光物质所产生的旋光度,即为该物质的比旋光度,通常用符号$[\alpha]$表示,它与上述各种实验因素的关系为

$$[\alpha]=\frac{10\alpha}{lc}$$

式中,α 为测量所得的旋光度值;l 为样品管长度,cm;c 为每立方厘米溶液中旋光物质的质量。比旋光度可用来度量物质的旋光能力,并有左旋和右旋的差别,这是指测定时检偏镜是沿逆时针,还是顺时针方向转动得到的数据,如果是左旋,则应在$[\alpha]$值前面加"—"号。例如。$[\alpha]_{蔗糖}=66.55°$,$[\alpha]_{葡萄糖}=52.5°$,都是右旋物质,$[\alpha]_{果糖}=-91.9°$,是左旋物质。

2. 浓度及样品管长度的影响

旋光度与旋光物质的溶液浓度成正比。在其他实验条件相对固定的情况下,可以很方便地利用这一关系,来测量旋光物质的浓度及其变化(事先作出浓度-旋光度标准曲线)。

旋光度也与样品管长度成正比,通常旋光仪中样品管长度为 10 cm 或 20 cm 两种,一般均选用 10 cm 长度的,这样换算成比旋光度比较方便,但对于旋光能力较弱或溶液浓度太稀的样品,则必须用 20 cm 长的样品管。

3. 温度的影响

旋光度对温度比较敏感,这涉及旋光物质分子不同构型之间平衡态的改变,以及溶剂-溶质分子之间互相作用的改变等内在原因。但就总的结果来看,旋光度具有负的温度系数,并且温度越高,温度系数越负,不存在简单的线性关系,且因各物质的构型不同而异,一般均在$-0.04(°)^{-1}\sim-0.01(°)^{-1}$。因此,在测试时必须对试样进行恒温控制,在精密测试时,必须用装有恒温水夹套的样品管,恒温水由超级恒温浴循环控制。在要求不太高的测量工作中,可以将旋光仪(光源除外)放在空气恒温箱内,用普通的样品管进行测量,但要求被测试样预先恒温(温度与恒温箱中的温度相同,一般选择在超过室温 5 ℃的条件下进行),然后注入样品管,再恒温3～5 min 进行测量。

4. 其他因素的影响

这里值得一提的是样品管的玻璃窗口,如图Ⅳ-8-8 所示,窗口是用光学玻璃片加工制成的,用螺丝帽盖及橡皮垫圈拧紧,但不能拧得太紧,以不漏液为限,否则,光学玻璃会受应力而产生一种附加的,亦即"假的"偏振作用,给测量造成误差。

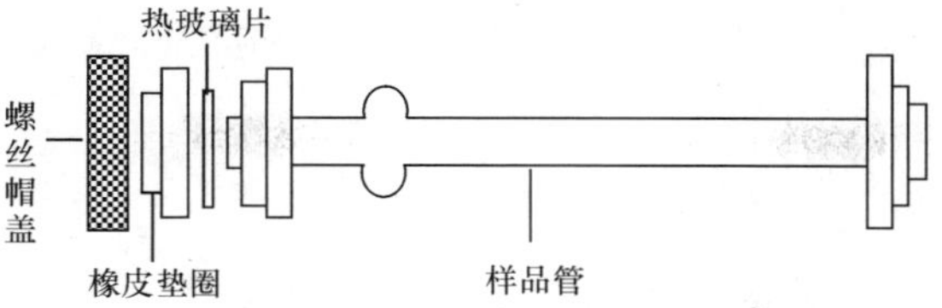

图Ⅳ-8-8 样品管的构造

九、古埃磁天平

测量物质的磁化率进而求得永久磁矩和未成对电子数，这对研究物质结构具有重要意义。磁化率的测量方法很多，常用的有古埃法、昆克法和法拉第法等。

古埃磁天平的特点是结构简单、灵敏度高。在此，以上海复旦天欣科教仪器有限公司生产的 FD-FM-A 古埃磁天平为例，来说明其结构、原理及使用方法。该磁天平具有结构紧凑、性能稳定、实验方便等特点，适用于高等院校物理化学实验以及磁性测量的研究。图Ⅳ-9-1是 FD-FM-A 古埃磁天平外形图，图Ⅳ-9-2是其原理示意图。

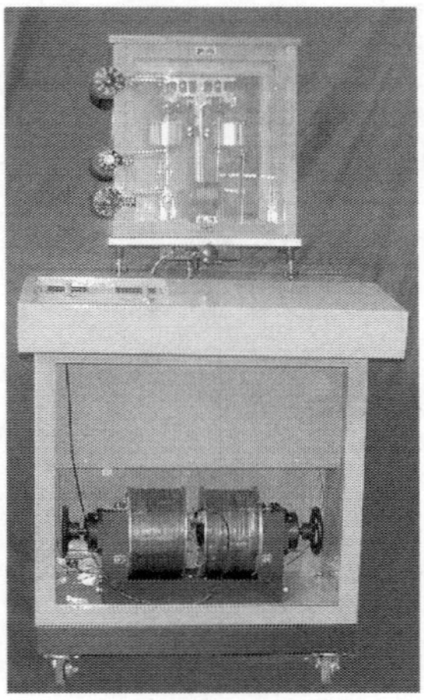

图Ⅳ-9-1 古埃磁天平外形图

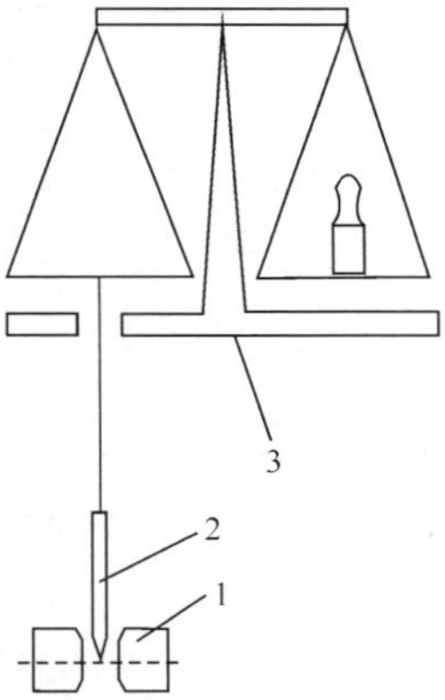

图Ⅳ-9-2 古埃磁天平原理示意图

1. 磁铁；2. 样品管；3. 天平

(一) 工 作 原 理

将装有样品的圆柱形玻璃管悬挂在分析天平的一个臂上，使样品管底部处于两磁极的中心，即均匀磁场区域，此处磁场强度最大。样品的顶部高出磁场中心较多，处于磁场强度很弱甚至为零的区域。这样，整个样品就处在一个不均匀的磁场中。

设样品的截面积为 S，样品管方向长度为 $\mathrm{d}z$ 的体积 $S\mathrm{d}z$ 在非均匀磁场中所受到的作用力 $\mathrm{d}F$ 为

$$\mathrm{d}F = \chi\mu_0 HS\mathrm{d}z \frac{\partial H}{\partial z} \qquad (Ⅳ-9-1)$$

式中，$\frac{\partial H}{\partial z}$为磁场强度梯度。对于顺磁性物质的作用力，梯度指向磁场强度最大的方向，反磁性物质则指向磁场强度减弱的方向。

整个样品所受的力为

$$F=\int_{H_0}^{H}(\chi-\chi_{空})\mu_0 HS\,dz\frac{\partial H}{\partial z} \qquad (Ⅳ-9-2)$$

式中，H 为磁场中心强度；H_0 为样品顶端处的磁场强度；χ 为样品的体积磁化率；$\chi_{空}$ 为空气的体积磁化率；μ_0 为真空磁导率。

通常样品顶端已高出磁场中心甚远，即为当地的地磁场强度，约为 40 $A\cdot m^{-1}$，一般可略去不计，则式(Ⅳ-9-2)可变为

$$F=\int_{H_0=0}^{H=H}(\chi-\chi_{空})\mu_0 HS\,dz\frac{\partial H}{\partial z}=\frac{1}{2}(\chi-\chi_{空})\mu_0 H^2 S \qquad (Ⅳ-9-3)$$

当样品受到磁场作用力时，天平的另一臂加减砝码使之平衡，设 Δm 为有外加磁场和无外加磁场的质量差，则有

$$\Delta m = m_{磁场}-m_{无磁场} \qquad (Ⅳ-9-4)$$

则不均匀磁场作用于样品的力 F 为

$$F=g\Delta m=g(\Delta m_{样+管}-\Delta m_{空管}) \qquad (Ⅳ-9-5)$$

结合式(Ⅳ-9-3)和式(Ⅳ-9-5)，有

$$\frac{1}{2}(\chi-\chi_{空})\mu_0 H^2 S=g(\Delta m_{样+管}-\Delta m_{空管}) \qquad (Ⅳ-9-6)$$

整理，得

$$\chi=\frac{2(\Delta m_{样+管}-\Delta m_{空管})g}{\mu_0 H^2 S}+\chi_{空} \qquad (Ⅳ-9-7)$$

由于$\chi_m=\frac{\chi}{\rho}$，$\chi_M=M\cdot\chi_m=\frac{\chi M}{\rho}$，$\rho=\frac{m}{h\cdot S}$，代入式(Ⅳ-9-7)，整理得

$$\chi_M=\frac{M}{\rho}\chi=\frac{2(\Delta m_{样+管}-\Delta m_{空管})g\cdot h\cdot M}{\mu_0 mH^2}+\frac{M}{\rho}\chi_{空} \qquad (Ⅳ-9-8)$$

式中，h 为样品高度；m 为样品质量；M 为样品摩尔质量；ρ 为样品密度。

真空磁导率 μ_0 为 $4\pi\times10^{-7}\ N\cdot A^{-2}$，空气的体积磁化率$\chi_{空}=3.64\times10^{-7}$(SI 单位)，加之样品管体积很小，所以相比起来，$\frac{M}{\rho}\chi_{空}$项常可忽略。当不考虑样品周围空气介质的影响时，式(Ⅳ-9-8)可变为

$$\chi_M=\frac{2(\Delta m_{样+管}-\Delta m_{空管})g\cdot h\cdot M}{\mu_0 mH^2} \qquad (Ⅳ-9-9)$$

磁场两极中心处的磁场强度 H 可用特斯拉计(或称高斯计)测量，或用已知磁化率的标准物质进行间接测量。常用的标准物有纯水、$NiCl_2$ 水溶液、莫尔盐$(NH_4)_2SO_4\cdot FeSO_4\cdot 6H_2O$、$CuSO_4\cdot 5H_2O$ 和 $Hg[Co(NCS)_4]$等。例如，莫尔盐的χ_m与热力学温度 T 的关系式为

$$\chi_m=\frac{9500}{T+1}\times4\pi\times10^{-9}\ m^3\cdot kg^{-1} \qquad (Ⅳ-9-10)$$

因为$\chi_M=M\cdot\chi_m$，所以有

$$\chi_M = M \cdot \frac{9500}{T+1} \times 4\pi \times 10^{-9}\ m^3 \cdot mol^{-1} \qquad (Ⅳ-9-11)$$

式中，M 为莫尔盐的摩尔质量(392.13 g·mol^{-1})。

（二）古埃磁天平的结构和使用

FD-FM-A 古埃磁天平的主要部件有全自动电光分析天平、电磁铁、稳流电源、霍尔探头、数字式毫特斯拉计、数字式电流表、悬线、样品管、照明系统等。该仪器主要技术参数如下：

磁极直径	40 mm
气隙宽度	6～40 mm 连续可调
磁场强度	0～0.85 T 连续可调
磁场均匀度	<1.5%(间距为 2 cm，直径为 2 cm)
励磁电流工作范围	0～10 A 连续可调
励磁电流工作温度	<60 ℃
特斯拉计	量程 0～2 T，分辨率 1 mT
功率总消耗	约 300 W

1. 磁场

仪器的磁场由电磁铁构成，磁极材料由水冷却型单轭软铁构成，以使励磁线圈中无电流时剩磁为最小。磁极端为双截锥的圆锥体，磁极端面必须平滑均匀，使磁极中心磁场强度尽可能相同。磁极间距离连续可调，便于实验操作。

2. 稳流电源

励磁线圈中励磁电流由稳流电源供给。励磁电源是 220 V 的交流电源，用整流器将交流电变为直流电，经滤波串联反馈输入电磁铁，这种电子反馈技术可获得很高的稳定度，并可在较大范围(0～10 A)内任意调节其电流强度。

3. 分析天平

FD-FM-A 古埃磁天平需与分析天平配套使用。在做磁化率测量中，常配以半自动光天平。在安装时需做些改装，将天平左边盘底托盘拆除，改装一根细铁丝。在铁丝中点系一根细的尼龙线，线从天平左边盘处孔口穿出，线下端连接一只和样品管口径相同的橡皮塞，以便连接样品管用。天平精度<0.1 mg。

4. 霍尔探头

霍尔探头是仪器传感器，属于易损元件，必须防止变送器受压、挤扭、变曲和碰撞等。使用前应检查霍尔探头铜管是否松动，如有松动应紧固后使用。霍尔探头不宜在局部强光照射下或温度高于 60 ℃时使用，也不宜在腐蚀性气体场合下使用。霍尔探头平面与磁场方向要垂直放置。测试过程中，特斯拉计数字显示若为负值，则探头的 N 极与 S 极位置放反，只需将探头转动 180 ℃即可。实验结束后应将霍尔探头套上金属保护套。

5. 样品管

样品管由软质玻璃管制成,直径为 0.6～1.2 cm,长度大于 16 cm,一般样品管露在磁场外的长度应为磁极间隙的 10 倍或更大;样品管底部用喷灯封成平底,要求样品管圆而均匀。测量时,将上述橡皮塞紧紧塞入样品管口,样品管则悬挂于天平盘下。注意样品管底部应处于磁场中部。

样品管为逆磁性,可按式(Ⅳ-9-5)予以校正,并注意受力方向。

6. 样品

金属或合金物质可做成圆柱体直接挂在磁天平上测量;液体样品则装入样品管测量;固体粉末状物质要研磨后再均匀紧密地装入样品管测量。古埃磁天平不能测量气体样品。

微量的铁磁性杂质对测量结果影响很大,所以制备和处理样品时要特别注意防止被杂质的沾污。

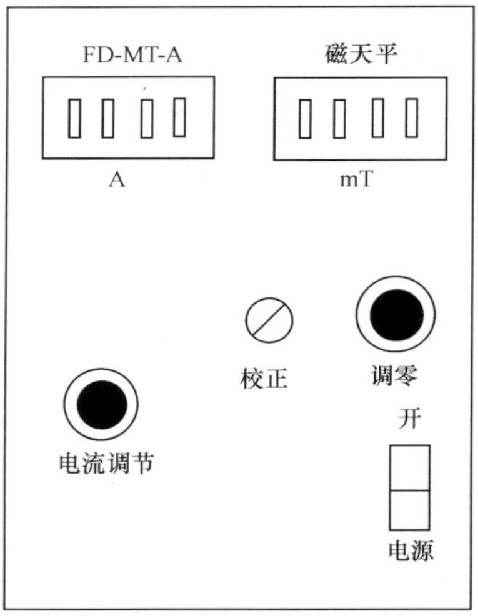

图Ⅳ-9-3　毫特斯拉计面板示意图

7. MT-A 型毫特斯拉计使用说明

MT-A 型毫特斯拉计及电流显示均为数字式,同装在一块面板上,面板结构如图Ⅳ-9-3 所示。其操作步骤说明如下:

(1) 检查两磁头间的距离,应在 20 mm 左右,样品管尽可能在两磁头间的正中。

(2) 将电流调节器(多圈电位器)左旋至最小,即接通电源时电流为零。

(3) 接通电源,此时 A 表应显示为 0000,mT 表显示值不一定是全零,仪器预热 5 min 后,通过调节调零电位器使 mT 表显示正或负的全零值。

(4) 校正 mT 表:调节电流电位器使 A 表显示 10.00 (10 A),此时 mT 表显示值应在 900±30 个字。偏差较大时可检查磁头间距;如果磁头间距确定在 20 mm 处,可检查探头是否处于磁场最强处;如果上述两项结果均正常则可用小螺丝刀旋转校正电位器使数值达到要求。然后复位到全零或再做一次电源与毫特斯拉计的对应操作。

(三) 注 意 事 项

(1) 磁天平的总机架必须水平放置,分析天平应作水平调整。

(2) 吊绳和样品管必须与其他物品至少相距 3 mm 以上。

(3) 励磁电流的升降应平稳、缓慢。

(4) 测试样品时,应关闭仪器的玻璃门,避免环境对整机的振动。

(5) 霍尔探头上的螺丝可使其调节至最佳位置,两边的有机玻璃螺丝供调节左右间距,上面的螺丝旋松可调节其前后位置。在某一励磁电流下,打开毫特斯拉计,然后上下左右调节探头使特斯拉计读数在最大值,此即为最佳位置。将有机玻璃螺丝拧紧。如果发现毫特斯拉计读数为负值,只需将探头转动 180°即可。

参考文献

复旦大学,武汉大学,中国科学技术大学,等.2004.物理化学实验.3版.北京:高等教育出版社

十、黏 度 计

测定高聚物摩尔质量的方法很多,而不同方法所得平均摩尔质量也有所不同。比较起来,黏度法设备简单,操作方便,并有很好的实验精度,是常用的方法之一。用该法求得的摩尔质量称为黏均摩尔质量。

测定黏度的方法主要有三类:①用毛细管黏度计测定液体在毛细管里的流出时间;②用落球式黏度计测定圆球在液体里的下落速率;③用旋转式黏度计测定液体与同心轴圆柱体相对转动的情况。测定高分子的[η]时,用毛细管黏度计最为方便,这种黏度计比较精确,使用方便,适合于测定液体黏度和高聚物相对摩尔质量。

毛细管黏度计有乌氏黏度计和奥氏黏度计两种较为常用,下面简单介绍这两种黏度计,结构图如图Ⅳ-10-1所示。

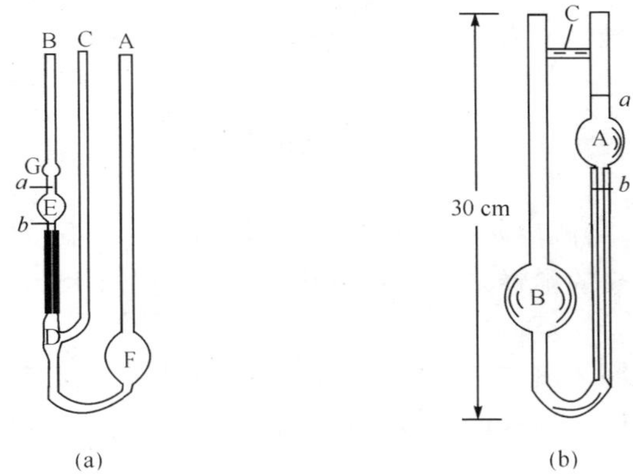

图Ⅳ-10-1 乌氏黏度计(a)和奥氏黏度计(b)的结构示意图

(一)工作原理

液体在毛细管黏度计内因重力作用而流出时遵守泊肃叶定律。

(二)乌氏黏度计和奥氏黏度计的比较

毛细管黏度计制作容易,操作简便,具有较高的测量精度,特别适用于黏滞系数小的液体,如水、汽油、酒精、血浆或血清等的研究。乌氏黏度计与奥氏黏度计的操作类似,分别在实验二十四和实验二十五中介绍过。两者都对温度比较敏感,所以均需用到恒温水浴。

奥氏黏度计是奥斯瓦尔德设计的。它是带有两个球泡的U形玻璃管,A泡上、下方各有一刻痕a和b(注意不是吹玻璃泡时的烧痕),其下方为一段毛细管。因为液体的黏滞系数与温度、液体本身性质有关,进行测量时需将奥氏黏度计垂直放入恒温水浴中,以保持温度的恒定。使用时,使体积相等的两种不同液体分别流过A泡下的同一毛细管,由于两种液体的黏

度不同,因而流完的时间也会不同。测定液体下落时间,由式(Ⅱ-25-3)进行计算。式(Ⅱ-25-3)的获得,默认了不同溶液的两管液面高度差 h 在实验中保持恒定。因此,奥氏黏度计测量时的液体体积必须一致,而乌氏黏度计则无此限制。

乌氏黏度计C管的存在,使液体在下落过程中只受到重力和黏滞阻力的作用,呈自由下落状态;而奥氏黏度计因为没有C管,液体下落时除了重力和黏滞阻力外,还要受到两管液面高度差 h 的推力作用。

奥氏黏度计每次换样时都必须在管外混合好后再加入,而乌氏黏度计直接在管内便可以加水稀释。

乌氏黏度计C管封起来,就变成了奥氏黏度计。

(三) 黏度计的清洁

黏度计的清洗可按以下步骤进行:

(1) 先用大量自来水冲洗几遍,然后抽洗管壁、毛细管和小球2～3次。

(2) 再用蒸馏水洗两遍,每一遍抽洗2～3次。

(3) 最后加上约15 mL无水乙醇洗两遍,每一遍抽洗2～3次。

(4) 用洗耳球抽空毛细管中剩余的乙醇,放入烘箱备用。

(四) 注 意 事 项

(1) 黏度计必须洁净,待测溶液中若有絮状物时不能移入黏度计,以防堵塞毛细管。

(2) 实验二十四中溶液的稀释是直接在黏度计中进行的,因此每加入一次溶剂进行稀释时必须混合均匀。

(3) 实验过程中恒温槽的温度要恒定,溶液每次稀释恒温后才能测量。

(4) 黏度计要垂直放置,实验过程中不要振动黏度计,否则会影响结果的准确性。

十一、CDR-1型差动热分析仪

(一) 工作原理及结构

CDR型差动热分析仪(又称差示扫描热量仪),既可做差热分析(DTA),也可做差动热分析(DSC)。其结构与CRY系列差热分析仪结构相似,只增加了差动热补偿单元,其余装置均相同。

DTA是在程序温度控制下,测量物质与参比物之间的温度差随温度变化的一种技术。差热分析仪主要由温度控制系统的差热信号测量系统组成,辅之以气氛和冷却水通道,测量结果由记录仪和计算机数据处理系统处理。其工作原理如本书第Ⅱ部分图Ⅱ-4-1所示。

1. 温度控制系统

该系统由程序温度控制单元、控温热电偶及加热炉组成。程序温度控制单元可编程序模拟复杂的温度曲线,给出毫伏信号。当温控热电偶的热电势与该毫伏值有偏差时,说明炉温偏离给定值,由偏离信号调整加热炉功率,可以使炉温很好地跟踪设定值,从而产生理想的温度曲线。

2. 差热信号测量系统

该系统由差热传感器、差热放大单元等组成。差热传感器即样品支架，由一对差接的点状热电偶和四孔氧化铝杆等装配而成，测试时试样与参比物（常用 α-Al_2O_3）分别放在两只坩埚内，加热炉以一定速率升温，若试样没有热反应，则它与参比物的温差 $\Delta T=0$，差热曲线为一直线，称为基线；若试样在某一温度范围内有吸热（或放热）反应，则试样温度将停止（或加快）上升，试样与参比物间产生温差 ΔT，把该温度信号放大，由记录仪或计算机数据处理系统画出 DTA 峰型曲线（本书第Ⅱ部分图Ⅱ-4-2）。

DTA 曲线的起始温度可取下列任一点温度：曲线偏离基线的点位 T_a；曲线陡峭部分切线和基线延长线的交点 T_e（外推始点，extrapolated onset）；曲线的峰值温度 T_p。其中 T_a 与仪器的灵敏度有关，灵敏度越高，则 a 点出现得越早，即 T_a 值越低。一般 T_a 的重复性较差，T_e 和 T_p 的重复性较好。通常同一样品在不同的仪器上测定，T_a 往往差别较大，而 T_p 较接近，结合峰的个数、形状及峰面积的大小，可以进行一定的定性和定量分析。

3. 差动热补偿系统

差动热分析也称差式扫描热量法（differential scanning clorimetry，DSC），其原理和差热分析（DTA）相似，所不同的是其利用了装置在试样和参比物容器下面的两组补偿加热丝，当试样在加热过程中由于热反应而出现温差 ΔT 时，通过差热放大和差动热量补偿使流入补偿丝的电流发生变化。当试样吸热时，补偿使试样一边的电流 I_s 立即增大；反之，在试样放热时则使参比物一边的电流增大，直至两边的热量平衡，温差 ΔT 消失为止。也就是说，试样发生的热量变化，由于及时输入电功率而得到补偿。因此，与 DTA 相比，DSC 一个突出的优点是在试样发生热效应时，试样的热量变化由于随时得到补偿，试样与参比物的温度始终相等，避免了参比物与试样之间的热传递。通常 DSC 的波峰明显，分辨率高，热滞后现象小，出峰温度接近于实际温度。

DSC 是在程序控制温度下，测量输给试样和参比物的功率差与温度关系的一种技术。

经典 DTA 常用一金属块作为试样保持器，以确保试样和参比物处于相同的加热条件。而 DSC 的主要特点是试样和参比物分别各有独立的加热元件和测温元件，并由两个系统进行监控。其中一个用于控制升温速率，另一个用于补偿试样和惰性参比物之间的温差。图Ⅳ-11-1 显示了 DTA 和 DSC 加热部分的不同。

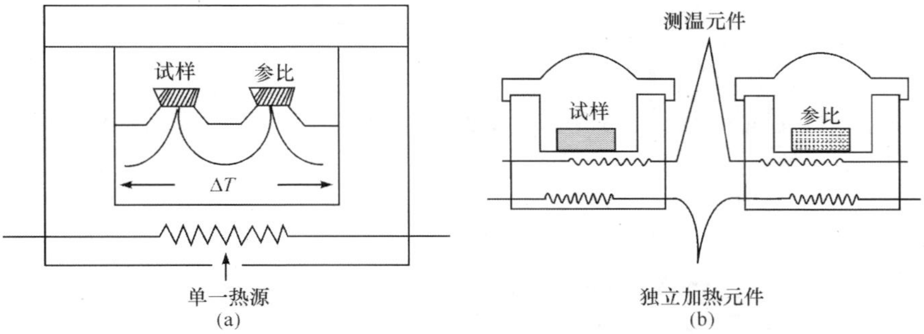

图Ⅳ-11-1　DTA(a)和 DSC(b)加热原件示意图

（二）CDR-1 型差动热分析仪操作注意事项

(1) 将“差动”、“差热”的开关置于“差动”位置时，微伏放大器的量程开关置于$\pm100\ \mu V$处(无

论热量补偿的量程选择在哪一挡,在差动测量操作时,微伏放大器的量程开关都放在±100 μV 挡);

(2) 将热补偿放大单元量程开关放在适当位置,如果无法估计确切的量程,则可放在量程较大位置,先预做 1 次;

(3) 无论是差热分析仪还是差示扫描热量仪,使用时首先确定测量温度,选择坩埚。500 ℃ 以下用铝坩埚;500 ℃以上用氧化铝坩埚,还可根据需要选择镍坩埚、铂坩埚;

(4) 被测量的试样若在升温过程中能产生大量气体,或能引起爆炸,或具有腐蚀性的,都不能用此法测量。

参考文献

顾月姝,宋淑娥. 2007. 基础化学实验(Ⅲ)——物理化学实验. 2 版. 北京:化学工业出版社

刘寿长,张建民,徐顺. 2004. 物理化学实验与技术. 郑州:郑州大学出版社

十二、小电容测量仪

(一) 特点与用途

PCM-1A 型精密电容测量仪(图Ⅳ-12-1)采用集成电路芯片和四位半数字显示,具有性能稳定、高抗干扰和易于读数等特点。可供各大专院校物化实验的测量,也可作为工厂、科研单位在介电常数测量等方面之用;仪器与特制的电容池结合使用就可测量溶液的介电常数。

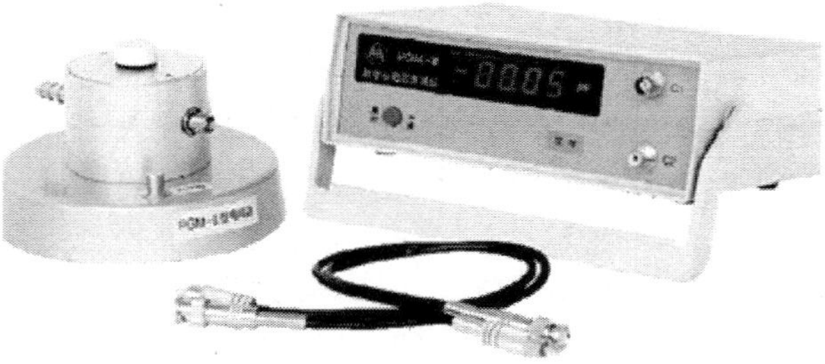

图Ⅳ-12-1　PCM-1A 型精密电容测量仪

(二) 性 能 指 标

电源:220 V±10% 50 Hz;分辨率:0.01 pF;稳定度:±0.01 pF;误差小于±0.5 FS。

(三) 测 量 原 理

PCM-1A 型精密电容测量仪采用电桥法测定液体电容,其示意图如图Ⅳ-12-2 和图Ⅳ-12-3 所示,对于交流阻抗电桥,电桥平衡的条件是

$$C_X/C_S = U_S/U_X \qquad (Ⅳ-12-1)$$

式中,C_X 为电容池两极间待测溶液的电容;C_S 为一个可调的标准差动电容器。当调节差动电容器,当 $C_X=C_S$ 时,$U_S=U_X$,此时指示放大器的输出趋近于零。C_S 可从液晶显示屏上读出,这样 C_X 即可测得。由于整个测试系统存在分布电容,因此实测的电容 C_X 是样品电容 C 和分

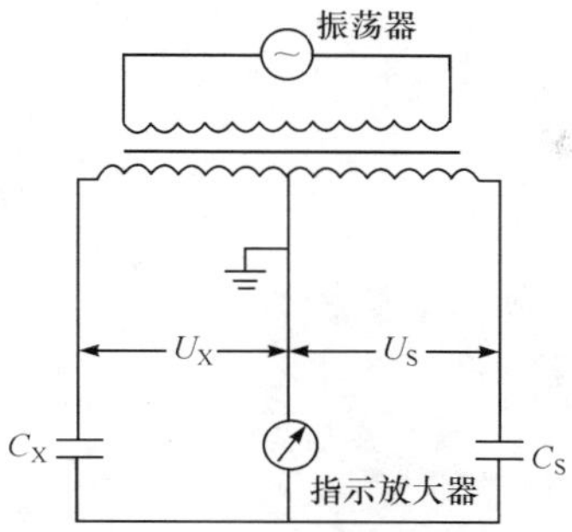

图Ⅳ-12-2 电桥电容示意图

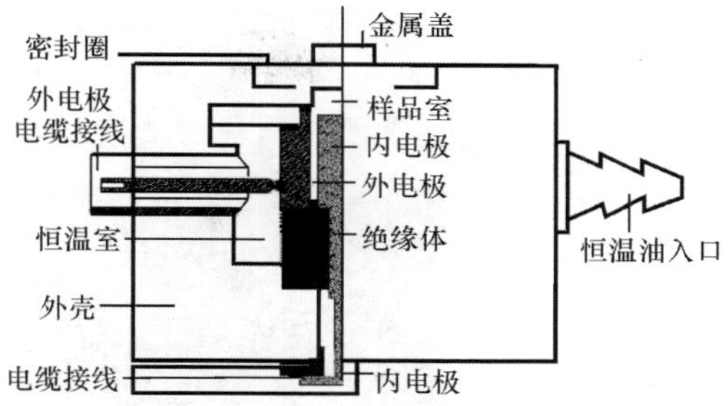

图Ⅳ-12-3 电容池结构示意图

布电容 C_d 之和，即

$$C_X = C + C_d \qquad (Ⅳ-12-2)$$

显然，为了求 C 首先就要确定 C_d 值，方法是先测定无样品时空气的电容 $C'_{空}$，则有

$$C'_{空} = C_{空} + C_d \qquad (Ⅳ-12-3)$$

再测定一已知介电常数($\varepsilon_{标}$)的标准物质的电容 $C'_{标}$，根据物质介电常数 ε 与电容的关系：

$$\varepsilon_{标} = C_S / C_{空}$$

则有

$$C'_{标} = C_{标} + C_d = \varepsilon_{标} C_{空} + C_d \qquad (Ⅳ-12-4)$$

由式(Ⅳ-12-3)和式(Ⅳ-12-4)联立可得

$$C_d = \frac{C'_{标} - C'_{空}\varepsilon_{标}}{1 - \varepsilon_{标}}$$

将 C_d 代入式(Ⅳ-12-2)和式(Ⅳ-12-3)即可求得 C_X 和 $C_{空}$。这样就可计算待测液的介电常数。

(四) 使用方法

PCM-1A 型精密电容测量仪通常和电容池连用，其电容池结构如图Ⅳ-12-3 所示。

(1) 插上电源插头，打开电源开关，预热 20 min。

(2) 每台仪器配有两根两头接有插头的屏蔽线，将这两根线分别插至仪器上标有“C1”“C2”字样的两个插座内，屏蔽线的另一端暂时不插入电容池及其底座上的插座内。

(3) 缓慢调节调零电位器，使数字显示屏示值为零。

(4) 将一根屏蔽线另一端的插头插入电容池上的“C1”插座内，另一根屏蔽线的另一端插在电容池底座上的内电极插座内。这时数字显示值为空气的电容值。

(5) 在电容池内加入待测液体样品，便可从数字显示屏上读出有介质时的电容值。每次加入的样品量必须相同。

(6) 用吸管吸出电容池内的液体样品，并用电吹风(冷风)对电容池吹气，使电容池内液体样品全部挥发(此时数字显示屏的读数应等于空气电容)，再加入新样品进行测量。

(五) 注意事项

(1) 屏蔽线两端通过锡焊连接，很容易折断，测量过程中要注意。

(2) 内外电极分别对应于不同的借口，不要插反。

(3) 测量过程中要保证待测液体高过内电极表面，从而保证测定时电极面积。

十三、7220 型可见分光光度计

图Ⅳ-13-1 为 7220 型可见分光光度计。

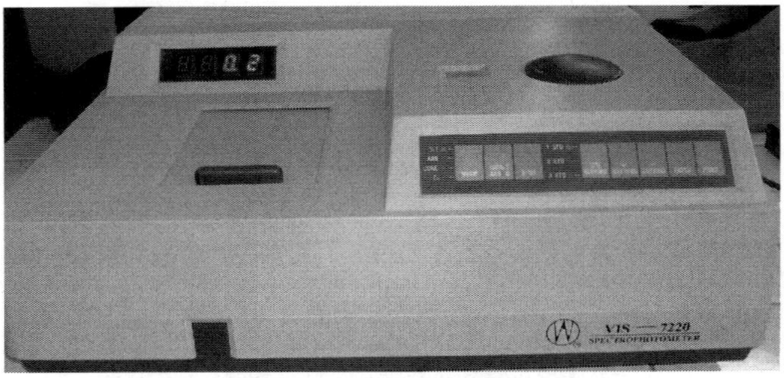

图Ⅳ-13-1　7220 型可见分光光度计

(一) 特点与用途

7220/7220G 型可见分光光度计采用单片计算机控制,数字显示,自动调零、调 100%功能,方便的三点曲线浓度,能在近紫外光-可见光谱区域内对样品物质做定性和定量分析,可广泛应用于化工、医药、生物、农业、石化、环保等部门,是理化实验室常用的光谱分析仪器之一。

(二) 仪 器 原 理

分子的紫外-可见吸收光谱是由于分子中的某些基团吸收了紫外-可见辐射光后,发生了电子能级跃迁而产生的吸收光谱。它是带状光谱,反映了分子中某些基团的信息。可以用标准光图谱再结合其他手段进行定性分析。其原理是由光源(钨灯)产生的连续辐射光经单色器(光栅或棱镜)分光后照射到样品池上,经过池中样品时会产生吸收,吸收的多少与待分析物的浓度有关,经过样品池的出射光由检测器检测就可得到分析信号。然后再对分析信号做一些处理就可得到分析结果。根据朗伯-比尔定律:$A=\varepsilon bc$,(A 为吸光度,ε 为摩尔吸光系数,b 为液池厚度,c 为溶液浓度)可以对溶液进行定量分析。

(三) 主要技术指标及规格

波长范围:325～1000 nm;
波长精度:±2 nm;
光谱带宽:5 nm;
光度范围:0～125.0% T,−0.097～2.5 A,0～1999 C;
光度精度/光度重复性:±0.5% T;0.3% T。

(四) 操 作 步 骤

(1) 启动电源开关,打开样品室门,预热 10 min,拉动拉手应感应到每挡的定位。

(2) 调节波长旋钮使波长移到所需的波长。

(3) 按“MODE”键,使显示 T 状态或 A 状态。

(4) 第一个放入参比试样,第二个放挡光板,两个放入待测试样,将比色皿放入样品池内的比色皿架上,夹子夹紧,盖上样品池盖。

(5) 将挡光板推入光路,按“0%T”键,至显示“0.000”。

(6) 将参比试样推入光路,按“100% T/ABS0”键,至显示“100.0”。

(7) 将待测试样推入光路,显示试样的 T 值。

(五) 注 意 事 项

(1) 每次测量前,检查波长是否处在所需检测的波长处。

(2) 比色皿在盛装样品前,应用所盛装样品冲洗两次,测量结束后比色皿应用蒸馏水清洗。

(3) 干净后放起。若比色皿内有颜色挂壁,可用无水乙醇浸泡清洗。

(4) 向比色皿中加样时,应不超过样品池的 2/3,若样品流到比色皿外壁时,应以滤纸吸干,镜头纸擦净后测量,切忌用滤纸擦拭,以免比色皿出现划痕。

(5) 样品池敞开时,不准按压池右侧突起的挡光板,以免损坏光电管。

十四、SYC-15 系列数显恒温水浴锅使用说明书

(一) 特点与用途

SYC-15 超级恒温水浴系列产品(图Ⅳ-14-1),采用稳压泵循环技术,温度稳定,波动性小。该系列产品结构设计合理,不锈钢内胆大大提高了设备的防腐性能和使用寿命,采用 SWQ 智能数字恒温控制器(图Ⅳ-14-2)与 SYC-15 系列数显恒温水浴锅浴槽分体式连接。主要适用于各大中院校、科研企事业单位的实验室和化验室。

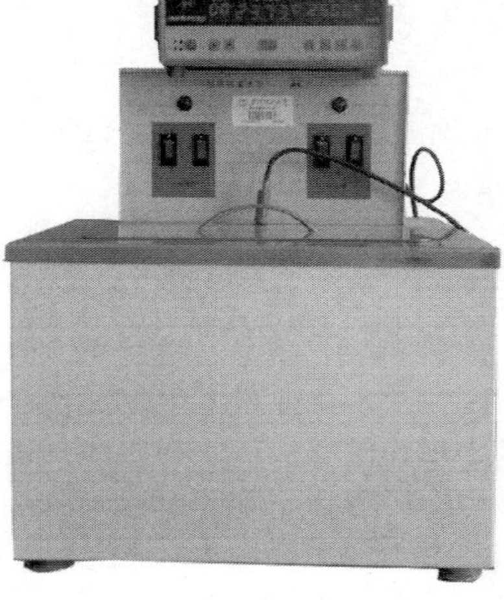

图Ⅳ-14-1 SYC-15 系列数显恒温水浴锅

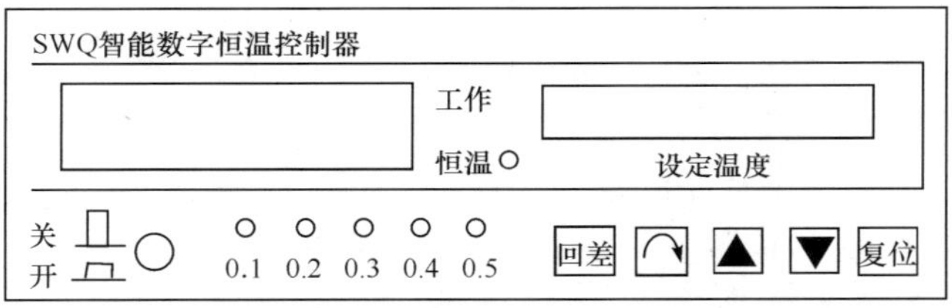

图Ⅳ-14-2　SWQ 智能数字恒温控制器

(二) 主要技术参数

控温方式:数字控温;	温度范围:室温～95 ℃;
温度波动:0.1～0.02 ℃;	温度分辨率:0.1 ℃、0.01 ℃;
泵流量:4 L/min;	总功率:1 kW。

(三) 使 用 方 法

采用 SWQ 智能数字恒温控制器控制方法如下:

(1) 使用时必须首先加水于锅内,所加水位必须高于电热管表面,接通电源,将传感器置于水中,电源开关置于"开",此时左边 LED 显示为实际水的温度,右边 LED 显示设定温度。

(2) 控制温度设置。

(a) 按动 ↷ 键,右边 LED 的第一位将闪烁,再按动▲键、此时 LED 显示"0"、"1"、"—"、"—1"。

(b) 按动 ↷ 键,右边 LED 的第二位将闪烁,再按动▲键,此位将从"0"开始逐渐增加;按动▼键,此位将逐渐减小。

(c) 按动 ↷ 键,其余两位将依次闪烁,再按动▲和▼键,直至达到温度设定值,所有位不闪烁,此时右边 LED 显示值即为所设定的温度值。

(3) 回差温度设置:按"回差"键,回差将依次显示 0.5→0.4→0.3→0.2→0.1 达到回差温度的设置。

(4) 系统仪器工作状态。

(5) 加热状态:

当介质温度小于设定温度减回差时,加热器处于加热状态;当介质温度大于设定温度加回差时,加热器停止加热。

(四) 注 意 事 项

(1) 该产品使用 220 V 交流电,电源进线是三相插座,接地线应妥善接地。

(2) 锅内加水不宜过多,以免搅拌时水量溢出锅外,但最低水位不能使加热管露出水面。

3. 锅内存一根不锈钢棒做温度传感器,切勿碰撞,以免温度失控。

十五、DDSJ-308A 型电导率仪

图Ⅳ-15-1 为 DDSJ-308A 型电导率仪。

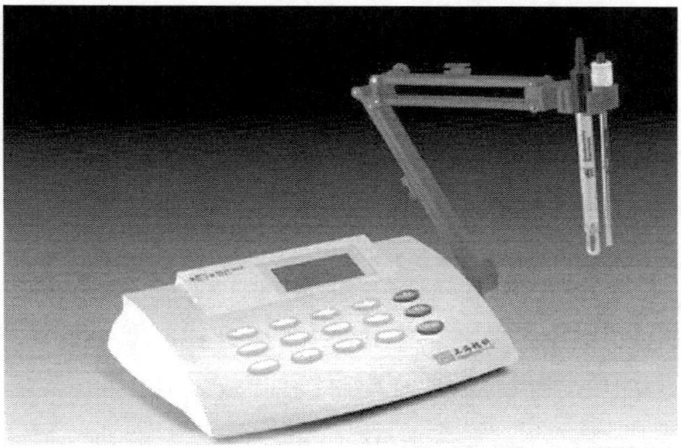

图Ⅳ-15-1　DDSJ-308A 型电导率仪

（一）特点与用途

该仪器适用于实验室精确测量水溶液的电导率及温度、总溶解固态量(TDS)及温度，也可用于测量纯水的纯度与温度，以及海水及海水淡化处理中的含盐量的测定(以 NaCl 为标准)，作为化学动力学指示，测定临界胶团浓度，并进行电导滴定等。

（二）性能指标

仪器可进行电导率、TDS、盐度、温度测量。

选用电导池常数量 0.01 cm^{-1}的钛合金电极和密封测量槽，可适合高纯水测量。

(1) 电导率：$(0\sim1.999\times10^5)\mu S\cdot cm^{-1}$共分五挡量程，可自动切换，有

$(0\sim1.999)\mu S\cdot cm^{-1}$；$(2.00\sim19.99)\mu S\cdot cm^{-1}$；

$(20.0\sim199.9)\mu S\cdot cm^{-1}$；$(200\sim1999)\mu S\cdot cm^{-1}$；

$(2.00\sim19.99)mS\cdot cm^{-1}$；$(20.0\sim199.9)mS\cdot cm^{-1}$。

(2) TDS$(0\sim19900)mg\cdot L^{-1}$共分五挡量程，可自动转换，有

$(0\sim10.00)mg\cdot L^{-1}$；$(10.0\sim100.0)mg\cdot L^{-1}$；

$(100\sim1000)mg\cdot L^{-1}$；$(1.0\sim10.0)g\cdot L^{-1}$；

$(10.0\sim19.99)g\cdot L^{-1}$。

(3) 盐度：(0.0～80.0)ppt[(0.0～80.0)‰]。

(4) 温度：(−5.0～105.0)℃。

(5)电极常数：0.01 cm^{-1}、0.1 cm^{-1}、1.0 cm^{-1}、10.0 cm^{-1}。

(6)电子单元基本误差：

电导率：±0.5%(FS)；

盐度:±10 ppt;

温度:± 0.3 ℃。

(7) 电子单元稳定性:±0.3%(FS) · $3h^{-1}$。

(8) 仪器基本误差:±0.75%(FS)。

(9) 温度补偿范围:0~50 ℃。

(三) 测 量 原 理

电导率测量仪的测量:在电导电极上加上由仪表产生高稳定度的正弦波信号,流过电极的电流与被测溶液的电导率成正比,电流将由高阻抗运算放大器转化为电压信号后,经程控信号放大、相敏检波和滤波后得到电导率的电位信号,再经过运算和温度补偿后,得到被测溶液的电导率值。其原理示意图如图Ⅳ-15-2所示。

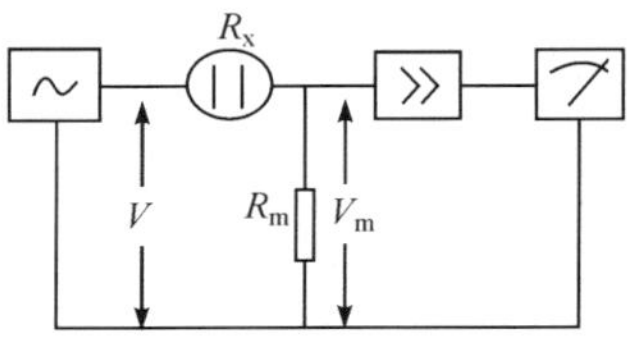

图Ⅳ-15-2 电导率测试原理

$$V_m = \frac{VR_m}{R_m + R_x} = \frac{VR_m}{R_m + (Q/\kappa)} \qquad (Ⅳ-15-1)$$

式中,R_x 为液体电阻;R_m 为分压电阻。

由式(Ⅳ-15-1)可见,当 V、R_x 和 Q 均为常数时,电导率 κ 的变化必将引起 V_m 做相应的变化,所以测量 V_m 的大小,也就测得溶液电导率的数值。

(四) 电导率仪的使用

1. 仪器的结构

仪器由 DY-1 型电源、测试部分、电极组成。仪器面板的右下方有 10 个功能键。

(1) 设置键:用于设置电极常数 Q、温度系。

(2) 确认键:用于确认当前的操作状态以及操作数据。

(3) ▲键、▼键(上行、下行键):用于调节参数或功能之间的翻转。

(4) 标定键:用于标定电极常数。

(5) 取消键:用于从设置状态返回到测量状态。

其余键在实验中不用,所以不做介绍。

仪器后面的面板上,从左至右安装有电源插座、测量电极插座、温度传感器插座等。

2. 电极的选择

应根据待测液的电导率范围选择相应的电极。电导率范围与对应电极常数如下:

电导率范围/($S \cdot cm^{-1}$)	电极常数/cm^{-1}
0.05~20	0.01
1~200	0.1
10~10 000	1
100~2×10^5	10

当电导率≥20 000 $S \cdot cm^{-1}$时,一定要用常数为 10 的电极。

3. 仪器的使用

1）测量

（1）将电源插头插入仪器插座，电导电极插头的豁口对插座的豁口后插上，插入温度电极插头。用纯水冲洗电导电极，但不能碰黑色的铂黑部分。再用待测液冲洗 3 次，取少许被测液在小烧杯中，用滴管取被测液洗电导电极，荡洗烧杯后倒去洗涤液；再取少许被测液，洗第二次；重复洗第三次。用纯水洗温度电极，用吸水纸吸干。取待测液后，将电极浸入被测溶液中。

（2）接上电源，仪器先显示仪器型号 DDSJ，片刻后，直接进入测量状态，闪烁标记指向测量，因出厂时设定电极常数为 1.00，温度系数为 0.020，如不需要改变参数，即可测量。显示屏上排数据为所测溶液折算成 25 ℃时的电导率值，单位为 $mS \cdot cm^{-1}$，下排数据为所测溶液的温度值。

2）设置电极常数 Q

按下设置键，闪烁标记指向设置，表示当前为设置状态，按上行或下行键，可在 E-5（表示常数设置）、L-5（对打印的序号设置）、P-5（打印机装置）之间翻转，现在需 E-5 的功能，按下确认键，仪器进入常数设置功能部分。

（1）选择电极常数的挡次。左上标记指向电极常数，表示当前状态为设置电极常数的挡次，上排数据显示上一次设置的电极常数挡次 1.00。用▲或▼键可以正方向或反方向地在 0.01、0.1、1.00、5.00、10.00 各挡间翻转，当需改变某一挡电极常数时，按下确认键，仪器将自动记忆当前的挡次值后转入第二步调节电极常数。如不改变挡次，按设置键，仪器也转入第二步，但不存储当前的挡次值，而显示上一次的电极常数。

（2）左上标记指向常数调节，表示当前状态为调节电极常数值，若使用电极的电极常数为 1.02 时，用上行键加至 1.02，按确认键确认，仪器将保存此值后转入第三步温度系数 α 的设置；如按下设置键，仪器也转入第三步设置，但不存储电极常数值。

（3）左上标记指向温度系数，初值为 0.020，用上行或下行键可加、减温度补偿系数值；按确认键仪器将保留此值，并返回第一步电极常数设置。按设置键，仪器不保存温度系数值，返回电极常数设置。

按取消键，仪器退出设置功能，返回测量状态。

3）电极常数的标定

（1）标定电极常数的 KCl 标准溶液浓度如下：

电极常数 $Q/(cm^{-1})$	0.01	0.1	1	10
KCl 溶液近似浓度/$(mol \cdot L^{-1})$	0.001	0.01	0.01 或 0.1	0.1 或 1

若待标定的电导电极的电极常数为 1 左右，可配制 $0.01\ mol \cdot L^{-1}$ 的 KCl 溶液。

（2）将电导电极浸在新制的 KCl 标准溶液中；温度电极拔出不用，仪器则认为温度为 25 ℃，此时仪器显示的电导率值是未经温度补偿的绝对电导率值。

（3）控制溶液的温度为 20.0±1.0 ℃。待仪器稳定后，按下标定键，显示屏上排数据为当前测量所得的绝对电导率值。左下标记指向标定，表示当前状态为标定状态。表Ⅳ-15-1 列出了 KCl 溶液的有关数据。

表Ⅳ-15-1　$0.01\ mol \cdot L^{-1}$ 的 KCl 溶液的电导率与温度的关系

温度/℃	15.0	18.0	20.0	25.0
电导率/$(S \cdot cm^{-1})$	1141.4	1220.0	1273.7	1408.3

按上行键或下行键,使仪器显示 20.0 ℃时的电导率值 1274,按下确认键,仪器将自动计算出电极常数并储存,随即自动返回到测量状态;如按取消键,仪器退出标定状态返回测量状态。

(五) 注 意 事 项

(1) 接通电源后,按"ON/OFF"键,如果显示屏不亮,应检查电源器是否有电压输出或有无插好,否则是仪器有故障。

(2) 对于高纯水或超纯水(小于 0.2 $\mu S \cdot cm^{-1}$)的测量,必须配置 0.01 常数的钛合金电极和测量池,在密封流动状态下测量,流速不要太快,出水口有水缓缓流出即可。

(3) 对于一些水温高于环境温度的溶液,自然冷却后再测量,否则会引起测量不稳定。

(4) 如仪器显示"溢出"说明所测电导率值已超出测量范围,应马上关机,选用合适的电极常数电极测量。

(5) 仪器在使用过程中如出现:电极常数不能设置,温补系数不能设置,测量值相差甚远,可能是仪器内部的存储数据的芯片损坏,此时仪器需返厂维修。

(6) 电导率超过 1000 $\mu S \cdot cm^{-1}$时,光亮电极不能正确测量,此时应换用铂黑电极进行测量。

十六、Mastersizer 2000 激光粒度分析仪

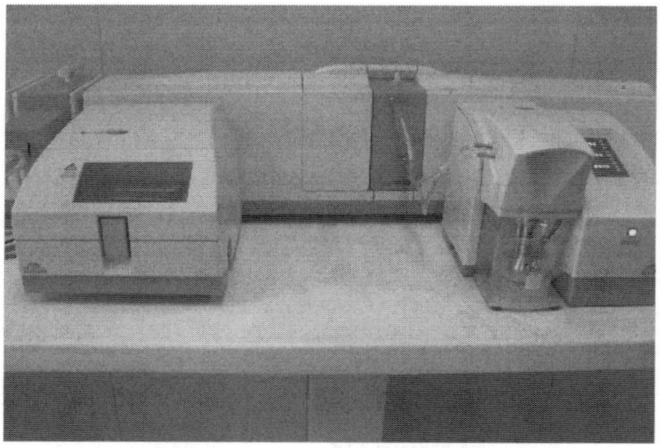

图Ⅳ-16-1　Mastersizer 2000 激光粒度分析仪

(一) 特点与用途

该仪器通过上亿个粒子的统计学效果,使得对粒径及其分布的测量更加准确,对微量存在的大颗粒极其敏感,测试速度快,所需样品少,不破坏不干扰体系原有状态,在溶液状态下测量颗粒的尺寸,测定时需要溶液的黏度和折光指数等光学参数,所得到的尺寸分布正比于不同种类颗粒对光强的贡献率,由于其测量速度快、粒径范围宽及重复性和重现性好等突出优点,被广泛用于测量固体、乳液颗粒的粒径大小和颗粒分布。

（二）性能指标

（1）扫描速度：1000 次·秒$^{-1}$。
（2）标准化、简单的操作规程(SOP)。
（3）智能化干湿法进样平台转换，多种干湿法进样平台满足不同应用。
（4）高灵敏亚微米区测量性能。
（5）粒度范围：0.02～2000 μm(单量程)。
（6）光源：632.8 nm He-Ne 激光器附以 466 nm 固体光源。
（7）采样速率：1000 次·秒$^{-1}$。

（三）仪器原理

在某一固定的散射角下，颗粒的散射光经透镜聚焦后进入光探测器(一般用光电倍增管)。光探测器输出的光子信号经放大和甄别后成为等幅的串行脉冲，经随后的数字相关器做相关运算，求出光强的自相关函数。根据自相关函数中所包含的颗粒粒度信息，由计算机可算出粒度分布。激光衍射法是采用一系列的光敏检测器来测量未知粒径的颗粒在不同角度(或者说位置)上的衍射光的强度，使用衍射模型，再通过米氏理论的数学反演，得到样品颗粒的粒度分布。检测器的排列根据衍射理论确定。在实际测量时，分布在某个角度(或位置)上的检测器接收到衍射光，说明样品中存在对应粒径的颗粒，然后再通过该位置的检测器所接收到的衍射光的强度，得到所对应粒径颗粒的质量分数。其原理示意图如图Ⅳ-16-2所示。

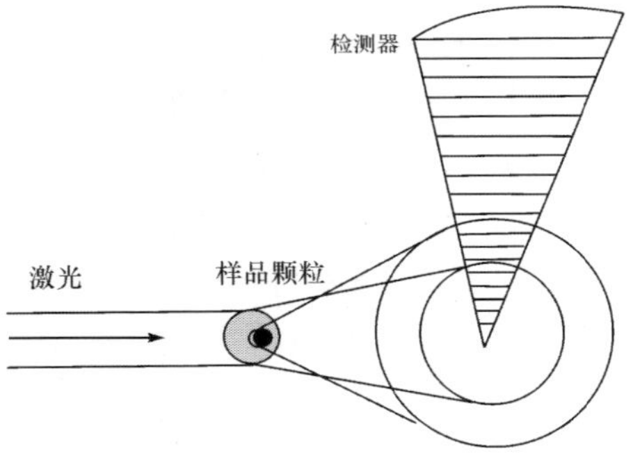

图Ⅳ-16-2 激光粒度仪原理示意图

激光粒度仪主要由光学检测系统、分散进样系统及控制分析软件组成，而光学检测系统又包括光源、光路及检测器等关键部分。当颗粒较小时，根据瑞利散射理论，散射光强与粒径的六次方成正比，而与光源波长的四次方成反比，因此激光光源对粒度测量的影响很大，选用短波长的激光器更能提高小颗粒检测时的信号强度及信噪比。目前，激光光源主要有氦氖气体激光器和半导体固体激光器两种，氦氖激光器具有线宽窄、单色性极好、不受供电电压波动及温度变化的影响、稳定性高等优点，半导体激光器具有体积小、供电电压低、使用寿命较长、比氦氖激光器价格低等优点，但其单色性差、线宽宽、稳定性易受温度变化及供电电源波动的影响等缺点也限制了它在仪器中的应用。在光路配置上，仪器需要有稳固的光学平台、自动对光功能等保证光路的平直和稳定。检测器是激光粒度仪最关键的部件之一，检测器中检测单元的数量，检测器的几何形状、排列方式、检测单元的面积及其真正的物理检测角度等都会对检测器的灵敏度产生影响。样品分散进样系统是保证样品正确分散和进样的重要附件，湿法分散进样器需要有内置超声和搅拌及足够力量的循环泵(最好是离心泵)，干法分散进样器需要有振动进样功能，气流压力可调，不同容量的样品盘可选。控制分析软件是用于仪器控制和数据分析的，数据采集速度越快越好。

(四) 操 作 步 骤

(1) 根据需要,选择干法或湿法进样器,接好进样器与主机的连接软管,接通各设备电源。

(2) 顺次打开进样器、主机、打印机、计算机。预热 15 min。

(3) 点击 Matersizer 2000 进入仪器操作程序。

① 输入使用者名称,单击 OK。

② 进入 File,选择 New 或 Open。

③ 输入文件名或选择已有的文件名及保存类型,单击保存。

④ 进入 Measure 选择 Start SOP 或 Manual。

⑤ 根据测量方式的不同,按照程序提示,设置材料性能、光学参数、测量时间、遮光度、气压(干法)等。

⑥ 选择文件,输入样品名。

⑦ 根据背景信号,确认样品池是否干净。

⑧ 循环泵速度调到适当值。

⑨ 点击 Start 按钮,对光(自动),测量背景。

⑩ 加入适量样品,并进行超声分散。

⑪ 点击 Start 按钮,开始测量。测量结果自动保存。

(4) 测量结束后,退出操作程序(点击 Close 按钮)。湿法状态下,用超纯水清洗样品池,在烧杯中滴2~3 滴洗洁精循环 1~2 min。

(5) 依次关闭计算机、打印机、主机、进样器、电源。

(五) 注 意 事 项

(1) 测量前应测定背景信号,确认样品池是否干净,避免样品池引起的污染。

(2) 测定时应根据样品特点选择合适的分散介质和分散剂。

(3) 选用湿法进样器测定样品时应注意样品浓度不能太小。

十七、X 射线粉末衍射仪

(一) 特点与用途

X 射线粉末衍射仪(图Ⅳ-17-1)是一种采用衍射光子探测器和测角仪来记录衍射线位置及强度分析的大型精密仪器,可进行固体物质中各元素之间的结合状态分析即物相分析和晶体结构,包括各物相的定性和半定量分析、晶系的确定、晶粒大小及畸变等,被广泛应用于物理、化学、材料、地质、天文、纺织、生命科学、石油化工等领域未知物相鉴定、晶体结构研究及结晶度测定等。

图Ⅳ-17-1　X射线粉末衍射仪

（二）主要技术参数

X射线高压发生器：3 kW；　　管电压：20～60 kV；

管电流：2.5～80 mA；　　X光管：Cu靶 2 kW；

综合精度：<0.02°；　　2θ 扫描范围：$-3°$～160°；

扫描速度：0.002°～90°·min^{-1}。

（三）测量原理

X射线衍射仪主要由X射线发生器(X射线管)、测角仪、X射线探测器、计算机控制处理系统等组成，如图Ⅳ-17-2所示。其中X射线管是衍射仪的X射线光源，主要分密闭式和可拆卸式两种。广泛使用的是密闭式，由阴极灯丝、阳极、聚焦罩等组成。为了产生稳定的X射线，X射线管往往还配有工作高压、管电流电路、保护电路以及水冷系统等。功率一般为1～2 kW。常用的X射线靶材有W、Ag、Mo、Ni、Co、Fe、Cr、Cu等。测角仪系统是X射线衍射仪的核心部件，也是衍射仪的最精密的机械部分，用来精确测量衍射角。它是由计算机控制的两个独立的步进电机分别驱动样品台轴(θ轴)与检测器转臂旋转轴(2θ轴)，进行扫描工作。在衍射测量时，试样绕测角仪中心轴转动，不断地改变入射线与试样表面的夹角 2θ，计数器沿测角仪圆周转动，接收各衍射角 2θ 所对应的衍射强度。X射线衍探测器衍射仪中常用的探测器是闪烁计数器(SC)，它是利用X射线能在某些固体物质(磷光体)中产生的波长在可见光范围内的荧光，这种荧光再转换为能够测量的电流。由于输出的电流和计数器吸收的X光子能量成正比，因此可以用来测量衍射线的强度。实验过程中，X射线管经发散狭缝发出特征X射线的照射到样品上，衍射信息经防散射狭缝、接收狭缝，而进入检测器上，经过数据采集、处理系统即可得物质X射线衍射的信息。

D/Max-3B衍射仪主要操作都由计算机控制自动完成，扫描操作完成后，衍射原始数据自动存入计算机硬盘中供数据分析处理。数据分析处理包括平滑点的选择、背底扣除、自动寻峰、d 值计算、衍射峰强度计算等。

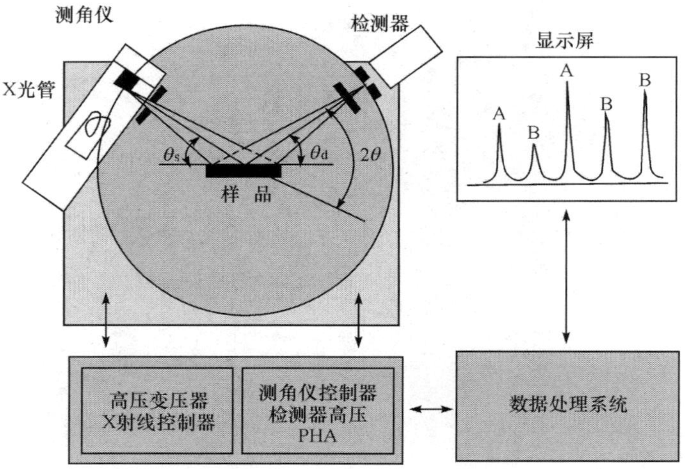

图Ⅳ-17-2　X射线衍射仪原理

(四) 样品制备

X射线衍射分析的样品主要有粉末样品、块状样品、薄膜样品、纤维样品等。样品不同,分析目的不同(定性分析或定量分析),则样品制备方法也不同。

1) 粉末样品

X射线衍射分析的粉末试样必须满足这样两个条件:一是晶粒要细小;二是试样无择优取向(取向排列混乱)。所以通常将试样研细后使用,可用玛瑙研钵研细。定性分析时粒度应小于44 μm(350 目),定量分析时应将试样研细至 10 μm 左右。较方便地确定 10 μm 粒度的方法是,用拇指和中指捏住少量粉末,并碾动,两手指间没有颗粒感觉的粒度大致为 10 μm。

常用的粉末样品架为玻璃试样架,在玻璃板上蚀刻出试样填充区为 20 mm×18 mm。玻璃样品架主要用于粉末试样较少时(少于 500 mm^3)使用。充填时,将试样粉末一点一点地放进试样填充区,重复这种操作,使粉末试样在试样架里均匀分布,并用玻璃板压平实,要求试样面与玻璃表面齐平。如果试样的量少到不能充分填满试样填充区,可在玻璃试样架凹槽里先滴一薄层用乙酸戊酯稀释的火棉胶溶液,然后将粉末试样撒在上面,待干燥后测试。

2) 块状样品

先将块状样品表面研磨抛光,大小不超过 20 cm×18 cm,然后用橡皮泥将样品粘在铝样品支架上,要求样品表面与铝样品支架表面平齐。

3) 微量样品

取微量样品放入玛瑙研钵中将其研细,然后将研细的样品放在单晶硅样品支架上(切割单晶硅样品支架时使其表面不满足衍射条件),滴数滴无水乙醇使微量样品在单晶硅片上分散均匀,待乙醇完全挥发后即可测试。

4) 薄膜样品制备

将薄膜样品剪成合适大小,用胶带纸粘在玻璃样品支架上即可。

（五）使用方法

（1）开机前的准备和检查。

（2）将制备好的试样插入衍射仪样品架，盖上顶盖关闭防护罩；开启水龙头，使冷却水流通；X 光管窗口应关闭，管电流管电压表指示应在最小位置；接通总电源，接通稳压电源。

（3）开机操作。

（4）开启衍射仪总电源，启动循环水泵；待准备灯亮后，接通 X 光管电源。缓慢升高管电压、管电流至需要值（若为新 X 光管或停机再用，需预先在低管电压、管电流下“老化”后再用）。打开计算机 X 射线衍射仪应用软件，设置合适的衍射条件，选择阳极靶为：管电压和管电流、发散狭缝、接收狭缝、扫描范围、扫描速度等参数，使计数器在设定条件下扫描。

（5）停机操作。

（6）测量完毕，缓慢顺序降低管电流、管电压至最小值，关闭 X 光管电源；取出试样；15 min后关闭循环水泵，关闭水龙头；关闭衍射仪总电源、稳压电源及线路总电源。

（六）注意事项

（1）由于 X 射线对人体有辐射危险，未经老师的同意请不要随便动仪器。

（2）严格遵守实验步骤，以免仪器出错，耽误实验进程。

（3）在实验完毕后，先关闭 X 射线衍射仪，15 min 后关闭冷却水，确保水电关好后再离开。

Ⅴ. 物理化学实验常用数据表

附表 1　具有专门名称和符号的 SI 导出单位

量的名称	单位名称	单位符号	表示式	
			用 SI 单位	用 SI 基本单位
频率	赫[兹]	Hz	—	s^{-1}
力，重力	牛[顿]	N	—	$m \cdot kg \cdot s^{-2}$
压力，应力	帕[斯卡]	Pa	$N \cdot m^{-2}$	$m^{-1} \cdot kg \cdot s^{-2}$
能[量]，功，热量	焦[耳]	J	$N \cdot m$	$m^2 \cdot kg \cdot s^{-2}$
功率，辐射通量	瓦[特]	W	$J \cdot s^{-1}$	$m^2 \cdot kg \cdot s^{-3}$
电荷[量]	库[仑]	C	—	$s \cdot A$
电压，电动势，电位(电势)	伏[特]	V	$W \cdot A^{-1}$	$m^2 \cdot kg \cdot s^{-3} \cdot A^{-1}$
电容	法[拉]	F	$C \cdot V^{-1}$	$m^{-2} \cdot kg^{-1} \cdot s^4 \cdot A^2$
电阻	欧[姆]	Ω	$V \cdot A^{-1}$	$m^2 \cdot kg \cdot s^{-3} \cdot A^{-2}$
电导	西[门子]	S	$A \cdot V^{-1}$	$m^{-2} \cdot kg^{-1} \cdot s^3 \cdot A^2$
磁通量	韦[伯]	Wb	$V \cdot s$	$m^2 \cdot kg \cdot s^{-2} \cdot A^{-1}$
磁通量密度，磁感应强度	特[斯拉]	T	$Wb \cdot m^{-2}$	$kg \cdot s^{-2} \cdot A^{-1}$
电感	亨[利]	H	$Wb \cdot A^{-1}$	$m^2 \cdot kg \cdot s^{-2} \cdot A^{-2}$
光通量	流[明]	Lm	—	$Cd \cdot sr$
[光]照度	勒[克斯]	Lx	$Lm \cdot m^{-2}$	$m^{-2} \cdot cd \cdot sr$
放射性活动*	贝可[勒尔]	Bq	—	s^{-1}
吸收剂量*	戈[瑞]	Gy	$J \cdot kg^{-1}$	$m^2 \cdot s^{-2}$
摄氏温度	摄氏度	℃	—	K
剂量当量*	希[沃特]	Sv	$J \cdot kg^{-1}$	$m^2 \cdot s^{-2}$
黏度	帕斯卡秒	$Pa \cdot s$		$m^{-1} \cdot kg \cdot s^{-1}$
表面张力	牛顿每米	$N \cdot m^{-1}$		$kg \cdot s^{-2}$
热容量，熵	焦耳每开	$J \cdot K^{-1}$		$m^2 \cdot kg \cdot s^{-2} \cdot K^{-1}$
比热	焦耳每千克每开	$J \cdot kg \cdot K^{-1}$		$m^2 \cdot s^{-2} \cdot K^{-1}$
电场强度	伏特每米	$V \cdot m^{-1}$		$m \cdot kg \cdot s^{-3} \cdot A^{-1}$
密度	千克每立方米	$kg \cdot m^{-3}$		$kg \cdot m^{-3}$

引自：复旦大学，武汉大学，中国科学技术大学，等. 2004. 物理化学实验. 3 版. 北京：高等教育出版社

* 由于人类健康防护上的需要而确定的。

附表 2　可与 SI 并用的单位*

量的名称	单位名称	单位符号	与 SI 的换算关系
时间	分	min	1 min=60 s
	[小]时	h	1 h=60 min=3 600 s
	天(日)	d	1 d=24 h=86 400 s
平面角	[角]秒	(″)	1″=(π/648 000)rad
	[角]分	(′)	1′=60″=(π/108 00)rad
	度	(°)	1°=60′=(π/180)rad
质量	吨	t	1 t=10^3 kg
	原子质量单位**	u	1 u≈1.660 565 5×10^{-27} kg
体积，容积	升	L,(l)	1 L=1 dm^3=10^{-3} m^3
能量	电子伏特	eV	1 eV≈1.602 189 2×10^{-19} J*
表观功率(视在功率)	伏安	$V \cdot A$	1 $V \cdot A$=1 W

引自：复旦大学，武汉大学，中国科学技术大学，等. 2004. 物理化学实验. 3 版. 北京：高等教育出版社

* 数值需由实验得出。

** 原子质量单位等于一个 C12 核原子质量的 1/12。

附表 3　一些物理化学常数

常数	符号	数值*	单位
真空中的光速	c_0	2.997 924 58(12)×10^8	m·s^{-1}
真空磁导率	$\mu_0=4\pi\cdot 10^{-7}$	12.566 371×10^{-7}	H·m^{-1}
真空电容率	$\varepsilon_0=(\mu_0 c^2)^{-1}$	8.854 187 82(7)×10^{-12}	F·m^{-1}
基本电荷	e	1.602 177 33(49)×10^{-19}	C
精细结构常数	$\alpha=\mu_0 ce^2/(2h)$	7.297 353 08(33)×10^{-3}	
普朗克常量	h	6.626 075 5(40)×10^{-34}	J·s
阿伏伽德罗常量	L	6.022 136 7(36)×10^{23}	mol^{-1}
电子的静止质量	m_e	9.109 389 7(54)×10^{-31}	kg
质子的静止质量	m_p	1.672 623 1(10)×10^{-27}	kg
中子的静止质量	m_n	1.674 928 6(10)×10^{-27}	kg
法拉第常量	F	9.648 530 9(29)×10^4	C·mol^{-1}
里德伯常量	R_∞	1.097 373 153 4(13)×10^7	m^{-1}
玻尔半径	$\alpha_0=\alpha/(4\pi R_\infty)$	5.291 772 49(24)×10^{-11}	M
玻尔磁子	$\mu_B=e\hbar/(2m_e)$	9.274 015 4(31)×10^{-24}	J·T^{-1}
核磁子	$\mu_N=e\hbar/(2m_p c)$	5.050 786 6(17)×10^{-27}	J·T^{-1}
摩尔气体常量	R	8.314 510 (70)	J·K^{-1}·mol^{-1}
玻耳兹曼常量	$k=R/L$	1.380 658 (12)×10^{-23}	J·K^{-1}

引自:复旦大学,武汉大学,中国科学技术大学,等.2004.物理化学实验.3版.北京:高等教育出版社

* 括号中数字是标准偏差。

附表 4　大气压力计读数的温度校正值*

t/℃	压力观测值 p_t/mmHg					压力观测值 p_t/kPa				
	740	750	760	770	780	96	98	100	101.325	103
1	0.12	0.12	0.12	0.13	0.13	0.016	0.016	0.016	0.017	0.017
2	0.24	0.24	0.25	0.25	0.25	0.031	0.032	0.033	0.033	0.034
3	0.36	0.37	0.37	0.38	0.38	0.047	0.048	0.049	0.050	0.050
4	0.48	0.49	0.50	0.50	0.51	0.063	0.064	0.065	0.066	0.067
5	0.60	0.61	0.62	0.63	0.64	0.078	0.080	0.082	0.083	0.084
6	0.72	0.73	0.74	0.75	0.76	0.094	0.096	0.098	0.099	0.101
7	0.85	0.86	0.87	0.88	0.89	0.110	0.112	0.114	0.116	0.118
8	0.97	0.98	0.99	1.00	1.02	0.125	0.128	0.131	0.132	0.134
9	1.09	1.10	1.12	1.13	1.15	0.141	0.144	0.147	0.116	0.118
10	1.21	1.22	1.24	1.26	1.27	0.157	0.160	0.163	0.165	0.168
11	1.33	1.35	1.36	1.38	1.40	0.172	0.176	0.179	0.182	0.185
12	1.45	1.47	1.49	1.51	1.53	0.188	0.192	0.196	0.198	0.202
13	1.57	1.59	1.61	1.63	1.65	0.203	0.208	0.212	0.215	0.218
14	1.69	1.71	1.73	1.76	1.78	0.219	0.224	0.228	0.231	0.235
15	1.81	1.83	1.86	1.88	1.91	0.235	0.240	0.244	0.248	0.252
16	1.93	1.96	1.98	2.01	2.03	0.250	0.255	0.261	0.264	0.268
17	2.05	2.08	2.10	2.13	2.16	0.266	0.271	0.277	0.281	0.285
18	2.17	2.20	2.23	2.26	2.29	0.281	0.287	0.293	0.297	0.302
19	2.29	2.32	2.35	2.38	2.41	0.297	0.303	0.309	0.313	0.319
20	2.41	2.44	2.47	2.51	2.54	0.313	0.319	0.326	0.330	0.335

续表

t/℃	压力观测值 p_t/mmHg					压力观测值 p_t/kPa				
	740	750	760	770	780	96	98	100	101.325	103
21	2.53	2.56	2.60	2.63	2.67	0.328	0.335	0.342	0.346	0.352
22	2.65	2.69	2.72	2.76	2.79	0.344	0.351	0.358	0.363	0.369
23	2.77	2.81	2.84	2.88	2.92	0.359	0.367	0.374	0.379	0.385
24	2.89	2.93	2.97	3.01	3.05	0.375	0.383	0.390	0.396	0.402
25	3.01	3.05	3.09	3.13	3.17	0.390	0.399	0.407	0.412	0.419
26	3.13	3.17	3.21	3.26	3.30	0.406	0.414	0.423	0.428	0.436
27	3.25	3.29	3.34	3.38	3.42	0.421	0.430	0.439	0.445	0.452
28	3.37	3.41	3.46	3.51	3.55	0.437	0.446	0.455	0.461	0.469
29	3.49	3.54	3.58	3.63	3.68	0.453	0.462	0.471	0.478	0.486
30	3.61	3.66	3.71	3.75	3.80	0.468	0.478	0.488	0.494	0.502
31	3.73	3.78	3.83	3.88	3.93	0.484	0.494	0.504	0.510	0.519
32	3.85	3.90	3.95	4.00	4.06	0.499	0.510	0.520	0.527	0.537
33	3.97	4.02	4.07	4.13	4.18	0.515	0.525	0.536	0.543	0.552
34	4.09	4.14	4.20	4.25	4.31	0.530	0.541	0.552	0.560	0.569
35	4.21	4.26	4.32	4.38	4.43	0.546	0.557	0.568	0.576	0.585
36	4.33	4.38	4.44	4.50	4.56	0.561	0.573	0.585	0.592	0.602
37	4.44	4.51	4.57	4.63	4.69	0.577	0.589	0.601	0.609	0.619
38	4.56	4.63	4.69	4.75	4.81	0.592	0.604	0.617	0.625	0.635

引自：复旦大学，武汉大学，中国科学技术大学，等. 2004. 物理化学实验. 3版. 北京：高等教育出版社

* 以观测值减去校正值即为 0 ℃时的压力。校正值与观测值所用单位相同。校正值计算公式：$\Delta_t = p_t - p_0 = \dfrac{(\alpha-\beta)t}{1+\alpha t}p_t$。

附表 5　标准电极电势及其温度系数

电极反应	$\varphi^{\ominus}$/V(25 ℃)	$(d\varphi^{\ominus}/dT)/(mV \cdot K^{-1})$
$Ag^+ + e^- = Ag$	+0.7991	−1.000
$AgCl + e^- = Ag + Cl^-$	+0.2224	−0.658
$AgI + e^- = Ag + I^-$	−0.151	−0.248
$Ag(NH_3)_2^+ + e^- = Ag + 2NH_3$	+0.373	−0.460
$Cl_2 + 2e^- = 2Cl^-$	+1.3595	−1.260
$2HClO(aq) + 2H^+ + 2e^- = Cl_2(g) + 2H_2O$	+1.63	−0.14
$Cr_2O_7^{2-} + 14H^+ + 6e^- = 2Cr^{3+} + 7H_2O$	+1.33	−1.263
$HCrO_4^- + 7H^+ + 3e^- = Cr^{3+} + 4H_2O$	+1.2	—
$Cu^+ + e^- = Cu$	+0.521	−0.058
$Cu^{2+} + 2e^- = Cu$	+0.337	+0.008
$Cu^{2+} + e^- = Cu^-$	+0.153	+0.073
$Fe^{2+} + 2e^- = Fe$	−0.440	+0.052
$Fe(OH)_2 + 2e^- = Fe + 2OH^-$	−0.877	−1.06
$Fe^{3+} + e^- = Fe^{2+}$	+0.771	+1.188
$Fe(OH)_3 + e^- = Fe(OH)_2 + OH^-$	−0.56	−0.96
$2H^+ + 2e^- = H_2(g)$	0.000	0

续表

电极反应	$\varphi^\ominus$/V(25 ℃)	$(d\varphi^\ominus/dT)/(mV \cdot K^{-1})$
$2H^+ + 2e^- = H_2(aq, sat)$	+0.0004	+0.033
$Hg_2^{2+} + 2e^- = 2Hg$	+0.792	—
$Hg_2Cl_2 + 2e^- = 2Hg + 2Cl^-$	+0.2676	−0.317
$HgS + 2e^- = Hg + S^{2-}$	−0.69	−0.79
$HgI_4^{2-} + 2e^- = Hg + 4I^-$	−0.038	+0.04
$Li^+ + e^- = Li$	−3.045	−0.534
$Na^+ + e^- = Na$	−2.714	−0.722
$Ni^{2+} + 2e^- = Ni$	−0.250	+0.06
$O_2(g) + 2H^+ + 2e^- = H_2O_2(aq)$	+0.682	−1.033
$O_2(g) + 4H^+ + 4e^- = 2H_2O$	+1.229	−0.846
$O_2(g) + 2H_2O + 4e^- = 4OH^-$	+0.401	−1.680
$H_2O_2(aq) + 2H^+ + 2e^- = 2H_2O$	+1.77	−0.658
$2H_2O + 2e^- = H_2 + 2OH^-$	−0.8281	−0.8342
$Pb^{2+} + 2e^- = Pb$	−0.126	−0.451
$PbO_2 + H_2O + 2e^- = PbO(red) + 2OH^-$	+0.248	−1.194
$PbO_2 + SO_4^{2-} + 4H^+ + 2e^- = PbSO_4 + 2H_2O$	+1.685	−0.326
$S + 2H^+ + 2e^- = H_2S(aq)$	+0.141	−0.209
$Sn^{2+} + 2e^- = Sn(white)$	−0.136	−0.282
$Sn^{4+} + 2e^- = Sn^{2+}$	+0.15	—
$Zn^{2+} + 2e^- = Zn$	−0.7628	+0.091
$Zn(OH)_2 + 2e^- = Zn + 2OH^-$	−1.245	−1.002

引自:印永嘉.1988.物理化学简明手册.北京:高等教育出版社

复旦大学,武汉大学,中国科学技术大学,等.2004.物理化学实验.3版.北京:高等教育出版社

附表 6　不同温度下饱和甘汞电极(SCE)的电极电势

t/℃	φ/V*	t/℃	φ/V*	t/℃	φ/V*	t/℃	φ/V*
0	0.2568	25	0.2412	40	0.2307	60	0.2154
10	0.2507	30	0.2378	50	0.2233	70	0.2071
20	0.2444	—	—	—	—	—	—

引自:复旦大学,武汉大学,中国科学技术大学,等.2004.物理化学实验.3版.北京:高等教育出版社

* 25 ℃,相对于标准氢电极(NHE)。

附表 7　甘汞电极的电极电势与温度(t/℃)的关系

甘汞电极*	φ/V
SCE	$0.2412-6.61\times10^{-4}(t/℃-25)-1.75\times10^{-6}(t/℃-25)^2-9\times10^{-10}(t/℃-25)^3$
NCE	$0.2801-2.75\times10^{-4}(t/℃-25)-2.50\times10^{-6}(t/℃-25)^2-4\times10^{-9}(t/℃-25)^3$
0.1NCE	$0.3337-8.75\times10^{-5}(t/℃-25)-3\times10^{-6}(t/℃-25)^2$

引自:印永嘉.1988.物理化学简明手册.北京:高等教育出版社

复旦大学,武汉大学,中国科学技术大学,等.2004.物理化学实验.3版.北京:高等教育出版社

* SCE为饱和甘汞电极;NCE为标准甘汞电极;0.1NCE为0.1 mol·L^{-1}甘汞电极;相对于标准氢电极(NCE)。

附表 8　KCl 溶液的电导率*

t/℃	c^{**}/(mol · L^{-1})			
	1.000	0.1000	0.0200	0.0100
0	0.065 41	0.007 15	0.001 521	0.000 776
5	0.074 14	0.008 22	0.001 752	0.000 896
10	0.083 19	0.009 33	0.001 994	0.001 020
15	0.092 52	0.010 48	0.002 243	0.001 147
16	0.094 41	0.010 72	0.002 294	0.001 173
17	0.096 31	0.010 95	0.002 345	0.001 199
18	0.098 22	0.011 19	0.002 397	0.001 225
19	0.100 14	0.011 43	0.002 449	0.001 251
20	0.102 07	0.011 67	0.002 553	0.001 305
21	0.104 00	0.011 91	0.002 553	0.001 305
22	0.105 94	0.012 15	0.002 606	0.001 332
23	0.107 89	0.012 39	0.002 659	0.001 359
24	0.109 84	0.012 64	0.002 712	0.001 386
25	0.111 80	0.012 88	0.002 765	0.001 413
26	0.113 77	0.013 13	0.002 819	0.001 441
27	0.115 74	0.013 37	0.002 873	0.001 468
28	—	0.013 62	0.002 927	0.001 496
29	—	0.013 87	0.002 981	0.001 524
30	—	0.014 12	0.003 036	0.001 552
35	—	0.015 39	0.003 312	—
36	—	0.015 64	0.003 368	—

引自：复旦大学，武汉大学，中国科学技术大学，等．2004．物理化学实验．3 版．北京：高等教育出版社

* 电导率的单位为 S · cm^{-1}

** 在空气中称取 KCl 74.56 g，溶于 18 ℃水中，稀释到 1 L，其浓度为 1.000 mol · L^{-1}（密度为 1.0449 g · mL^{-1}），再稀释得其他浓度溶液。

附表 9　水溶液中离子的极限摩尔电导率*

离子	t/℃			
	0	18	25	50
H^+	225	315	349.8	464
K^+	40.7	63.9	73.5	114
Na^+	26.5	42.8	50.1	82
NH_4^+	40.2	63.9	73.5	114
Ag^+	33.1	53.5	61.9	101
1/2 Ba^{2+}	34.0	54.6	63.6	104
1/2 Ca^{2+}	31.2	50.7	59.8	96.2
OH^-	105	171	198.3	(284)
Cl^-	41.0	66.0	76.3	(116)
NO_3^-	40.0	62.3	71.5	(104)
CH_2COO^-	20.0	32.5	40.9	(67)
1/2SO_4^{2-}	41	68.4	80.0	(125)
1/4$[Fe(CN)_6]^{4-}$	58	95	110.5	(173)

引自：印永嘉．1988．物理化学简明手册．北京：高等教育出版社

复旦大学，武汉大学，中国科学技术大学，等．2004．物理化学实验．3 版．北京：高等教育出版社

* 极限摩尔电导率单位为 S · cm^2 · mol^{-1}。

附表 10　一些强电解质的活度系数(25 ℃)

电解质	$m/(mol \cdot kg^{-1})$										
	0.01	0.1	0.2	0.3	0.4	0.5	0.6	0.7	0.8	0.9	1.0
$AgNO_3$	0.09	0.734	0.657	0.606	0.567	0.536	0.509	0.485	0.464	0.446	0.429
$Al_2(SO_4)_3$		0.035	0.0225	0.0176	0.0153	0.0143	0.014	0.0142	0.0149	0.0159	0.0175
$BaCl_2$		0.500	0.444	0.419	0.405	0.397	0.391	0.391	0.391	0.392	0.395
$CaCl_2$		0.518	0.472	0.455	0.448	0.448	0.453	0.460	0.470	0.484	0.500
$CuCl_2$		0.508	0.455	0.429	0.417	0.411	0.409	0.409	0.410	0.413	0.417
$Cu(NO_3)_2$		0.511	0.460	0.439	0.429	0.426	0.427	0.431	0.437	0.445	0.455
$CuSO_4$	0.40	0.150	0.104	0.0829	0.0704	0.062	0.0559	0.0512	0.0475	0.0446	0.0423
$FeCl_2$		0.5185	0.473	0.454	0.448	0.450	0.454	0.463	0.473	0.488	0.506
HCl		0.976	0.767	0.756	0.755	0.757	0.763	0.772	0.783	0.795	0.809
$HClO_4$		0.803	0.778	0.768	0.766	0.769	0.776	0.785	0.795	0.808	0.823
HNO_3		0.791	0.754	0.725	0.725	0.720	0.717	0.717	0.718	0.721	0.724
H_2SO_4		0.2655	0.209	0.1826	—	0.1557	—	0.1417	—	—	0.1316
KBr		0.772	0.722	0.693	0.673	0.657	0.646	0.636	0.629	0.622	0.617
KCl		0.770	0.718	0.688	0.666	0.649	0.637	0.626	0.618	0.610	0.604
$KClO_3$		0.749	0.681	0.635	0.599	0.568	0.541	0.518	—	—	—
$K_4Fe(CN)_6$		0.139	0.0993	0.0808	0.0693	0.0614	0.0556	0.0512	0.0479	0.0454	—
KH_2PO_4		0.731	0.653	0.602	0.561	0.529	0.501	0.477	0.456	0.438	0.421
KNO_3		0.739	0.663	0.614	0.576	0.545	0.519	0.496	0.476	0.459	0.443
KAc		0.796	0.766	0.754	0.750	0.751	0.754	0.759	0.766	0.774	0.783
KOH		0.798	0.760	0.742	0.734	0.732	0.733	0.736	0.742	0.749	0.756
$MgSO_4$		0.150	0.107	0.0874	0.0756	0.0675	0.0616	0.0571	0.0536	0.0508	0.0485
NH_4Cl		0.770	0.718	0.687	0.665	0.649	0.636	0.625	0.617	0.609	0.603
NH_4NO_3		0.740	0.677	0.636	0.606	0.582	0.562	0.545	0.530	0.516	0.504
$(NH_4)_2SO_4$		0.439	0.356	0.311	0.280	0.257	0.240	0.226	0.214	0.205	0.196
$NaCl$	0.9032	0.778	0.735	0.710	0.693	0.681	0.673	0.667	0.662	0.659	0.657
$NaClO_3$		0.772	0.720	0.688	0.664	0.645	0.630	0.617	0.606	0.597	0.589
$NaClO_4$		0.775	0.729	0.701	0.683	0.668	0.656	0.648	0.641	0.635	0.629
NaH_2PO_4		0.744	0.675	0.629	0.593	0.563	0.539	0.517	0.499	0.483	0.468
$NaNO_3$		0.762	0.703	0.666	0.638	0.617	0.599	0.583	0.570	0.558	0.548
$NaOAc$		0.791	0.757	0.744	0.737	0.735	0.736	0.740	0.745	0.752	0.757
$NaOH$		0.766	0.727	0.708	0.697	0.690	0.685	0.681	0.679	0.678	0.678
$Pb(NO_3)_3$		0.395	0.308	0.260	0.228	0.205	0.187	0.172	0.160	0.150	0.141
$ZnCl_2$		0.515	0.462	0.432	0.411	0.394	0.380	0.369	0.357	0.348	0.339
$Zn(NO_3)_2$		0.531	0.489	0.474	0.469	0.473	0.480	0.489	0.501	0.518	0.535
$ZnSO_4$	0.387	0.150	0.140	0.0835	0.0714	0.0630	0.0569	0.0523	0.0487	0.0458	0.0435

引自：复旦大学，武汉大学，中国科学技术大学，等．2004．物理化学实验．3 版．北京：高等教育出版社

附表 11　乙醇水溶液的表面张力 σ

$W_{乙醇}$/%	$\sigma/(10^{-3}N \cdot m^{-1})$ *	$W_{乙醇}$/%	$\sigma/(10^{-3}N \cdot m^{-1})$ **
0.00	72.20	0.000	71.23
2.72	60.79	0.972	66.08
5.21	54.87	2.143	61.56
11.10	46.03	4.994	54.15
20.50	37.53	10.39	45.88
30.47	32.25	17.98	38.54
40.00	29.63	25.00	34.08
50.22	27.89	29.98	31.89
59.58	26.71	34.89	30.32
68.94	25.71	50.00	27.45
77.98	24.73	60.04	26.24
87.92	23.64	71.85	25.05
92.10	23.18	75.06	24.68
97.00	22.49	84.57	23.61
100	22.03	95.57	22.09
		100.00	21.41

引自：印永嘉．1988．物理化学简明手册．北京：高等教育出版社．310
复旦大学，武汉大学，中国科学技术大学，等．2004．物理化学实验．3 版．北京：高等教育出版社
* 25 ℃；** 30 ℃。

附表 12　作为吸附质分子的截面积

分子	t/℃	分子截面积	
		σ/nm^2	$\sigma/Å^2$
氩 Ar	−195，−183	0.138	13.8
氢 H_2	−183～−135	0.121	12.1
氮 N_2	−195	0.162	16.2
氧 O_2	−195，−183	0.136	13.6
正丁烷 C_4H_{10}	0	0.446	44.6
苯 C_6H_6	20	0.430	43.0

引自：印永嘉．1988．物理化学简明手册．北京：高等教育出版社．321
复旦大学，武汉大学，中国科学技术大学，等．2004．物理化学实验．3 版．北京：高等教育出版社

附表 13　一些有机化合物的折光率及温度系数

化合物		n_D^{15}	n_D^{20}	n_D^{25}	$10^5 \cdot dn/dt$
四氯化碳	CCl_4	1.4631	1.4603	1.459	−55
三溴甲烷	$CHBr_3$	1.6005			−57
三氯甲烷	$CHCl_3$	1.4486	1.4456		−59
二碘甲烷	CH_2I_2	1.7443			−64
甲醇	CH_4O	1.3306	1.3286	1.326	−40
乙醇	C_2H_6O	1.3633	1.3613	1.359	−40

续表

化合物		n_D^{15}	n_D^{20}	n_D^{25}	$10^5 \cdot dn/dt$
丙酮	C_3H_6O	1.3616	1.3591	1.357	−49
正丁酸	$C_4H_8O_2$		1.3980	1.396	
溴苯	C_6H_5Br	1.5625	1.5601	1.557	−48
氯苯	C_6H_5Cl	1.5275	1.5246		−58
碘苯	C_6H_5I	1.6230			−55
苯	C_6H_6	1.5044	1.5011	1.498	−66
正丁酸乙酯	$C_6H_{12}O_2$		1.4000		
甲苯	C_7H_8	1.4999	1.4969	1.4941	−57
甲基环己烷	C_7H_{14}	1.4256	1.4231	1.421	−47
2,2,4-三甲基戊烷	C_8H_{18}		1.3915	1.389	
二硫化碳	CS_2	1.6319	1.6280		−78

引自:印永嘉.1988. 物理化学简明手册. 北京:高等教育出版社.48

复旦大学,武汉大学,中国科学技术大学,等.2004. 物理化学实验.3版. 北京:高等教育出版社

附表 14　一些元素和化合物的磁化率

无机物	T/K	质量磁化率		摩尔磁化率	
		(1)	(2)	(3)	(4)
Ag	296	−0.192(5)	−2.41	−19.5	−2.45
Cu	296	−0.0860	−1.081	−5.46	−0.0686
$CuBr_2$	292.7	3.07	38.6	685.5	8.614
$CuCl_2$	289	8.03	100.9	1080.0	13.57
CuF_2	293	10.3	129	1050.0	13.19
$Cu(NO_3)_2 \cdot 3H_2O$	293	6.5	81.7	1570.0	19.73
$CuSO_4 \cdot 5H_2O$	293	5.85	73.5	1460.0	18.35
			74.4(6)		
$FeCl_2 \cdot 4H_2O$	293	64.9	816	12 900.0	162.1
$FeSO_4 \cdot 7H_2O$	293.5	40.28	506.2	11 200.0	140.7
H_2O	293	−0.720	−9.05	12.97	0.163
$Hg[Co(CNS)_4]$	293		206.6(6)		
$K_3Fe(CN)_6$	297	6.96	87.5	2290.0	28.78
$K_4Fe(CN)_6$	室温	−0.3739	4.699	−130.0	−1.634
$K_4Fe(CN)_6 \cdot 3H_2O$	室温	−0.3739		−172.3	−2.165
$NH_4Fe(SO_4)_2 \cdot 12H_2O$	293	30.1	378	14 500(7)	182.2
$(NH_4)_2Fe(SO_4)_2 \cdot 6H_2O$	293	31.6	397	12 400(7)	155.8
			406(6)		
O_2	293	107.8	1355	3449.0	43.34
Pt	293	35.6	12.20(6)		
$NiCl_2$ 水溶液(8)					

续表

无机物	T/K	质量磁化率		摩尔磁化率	
		(1)	(2)	(3)	(4)
CH_3OH	293	−0.668	−8.39	−21.4	−0.2689
C_2H_5OH	293	−0.728	−9.15	−33.60	−0.4222
C_3H_7OH	293	−0.7518	−9.447	−45.176	−0.5677
$CH_3CH(OH)CH_3$	293	−0.7621	−9.577	−45.974	−0.5755
C_4H_9OH	293	−0.7627	−9.584	−56.536	−0.7105
$(C_2H_5)CH(OH)CH_3$	293	−0.7782	−9.779	−57.683	−0.7249
$(CH_3)_3COH$	293	−0.775	−9.74	−57.42	−0.7216
$(CH_3)_2CHCH_2OH$	293	−0.7785	−9.783	−57.704	−0.7251
$C_5H_{11}OH$	293	−0.766	−9.63	−67.5	−0.848
$C_6H_{13}OH$	293	−0.774	−9.73	−79.20	−0.9953
$C_7H_{15}OH$	293	−0.790	−9.93	−91.7	−1.152
$C_8H_{17}OH$	293	−0.7766	−9.759	−102.65	−1.290

引自：复旦大学，武汉大学，中国科学技术大学，等 . 2004. 物理化学实验 . 3 版 . 北京：高等教育出版社

(1) χ_m 单位(CGSM 制)：$10^{-6}\ cm^3 \cdot g^{-1}$。

(2) $1\ cm^3 \cdot kg^{-1}$(SI 制质量磁化率)$=10^3/(4\pi)cm^3 \cdot g^{-1}$(CGSM 制质量磁化率)，本栏数据由(1)按此式换算而得，χ_m 的 SI 单位为 $10^{-9}\ m^3 \cdot kg^{-1}$。

(3) χ_M 单位(CGSM 制)：$10^{-6}\ cm^3 \cdot mol^{-1}$。

(4) 本栏数据参照注(2)由(3)换算而得，χ_M 的 SI 单位为 $10^{-9}\ cm^3 \cdot mol^{-1}$。

(5) 293 K。

(6) 引自：徐光宪，王祥云 . 1987. 物质结构 . 2 版 . 北京：高等教育出版社

(7) 日本化学会 . 1975. 化学便览(基础篇). 3 版 . 东京：丸善株式会社 . Ⅱ-515

(8) $\frac{1.26\times10^{-4}}{T} \cdot \frac{y}{100} - 9.05\times10^{-9}\left(1-\frac{y}{100}\right)$，式中，$T$ 为热力学温度；y 为 $NiCl_2$ 的质量分数。

附表 15 水的密度

t/℃	$10^{-3}\rho/(kg \cdot m^{-3})$	t/℃	$10^{-3}\rho/(kg \cdot m^{-3})$	t/℃	$10^{-3}\rho/(kg \cdot m^{-3})$
0	0.999 87	15	0.999 13	30	0.995 67
1	0.999 93	16	0.998 97	31	0.995 37
2	0.999 97	17	0.998 80	32	0.995 05
3	0.999 99	18	0.998 62	33	0.994 73
4	1.000 00	19	0.998 43	34	0.994 40
5	0.999 99	20	0.998 23	35	0.994 06
6	0.999 97	21	0.998 02	36	0.993 71
7	0.999 97	22	0.997 80	37	0.993 36
8	0.999 88	23	0.997 56	38	0.992 99
9	0.999 78	24	0.997 32	39	0.992 62
10	0.999 73	25	0.997 07	40	0.992 24
11	0.999 63	26	0.996 81	41	0.991 86
12	0.999 52	27	0.996 54	42	0.991 47
13	0.999 40	28	0.996 26	43	0.991 07
14	0.999 27	29	0.995 97	44	0.990 66

续表

t/℃	$10^{-3}\rho$/(kg·m^{-3})	t/℃	$10^{-3}\rho$/(kg·m^{-3})	t/℃	$10^{-3}\rho$/(kg·m^{-3})
45	0.990 25	50	0.988 07	55	0.985 73
46	0.989 82	51	0.987 62	60	0.983 24
47	0.989 40	52	0.987 15	65	0.985 09
48	0.988 96	53	0.986 69	70	0.977 81
49	0.988 52	54	0.986 21	75	0.974 89

引自:顾月姝,宋淑娥.2007.基础化学实验(Ⅲ)——物理化学实验.2版.北京:化学工业出版社

附表 16　乙醇水溶液的混合体积与浓度的关系*

乙醇的质量分数/%	$V_{混}$/mL	乙醇的质量分数/%	$V_{混}$/mL
20	103.24	60	112.22
30	104.84	70	115.25
40	106.93	80	118.56
50	109.43		

引自:顾月姝,宋淑娥.2007.基础化学实验(Ⅲ)——物理化学实验.2版.北京:化学工业出版社

* 温度为 20 ℃,混合物质量为 100 g。

附表 17　液体的分子偶极矩 μ、介电常数 ε 与极化度 P_∞

物质	$10^{30}\mu$/(C·m)		t/℃						
			0	10	20	25	30	40	50
水	6.14	ε	87.83	83.86	80.08	78.25	76.47	73.02	69.73
		P_∞							
氯仿	3.94	ε	5.19	5.00	4.81	4.72	4.64	4.47	4.31
		P_∞	51.1	50.0	49.7	47.5	48.8	48.3	17.5
四氯化碳	0	ε			2.24	2.23			2.13
		P_∞				28.2			
乙醇	5.57	ε	27.88	26.41	25.00	24.25	23.52	22.16	20.87
		P_∞	74.3	72.2	70.2	69.2	68.3	66.5	64.8
丙酮	9.04	ε	23.3	22.5	21.4	20.9	20.5	19.5	18.7
		P_∞	184	178	173	170	167	162	158
乙醚	4.07	ε	4.80	4.58	4.38	4.27	4.15		
		P_∞	57.4	56.2	55.0	54.5	54.0		
苯	0	ε		2.30	2.29	2.27	2.26	2.25	2.22
		P_∞				26.6			
环己烷	0	ε			2.023	2.015			
		P_∞							
氯苯	5.24	ε	6.09		5.65	5.63		5.37	5.23
		P_∞	85.5		81.5	82.0		77.8	76.8
硝基苯	13.12	ε		37.85	35.97		33.97	32.26	30.5
		P_∞		365	354	348	339	320	316
正丁醇	5.54	ε							
		P_∞							

引自:刘寿长,张建民,徐顺.2004.物理化学实验与技术.郑州:郑州大学出版社

极化度 P_∞ 的单位为 L·mol^{-1}。

附表 18　水在不同温度下的折射率、黏度和介电常数

温度/℃	折射率 n_D	黏度 η (1) /(10^{-3} kg · m^{-1} · s^{-1})	介电常数(2) ε
0	1.333 95	1.7702	87.74
5	1.333 88	1.5108	85.76
10	1.333 69	1.3039	83.83
15	1.333 39	1.1374	81.95
20	1.333 00	1.0019	80.10
21	1.332 90	0.9764	79.73
22	1.332 80	0.9532	79.38
23	1.332 71	0.9310	79.02
24	1.332 61	0.9100	78.65
25	1.332 50	0.8903	78.30
26	1.332 40	0.8703	77.94
27	1.332 29	0.8512	77.60
28	1.332 17	0.8328	77.24
29	1.332 06	0.8145	76.90
30	1.331 94	0.7973	76.55
35	1.331 31	0.7190	74.83
40	1.330 61	0.6526	73.15
45	1.329 85	0.5972	71.51
50	1.329 04	0.5468	69.91
55	1.328 17	0.5042	68.35
60	1.327 25	0.4669	66.82
65		0.4341	65.32
70		0.4050	63.86
75		0.3792	62.43
80		0.3560	61.03
85		0.3352	59.66
90		0.3165	58.32
95		0.2995	57.01
100		0.2840	55.72

引自：孙尔康，徐维清，邱金恒. 1998. 物理化学实验. 南京：南京大学出版社

(1) 黏度是指单位面积的液层，以单位速度流过相隔单位距离的固定液面时所需的切线力，其单位是 N · s · m^{-2} 或 kg · m^{-1} · s^{-1} 或 Pa · s(帕 · 秒)。

(2) 介电常数(相对)是指某物质作介质时，与相同条件真空情况下电容的比值。所以介电常数又称相对电容率，无量纲。

附表 19　水在 0～100 ℃的饱和蒸气压

t/℃	p/kPa	t/℃	p/kPa	t/℃	p/kPa	t/℃	p/kPa
0	0.61129	26	3.3629	52	13.623	78	43.665
1	0.65716	27	3.5670	53	14.303	79	45.487
2	0.70605	28	3.7818	54	15.012	80	47.373
3	0.75813	29	4.0078	55	15.752	81	49.324
4	0.81359	30	4.2455	56	16.522	82	51.342
5	0.87260	31	4.4953	57	17.324	83	53.428
6	0.93537	32	4.7578	58	18.159	84	55.585
7	1.0021	33	5.0335	59	19.028	85	57.815
8	1.0730	34	5.3299	60	19.932	86	60.119
9	1.1482	35	5.6267	61	20.873	87	62.499
10	1.2281	36	5.9453	62	21.851	88	64.958
11	1.3129	37	6.2795	63	22.868	89	67.496
12	1.4027	38	6.6298	64	23.925	90	70.117
13	1.4979	39	6.9969	65	25.022	91	72.823
14	1.5988	40	7.3814	66	26.163	92	75.614
15	1.7056	41	7.7840	67	27.347	93	78.494
16	1.8185	42	8.2054	68	28.576	94	81.465
17	1.9380	43	8.6463	69	29.852	95	84.529
18	2.0644	44	9.1075	70	31.176	96	87.688
19	2.1978	45	9.5898	71	32.549	97	90.945
20	2.3388	46	10.094	72	33.972	98	94.301
21	2.4877	47	10.620	73	35.448	99	97.759
22	2.6447	48	11.171	74	36.978	100	101.32
23	2.8104	49	11.745	75	38.563		
24	2.9850	50	12.344	76	40.205		
25	3.1690	51	12.970	77	41.905		

引自:陈六平,邹世春.2007. 现代化学实验与技术. 北京:科学出版社

附表 20　不同温度下水的表面张力

t/℃	$10^3\sigma/(N\cdot m^{-1})$	t/℃	$10^3\sigma/(N\cdot m^{-1})$	t/℃	$10^3\sigma/(N\cdot m^{-1})$	t/℃	$10^3\sigma/(N\cdot m^{-1})$
0	75.64	17	73.19	26	71.82	60	66.18
5	74.92	18	73.05	27	71.66	70	64.42
10	74.22	19	72.90	28	71.50	80	62.61
11	74.07	20	72.75	29	71.35	90	60.75
12	73.93	21	72.59	30	71.18	100	58.85
13	73.78	22	72.44	35	70.38	110	56.89
14	73.64	23	72.28	40	69.56	120	54.89
15	73.59	24	72.13	45	68.74	130	52.84
16	73.34	25	71.97	50	67.91		

引自:陈六平,邹世春.2007. 现代化学实验与技术. 北京:科学出版社

附表 21　某些溶剂的凝固点降低常数

溶剂	凝固点 T_f/℃	降低常数 K_f/(℃·kg·mol^{-1})
乙酸 $C_2H_4O_2$	16.66	3.90
四氯化碳 CCl_4	−22.95	29.8
1,4-二噁烷 $C_4H_8O_2$	11.8	4.63
1,4-二溴代苯 $C_6H_4Br_2$	87.3	12.5
苯 C_6H_6	5.533	5.12
环己烷 C_6H_{12}	6.54	20.2
萘 $C_{10}H_8$	80.290	6.94
樟脑 $C_{10}H_{16}O$	178.75	37.7
水 H_2O	0.00	1.86

引自：印永嘉．1998. 物理化学简明手册．北京：高等教育出版社
陈六平，邹世春．2007. 现代化学实验与技术．北京：科学出版社

附表 22　无机化合物的脱水温度

水合物	脱水	t/℃	水合物	脱水	t/℃
$CuSO_4·5H_2O$	$-2H_2O$	85	$CaSO_4·2H_2O$	$-1.5H_2O$	128
	$-4H_2O$	115		$-2H_2O$	163
	$-5H_2O$	230			
$CaCl_2·6H_2O$	$-4H_2O$	30	$Na_2B_4O_7·10H_2O$	$-8H_2O$	60
	$-6H_2O$	200		$-10H_2O$	320

引自：印永嘉．1985. 大学化学手册．济南：山东科学技术出版社
刘寿长，张建民，徐顺．2004. 物理化学实验与技术．郑州：郑州大学出版社

附表 23　常压下共沸物的沸点和组成

共沸物		各组分的沸点/℃		共沸物的性质	
甲组分	乙组分	甲组分	乙组分	沸点/℃	组成 $W_甲$/%
苯	乙醇	80.1	78.3	67.9	68.3
环己烷	乙醇	80.8	78.3	64.8	70.8
正己烷	乙醇	68.9	78.3	58.7	79.0
乙酸	乙酯乙醇	77.1	78.3	71.8	69.0
乙酸乙酯	环己烷	77.1	80.7	71.6	56.0
异丙醇	环己烷	82.4	80.7	69.4	32.0

引自：刘寿长，张建民，徐顺．2004. 物理化学实验与技术．郑州：郑州大学出版社

附表 24　线性相关系数临界值

f \ α	0.10	0.05	0.02	0.01	0.001
1	0.987 69	0.996 92	0.999 507	0.999 877	0.999 998 8
2	0.900 00	0.950 000	0.980 000	0.990 000	0.999 00
3	0.805 4	0.878 3	0.934 33	0.958 73	0.991 16
4	0.729 3	0.811 4	0.882 2	0.917 20	0.974 06
5	0.669 4	0.754 5	0.832 9	0.874 5	0.950 74

续表

f \ α	0.10	0.05	0.02	0.01	0.001
6	0.621 5	0.706 7	0.788 7	0.834 3	0.924 93
7	0.582 2	0.666 4	0.749 8	0.797 7	0.898 2
8	0.549 4	0.631 9	0.715 5	0.764 6	0.872 1
9	0.521 4	0.602 1	0.685 1	0.734 8	0.847 1
10	0.497 3	0.576 0	0.658 1	0.707 9	0.823 3
11	0.476 2	0.552 9	0.663 9	0.683 5	0.801 0
12	0.457 5	0.532 4	0.612 0	0.661 4	0.780 0
13	0.440 9	0.513 9	0.592 3	0.641 1	0.760 3
14	0.425 9	0.497 3	0.574 2	0.622 6	0.742 0
15	0.412 4	0.482 1	0.557 7	0.605 5	0.724 6
16	0.400 0	0.468 3	0.542 5	0.589 7	0.708 4
17	0.388 7	0.455 5	0.528 5	0.575 1	0.693 2
18	0.378 3	0.443 8	0.515 5	0.561 4	0.678 7
19	0.368 7	0.432 9	0.503 4	0.548 7	0.665 2
20	0.359 8	0.422 7	0.492 1	0.536 8	0.652 4
25	0.323 3	0.380 9	0.445 1	0.486 9	0.597 4
30	0.296 0	0.349 4	0.409 3	0.448 7	0.554 1
35	0.274 6	0.324 6	0.381 0	0.418 2	0.518 9
40	0.257 3	0.304 4	0.357 8	0.397 2	0.489 6
45	0.242 8	0.287 5	0.338 4	0.372 1	0.464 8
50	0.230 6	0.273 2	0.321 8	0.354 1	0.443 3
60	0.210 8	0.250 0	0.294 8	0.324 8	0.407 8
70	0.195 4	0.231 9	0.273 7	0.301 7	0.379 9
80	0.182 9	0.217 2	0.256 5	0.283 0	0.356 8
90	0.172 6	0.205 0	0.242 2	0.267 3	0.337 5
100	0.163 8	0.194 6	0.230 1	0.254 0	0.321 1

引自:杨旭武. 2009. 实验误差原理与数据处理. 北京:科学出版社